# 媒介文化十五讲

Fifteen Lectures on Media Culture

蒋原伦 王颖吉 主编

北京大学出版社
PEKING UNIVERSITY PRESS

图书在版编目(CIP)数据

媒介文化十五讲/蒋原伦,王颖吉主编. —北京:北京大学出版社,2017.9
(21世纪新闻与传播学规划教材·传播学系列)
ISBN 978-7-301-28699-9

Ⅰ. ①媒… Ⅱ. ①蒋… ②王… Ⅲ. ①传播媒介—文化—高等学校—教材 Ⅳ. ①G206.2

中国版本图书馆CIP数据核字(2017)第212435号

| | |
|---|---|
| 书　　　名 | 媒介文化十五讲<br>Meijie Wenhua Shiwu Jiang |
| 著作责任者 | 蒋原伦　王颖吉　主编 |
| 责 任 编 辑 | 张盈盈 |
| 标 准 书 号 | ISBN 978-7-301-28699-9 |
| 出 版 发 行 | 北京大学出版社 |
| 地　　　址 | 北京市海淀区成府路205号　100871 |
| 网　　　址 | http://www.pup.cn |
| 新 浪 微 博 | @北京大学出版社　@未名社科-北大图书 |
| 微信公众号 | 北京大学出版社　北大出版社社科图书 |
| 电 子 邮 箱 | 编辑部 ss@pup.cn　总编室 zpup@pup.cn |
| 电　　　话 | 邮购部 010-62752015　发行部 010-62750672　编辑部 010-62765016 |
| 印 刷 者 | 北京虎彩文化传播有限公司 |
| 经 销 者 | 新华书店 |
| | 730毫米×980毫米　16开本　23.25印张　417千字<br>2017年9月第1版　2023年8月第7次印刷 |
| 定　　　价 | 59.00元 |

未经许可,不得以任何方式复制或抄袭本书之部分或全部内容。
**版权所有,侵权必究**
举报电话:010-62752024　电子信箱:fd@pup.cn
图书如有印装质量问题,请与出版部联系,电话:010-62756370

## 撰 稿 分 工

主　编　蒋原伦　王颖吉

蒋原伦　第一讲至第五讲、第十四讲
王颖吉　第七讲、第九讲
魏宝涛　第六讲
郑二利　第八讲
王　鑫　第十讲
许苗苗　第十一讲
周　敏　第十二讲、第十三讲第一部分
贾　佳　第十三讲第二部分
边　远　第十五讲第一部分
李宁梓　第十五讲第二部分

# 目　录

## 上　编

第一讲　媒介文化研究的兴起 ……………………………………… 3
　一、提出媒介文化的意义 …………………………………………… 3
　二、媒介文化研究的兴起 …………………………………………… 9
第二讲　传播过程中的开放体系 …………………………………… 27
　一、媒介文化的生产 ………………………………………………… 27
　二、对媒介文化的技术性阐释 ……………………………………… 28
　三、传播过程中的开放体系 ………………………………………… 33
第三讲　媒介文化的全球化和同质化 ……………………………… 44
　一、媒介文化的同质化 ……………………………………………… 44
　二、媒体价值观 ……………………………………………………… 50
第四讲　大众媒介与现代神话 ……………………………………… 58
　一、现代神话的构成 ………………………………………………… 59
　二、媒介文化与现代神话同构 ……………………………………… 68
第五讲　媒介文化引导消费 ………………………………………… 76
　一、鲍德里亚论消费社会 …………………………………………… 76
　二、关于消费文化 …………………………………………………… 86
　三、媒介文化引导消费 ……………………………………………… 93
第六讲　作为文化批评的媒介批评 ………………………………… 103
　一、媒介批评的由来及发展 ………………………………………… 103
　二、作为文化批评的媒介批评的功能与范畴 ……………………… 121

## 下　编

第七讲　奇观电影与景观社会 ……………………………………… 133
　一、奇观现象及其学术话语 ………………………………………… 133

二、视觉奇观：从传统电影到奇观电影……………………… 141
　　三、媒体—社会奇观…………………………………………… 154
第八讲　新媒体艺术与技术………………………………………… 168
　　一、新媒体艺术的发展………………………………………… 168
　　二、新媒体艺术观念…………………………………………… 173
　　三、资本与技术交汇中的艺术文化…………………………… 183
第九讲　闪客：新媒介技术文化…………………………………… 190
　　一、作为生活方式的亚文化…………………………………… 190
　　二、作为技术、艺术与商品的闪客动画……………………… 192
　　三、闪客动画中的意识形态：多元并存与竞争对话………… 200
第十讲　微媒介与微文化…………………………………………… 213
　　一、微媒介的"新尺度"及其影响…………………………… 213
　　二、微文化：一种新的"文化形态"的崛起………………… 225
　　结语……………………………………………………………… 234
第十一讲　网络聊天与电子语言…………………………………… 236
　　一、网络延伸了聊天…………………………………………… 236
　　二、电子语言——创新与融合………………………………… 249
第十二讲　媒介秀文化……………………………………………… 259
　　一、拟态环境里的真实影像：电视真人秀…………………… 259
　　二、你方唱罢我登场：电视脱口秀…………………………… 272
第十三讲　网络狂欢与"山寨"文化……………………………… 283
　　一、信息时代的网络狂欢……………………………………… 283
　　二、"山寨"文化的媒介意义………………………………… 294
第十四讲　大足球文化……………………………………………… 309
　　一、足球运动的内涵和特质…………………………………… 310
　　二、读解足球的几种方式……………………………………… 313
　　三、足球文化与足球媒体……………………………………… 323
第十五讲　媒介技术与流行音乐…………………………………… 338
　　一、音乐媒介与流行音乐……………………………………… 339
　　二、受众参与音乐状态的变化………………………………… 350

**后记**……………………………………………………………… 363

**再版后记**………………………………………………………… 365

# 上 编

# 第一讲　媒介文化研究的兴起

## 一、提出媒介文化的意义

大众传媒产业的发达,特别是电子传媒技术的日新月异,使得媒介文化成为人们十分关注的话题。然而论及媒介文化,似乎有点架床叠屋的感觉,因为在一般人的印象里,文化是离不开媒介的。文化无论是与书章典籍相联系,与礼仪习俗相联系,还是与报纸、杂志和电影、电视等相联系,都要以某种媒介方式来呈现自身。因此,我们无法想象还有某种独立的、离开媒介的文化,特别是今天,我们就身处大众传媒的包围和合拢之中。

然而,媒介文化的提出自有其特定的意义。虽然文化离不开媒介,但是在以往有关文化的研究和讨论中,人们很少涉及媒介的方式。无论是讨论传统概念中的"作品",还是新批评概念中的"文本",它们都是自主的,似乎并不受媒介方式的干扰,因此对它们的评价也与媒介无关。无论是以文字的、影像的,还是音响的、造型的方式呈现,它们都是作品和文本,有着所有作品或文本的共同的抽象特性。

而媒介文化概念的提出,则是别一种文化的分类原则,它强调的是文化的媒介呈现方式,强调的是媒介形态对社会文化所产生的决定性的影响,即不同的媒介导致文化沿着不同路径演进。①

自从加拿大著名学者、批评家麦克卢汉在20世纪60年代提出"媒介即讯息"这一惊世骇俗的理论以来,人们在讨论文化问题时越来越关注到具体的媒介方式,也就是说,批评家们逐渐认识到在新的理论背景下已无法忽视文化的媒介手段。文化已不再是抽象的文化,而是具体的、与一定的符号物质形态紧密相连的文化。当然这也是各种符号理论迅速发展的原因之一,正是在不同的符号形态和符号关系中人们读出了不同的文化意义。

---

① 参见〔加〕伊尼斯:《传播的偏向》,何道宽译,中国人民大学出版社2003年版。笔者认为,所谓"传播的偏向",是指不同的传播媒介导致社会文明在其各发展阶段有着不同的偏向。

90年代中期,英国学者尼克·史蒂文森原本想写一部名为"社会理论与大众传播"的著作,后来考虑到社会语境的这一变化,于是将原书改名为《认识媒介文化》,而原拟定的"社会理论与大众传播"则成了该著作的副标题。史蒂文森认为,修改的理由是十分明显的,即"许多现代文化是依凭大众传播媒介来传达的。各种各样的媒介传播着古典的歌剧、音乐、关于政客的私生活的故事、好莱坞最新近的流言蜚语以及来自全球四面八方的新闻。这已深刻地改变了现象学意义上的现代生活经验,以及社会权力的网络系统"①。

　　在当今传媒业发挥巨大功能的时代,大众媒体的能量正在进一步释放出来,大众媒体全方位地干预社会生活,深度参与到我们的日常生活之中,它们就是社会生活的一个重要组成部分。如果说在200年前,或者在170多年前(因为西方有的传播学者将现代大众媒体兴起的年代定在19世纪30年代,在那个年代,巴黎和纽约等地出现了廉价的发行量较大的报纸和专门以采集消息为业务的新闻通讯社),大众媒体仅仅是以某一社会现象和社会事件的见证人这样一个外在的观察者和记录者的身份参与到社会生活中来,那么在今天,不能设想在大众媒体缺席的情况下,人们怎么来组织社会生活。夸张一点说,今天如果大众媒体缺席,会导致整个社会生活的瘫痪。

　　当然,大众媒体参与社会生活的姿态是积极的和富有策略性的,它们的积极性是攫取市场、网罗大众的积极性,因为社会大众是它们存在的最终理由。大众既是它们服务的对象,也是它们的信息来源,是客户,也是报道的主体。现代大众传媒的命运决定了它与大众的互相依存关系,并且两者一定是息息相关的。因此,人们总是用最先进的科学技术来改造传媒产业,以求方便和快捷。于是,方便和快捷的媒体就成了我们生活的一部分。我们已无法退回到以往的生活中去。

　　虽然从发展的进程看,大众传媒和社会读者群是互动的,两者之间互相促进,各为所用,各得其所,但是作为一种体制或机构,大众传媒总是更加主动、更有进取心一些。大众传媒的个性就是建立在迎合、靠拢或争取更广大的受众这一基础之上的,同时另一方面也在潜移默化中影响、诱导和操纵受众,甚至左右着舆论和时尚的方向。而在这个过程中,大众传媒似乎培养起了自己独立的意志,即常常是它操控着编辑者,而不是编辑者所左右。这样,由当初传递经济和商贸方面的情报到今天全方位地参与社会生活,大众传媒所走过的道路从根本上说是人类社会为自身规定的一条不归之路,尽管少数有识之士试图返回到

---

① 〔英〕尼克·史蒂文森:《认识媒介文化》,王文斌译,商务印书馆2001年版,第12页。

混沌、俭朴的传统生活之中,弃圣绝智,退入"无媒体社会"中,但是,这种返回是极有限度的和阶段性的,如他们可能告别电视和报纸,却保留着收音机,因此这种行为从来不可能是彻底的。

## (一) 媒介文化的策略

大众传媒积极参与社会生活的策略之一就是与大众文化结盟,因为大众文化是整个社会生活方式的一个相当重要的组成部分。不管人们对文化有多少种定义,文化总是可以被看成人们在社会实践活动中创造的交往方式。人们需要文化是因为需要更多的交往和理解,以与同类或和神祇打交道。文化为这种交往提供意义和相应的方式,因此文化可以被描述为系统性的,并且有一定的传统和话语作为其所依据的对象。

文化无论是体现为思想、艺术、仪式、习俗或娱乐,都是社会群体或个人相互沟通的途径,是由一定规模的社群共同建构起来的。而大众文化则偏重娱乐性,大众文化最为突出的功能是世俗的娱乐功能,而这种世俗性的娱乐功能在19世纪末20世纪初以来有了相当的强化,原因至少来自以下两个方面:

一是宗教的相对式微,用尼采的话来说就是"上帝死了"。因为多少年来,压抑人们世俗欲望的是宗教!是上帝!尽管按照弗洛伊德的观点,教堂和寺庙里的精致的艺术品也可以被看成是世俗欲望的一种转换,但是转换是压抑的另一种表现。当然一方面是压抑,另一方面世俗的娱乐同时也存在于民间的通俗文化之中,只不过它们不登大雅之堂。宗教的衰落和神权的解体给民间的俗文化开通了一条解放之路,使它们重见天日。当然,今天意义上的大众文化并不是当初民间艺术或通俗文化的变种,这两者之间似乎没有确切的传承关系。但是,它们的共同之处是娱乐功能,世俗的娱乐性是它们的生命力所在。

另外一个重要的原因与现代传播技术的迅猛发展有关,即传播成本的低廉给大众文化的发展创造了条件。先进的传播技术是世俗的娱乐文化的天然盟友,当初爱迪生发明留声机时,这位富有想象力的发明家没有想到,这具放在办公室里用于记录上司指示的装置不久就开创了唱片工业迅猛发展的新时代。留声机成为大众娱乐最得力的伙伴,自娱自乐或家庭聚会或欢娱宾朋,它都是好帮手。自然,大众娱乐反过来又促使唱片工业兴旺发达。不过,当新媒介的成本还十分昂贵时,只有贵族和社会上层精英才能享用它们所带来的便利。而先进的传播技术之所以先进,除了迅捷便利,低成本也是关键。低成本取决于规模性的生产,所以,法兰克福学派对大众娱乐性文化关注的着眼点首先是文化工业,这是不无道理的,只有文化工业才有规模性生产和巨大的扩张能力。文化工业以及与其相应的市场营销方式使得大众以自己能够承受的相对低廉的价格进入娱乐性消费市场,而法兰克福学派将资本主义的大众文化形容为"社会水泥"正是因为它在廉价的基础之上有着其乐融融的麻醉性,他们对大众文化的批判是针对其产生的麻痹人民大众的功能而言的,而这种功能的扩展在很大程度上得益于先进的传播技术。

先进的传播技术在向大众提供即时的感官享受上,在其娱乐功用上有着无可比拟的优越性,这些似无须讨论,而这类技术的创造和发明是否有其选择性呢?新媒介技术发明背后的动因是否同市场的一整套运作机制相关呢?这是媒介文化研究值得关注的课题。

接下来似乎碰到一个悖论。文化的发展要依靠传播技术的发展,一种文化若是被封闭起来,无法传授,那么它就会走向衰亡,若是有机会得到传播,那就兴旺发达(例如四大徽班进京,使得徽调弘扬光大,而后,结合汉调等地方戏曲,成为京剧等,这样的例子不胜枚举);除此之外,传播方式的变革、媒介的演进,还会衍生出新的文化品种来(如 MV 和电视,mp3 和网络等);至于高保真的音响或是数码技术的问世则又把文化推向清晰而又精致的方向。但是另一方面,传播技术的发展也会摧毁一些文化,原因是某些文化不适合作传播技术的处理,例如文化中那些抽象的因素,比如思想、意义、形式的内涵等等会被剥离出来。当对文化的技术性处理成为时尚,某些仪式和程序被模仿和复制就等于再生产了某些文化。不过传播技术总是选择同其功能最容易结合的对象来播扬,如声音、图像和色彩等,因此现代媒介文化总是同"声色犬马"的关系更近一些,同形而上保持着一定的距离。而在人类社会的传统文化中,形而上的内容占有相当大的比重,无论是哲学、宗教还是伦理,都是以形而上的力量取胜。因此,站在传统文化的角度上看,媒介文化是十足的异类。它的光怪陆离有极大的诱惑力,它以诉诸感官的娱乐来取悦大众,破坏的是传统文化的想象空间和形而上的惯性,所以媒介文化被作为传统文化的对立物来看待是自然而然的。无论是它所仰仗的先进传媒技术,还是与形而上的疏远,都使它与传统文化形态相睽离。尽管这里所说的媒介文化依据的是总体的分类原则,而不适用于具体的文化门类的界定,但是人们分明能感受到其中的变迁。

可以说,新媒介在传播古老的文化的同时也在摧毁文化,在摧毁原有的文化的同时又在制造更多的新型的或变种的文化,使之与媒介互相依存的关系变得更加紧密,更加情同手足。

## （二）媒介和我们的"世界感"

媒介文化的影响力来自大众传媒。大众传媒的存在，从根本上决定了媒介文化的影响力和覆盖面。大众传媒对当代社会生活的全面参与，无疑深深地渗透到社会的各个方面，也对社会文化的构成产生了根本性的影响，使之在各个方面都发生了难以预料的，当然也是前所未有的变化。

说到社会文化，此处包含三层含义：(1) 文化是相对自然而言的，是人的所有活动，无论是巫术、迷信、宗教、习俗还是科学。(2) 文化是指符号系统，作为符号系统，它与传统相关联，即符号系统的建立不是一蹴而就的，它有一个历史形成过程，它在社会的交往实践中达成，所以若要掌握文化必须有一个学习过程，特别是对于年轻人。(3) 文化又是对现实生活所作的反映，所以文化既是人们对生活的阐释，同时也是一种创造性实践活动。在这一活动中，社会的新生力量总是在其中起比较关键的作用，所谓新生力量既包括相对年轻一代的人们，也包括新兴的文化形态与相关的媒介方式。

而从以上几个方面看，大众传媒是如此深入地参与其间，我们已经无法在与大众传媒疏离的情况下对社会文化作单独的考察。大众传媒虽然是指19世纪以来的各种新型媒体（从报刊、广播、大量发行的书籍到电视，再到互联网），它近两百年的短暂历史无法与人类社会几千年的文明史相比，但是由于其规模迅速扩展，几乎渗透到社会的每一个角落，并且从大众传媒产生以来，它从不间断，持续地发挥着自己的影响力，由此产生的文化实践在建构当代社会文化方面产生了相当巨大的作用。

大众传媒在其传播过程中构建新型文化的同时，也传播传统文化。不过，由大众传媒传播的传统文化已经不是昔日意义上的传统文化，这里不仅仅是指传统文化的通俗化，更主要地是指它经过简约的、剔除个性的、具有某种标准化的面孔。传统文化的承传模式，如师道模式、家学模式、精英授业模式已不再起决定性的作用，人们通过大众媒体获得的信息在总量上远远超过了传统的文化授受模式所能涵盖的内容。虽然大众媒体上的信息在质量和效能上大可推究，其重复的、冗余的、肤浅的、以讹传讹的信息比比皆是，但是它在总体上包围着我们，主宰着我们的视听，所以从某种意义上说，它决定着当代人感知外部世界的方式，人们的"世界感"就是建立在此基础之上的。

更进一步地说，当代人对社会生活所作的阐释，当代人的文化实践活动和文化创造活动也与大众传媒息息相关，或者说大部分是通过大众传媒来实现的，因此无论从何种角度看，大众传媒在当代社会文化的形成过程中，都发挥着无可比拟的影响力。

　　古希腊哲学家柏拉图当年有所谓的"洞喻理论",它将缺乏哲学思考的人比作是关在洞穴里的囚犯,由于他们被锁定在一个方向上,只能将目光投向洞穴深处的一堵矮墙,而矮墙上则有他们背后的火光的各种投影,所以,这些囚犯不免把矮墙上的投影当成是其背后的那个世界。今天,大众传媒的理论家们将"洞喻理论"运用到媒介理论之中,是再恰当不过的。如果说当代人是洞穴人的象征,大众媒体就是洞穴人所面对的那座矮墙。尽管欧洲的某些前卫人士试图摆脱大众传媒的影响,回避媒体,告别电视,拒绝报刊,组织无媒体家庭,但是,很少有人能认同这种生活方式,因为这就意味着离群索居。弃绝大众传媒,就意味着远离社会,脱离大众。说到底,当代社会生活是由大众传媒组织的。如果说以往人们只是把报刊、电视等作为一个了解社会的窗口,并从中获取各类新闻、情报和谈资的话,那么对于踏入21世纪的人来说,大众传媒几乎就是他进入生活的全部渠道,舍此别无他途。这里不是说当代人在与他人交往中必须以大众传媒为中介,而是说在当今社会,人们已无法将大众传媒从社会整体中剥离开来。考察当代社会不能不考察大众传媒,考察大众传媒则意味着更深入地认识今天的社会走向。与社会打交道在很大程度上是同媒体打交道,而与媒体打交道就是与社会沟通。大众媒体是今天社会情绪和意志的体现,或者说其本身就是社会的情绪和意志。而社会则是大众媒体存在的依据,正是自然人的社会化过程,促成了传媒业的壮大,或可说这两者是同步的、互相促进的,所以可以毫不夸张地说,当今的社会就是媒介社会。

　　曾经,德国哲学家卡西尔把人定义为符号的动物来取代把人定义为理性的动物,因为"符号化的思维和符号化的行为是人类生活中最富于代表性的特征",而人类社会的所有文化形式在他看来"都是符号形式"①。在卡西尔那里,符号世界是相对于物理世界而言的,符号所依据的媒介形态(或构成符号的材质等)是可以忽略不计的,符号和媒介之间的关系,或者说符号和媒介形态从来是不分家的,它们是一体的、浑然天成的。应当说,在电子媒介出现之前,人们很少会考虑媒介的存在方式,这是因为现代文明从其发端起,到20世纪中叶,印刷符号和纸面媒体之间建立了如此牢靠的关系,以至于连最卓绝的思想家也可能迷惑其间。例如,高尔基曾说过"书籍是人类进步的阶梯",就是只就印刷文化而言的。其实,人类的进步在印刷文化之前就蹒跚了上百万年。电子媒介的兴起才使人们警醒,我们不仅被符号所包围,同时也被各种不同的媒介所围困,后结构主义

---

① 参见〔德〕恩斯特·卡西尔:《人论》,甘阳译,上海译文出版社1985年版,第二章。

的理论家们更愿意相信的是各种媒介形态和相应的符号方式在共同构建我们的社会文化和社会生活。

前文已谈及,文化是离不开媒介的,也因此在今天的媒介社会,传统意义上的大众文化已经有了质变。原本大众文化是相对于精英文化而言的。如果说精英文化是高雅、精致、深奥、专业的,那么大众文化就是低俗、粗糙、浅显或易懂的。精英文化是阳春白雪,大众文化是下里巴人。唯其下里巴人,所以受众广泛。但是在今天,只有媒介文化才是真正的大众文化,现代传媒在组织大众方面的特殊感召力决定了媒介文化的影响广度。当然,这种影响力不是一成不变的,它是随着社会时尚的走向而展现自身的,虽然它取代了以往的大众文化的地位,却不是一般意义上的大众文化(与精英文化相对应的大众文化、通俗文化),而是超越于两者之上的。也就是说,媒介文化并不是以往精英文化或大众文化的简单变种,它虽然吸收了传统精英文化和民间通俗文化的资源和模式,但也在根本上搅乱了文化的这种分野和格局,使得以往行之有效的各种文化划分标准都失去了存在的依据。

在媒介文化时代,以往精英文化与大众文化各自形成的条件和种种区分的界限已经被打破或泯灭,精英文化的小圈子是由参与者的身份、金钱和闲适的时间等条件构成的,而圈子的核心是受过专业训练的才识人士和一批文化的鉴赏者、批评家、守护人。与精英文化圈相对的大众通俗文化则没有坚固的圈子,参与者可以是鸿儒,也可以是白丁,当然更没有规则和苛刻的守护人。现在,原本可能分属两个圈子的人们共同坐在电视台的演播大厅或屏幕前,讨论或观看着足球、服装表演、MV、眼花缭乱的广告等,并同时经历着媒介文化实践。这种文化实践和经验是属于当代人的,也是前所未有的,因为在短短的历史中各媒介文化品种还没有建立起自己牢固的传统。由于没有传统的羁绊,媒介文化呈现出很大的开放性,向当代生活开放,向所有的参与者开放,尤其向更加年轻的一代开放。所以,这里说媒介文化取代了以往的大众文化是指受众规模而言,而不是指内容上固有的联系。因为从内容上说,媒介文化是同媒介方式共存的,理解它首先应该从该文化品种的生成和它与大众的互动关系入手,而不是从同传统的大众文化(或者说是民间的通俗文化)的联系入手。

## 二、媒介文化研究的兴起

关注媒介文化研究的兴起是十分有意思的事情。所谓媒介文化是一个特别庞杂的概念,它包含着太多的东西。对媒介文化进行研究意味着对当代社会的许多方面进行综合研究,这些方面包括当代的文化工业,包括侵入每一户家庭的电视节目和这些节目的制作体制,包括大众的收视行为及日积月累所产生的潜在效果,包括铺天盖地的广告对人们的消费心理和购买行为所产生的影响等等。总之,媒介文化研究是以整个媒体社会为文本的,有着无限广阔的空间。

如果将媒介文化作为一个文本来读解的话,那么这是一个没有明确边际的文本,是各个部分相互关联又有其独立研究价值的文本,是内含无数批评角度的立体的、开放的文本,是每天都在发生变化、成长并产生各种意义的文本,是任何学者、研究者、批评家无法一手捉住并固定在自己案头的文本,因此这也是一个陷学者和研究者于批评困境的、难以驾驭的文本。

然而,是何种力量的推动,使得批评家们从封闭的文学和艺术文本中跨出,鼓起勇气走进如此庞大的综合性社会文本呢?是何种趋势的引导,使得研究者将"媒介文化"作为一个统一的概念单位来运用?

按理说,人类思维的发展是与概念的分化、细化相关联的,正是这种思维进程才使得今天的人们能对人类的所有活动和行为进行区分。首先是将经济的、物质的行为和活动与精神的现象和活动相区分;然后又将精神活动予以细密的区分,在区分中产生了哲学、文学、艺术、宗教等门类;再进一步,思维的利刃探入,将形式和内容加以区分,特别是在艺术和文学中,批评家们试图在现实和经验、情感和形式之间划出清晰的界限,一边是现实与经验或欲望与情感,另一边则是"纯诗"、纯艺术和纯文学。这是积数千年的文化活动而来的进程和传统,特别是 19 世纪末到 20 世纪初逐渐生长起来的形式主义批评更是将这一倾向演变成思想潮流,而这一切在欧美学院派的"新批评"中达到了顶点。

但是在 20 世纪下半叶,一切都发生了变化,在媒介文化的研究中,所有的界限划分全被打破,以往的划分突然间变得那么拘泥、作茧自缚,而宏观的跨学科、跨领域研究成为必然,研究者纷纷由书斋和案头的文本研究转向对社会文化现象以及这些现象形成过程的综合性研究。这一大逆转到来得如此之快,简直有点不可思议,其中一定存在着某种契机。

英国文化研究的主要参与者,后来转向大众传播政治经济学研究的格雷厄姆·默多克教授在回顾 20 世纪 60 年代的这一大逆转时认为,文化思想界的转变,"实际上是英国的知识和思想界,对战后英国社会发生的一系列错综复杂变化的一种回应,他们试图理解和解释这些变化。当时,社会明显和首要的一个变化就是从战争中的物质贫乏到战后的相对富裕"[①]。默多克在进一步解释这一

---

[①] 赵斌:《文化分析与政治经济——与默多克关于英国文化研究的对话》,载《视界》第五辑,河北教育出版社 2002 年版,第 156 页。

契机时说道:"50年代后期,随着定量供给制的解体,一个新的消费时代到来了。值得注意的是,这个新的消费体系的形成与商业电视的诞生恰好是同时发生的,人们第一次看到铺天盖地的商业广告。因此,有人便开始谈论大众消费社会的诞生,诘问这是一个什么样的社会。文化研究最初的目的之一就是去探讨消费社会这样一个观念,去研究人们与众多消费品之间的关系。"①

研究人们和消费品之间的关系,就不得不关注和研究人们的日常生活,所以后来的学者在总结大众文化研究时说道:"理查·霍加特和雷蒙·威廉斯等人将认真的文化分析和美学问题延伸到日常生活,研究普通民众经验的、形象的、风格化的和物质的反映,以及他们对自己真实的和想象中的从属地位作何种反应。"②这样一来,研究对象基本是无所不包,既包括人们日常生活中的一切,如"邮购目录、汽车和其他耐用消费品设计、衣着和食品风尚、足球赛、音像制品、圣诞节等等"③,也包括人们在日常生活中的行为态度和各种心理活动。因此,文化研究者们已经无法沿用以往的批评模式和方法来进行新的研究和阐释,他们不得不从纯文学或纯文本研究转向综合性研究。与这一契机相对应的是当时英国高等院校的数量剧增,在短短8年间,翻了一番。格雷厄姆·默多克认为,高校的大发展意味着大学里人文和社会科学的空间大大扩展,而在这一背景下,人文社科学界则会更多地去关注当代社会问题,展开新的研究课题,开拓新的研究领域。这样,"不少大学开始着手绘制新的知识和思想的图谱,跨学科研究成了一种发展趋势"④。

当然,对英国的学界来说,另一个潜在的原因是战后越来越多的工人家庭出身的子弟走进大学校门,"到60年代中期,英国已经拥有了一个崭新的人文知识分子阶层",他们拥有知识分子的身份,同时对于工人阶级的生活细节又有着亲身的体验,由于"个人轨迹的变化和社会历史的变迁交织在一起,以往任何单一的人文社会学科都无法独自把握和解释这一系列错综复杂的变化",所以,"跨学科研究便势在必行"⑤。

以上虽然是默多克等人关于文化研究在20世纪60年代的英国学界兴起原因的概括性陈述,但是其对于90年代以来西方的媒体文化研究走红的趋势的解

---

① 赵斌:《文化分析与政治经济——与默多克关于英国文化研究的对话》,载《视界》第五辑,河北教育出版社2002年版,第156页。
② 转引自吴士余主编:《视点——大众文化研究》,上海三联书店2001年版,第8页。
③ 同上。
④ 赵斌:《文化分析与政治经济——与默多克关于英国文化研究的对话》,载《视界》第五辑,河北教育出版社2002年版,第158页。
⑤ 同上书,第159页。

释有着同样重要的意义。如果说文化研究的崛起是密切联系着战后一代英国知识分子的切身经历的话,那么媒介文化研究的方兴未艾,既是上承文化研究的势头而来,同时又由全球媒体环境的迅速同质化(关于媒体环境和媒介文化的同质化问题,下文将作专门的论述)所造成,这一媒体环境使得"媒介文化"范畴的提出具有广泛性和共同的研究语境。在 20 世纪后期的短短二三十年中,可以夸张地说,在全球的每个角落,无论知识分子或大众,其个人生活轨迹的变化几乎都与媒体环境的急剧变化紧紧地交织和联系在一起。如果要问在个人的生活经验中许多重要的组成部分是由什么构成的,那就是大众媒体!因为大众媒体已经成为现代社会的一个不可分割的部分,而且人们的社会经验大都是在大众媒体的参与之下构成的,并且是在媒体环境的不断变化之中一次又一次地被重构的。除此而外,媒介文化研究的兴起既表明大众媒体在当前日常生活中发挥着无可替代的功用,又表明人们日益认可大众媒体在当前的社会生活中的组织作用和无处不在的影响力。

### (一) 研究者的几种基本立场

在媒介文化日益成为当代文化研究最主要的关注对象的同时,媒介和媒介文化研究也成为当代最时髦并且也是最混乱的课题。每年都有成百上千的论文和专著瞄着这类课题。在这个领域中,日新月异的现象诱惑着研究者,当然不能期望这些研究者会站在同一个立场上,用相同的逻辑来解释如此复杂而丰富的现象。实际上,许多研究者由于身份和学术背景的差别以及动机的各异,是从不同的路径进入其间的,也因此媒介文化或者说以往的大众文化对于不同的研究者是有着不同的面容的。对于早期的法兰克福学派而言,大众文化的面目是狰狞可怕的,它不仅是资本主义文化工业的派生物,还是统治制度的帮凶,因此法兰克福学派将它形容为巩固现存体制的"社会水泥"。

在 20 世纪六七十年代英国的文化研究者那里,比如在斯图亚特·霍尔那里,大众文化则有另一副面孔,它是统治阶级和被统治的大众之间达成的某种默契或妥协的产物。霍尔是继承葛兰西的文化霸权理论而来的,即所谓的文化霸权理论认为,权力不是单方面形成的,而是统治和被统治双方"调停"的结果。由此,霍尔在其著名的《编码/解码》一文中发展出大众在阅读媒介文化时的三种解码方式,它们分别是:(1) 支配性读解;(2) 协商性读解;(3) 对抗性读解。"支配性读解是这样的观众作出的:他们认同接受支配性意识形态及其生产的主体性;协商式读解是那些总的来说能适合支配性意识形态但又需要使之局部性地扭曲进而考虑他或她的社会立场的观众作出的,这种扭曲可能包含着抵抗的因素,而这种抵抗又来自对支配性意识形态结构和观众的更具物质性的基本社会经验结构之间的冲突区域的察觉;最后是将其社会处境放于支配性意识形态的直接对立面的那些人所作出的读解——这种读解被称为对抗性读解。"①

在约翰·费斯克那里,大众文化就不是哪一副面孔的问题了,因为在费斯克看来,大众文化根本就不是同质的对象,尽管理论研究者倾向于把对象作同质化的处理,但实际上它是复杂的、多元的,是各种力量混合的复合体。由此,大众文化中有着无数的可供人们利用的空间。另一方面,费斯克更倾向于将大众文化看成是基层大众对统治阶级文化或精英文化的某种规避,在规避之中,大众获得他们所需的意义和快感。

鉴于以上不同研究者的立场,这里将对待大众文化的态度大致分为三种类型:

1. 批判和怀疑的态度

这里无法绕过的是法兰克福学派。可以毫不夸张地说,20世纪中叶以来,所有对大众文化抱有警惕和批判态度的学说和思潮,其最初的思想和精神来源均与这个学派有密切的关系。正是对大众文化及其背后的具有操纵性力量的文化工业性质的揭示,改变了人们对大众文化熟视无睹的目光。在原先的那种目光中,大众文化是通俗的、来自民间的,有着乡间淳朴的芳香,并还多少带有民俗和传统的某些光环。

霍克海默和阿多诺首先剥去了大众文化产品那层文化艺术的面纱,指出在资本主义的市场法则中,在大工业化的生产过程中,文化产品只不过是市场上的消费品而已。因此作为一种商品,它是资本主义赚取利润的工具。文化的商品化所带来的严重后果是社会上再也没有真正的精神产品可言,即那种寄托着人类理想的,反映正义、自由、博爱和普遍人性的精神产品。艺术家为资本而劳动,艺术蜕变为资本攫取利润的工具。事情还有更坏的方面,即作为商品的艺术由于其规模化和标准化的生产,不仅不能体现出艺术品应有的独特风格和个性,而且还由其整齐划一的批量性生产及由此带来的强制性消费,控制和规范着消费者的精神和文化需要,使人们失去真正的精神自由。与此同时,大众文化还履行着意识形态渗透的职能。以霍克海默等的话来说,就是通过不计其数的大众文化产品和大众文化的机构,把因循守旧的行为模式当作自然的、令人尊敬的、合理的模式强加给个人。

---

① 〔美〕罗伯特·艾伦编:《重组话语频道》,麦永雄、柏敬泽等译,中国社会科学出版社2000年版,第295页。

如果说人类的文化本该是提升自身精神的力量，赋予社会的物质文明以生命和灵感，并具有伦理学的价值尺度的话，那么在法兰克福学派看来，大众文化则是十足的异化力量，大众文化不但不给人以真正的精神享受，还以其虚假解放的特性和反民主的本质误导消费者，使人沉湎于"单面性"的麻木的感官享受之中。由此，与真正的文化需要（出自人的本性的自主的需要）相对，大众文化是虚假的文化，是通过娱乐来麻痹和欺骗大众，达到巩固现存制度的目的，是独裁统治的帮凶。

与以上理论相关的一种比较极端的说法是，将电影等大众文化看成是："被奴役者的消遣，给那些愚昧无知、身心交瘁、可怜虫们散心用的娱乐……一种既不需要观众全神贯注也不要观众有多少智商的热闹场面……除了能给人带来有朝一日会成为好莱坞明星这一荒谬可笑的幻想外，它既不能拨弄出心中的火花，也不能唤醒任何希望。"①

将电影，尤其是好莱坞电影作为典型的大众文化的靶子来批判，可以说是题中应有之义。正是好莱坞电影以及与发行好莱坞电影相同的机制，将发达资本主义的文化产品流播全球，同时产生了跨国的媒体集团。

作为对早期大众文化的批判精神的延续，20世纪70年代以来，一些文化研究者提出了"文化帝国主义"或"媒介帝国主义"的概念，这些概念在描述"西方的跨国公司控制多种媒介产品在世界上的流通和散布的过程"中，起着关键的作用。特别是像迪士尼的卡通片《米老鼠和唐老鸭》和肥皂剧《达拉斯》这样覆盖全球的电视节目更是典型的"媒介帝国主义"的文本，因为发达资本主义国家在输出这些电视节目的同时，也输出跨国资本主义的消费观、价值观和意识形态种种。跨国媒介不仅"是以资本主义的方式分配资源之世界体系所必不可少的单位"，夺取市场份额，而且这些媒介创造并强化了观众的态度，使他们坚信整个资本主义世界体系的合理性，从而"在第三世界国家所造就的效果等于是一种发展道路的制度化"②。

今天，在全球化的时代，媒介文化在以跨国资本的方式分配世界资源的过程中似乎发挥着更大的作用，因此一些研究者认为，应该"坚持从资本主义政治经济的基本状况出发，追究媒介文化工业的所有权和控制权，探讨媒体从业人员的实际操作权"③，并以此来揭示西方晚期资本主义社会结构中普遍存在的政治经

---

① 转引自〔英〕马克·波斯特：《第二媒介时代》，范静哗译，南京大学出版社2000年版，第5页。
② 参见〔英〕汤林森：《文化帝国主义》，冯建三译，上海人民出版社1999年版，第77页。
③ 参见赵斌：《社会分析和符号解读：如何看待晚期资本主义社会中的大众文化》，载〔美〕约翰·费斯克：《理解大众文化》，宋伟杰、王晓珏译，中央编译出版社2001年版，中文版导言。

济上的极端不平等的事实。也就是说,对铺天盖地的媒介文化一定要警惕,必须持批判的立场。

2. 协调与使用的态度

如果说早期法兰克福学派是从大众文化的商品化以及资本主义制度和市场法则如何使大众文化堕落为现存体制的帮凶的角度,提出自己的批判的话,那么在斯图亚特·霍尔和其后的费斯克等文化研究者看来,问题远没有那么简单。文化研究者们倾向于把文化看成是社会的"整个生活方式",而大众文化的构成自然与媒体时代大众的日常生活习俗和理念相关联,不能简单地用统治阶级的阴谋和统治意图来作单方面的解释。

文化是"社会生活方式"的观念,这是雷蒙德·威廉斯在其《文化与社会》一书中提出的。① 作为一名马克思主义者,威廉斯虽然承认在资本主义社会中资产阶级对文化的控制权和支配权,但是他更强调:"一个文化的范围,它似乎常常是与一个语言的范围相对称,而不是与一个阶级的范围相对称。"② 因此,将文化划分为阶级或阶层的,只有极其相对的意义,因为共同语言在这里起着更为重要的作用。所以他说:"一个文化所使用的共同语言,其表达的能力和丰富多彩、灵活性等方面都不能衰退。而且必须足以表达新的经验和阐明变迁,这一点对一个文化来说显然是极其重要的。"③ 显然,威廉斯认为相对于经济地位,共同的语言和生活习俗产生的影响更为持久和深远。经济地位的变迁要频繁得多,而语言和习俗是相对稳定的,文化也是相对稳定的。

文化既是社会成员的共同的遗产,也是联络他们的共同的网络。对于个体来说,当他降生于社会时,他已经被这一网络所笼罩,他不可能抛弃既成的文化,独辟蹊径,完全另立门户。因为个体在这一文化氛围中成长,他可以汲取的资源只有在他所处的社会文化范围之内,包括他的创造力也受这一文化氛围的制约和影响。由此,社会的文化不是某一个社会阶级独自创造的,或单方面给定的,而是在社会实践和交往中逐渐生成的,是在多方面协调和互动的过程中形成的。文化的研究者们也正是站在这一立场上来看待大众文化的,亦即从具体的协调、互动和使用过程中,从消费实践出发来给大众文化定位。

当然所谓消费实践应该包括两个方面:一方面,资本主义市场之手在运作大众文化,进而操纵大众文化的消费行为并攫取巨额利润;另一方面,大众在消费

---

① 早在20世纪初,梁漱溟先生就在《东西文化及其哲学》中提出文化"不过是那一民族生活的样法"的观点,但是没有就这一界定作进一步的展开。
② 〔英〕雷蒙德·威廉斯:《文化与社会》,吴松江、张文定译,北京大学出版社1991年版,第399页。
③ 同上书,第401页。

过程中并非完全被动,大众有其独立性和选择性。大众不是一个统一体,而只是一个集合体,它没有统一的意志,这就使消费实践成为一个极其生动的过程,有多种发展的可能性。例如,在分析风靡全球的肥皂剧《达拉斯》个案时,有的文化研究者就指出,不同的社会人群和团体在观看此剧时各自获得不同的满足:《达拉斯》的迷恋者有迷恋者的满足,她们满足于这部肥皂剧展示的"理想中的美",喜欢其中的"漂亮的房子",也欣赏剧中主人公的迷人的"发型";而对《达拉斯》持讽刺和憎恶态度的观众则可以在批判性的观看中"体验到快感",并意识到自己"处于一种胜出并高于《达拉斯》的位置";至于那些持既迷恋又讽刺态度的人们当然更能在观赏中找到自己的位置,即处于那种讽刺地喜欢《达拉斯》的地位上,这样更能带来特有的"欣快和开心"。这些尽管听起来有点儿复杂,但在具体实践中并不会遇到多大的障碍。①

由此,我们能理解斯图亚特·霍尔在其《编码/解码》一文中为什么会发展出对大众文化的三种解码立场(今天看来,仅仅是三种立场略微简单了一些),即支配性读解、协商性读解和反抗性读解。其实不管研究者能归纳出多少种读解立场,说到底,消费实践不是市场所能预先规定的。因此,理解大众文化既要从统治和被统治、规训和被规训的对立关系中寻求答案,也应从其他方面来加以探讨。

比较系统地发展协调和使用理论的是约翰·费斯克。他在承认大众文化中隐藏着主宰与被主宰的权力关系的同时,强调了矛盾的另一方面特征,即大众作为被主宰、被规训的一方并不总是被动的、毫无抵抗能力的,被规训的大众可以以他们的规避策略和游击战术来同意识形态的主宰者相周旋,并从中获取精神上的满足,正如澳大利亚的原住民对好莱坞西部片作相反的读解(为那些印第安"匪徒"叫好),正如当代美国青年穿上故意撕破的牛仔裤以示反叛。因此,大众文化的意义并不是由某种机制(如资本主义的市场机制)预先给定的,而是在其整个运作过程中逐渐生成的。毋宁说,费斯克只是将生产线上下来的产品看成是大众文化得以形成的资源和原材料,而大众文化的意义是在其后的漫长的消费实践过程中实现的。

如果说在一般意义上我们将大众文化当成文本的话,则文本的意义多少是由文本的制作者所决定的。而在费斯克看来,大众文化并不就等于固定的文本,因此它也不可能是资本主义大工业控制消费对象的得心应手的工具。费斯克更

---

① 参见〔澳〕莱恩·昂:《〈达拉斯〉与大众文化意识形态》,马海良译,载罗钢、刘象愚主编:《文化研究读本》,中国社会科学出版社 2000 年版,第 376—396 页。

倾向于将大众文化看成是一个动态的形成过程，有相对自由的空间，在这一空间里消费大众可以按照自己的意愿作取舍。"每一种消费行为，也都是文化生产行为，因为消费的过程，总是意义生产的过程。"①

费斯克的消费生产论或许过于乐观，但是他将媒介文化的意义重心移到消费实践之中毕竟拓宽了媒介文化研究的思路，这一新思路中既有"接受美学"的影响，也有"狂欢化"理论的踪迹，而最关键的是给予"消费"概念以积极的阐释，使这一平庸的日常行为和社会日常经验被赋予了文化的灵性，或者反过来说，使文化等同于日常行为。

### 3. 媒介阐释学的态度

与前述两种立场不同，媒介阐释学既不是从文化产品的制作和相关体制入手，也不是仅仅从其消费实践出发来看待媒介文化的，即这一立场超越了生产和消费的对立关系；当然更不是从主宰和被主宰、规训和反规训的层面上来阐释大众文化的制作机制，媒介阐释学更愿意开辟新的阐释立场来看待当代的各类文化现象，并据此改变以往的文化阐释方式。

例如鲍德里亚认为，当今的媒介文化并不是某种价值观的单向的传播工具，传播某种先在的理念和制度文化。新媒介所创造的文化是一个由自我指涉符号构成的世界，这是一个超现实的"拟仿"的世界。它不能被看成是对现实的简单仿造，因为"它从根本上瓦解了与实在的任何对照，把实在吸收到拟仿自身之中"。

鲍德里亚论述道，媒介"是一种奇妙无边的工具，使现实与真实以及所有的历史和政治之真失去了稳定性……我们沉迷于媒介，失去它们便难以为继……这一结果不是因为我们渴求文化、交流和信息，而是由于媒介的操作颠倒真伪、摧毁意义"。由此，鲍德里亚等更倾向于认为当代媒介是"将一种新型文化植入日常生活的中心"，"这是一种置于启蒙主义理智与非理性对立之外的新文化"②。

其实，最早对这一新文化有所认识的人是麦克卢汉，他在20世纪60年代初提出的惊世骇俗的观点"媒介即讯息"，就已经开创了媒介阐释学的先河。在麦克卢汉看来，由于媒介是人们与外界打交道或互相交往的唯一渠道，因此不同的媒介可以看成是人体的不同感官的延伸，而媒介的方式决定了人类社会的交往方式，有什么样的媒介，就有什么样的社会关系模式，所以在我们的社会生活中

---

① 〔美〕约翰·费斯克：《理解大众文化》，宋伟杰、王晓珏译，中央编译出版社2001年版，第42页。
② 〔美〕马克·波斯特：《第二媒介时代》，范静哗译，南京大学出版社2000年版，第20页。

发挥深刻影响的是社会主导媒介的形态,而不是媒介所承载的信息(这就是"媒介即讯息"的意义精髓所在)。麦克卢汉紧接着又提出"冷媒介"和"热媒介"范畴,把"高清晰度"和"低清晰度"概念引入自己的媒介理论,试图从细部上丰富和深化这一理论,只是并不太成功。

追溯麦克卢汉的思想渊源可以发现,同是加拿大学者的伊尼斯是这方面的先驱。他在《传播的偏向》中,按传播媒介的形态将世界史分为以下九个时期,即"从两河流域苏美尔文明开始的泥版、硬笔和楔形文字时期;从埃及的莎草纸、软笔、象形文字和僧侣阶级到希腊—罗马时期;从苇管笔和字母表到帝国在西方退却的时期;从羊皮纸和羽毛笔到10世纪或中世纪的时期,在这个时期,羽毛笔和纸的使用交叠,随着印刷术的发明,纸的应用更为重要;印刷术发明之前中国使用纸、毛笔和欧洲使用纸、羽毛笔的时期;从手工方法使用纸和印刷术到19世纪初这个时期,也就是宗教改革到法国启蒙运动的时期;从19世纪的机制纸和动力印刷机到19世纪后半叶木浆造纸的时期;电影发展的赛璐珞时期;最后是20世纪三四十年代到现在的电台广播时期"[①]。

伊尼斯所谓"传播的偏向",其实就是文明的走向,文明因媒介方式异变而不断开辟出新的发展路径。

伊尼斯和麦克卢汉将马克思的生产方式决定论替换成媒介形态决定论,也就是用人类社会的交往方式或者说信息方式来置换物质生产方式。这一置换反映的与其说是思想观念的递进,不如说是媒介在当前社会中的巨大作用和人们对这一作用的再认识。也就是说,就改造我们的生活而言,媒介方式比媒介所传递的信息更加有效。

在后起的学人中,梅洛维茨和波兹曼是这一领域的佼佼者,前者的《消失的地域》,后者的《娱乐至死》和《技术垄断》等均堪称媒介阐释学的扛鼎之作。特别是波兹曼,以"机器意识形态"来描述当今社会的总体文化现状。他认为,正是高科技的媒介手段和信息爆炸所带来的信息泛滥的困境,使当代美国走进了"技术垄断"的荒诞境地。今天,在波兹曼之后或许还可以加上一句,随着媒介技术的全球同质化扩散,"技术垄断"正在向全世界弥漫。

自然,媒介阐释学的思想来源并不是单一的,它并非封闭系统,除了伊尼斯和麦克卢汉,许多学派和思潮都可以被吸纳其中,如梅洛维茨在自己的著述中融合了霍夫曼的社会学理论,波兹曼则继承了法兰克福学派的批判理论、福柯的历史观和其他相关理论。

---

[①] 〔加〕伊尼斯:《传播的偏向》,何道宽译,中国人民大学出版社2003年版,第1页。

这里，由媒介阐释学同样可以推导出后结构主义的主体批判理论。即如果说，我们的世界感和日常经验是由交往的媒介方式塑造的话，那么亦可说新的媒介和信息方式也会促成语言的彻底重构，"这种重构会把主体建构在理性自律个体的模式之外"。由此，"以往我们所熟知的现代主体就会被信息方式置换成一个多重的、撒播的和去中心化的主体，并被不断质询为一种不稳定的身份"①。到了这一步，自然会得出以下结论：所谓主体既不可能是先验的，也不总是为意识形态所控制，它是由具体的文化环境所产生的，是在社会的交往行动和交往结构中逐渐形成的，当然所谓形成并不等于一成不变，因此假如我们承认主体存在，那么它必然是开放的和变化的，而不可能是封闭的、先验的和长期稳定的。

站在后结构主义立场上，例如鲍德里亚等认为，将人们对媒介文化或大众文化的需要划分为真实的需要和虚假的需要，或划分为主要的需要和次要的需要是没有多少意义的（例如家庭主妇观看肥皂剧来打发光阴，或者是打工一族受服装广告所诱惑倾囊买下豪华而不实用的名牌服装）。"需要"是在社会生活过程中制造出来的。在基本的生存条件得到保障之后，人们的消费往往成为社会心理需要，而不是个体的本能需求，所以消费不是主体对客体的事先指定的欲望的满足，消费行为是消费者受自己所构筑的社会意义系统的制约。由此，鲍德里亚认为："与其说一种需要是对某一种特定的客体的需要，倒不如说这是对表明差异（寻求社会意义的欲望）的'需要'，只有在这时我们才会理解满足是永远无法达成的，因而对需要作出一个界定是永远不可能的。"②

这里所说的消费者自己所构筑的社会意义系统，其实也是由大众媒体来策划、操纵并体现的（在当代社会，我们无法设想离开大众媒体的影响来讨论社会行为和社会心理），因为只有大众媒体能印证个体行为的社会意义，它取代了传统的家族、同事和邻里的参照关系，成为最权威的、最有代表性的价值系统，决定着人们的选择。如果说意义存在于差异之中，意义系统的确立主要是由事物和现象间互相的差异组成，那么只有媒介文化无时无刻不在发现和制造差异，因为这是媒介文化推陈出新的依据。大众媒体总是能为一种新品牌的香水或洗发香波开发出新的功能，找到新的文化含义，正像它总能证明一种新款的领带或衬衣的特殊含义，总能解说新设计的冰箱和空调的不同凡响的特点或找到它们比已有市场产品更有益于健康的种种理由。

鲍德里亚之所以说对"需要"作出一个界定是永远不可能的，是因为需求将

---

① 〔美〕马克·波斯特：《第二媒介时代》，范静哗译，南京大学出版社2000年版，第83页。
② 转引自〔英〕尼克·史蒂文森：《认识媒介文化》，王文斌译，商务印书馆2001年版，第234页。

被不断生产出来。只要我们有欲望,就会有需求,但是仅仅由欲望而产生的需求可能是莫名的、无可名状的和方向暧昧的,它需要不断地被填充。而今天的媒介文化适时地承担了填充者的角色(应该说这是其与生俱来的功能角色),每时每刻地履行其"推陈出新"的职能,于是人们的消费需求和媒介文化奇妙地合而为一,互相促进,结成了牢固的联盟。

### (二) 媒介文化研究的若干焦点

当然,这里最关键的是媒介文化的提出开辟出许多透视的焦点和广阔的研究领域,这样一些领域在以往的学科分类中是没有相应的空间的,只有在文化研究或媒体文化的范畴中才能得到充分的拓展。另外,在媒介文化的研究中,对许多个别而具体的问题的研究能够得到进一步的整合,因而具有一定的系统性和普泛性。如以下这些话题在媒介文化研究的范畴中就能获得充分的展开:

#### 1. 传媒和权力

媒体和权力或大众媒体与权力话语之间的关系是最容易被关注的话题,因为大众文化最初的引人注目之处就是它与资本主义文化工业的孪生关系。一些马克思主义者认为既然"大众传播媒介,在历史上一直是与通过更为直接的各种生产方式来创造剩余价值的经济基础的能力紧密联系在一起",那么,资本"目前对文化诸产业的投资仍可以被视为是剩余价值的增加以及对投资领域的一种探索"[1],其最终是为了巩固自身的利益。当然,随着时间的推移,当今的一些媒介文化研究者们采取更加谨慎、全面的立场和态度,他们更倾向于将媒介文化中的有关权力关系作葛兰西式的或者是福柯式的描述,而不是将其简化为激烈的阶级冲突,因为这一"复杂的权力观念"比简单的冲突和对立的理论更适合用来"解释诸如传媒之中的文化表征如何维系资本主义社会的统治意识形态及其运作"[2]。所谓复杂的权力观念不是只把意识形态简化为对阶级利益的维护,简化为仅仅是增进资本主义的经济利益,而是要将家庭、学校、传媒和社会的各种机构与体制之间的关系和实践状况,还有"诸如性别、种族和其他意识形态的控制形式等饶有意味的现象"都包括在内,分别加以考察,并指出它们互相之间的联系。只有这样,人们才能更加清晰地理解现代社会权力的内在运作方式和规律。

例如,斯图亚特·霍尔承袭葛兰西的观点,认为统治阶级的话语霸权"即意识形态的领导权,是通过诸如家庭、教育制度、教会、传媒和其他文化形式这类机

---

[1] 参见〔英〕尼克·史蒂文森:《认识媒介文化》,王文斌译,商务印书馆2001年版,第37页。
[2] 吴士余主编:《视点——大众文化研究》,上海三联书店2001年版,第36页。

制而得以运行"。其中,传媒作为一个结构有序的意识形态领域,作为一个复杂的统一体,是建立在传媒与作为整体的社会分享的指意语汇之上的。由于这一分享,"观众感到他们是在以自己的方式解码,故而是认可了作为系统的传媒。他们接受了流行的正统性"。这种情形用阿尔都塞的话来说,是传媒被结构在统治支配之中。① 自然,这里也看出了传媒的统治支配和军队与警察所维护的统治支配的不同。

也许是一种必然,对统治意识形态和权力话语与媒介之间关系的关注,会诱使或者引发出媒介中心主义的观念。这一观念认为在当今社会中,大众传媒是所有权力机制中的核心机制,大众传媒将决定什么是中心、是主流,什么是边缘。例如加拿大学者克劳克与库克等就持这一观念,而在他们的相关表述中则更进一步,他们把进入家家户户客厅和卧室的电视机看成是大众媒介的最主要代表,所以他们以无比果断的口气说道:"凡是没有进入电视的真实世界、凡是没有成为电视指涉物的认同原则、凡是没有经由电视处理的现象与人事,在当代文化的主流趋势里都成了边缘,电视是'绝对卓越'的权利关系的科技器物。在后现代的文化里,电视并不是社会的反映,恰恰相反,'社会是电视的反映'。"② 如果将克劳克等人的见解向前延伸,那么说电视节目的制作权和播放权集中了政治权力和意识形态之争是不为过的。所以有的美国学者,如道格拉斯·凯尔纳认为:"媒体文化在总体上而言,是互不相让的社会集团的兵家必争之地:有些是用某些制品来倡导自由或激进的立场,而另一些则用以强化保守的立场。同样,有些媒体文化的文本促进的是进步的立场以及对诸如性别、性偏爱、种族或种族划分等的再现,而另一些则端出种族主义和男性至上主义的反动架势。由此看来,媒体文化是一种不同再现之间的竞赛,这些再现重现了现存的社会斗争,转译了时代的政治话语。"③ 他以20世纪60年代的美国电影为例,认为某些反战电影如《越南:猪年》等推动了60年代的逆文化(counterculture)的立场,而另一些像《绿色贝雷帽》(1967)那样的电影则正面地再现了美国对越南的干预,同时反击了逆文化。

当然,对电影、电视剧或者某一档娱乐或文化节目作政治或意识形态的分析并不是解读媒介文化和权力之间关系的全部或终点。在媒介文化的框架中,对电视新闻报道的研究是不会被轻易放过的,毕竟每日的新闻报道不仅占有了一

---

① 以上均参见〔澳〕约翰·道克尔:《一种正统观念的开花》,载《视点——大众文化研究》,上海三联书店2001年版。
② 参见〔英〕汤林森:《文化帝国主义》,冯建三译,上海人民出版社1999年版,第116页。
③ 〔美〕道格拉斯·凯尔纳:《媒体文化》,丁宁译,商务印书馆2003年版,第57页。

天的黄金时段,而且滚动播出的频率也很高。媒介文化研究如果放弃了这么一大块阵地,那真是只见树木,不见森林,捡了芝麻丢了西瓜。所以,约翰·费斯克等大众文化研究者将电视新闻作为典型的范本来分析。例如,费斯克在《解读大众文化》一书中认为,电视新闻是通过创造一种等级体系来行使其文本权力的,这一等级体系是由处于中心位置的新闻节目的主持人——"远离"演播室的记者——非机构性的现实(如目击者、参与发言人、现场新闻,看来是说了实情的声音,但从不被允许为他们自己说话)从高到低排列而组成的。在这一新闻话语的等级体系中,关于事实的知识只存在于演播室中,新闻主持人看来并不是他或她自己的话语的作者,而是一种客观的关于事实的"口头"话语的发言人。而远离演播室的记者与"活生生的现实"保持联系并在其与演播室发布的关于事实的最终知识之间作出协调。记者需要署上自己的名字,这表明他们所报道的"事实"是带有主观性的,在新闻话语的等级体系中就比演播室里的"事实"等级要低。最后才是现场新闻或目击者的发言,这些是作为事实的一种旁证而存在。[①]

为了更清晰地揭示新闻话语中权力运作的具体方式,费斯克还对有关的新闻报道作了细致的文本分析。他在一则有关暴风雪的电视新闻报道的描述和解析中指出,那场由南到北的暴风雪与通常由北而南的政治新闻之间有着巧妙的逆转关系,这一次自然与文化产生了碰撞。是暴风雪造成了经济上的歇业、产业争执及抗议游行之间的连续性,但是,新闻/历史的要点并不是只告诉我们发生了破坏,而是告诉我们,社会能对这些破坏进行推理性的控制,并将它们设置到社会的意义系统之中,费斯克认为,这就是新闻/历史写作的权力。[②] 电视新闻就是沿着权力和抵制的坐标运作的一系列冲突,当这些权力框架诱发各种抵制时,就会产生各种各样的大众快乐。

当然,传媒中体现的权力不是个别统治者或某一个政治集团所能随意操纵的。它在知识与话语的运作中产生,在知识/权力的形成过程中,社会各阶层有着某种共谋关系。

2. 电子媒体时代的主体性问题

这是一个极其复杂的问题,即电子媒介文化是消解了所谓的现代主体,还是只不过提出了一种新的主体理论而已,即"去中心化"的主体理论?

或许是一种历史的巧合,后结构主义理论的崛起与人们对媒介文化的关注发生在同一个历史时期内,所以电子媒介在当代社会的功能以及在主体建构方

---

① 参见〔美〕约翰·费斯克:《解读大众文化》,杨全强译,南京大学出版社2001年版,第163页。
② 同上书,第170页。

面的作用成为一个既令人困惑又饶有兴趣的话题。例如,德里达在指出大众媒介以对话语的控制、操纵、颠覆或同化来瓦解"评价的批判能力"的基础时,似乎决定了他会在若干年后进一步提出电子媒介的颠覆或操纵功能,诸如"作家使用电脑会使主体失去稳定性"①的观点。据说,由于电脑能对文本进行可逆性操作,增补的插入也更为方便,因此扩展了的电脑书写和整合能力就对作家的主体稳定性构成了威胁。②德里达提出的这一问题虽然并不十分令人信服,但是这无疑开辟了媒介文化研究的新途径。所以,《信息方式》的作者马克·波斯特从当代媒介文化的表征危机入手,认为媒介的变化使我们面临着主体普遍性的去稳定化。在信息方式中,"主体已不再居于绝对时/空的某一点,不再享有物质世界中某个固定的制高点,再不能从这一制高点对诸多可能选择进行理性的推算。相反,这一主体因数据库而被多重化,被电脑化的信息传递及意义协商所消散,被电视广告去语境化,并被重新制定身份,在符号的电子化传输中被持续分解和物质化"③。因此,电子媒介文化"颠覆了笛卡尔式主体对世界的期待"。马克·波斯特还认为,对比阿尔都塞的主体理论,即意识形态将个体构建为一个"虚幻的中心主体",媒介文化如电视广告等则与此相反,它们强化了一个失去中心的主体。④

而作为《第二媒介时代》的作者,马克·波斯特又从"双向的去中心化的交流"的角度出发,认为"第二媒介时代中的主体构建是通过互动性这一机制发生的"。所谓"第二媒介时代"是相对于播放型模式(如电视、广播等)占主导地位的第一媒介时代而言的,它似乎是电子网络媒体的代名词。马克·波斯特认为,作如此划分是十分必要和有意义的,因为"互联网和虚拟现实打开了新型互动性的可能"⑤,这种新型互动性在根本上改造着主体。

据说,"自由主义者和马克思主义者都认为无论是根据天赋人权的理论还是类本质的观念,个体都具有真实的需要。这两种观点都承认个体是健全的中心化主体,主导性的结构施加的对象正是他们,解放便是指消除不应该和不必要的施加成分"⑥。而传播媒介的网络化使得人们的中心身份模糊化,发送者和接收者、生产者和消费者、统治者和被统治者之间的绝对界限已不复存在,个体的中

---
① 参见〔美〕马克·波斯特:《信息方式》,范静哗译,商务印书馆2000年版,第136页。
② 同上。
③ 同上书,第25页。
④ 同上书,第80页。
⑤ 参见〔美〕马克·波斯特:《第二媒介时代》,范静哗译,南京大学出版社2000年版,第47页。
⑥ 同上书,第21页。

心主体的地位受到削弱。另外,互联网生成了许多"虚拟社群",在虚拟社群中由于没有性别、年龄、种族、社会地位等方面的可视特征,相互间的交谈便会通往人们平时可能会避免的方向。这些虚拟社群的参与者们在情感的表达上往往没有什么抑制,交际的放纵以及匿名交往中无节制的身份转换,导致的结果是在多向的交流中主体的去中心化。①

主体问题本来是十分抽象的哲学问题,但在媒介文化时代,它变得具象而生动起来,因为相对于主体的"他者"形象是如此丰富和庞杂,以至于关于主体的讨论有了无数的参照系。如果说主体无法通过自身独自确立的话——就像它当初是由印刷文化确立的,是近代以来的印刷文化建构了一个有稳定和固定身份的主体——那么在某种意义上可以说,它是媒介方式的特殊反映,是媒介帮助它与外界取得联系并巩固自身的。媒介手段的多样化和媒介文化的泛滥使得原先相对干瘪而清晰的主体形象变得臃肿而模糊,同时也留下了无穷的阐释空间。用鲍德里亚的观点来看,这是因为媒介文化现象本身实在太奇特。它既非现实,又非想象,它是一种拟仿。它创造了现实的强化形式,却又永远无法成为现实。在媒介文化这组哈哈镜面前,主体永远是一个既诱人又乏味的话题。

3. 消费社会和消费文化

媒介文化在某种意义上是消费文化的同义词,当初法兰克福学派在激烈批判资本主义的文化工业时,已经指出,在资本主义商品经济中,文化的生产已经同商品生产密切地结合在一起了。文化作为产品,其生产和消费已经纳入市场交换的轨道,文化产品就是消费品。所以,阿多诺等在《启蒙的辩证法》一书中说道:"艺术商品自身的性质正在发生变化。艺术也是商品,这并不新鲜,这一变化新就新在艺术心悦诚服地承认自身就是商品。艺术宣布放弃其自律性,并且以能够在消费品中占有一席之地而骄傲……"②

自然,要进一步解析消费文化的概念,必然联系到消费社会。鲍德里亚首先详尽地描述和阐释了消费社会。据说,他在1968年出版的《物的符号体系》一书中已经关注到以物的消费现象为中心的社会结构。他说:"从一开始就必须明确指出,消费是一种积极的关系方式(不仅于物,而且于集体和世界),是一种系统的行为和总体反应的方式。我们的整个文化体系就是建立在这个基础之上的。"③

---

① 参见〔美〕马克·波斯特:《第二媒介时代》,范静晔译,南京大学出版社2000年版,第48页。
② 转引自上书,第23页。
③ 〔法〕鲍德里亚:《消费社会》,刘成富、全志钢译,南京大学出版社2000年版,前言。

消费社会是一种特殊的社会类型,以通常的眼光(或者说马克思主义的眼光)看,社会形态的划分和归类是以生产方式为标志的,是生产关系和生产力之间的矛盾和统一从根本上决定了社会其他矛盾的走向。消费社会则颠倒了以生产为中心的社会结构,将消费和消费行为置于主导地位之上。这里的消费不是指个人的随意消费行为,而是指"一种主动的集体行为",是与社会的价值体系及社会的控制功能相联系的一整套制度和道德。按照鲍德里亚的说法:"消费社会也是进行消费培训、进行面向消费社会的驯化的社会——是与新型生产力的出现以及一种生产力高度发达的经济体系的垄断性调整相适应的一种新的特定社会化模式。"①

所谓消费文化就是这一特定社会化模式的润滑剂、催化剂。当社会的生产力过剩,需要寻找出路时,就产生了消费文化。确切地说,消费文化是为消费行为寻找意义和依据的文化,是刺激消费欲望或制造消费欲望的文化。这种文化诱导大众热爱一切有"品位"的商品,热爱一切有"格调"的商品,然后又引领大众学会以高雅的消费方式来享受这些有品位和格调的商品。消费文化改变以往人对物的使用关系,"实用"的观念渐渐退位,取而代之的是意义的消费和价值的消费。关于意义和价值是一个无限开阔的领域,如社会的意义和价值、心理的意义和价值,或者历史的意义和价值等。这些都是能够进行无限制生产和再生产的精神领域,因此消费文化所指向的并不一定是什么物质商品,而是新开发出来的"文化"产品。这种文化产品可以是物质性的,也可以是精神性的,如某种品牌、某种气氛、某种情调等;它们或许是时尚的、新潮的,也可能是古老的、有着深长的历史韵味的,但是观赏者或消费者必须为之埋单。这是因为:"商品的逻辑得到了普及,如今不仅支配着劳动进程和物质产品,而且支配着整个文化、性欲、人际关系,以致个体的幻象和冲动。"②

消费文化的背后是经济动机和对商业利益的考虑,但它们却是以文化的或符号的面目表现出来。当今社会景观的很大一部分内容由消费文化所组成,如铺天盖地的广告,由各类时尚专刊和电视栏目共同构筑的服饰文化、奢侈品文化和明星文化等。所以说,消费文化往往是媒介文化的同义词。

或者可以说消费文化是当今经济行为或市场行为的一个重要的、不可或缺的组成部分,也可以说消费社会的经济是文化经济,因为任何人已无法将经济中的文化成分剥离出来。以往的商品中的高附加值是技术带来的,技术就是文化,

---

① 〔法〕鲍德里亚:《消费社会》,刘成富、全志钢译,南京大学出版社2000年版,第73页。
② 同上书,第225页。

是由一连串复杂的制作行为构成的。而今,除了技术这种科技文化,商品和经济行为中的高附加值中还蕴含大量的人文文化,这就是历史、习俗、心理和梦幻等。当然,这里指的是作为社会整体的或者说集体记忆的历史、习俗、心理和梦幻等,它们会投射到商品和经济活动中,产生出巨大的效益。例如明星们的高额广告收入、大牌球星的巨额转会费等,在这些天文数字的交易行为中包含着相当复杂的附加成分。有些成分来自明星们卓越的个人天赋,有些成分来自有关机构的教育、培养和训练,有些成分来自时势和环境,有些成分来自社会的"追星"心理,也有些成分来自媒体的运作和造势(包括制造梦幻和冲动),它们共同创造了经济奇迹。当然,也只有在消费社会,这样一些附加成分才会变成白花花的银子,在之前的农业社会或工业社会,这些几乎是天方夜谭。

这是消费社会中巨大的谜团:到底消费文化能给社会带来多大的效益?它与投入成正比吗?文化的消费与物质的消费的边界在哪里?

也许还是鲍德里亚说得对:"消费是个神话。……它是当代社会关于自身的一种言说,是我们的社会进行自我表达的方式。在某种程度上,消费的唯一的客观现实,正是消费的思想,正是这种不断被日常话语和知识界话语提及而获得了常识力量的自省和推论。"①

以上列出的是媒介文化研究所关注的主要领域。这并不意味着媒介文化研究的边界,相反它们预示着这一研究的广阔前景。媒介文化的研究范畴既包括日新月异的传播技术所带来的文化变革,也包括社会和个人之间的互动关系的演变,这是一个难以穷尽的领域。

## 核心概念

媒介文化　文化帝国主义　媒介帝国主义　文化工业　媒介阐释学
传媒与权力　电子时代的主体性

## 思考与讨论

1. 什么是新的文化分类原则?
2. 媒介文化研究的思想资源有哪些?
3. 列举中国媒介文化研究兴起的原因。
4. 当前媒介文化研究者关注的问题有哪些?
5. 怎样理解福柯等的"复杂的权力观念"?

---

① 〔法〕鲍德里亚:《消费社会》,刘成富、全志钢译,南京大学出版社2000年版,第227页。

# 第二讲 传播过程中的开放体系

在本讲中,我们将从以下两个方面来讨论媒体文化:第一,媒介文化是如何被生产的?第二,媒介文化怎样在传播中成为开放体系?

## 一、媒介文化的生产

前文已经提到,媒介文化的提出是基于别一种的文化分类原则,即文化的媒介呈现方式而言。显然,研究媒介文化不是简单地面对抽象的、仅供识别或解读其意义的各种文本,还要考虑具体的传播手段,如纸面媒体、广播、电视或网络等,因为不同的媒介会生产出不同的文化。

如果说以往传统文化的分类原则是以符号和符号系统的分野作为依据的话(如我们设立了语言文字符号、音乐符号、影像符号等等的区分原则),那么在媒介文化的研究中,符号的分类原则就让位于媒体和传播手段的分类。虽然说到底,符号系统的差别也是媒介手段的差异,但是人们在前者那里关注更多的是符号系统背后的种种深远的含义;而在后者中,我们才渐渐发现文化在一定意义上是由媒介生成的,不同的媒介方式生产不同的文化,只要有了新的媒介手段和媒介文化,新的意义总是会被源源不断地生产出来。

例如,人们将网络文学区别于传统文学,将网络新闻区别于一般意义上的新闻,并不是从它们的内在意义上来作划分的,而是首先以媒介方式来区分的。这种区分虽然朴素,却是至关重要的,因为媒介方式的不同、传播手段的各异是显而易见、毋庸置疑的。也有些论者认为,说到底网络文学与文学、网络新闻与新闻两者没有什么根本的区别,只是载体不同而已,但是他们或许没有考虑到,有了载体这首要的不同和区分,其他方面的区别自会慢慢派生出来。特别是内在意义上的差异和区别更不可能一蹴而就,只能是在具体的传播过程和媒体事件中逐渐生成和发展。正是在具体实践和研究的过程中,研究者们渐渐发现网络文学有超文本性、多媒体性、电子书写特性等,而这些是传统文学或者说印刷文本所不具备的。至于网络新闻的快捷性、超链接性、交互性和个人参与性等,也是纸面媒体和广播媒体新闻等无法取代的。

## 二、对媒介文化的技术性阐释

由于媒介文化的形成总是离不开具体的传播手段,本书更愿意将媒介文化看成现代媒体先进的传播功能与社会流行趣味结合的产物。

这里不是想下一个严格的定义,而只是想划出一个大致的阐释范围,因为所谓先进传播工具的"先进"是相对的概念,社会流行趣味的"流行"也是相比较而言的,没有也不可能给出强硬而明确的界限。正如西方某些研究媒介文化的学者,如美国的道格拉斯·凯尔纳教授所指出的那样,"媒体文化极为复杂,至今为止它依然抵触任何较为综合的理论概括",因为"诸种高度综合的理论显得片面化了,同时对媒体文化的某些重要方面也视而不见"[①]。而以上对媒介文化的这一阐释是技术性的,是从政治或意识形态的功能以外的角度入手,即从传播手段、传播功能和社会文化时尚的结合上来理解这一巨大而笼统的概念,想开辟一条新的阐释路径。或许只有从传播功能和社会流行趣味这两个方面的结合中,我们才能容忍以下种种提法,如影视文化、网络文化、足球文化、服饰文化、广告文化、饮食文化等等。这一系列的"文化"中有一个共同点,那就是它们都是社会时尚,又都是当下大众媒体的宠儿。当然,这里又引出它们的另一个共同点,即它们都不是我们所理解的传统意义上的文化。在传统意义上的文化中,我们比较推崇的是有抽象而又相对严密的符号系统的文化,鄙视感官化的文化;而在今人的媒体文化中,声色犬马的意味比较浓重。造成这一局面的原因,我们可以从当代人的思想观念的转变上寻找,也可从人的解放(包括各种官能的解放)上来理解,但是最主要的还是大众媒介的变革与传播技术的发达,促进了这方面的发展。今天的影像和声像传播技术使得"声色犬马"的文化有了发展的可能,使得文化更加感官化。

想当年孔夫子课徒,授以六经,《诗》《书》《礼》《易》《春秋》基本上都是抽象的、远离感官的文化。唯一靠近一些的《乐经》却失传了,但也可以想象《乐经》很可能是一部从意识形态上来理解音乐现象的著作,并不涉及旋律和音色方面的鉴别和欣赏。作如此臆断,是因为儒家经典对音乐的评判和鉴别基本上集中在其社会功能和意识形态方面,如将音乐分成"治世之音""乱世之音"和"亡国之音",故《礼记·乐记》中有所谓"治世之音安以乐,其政和。乱世之音怨以怒,其

---

① 〔美〕道格拉斯·凯尔纳:《媒体文化》,丁宁译,商务印书馆2003年版,第2页。

政乖。亡国之音哀以思,其民困。声音之道,与政通矣"之说,并认为,"乐也者,圣之所以乐也,而可以善民心,其感人深,其移风易俗,故先王著其教焉"。或许因为讲授具体的音乐技法和鉴赏在那时缺乏一些基本的物质条件和器乐的设备,所以只能马马虎虎从意识形态等大的方面来做判断。试想孔子闻"韶乐"美妙动听,也表明当时在音乐的传播上也存在着较多的障碍,以致老夫子只有亲自跑到齐国,才得以听闻到"正版"的、据说是从舜帝时流传下来的音乐。

如果先秦时代的音乐传播手段稍微发达一些,人们鉴赏音乐的耳朵再灵敏一些,或许先儒们不会那么苛严地以意识形态的标尺来衡量飘忽灵动的音乐。因为许多事实表明,感官往往会站在意识形态的对立面,冲破由思想设立的种种屏障而作出自己的选择。

说到底,文化的形态同媒介方式和传播手段是息息相关的。一种文化的出现是伴随着新的媒介方式的产生而来的,同样,也可以说新的媒介方式总是能派生出新的文化品种。例如,我们可以说电视的出现催生了 MV,电视和 T 形舞台的结合,使得 20 世纪下半叶有了表演性的服饰文化,网络的普及产生了网络文学和某种或许可以称之为博客、播客、闪客的文化现象。另外,像脱口秀以及席卷全球的足球文化、广告文化等等都是现代大众传媒的产物。所以,有的学者只能这样来描述这种文化:"媒体文化是诸种系统的组合:从电台和声音的复制(慢转唱片、磁带、激光唱盘以及诸如收音机、磁带录音机等传播器械)、电影和放送模式(剧场放映、录像带出租、电视播放等),到包括报纸和杂志在内的印刷媒体一直到位于媒体文化中心的电视等。"[①]

## (一) 媒介文化——流行文化

媒介文化凭借着强有力的传播手段拥有最广泛的读者大众,但是它不是传统意义上的大众文化,其缘由在绪论中已经作了简略的表述,即以往的大众文化是与精英文化相对应而言的,而今天的媒介文化则超越了阳春白雪和下里巴人的界限。媒介文化作为覆盖力很强的文化是与社会流行趣味结盟的。

在现代媒体发挥其强大的功能之前,阳春白雪和下里巴人的区分与其说是由文化的内容决定的,莫若说是由传播该文化所形成的圈子和人们的生活方式所决定的。高雅文化的圈子是贵族和有闲阶级的圈子,他们的教养、生活方式以及空间、时间上的富裕使他们比一般市民阶层和村民能获得更好的文化条件和精神享受。他们可以购买昂贵的歌剧或芭蕾舞剧的入场券,可以有包厢,可以在

---

[①] 〔美〕道格拉斯·凯尔纳:《媒体文化》,丁宁译,商务印书馆2003年版,第1页。

自己家的客厅或院子里举办各种文艺聚会；他们有余暇来训练自己的听觉和视觉能力，以欣赏音乐和绘画等艺术作品。当然这一切要有强大的经济实力为背景，因为高雅文化的细腻和豪华的排场是要由金钱来培养和呵护的，要有赞助者和保护人，还要形成这样一个传统，否则所谓的高雅文化就会因这种或那种条件的流失而招致不可弥补的损失。高雅文化唯其高雅，也比较脆弱，需要种种有利条件和各方面的配合和保护，就像名贵的花种。例如，牡丹、郁金香等对湿度、温度、阳光、肥料等都有一定或相当的特殊要求。而通俗文化则像迎春花之类的普通花种一样，生命力顽强，稍微有一点儿机会和条件，就能茁壮成长。通俗文化利用的是民间文化的资源和传统，因此高雅文化和通俗文化的区别在于它们各自生长的环境不同、条件不同、气候不同、传统不同，而不一定是高雅文化有多么深奥难懂，让一般人无法接受。

当代媒介文化则是在另一种环境和条件下生成的，它与以往高雅的或通俗的文化的生长条件有很大的不同。前文说过，媒介文化的生长条件是由大众媒体的传播功能和社会的流行趣味共同建构的。所谓社会流行趣味，是由社会风尚、社会心理、共同的习俗和环境等多种因素构成的。当然，细究起来，社会风尚并不是社会全体成员所共有或共同参与的产物，它只是社会中有影响和有话语权的阶层的追求和价值取向；社会心理也不是社会全体成员的主体反应的总和，得到表现的社会心理总是同一定的社会语境和某些社会集团的势力相关。

至于说到"趣味"，这是一个带一点儿高雅意味的词。在西方美学中，还有这一概念的发展历史，如从德累顿到休姆、从博克到康德对此都有所阐释，大致是指人们从审美上把握对象的一种能力。因此，所谓社会流行趣味多少也带点儿美学意味，这是从它和现实生活中的功利性态度保持一定的距离而言的。但是另一方面，社会流行趣味又总是与一定时期的社会风尚和现实生活联系在一起的，特别是在市场经济条件下，社会的流行趣味会与市场中的某些销售排行榜紧密相连。如果说古典的趣味从审美上是对抗时尚和潮流的，如博克所说，其中"是理解力在起作用"的话，那么当代的社会流行趣味则是非理性的，它跟从潮流，屈从市场，成为时尚的风向标。

社会流行趣味的背后最终有经济方面的原因：首先是现代社会的规模化生产和全球化的市场荡平了各个旮旯的差异，使得大洋彼岸或者东西半球不同肤色的人群在生活上逐渐同质化。其次是因为这种流行趣味往往是由具有一定经济势力的社会阶层来推动的，是社会的中间阶层或者说是社会的中产阶级来身体力行的。他们居住在大城市里，大致相同的经济条件和生活环境使他们有着大致相同的生活方式，也由此产生出共同的偏好和趣味取向。

## 第二讲 传播过程中的开放体系

中间阶层的偏好和趣味取向似乎注定能成为社会的流行趣味,这是因为社会的上层阶层的生活方式是以极其雄厚的财力作基础的,不易为社会平民模仿。另外,这一阶层的生活基本上是隐蔽的、深藏不露的,在一般人的视线之外。而生活在社会底层的人们则为生计所迫,终日辛劳,没有闲暇的时间和精力来发展自己的业余偏好,也没有财力来支撑这种偏好和趣味。再说这一阶层的人们自觉"人微言轻",即便有所偏好,也不会大肆鼓吹,所以这一阶层的趣味取向也不易成为社会流行趣味。

相比之下,中产阶级的生活状态、知识水准以及经济地位使得他们所具有的趣味和价值观最可能被社会中较多的成员所接纳,因为它既非高不可攀,也不是完全为生计所累而无暇顾及的"趣味"。另一方面,他们所拥有的资源使他们能够推广他们的生活趣味和价值观念。当然,其中最重要的资源之一就是他们拥有的媒体资源。大众媒体的从业人员本身就是由中产阶级所构成的。如果忘记了这一点,就不能清醒地估算现代媒体在文化趣味引导方面的角色和地位。例如,法国社会学家雅克·埃吕尔在其《宣传》一书中就认为,随着社会的发展和新闻广播手段的普及,宣传者总是出在"中上等阶层"[①],因为只有他们是站在宣传的最有利的位置。

另外,媒体也往往以宣传和鼓吹中产阶级的流行趣味为己任,因为在这一趣味背后有着庞大的后备军。年轻一代踏入社会后的第一阶梯,或者说他们所受的职业训练就是进入中产阶层。由此,新一代人和社会流行趣味有着不解之缘。他们充满着无限的幻想和青春的活力,是各种现代神话的信徒和创造者。从某种意义上说,社会流行趣味是专门为他们而准备的一道人生大餐。他们往往将了解和掌握社会流行趣味作为一种有益的训练,误认为这是通向未来神话的一条必经之途。

大众媒体无论是从市场角度考虑或者是从自身的未来发展考虑,都不会忽略这些源源不断的生力军的需求。他们既是社会流行趣味的实践者,也是其制造者。他们在注定成为媒介文化猎取对象的同时,也使媒介文化注定成为社会流行趣味的加工厂。社会流行趣味是趋向于心理方面的,媒介文化则呈现在符号层面上。

可以说,媒介文化最主要的品格就是主动与社会的流行趣味结缘,媒介文化基本上就是流行文化的同义语。

---

[①] 参见《新闻研究资料》第50辑,中国社会科学出版社1990年版,第42页。

### (二) 现代大众媒体的偏爱

不同种类、丰富繁杂而且家族庞大的现代大众传媒尽管有强大的传播功能，但是它们并不普度众生，而是有所偏爱。能成为现代媒体宠儿的往往是感官性比较强的对象，即前文已提及的声色犬马型的文化。例如在中国，象棋有着广泛而深厚的民间基础。作为一项体育竞技活动，它有着悠久的历史，可以说在其中浓缩着中国文化的许多因子。然而，它远远没有这些年才在中国兴起的足球文化那么风光。除了我们可以想到的种种原因，如足球传播能带来的巨大利润、足球是代表西方强势文化的一支先头部队等外，还应该看到绿茵场上这类充满动感和激烈碰撞的竞技项目在电视媒体中有传播优势。象棋这种竞技活动，在电视镜头前无法展现其真正的风采，观众见到的只是枯坐在纹枰两侧的棋手，除非是内行，否则无法通过安静的落子见出棋手内心激荡的风云。而足球就不同了，一切都浮现在表面，千日的苦练只为了一瞬间变现出漂亮潇洒、有利而有效的动作，在这些动作中充满着丰富的视觉效果（所以欣赏足球不一定需要内行，或者说内行有内行的欣赏视角，外行有外行的观看视角）。而到目前为止，只有电视传媒能够传达出这样的视觉效果。在电视产生前，无线广播同样直播或转播各种球类比赛，同样吸引着一大批球迷，同样有着广告的支撑，但是它不可能获得今天电视转播这般巨大的规模。电视在视像传播上不可动摇的地位和足球运动的激烈冲撞相得益彰，使得足球成为最富有"欣赏"价值的竞技项目。足球比赛在画面、声响和动作的结合上取得了最佳的效果，压倒了其他的竞技运动，几乎拔得媒介文化的头筹。

在电视传播过程中，荧屏前的足球有时比现场竞技更加完美。在现场虽然能感受到竞技的热烈气氛，能增强观众的参与感和调动起兴奋的情绪，但是现场观众往往只有一个视点，无法随意移动，加之足球场地宽广辽阔，难以尽收眼底，许多场合只能模模糊糊看个大概，并且稍纵即逝。而在荧屏前，一切都变了样。观众在自己未必觉察的情况下占据了各个最有利的视角，即电视画面总是呈现出观看的最佳角度。观众不仅不会漏掉任何一个有观赏价值的动作，还能从各个角度饱览精彩的场面。更进一步，观众还能通过回放和慢动作，细细品味其中所有的奥妙。这样，在电视屏幕前，人们观赏的是现场看不到的，或者说是与现场观感完全不同的足球。据此，可以说足球运动风靡全球更多的是电视传媒的功劳。

在中国这样一个没有充分的运动场地、大多数人基本上没有参与足球运动的机会的国度，却又存在大量的足球迷，他们看足球、读足球、侃足球、写足球、争购足球报刊,持续发烧。如此巨大的反差,倒是能说明作为媒介文化的足球与作为体育竞技的足球并不完全是一回事,起码在中国,媒体足球拥有更多的大众。

媒体足球或者花样滑冰、水上芭蕾等等目迷五色的体育项目在近50年间的迅速崛起和发展并获得大量的观众足以表明现代媒体的偏好,而在这偏好中,我们正可以窥见现代媒体在传播功能上的特长所在。在某种意义上说,正是具体的传播功能决定了媒介文化的生产和发展。

## 三、传播过程中的开放体系

媒介文化在其产生过程中,或许会形成一定的规模和系统,但是这种系统并不是某一文化的内在逻辑发展的结果。由于媒介文化是在传播过程中逐渐形成的,因此它基本上是拼贴和组装的,其中充满着偶然性,有着种种变数,所以媒介文化永远是一个开放体系。媒介文化在传播过程中吸收着来自各方面的营养,借用了传统文化的各种资源,然后加以整合,再吸收,再整合,因此亦可说,媒介文化的生命力源于传播过程之中,它不是少数文化人的专利,不是学者案头研究的产物(当然它也不拒绝吸收学者案头研究的成果),它是在传播过程中逐渐扩展自身的。

有些文化在爱好者的圈子里流行,在该文化的迷恋者中间生存(如京剧、古玩等等),有些文化在课堂上传播,在师徒关系中生存(如各种各样的学科、学问等等),有些文化在专业人士的商讨和切磋中存在。这些文化由于来自传统,来自内在的逻辑,来自专业与职业,有其固定的河道,因此有长久的生命力。媒介文化则不同,媒介文化的开放性决定了它的易变性和趋时性。媒介文化的河道是宽广的、变动不居的,不是文化的内在逻辑,而是媒体的发展逻辑、大众生活的逻辑和市场经济的法则共同决定了媒体文化河道的走向;简言之,是当代社会生活的实践决定了媒介文化的发展逻辑。

形成媒介文化的两个基本条件——大众媒体的传播功能和社会的流行趣味对媒介文化有决定性的影响。如果没有电视的出现,那么前面所说的足球文化、服装文化、影视大众文化不可能如此发达;如果没有广播和电视,没有两者的结合,流行音乐和MV等不会席卷全球;没有报纸杂志,我们称之为随笔、小品文之类的短文和各种形式的漫画作品就不可能取得今天这样的地位。但是,新媒体的崛起和发展、媒体的日新月异是由科技水平和经济条件决定的,它不是由足球、服装、流行音乐和散文小品等的风格特色、流派承传或创作方式所决定的,因此对于具体品种的媒介文化或者大众文化而言,新媒体的出现和传播科技水平的提高、发展是外在的。然而,就是这种种外在因素的影响,决定了具体的大众文化品种的前途和命运。

再从公众参与方面来说,参与者的个性、修养、文化水平对于具体的媒介文化也是外在的。因为大众文化的参与者主要并不是训练有素的学者、专家、行家里手等等,而是一群"乌合之众"。他们是即兴的、偶然的、一时冲动的,由某种心理暗示和受社会环境影响而参与其间。这种临时性、偶然性和群体参与的积极性造成了大众文化的发展是呈间歇性的、忽起忽落的,而非持久的和相对稳定的。因此,大众文化或媒介文化的品质与其说是由各文化品种的内在规律决定的,不如说是由外部的各种社会因素、经济条件、科技水平所决定的,所以媒介文化只能是开放体系。它不可能是封闭的,由知识精英在小圈子内或沙龙中搞定,再推广于大众之前。它的形成历史和天然条件早已决定了它必然在媒体自身的发展、社会文化和社会心理各种因子的互动中,在种种外在条件的簇合下蔚为大观。

### (一) 巨大的包容性

媒介文化既然是一个开放体系,那么这一文化的鲜明特点就是巨大的包容性。

所谓包容性,是指媒介文化不像以往所理解的那样仅仅指某一个特定的文化品种,而是横跨许多文化品种,横跨许多生活领域。

例如,今天所说的影视大众文化与以往的影视艺术就不是同一个概念。尽管我们以前将影视艺术称为综合艺术,因为它融合了视觉艺术、文学艺术、音乐艺术、表演艺术等等多种艺术成分,每个观众都能在其中各取所需(有的观众喜欢其中的故事,有的喜欢其中的画面,有的喜欢电影音乐,有的观赏的是演员的服饰,也有的喜欢导演的风格或演员的表演等),但是即使内容如此丰富,又可以划分成这么多种成分的影视艺术(就像奥斯卡奖,可以有十来个单项奖,除了最佳故事片和男女主角奖,还有最佳音乐、最佳摄影、最佳服装设计、最佳剪辑、最佳化妆、最佳电影配乐、最佳电影原声歌曲和最佳视觉效果等),与影视大众文化比起来,也显得狭隘得多,因为影视大众文化不仅仅是指影视艺术而言。

影视艺术,或者范围缩小一些的电影艺术,是有特定的范围的。构成这门艺术的一些基本元素是相对固定的,其中的演员是作为角色出现的,画面、音乐和服装等是放在其影像系统中来读解的,因此其艺术价值是在本门艺术的行规中确立的,其艺术成就的大小和品位的高低也是被放在本门艺术的传统中前后左右来衡量的。

第二讲　传播过程中的开放体系

**图 2.1　《花样年华》中的旗袍风情**

　　但是在影视大众文化中,电影艺术只是其中的一小部分。影视大众文化包括各种各样的内容,甚至进入到生活和历史领域中。就像某些年轻女性在观看电影《花样年华》时,更多的是关注张曼玉所频繁更换的二十多款旗袍(见图2.1)。这一关注不是以电影的名义(如主题意义和人物的性格气质等)出发,而是以生活的名义。在这里,演员不仅仅是作为角色出现的,或者说更多地不是以角色的面貌面世的。演员或明星的生活、隐私、星座、个性和爱好,以及各种行为举止及家世背景都成为这种文化的一个组成部分。在一般的大众媒体上,影迷们关注的不是作为故事角色的演员,而是更多地关注社会生活中的人,或者说关注扮演各种日常生活角色的演员(如他们是怎样生活在自己的家庭和朋友之中的,他们作为丈夫或妻子、作为父母或人子与一般的百姓有什么不同)。这样一来,以往在文化和艺术门类之间设立的种种界限统统被打破。至于演员作为角色的穿戴、发型和化妆样式迅速被影迷们或时尚追随者挪用到自己的生活之中,更能为此佐证。除此之外,还有各类电影节的宣传攻势、各种影视评奖活动、媒体策划和安排的独家专访、铺天盖地的影视评论等等,也都是影视大众文化中不可或缺的组成部分。再比如,以影视评论为例,作为媒介文化的影视评论,其范围也远远超出了以往的影视艺术评论。今天的影视评论,不只是关注影像系统和表演艺术,不只是从审美上作出自己的价值判断,而是延伸下去,对许多相关现象进行多方面的批评。例如,它可能对影视制作体制发表意见、对影视的发行和广告作出评价,有的还讨论影视的票房和社会大众的接受心理等。

就以电视剧《水浒传》为例,这里影视大众文化涉及的领域是相当广泛的:如讨论电视剧与原著的关系和改编是否成功,这是比较专业的问题;追问武松在历史上是否真有其人、宋江的历史地位,甚至还有梁山泊的水和施耐庵的关系等等,这些都与历史学和考据学相关了;探讨《水浒传》中的武打设计、鲁智深的武打形象等,则是另一类独立话题;再有,探讨潘金莲这个形象在传播过程中的前后变迁,实际上是对封建主义意识形态的批判,其中兼有女权主义思想;探讨潘金莲在剧中的几次洗浴镜头所产生的效果,有精神分析学的味道;盛赞刘欢的《好汉歌》产生的巨大社会影响,有反腐的意思在其中;谈论《水浒传》的票房或收视率,涉及其商业运作是否成功。另外《北京青年报》(1998年2月11日)当年发表的调查报告《戏里戏外十大焦点——水浒传》,则有点社会学和接受美学的意味,调查所涉及的问题有"电视剧是否受喜爱""人物塑造像不像""梁山好汉:观众喜欢谁""好汉是否太野蛮""拍名著:《水浒传》排行第几""偏离原著行不行""宋江是个什么样的人""潘金莲:荡妇还是良家妇女""看《水浒传》是否想起了批《水浒》""电视剧是否带动了小说热"等。凡此种种表明,作为媒体文化的影视大众文化,其涵盖的范围是相当广泛的,其包容性是巨大的,绝不能用以往的文化或艺术的划分标准来衡量和规范,因为它已经走进人们文化生活的方方面面,进入到日常生活之中。同样,其他媒介文化也体现相类似的情形,即其中包含着我们文化生活和日常生活的各个领域,并且随着当代生活实践的发展,人们无法规定媒介文化的最终边界。

## (二) 媒介文化的构成：基本话题

以上的一些分析或许表明，所谓媒介大众文化，其实是由各种各样的相关话题组成的。如果我们习惯于将文化的具体门类看成是由特定的符号系统构成（语言符号系统构成文学、影像符号系统构成电影、乐音符号系统组成音乐、绘画符号系统构成美术等），那么媒介大众文化则显然是跨越文化门类和文化品种的。构成媒介文化的关键点是基本话题。

基本话题有点类似于创作中的题材，有了题材，就有了做文章的基础和依据。

影视大众文化就是以影视为话题范围的相关文化活动和现象的总和，以上文为例，围绕着电视剧《水浒传》的诸多讨论和批评都是以《水浒传》为话题而延伸开去的。虽然这些议论和批评，还有连篇累牍的文章，其最后落脚点与那部叫《水浒传》的电视剧相去甚远，并且这些议论和批评相互之间或许也毫无联系，但是毕竟话题是从那里来的，所以就有了共同点。也就是说，媒介文化不是按照符号系统的内在逻辑发展起来的，它是由一些基本话题辐射开去的，由某些话题生发出另外许多话题。因此，它是开放性的，没有可以预见的边界，也无法事先规定话题的走向。

这些情形同样适用于媒介足球文化。那个小小的滚动的足球，是所有相关话题的最基本核心，但是，实际上没有多少人会谈论这样一个皮球（它是用什么样的皮革制作而成或哪一种品牌相比较而言更好一些），人们谈论的是踢球的人和与踢球的人相关的事，亦即各种社会现象。人们关注的话题有以下几个方面：球场上的胜负，球队的名次，球员和球星们的球技、个人爱好和日常生活等等。随着市场运行机制的引入，人们的话题会转向球员的巨额收入和他们在各俱乐部之间转会的种种轶闻等，当然有的人还可能对足球俱乐部的运作机制甚至背后的暗箱操作感兴趣，再或者将话题转移到足球彩票上。而足球彩票又是一个可以无限伸展或发挥的话题，它会很快进入我们的日常生活和梦想。虽然这许多话题中的基本话题，或者说这些话题的背后，就是这样的一个永远滚动着的皮球，但是，没有人可以预见和规定它们的走向，就像足球场上瞬息万变，你很难判断球会被踢向何方，也很难判断它的最终落脚点。就因为它们是开放性的，就因为它们每时每刻都在不停地滚动。

由此，我们可以说是人们共同关心的话题构成了媒介文化的一大特征，而这些话题是向当代社会生活开放的。以此类推，这种情况还可以包括媒介服装文化或网络文化等，甚至目前正在兴起的所谓"汽车文化"等都属于这类包容性极大的、跨越各种传统界限的文化。

1. 话题——向当代生活开放

媒介文化开展的基础在于它的基本话题,这些基本话题由于是向生活开放的,所以和当代社会生活是息息相关的,也因此大众可以从各个方面和角度参与到其中来,像足球文化或服装文化与当代生活的关系之紧密、大众的参与程度之高就不用说了,再如"汽车文化",年轻的参与者也甚众。这里说到"汽车文化",以传统的眼光看,这是很不严谨的组合,但是媒介文化就是这么拼凑起来的,只要是时尚的关注点,它就会成为媒介文化的基本话题。所谓当代社会生活并不是当代人的生活总和,而是媒体所特别关注的那一部分对象,这一对象往往就是社会时尚。

例如在前些年,大城市能够买得起私家车的虽然是少数,但是这不妨碍年轻人关注汽车、谈论汽车、阅读汽车和写作汽车。私人汽车的前景和市民生活的前景有着种种关联,因此它在成为时尚的同时也必然成为媒体的热门话题。虽然汽车工业的发展带来的是环境的污染和空气的恶化,甚至有关报道曾指出,北京大气中的悬浮物有40%来自汽车尾气,但是青年人还是奢望拥有自己的轿车。私人轿车中包含着许多现代生活内容:旅游、度假、社交、出行方便和整个生活方式的改变等等。另外,在私人轿车的品牌和款式中,还有身份的象征、品味、修养和家世背景等因素在起作用。这里不仅有物质的内容、有经济实力的较量,还有精神的、审美的、社会心理的种种内涵可以发掘,因此有的报刊以"汽车时代"或"汽车文化"的专业和专栏形式来加以报道和渲染,招徕读者。当然更不用说那些制作精美的汽车杂志和美人香车这类诱人的汽车广告(充满动感和诱惑色彩的电视广告、巨大的户外广告牌等),这些堪称都市一景,散发着迷人的魅力,并承担着当代都市生活的描述功能。它们是都市生活不可或缺的组成部分,都市生活因为有了豪华的轿车而显得更加绚丽多彩。

实际上,在中国看汽车的、谈汽车的、写汽车的人超过了拥有汽车的人的数量。在这一层面上,媒体汽车盖过了有四个轮子的汽车。至于说到媒体汽车的魅力,在某种程度上可能比真实的汽车更大,因为它提供了巨大的想象性空间。一位中等收入者可能拥有一部雅阁或帕萨特,但是在媒介文化所提供的想象性满足中,他获得的可能远远不止某一型号的轿车,并且也不只是获得其运载功能。他从媒体汽车文化中汲取的东西要远远超过那辆实际的汽车,这一想象性空间与我们的当代生活是如此密切地交织在一起,息息相关,互相转换,你很难区分它们的具体边界,或可说它们本来就没有界限,在媒介文化中一切都与当代社会生活接壤。

自然，一旦人人拥有汽车，像在美国，汽车就更是一个巨大的文化存在。几乎所有的美国电影都涉及汽车，汽车上的恋爱，汽车上的欢乐，汽车上的追逐，汽车上的谋杀，汽车上的凶杀、枪战、破案等，还有那些在汽车上的幽默或杂耍镜头，这些统统构成了庞大的汽车文化的一部分，不是因为别的，就因为它们有一个共同点，它们的基本话题是汽车，并且这一话题是向当代生活开放的！

2. 话题——受众的广泛性

媒介文化的基本话题既然向当代生活开放，这就决定了其话题的受众广泛性。参与媒介文化的大众来自社会各阶层，他们由各种身份、职业组成，有不同的年龄，还有不同的文化修养和知识背景。媒介文化要适合那么多人的口味，其话题在一段时间内就只能停留在一个相对浅显的初级阶段上。这就像 80 年代初期以来在电视台反复播放的学英语节目 Follow Me，十几年来一直在同一水平上往复，没有难度上的推进。任何深造或更高级的参与企图都不适合在大众媒体上达成，因为广泛的受众没有持久的耐心。一般说来，媒介文化的参与者是浅尝辄止的，他们怀有各种参与的目的和要求，比如说纯粹是娱乐或学点儿常识装点门面，或者在一段时间内确实是有点儿兴趣，再或者干脆就是打发时间。从逻辑上说，在大众文化的参与者中不太会有成为某一领域的专家和研究者的目的和要求。（如果有这种目的和要求，他们就会去专门的学校、相关的训练场所和某些科研机构。）因此，这种受众的广泛性和参与人员层次背景的复杂性决定了媒介文化的话题只能停留在相对宽泛的范围内，以便吸纳更多的观众。

如果要以具体的现象为例，那么像"《蒙娜丽莎》中的女人究竟是谁？""玛丽莲·梦露死因之谜"或电影"《泰坦尼克号》为什么如此成功？"等可以说是比较典型的获有广泛受众的媒介文化的话题。虽然参与这类文化的讨论者中可能不乏专家和研究者，但是这类不太会有实质性结果的话题始终是媒介文化的宠儿，话题里的疑点越多，分歧越大，越容易为大众注目。这类话题之所以拥有广泛的受众，是因为其中有着最简单明了的焦点，这类焦点同人们的当代生活是直接相通的，又包含着人们的普遍欲望，以致理解起来一点儿也不费力气。

有趣的对比是，在艺术史上，蒙娜丽莎到底是谁是无关紧要的，艺术家或批评家关注的是艺术家在其中作出的创造性贡献，如"渐隐法"的运用是怎样"使得一个形状融入另一个形状之中"，"怎样塑造手"和"带有细微折皱的衣袖"，还有背景中地平线的一高一低的画法等。[①] 但是，在媒介文化时代，在达·芬奇的艺术地位早已有定评的 20 世纪，读者大众关心的恰恰不是这幅名画的有关艺术方

---

① 参见〔英〕贡布里奇：《艺术的故事》，范景中译，林夕校，三联书店 1999 年版，第 303 页。

面的一切,这些问题太专业化了,或者要进一步了解太浪费时间了。人们只想知道这个女人是谁?是佛罗伦萨的一位贵妇人还是平民(或新兴的资产阶级的妇女)?她为什么如此幸运?她同那位把她变为画中人的大艺术家到底是什么关系?其中是否有鲜为人知的故事?

不管怎样,有一点是可以确定的,即大多数人并不关心那独特的画风和技法创新等问题,他们关心的是活生生的"人"。说到底,就是关心他们自己。在参与媒介文化的过程中,人们将自己的欲望尽情地投入其中,将最原始的情感投入其中,因为只有在媒介大众文化中,人们可以按照自己的情感需要有所取舍,不必顾及各种所谓的"规则"和专业要求。如果说大众文化有什么规则的话,这规则其实就是情感的随意流动。

在严肃的文化中,在传统的文化中,人们的情感和欲望只能通过曲折的方式得到释放,有时为了进入这一文化,还需要长时期的训练,而训练在某种意义上就是规训和新的压抑。进入媒介大众文化则不需要任何训练,以情感为主导即可,因此必然吸引大量的受众。

也许这里仍然能够以 Follow Me 为例,在 20 年前,它更像是一档媒介文化节目。每一课都是一个日常生活的话题,每一个日常生活的话题都有着广泛的受众,从"文化大革命"十年的"左"的禁锢中走出来的人们发觉身边有这样一个领域竟然被长期忽略而备感欣喜,而每一次的播出又成为许多时髦年轻人的话题。虽然当年的许多学者从这里起步走向成熟,但是更多的观众是从这里获得了乐趣,日常生活的乐趣、学习的乐趣、猎奇的乐趣或语言游戏的乐趣。观众们忙着购买 Follow Me 的课程教材、录像带或录音带,还有其他一些附带的出版物,以满足自己了解西方世界的肤浅的好奇心。

### (三) 超越审美体系

媒介大众文化向当代生活开放,注定了它的大杂烩形态。这一形态与近三百年来的西方美学思想发展是相抵牾的,所以当学者和批评家们试图以审美体系来涵盖大众文化时,会遇到种种困惑。媒介大众文化总是超越审美体系,突破任何既定的系统,将人们预设的种种框架统统打破。

近代所谓的"美"是思想家和美学家思辨和分析的产物,是经过层层剥离后提取出来的对象。人们在概念的运作中建构"美",却不可能在自由自在的状态下轻易获取美。即便在克罗齐有关美与"直觉"的理论中,人们也必须弄清楚其"直觉"的含义,而"直觉即表现的"这一命题是一个相当复杂的命题,它表达的是艺术天才那种创造与鉴赏统一的思想,而不是普通大众的感官直观。

美，最早在康德那里获得了比较完整的、有决定意义的特质，它是与欲望和感官的快乐相分离的，是精神纯度很高的一种活动，即它是"不凭任何利害计较"和欲念而引起人们纯粹快感的对象，它是"不涉及概念而普遍地使人愉快的"对象，它是"无目的的合目的性"，且美还有纯粹美和依存美之分等。

在具体的艺术实践和批评中，人们将表现形式从整体的艺术活动中区分出来，将社会功能和其他实用性的目的过滤掉。法国诗人瓦莱里倡导"纯诗"，英国艺术批评家克莱夫·贝尔提出"有意味的形式"的理论，俄国批评家什克洛夫斯基和雅各布逊关注作为语言艺术作品的"文学性"等，就是在这一思想主导下形成的。至于20世纪的形式主义批评和英美新批评的理论大厦就是在此基础上建立起来的。由于这一体系强调的是高于具体日常生活内容的、具有普遍性的美的特质（尽管这一所谓的特质是相对的，在不同的时期会有不同的变化），所以它必然是相对封闭的。

媒介大众文化是开放系统，与学院的抽象的美学体系不同。它没有自身的理论界限，它倒是能够将美学体系包含在自身中，但却无法从美学的思想和体系中得到自身的说明，它与市场需求和大众消费心理的联系更加紧密。

在大众文化中，快感和参与起着重要的作用，而不是美学的"凝视"或"凝神观照"在起作用（参见柏拉图的《会饮篇》），美学的所谓的"凝视"是从"凝视"者的认知格局出发的，是某种投射的行为。大众文化中的"美"不是从抽象的思辨中产生，也不是从几百年的美学传统中发展出来的，它是同身心的愉悦联系在一起的，是身体的快乐和参与，因此它更多的是本能性的快乐。

美，无论在西方还是在中国，其最初的意义都是感官的享受和愉悦。不管柏拉图如何来否定美的享受和欲念，并且将投合大众的鄙俗情感的诗人逐出他的"理想国"，他仍然无法将美变成某种高尚的"理式"。不必说英国的经验主义美学理论是从感性和经验出发来界定"美"的，就是在理性主义者黑格尔那里，在他"美是理念的感性显现"的理论中，也不得不承认"美"必须有一个感性的外貌和形态，因此在非本质主义思潮风行的今天，当由理性的统一性所建立起来的"美的本质"被瓦解时，我们终究还是要回归到感性的、欲望的和身体的具体性上，回归到经验层面上。

正是出于这一立场，大众文化批评家德赛都、约翰·费斯克等愿意从"身体"和"狂欢化式的快感"出发来讨论大众文化，他们肯定了身体快感的积极作用和它对于大众弱势群体的现实意义。不过，他们弘扬身体的快感要消解的不仅仅是统一的理性"美"，他们试图以此来瓦解统治阶级的权力，认为被统治者对抗统治者规训和压抑的最佳方式是利用自己的身体这一最人性化的部分来获取意义和快感,并运用福柯的理论进一步指出,"身体及其快感一直是并且仍将是权力与规避、规训与解放相互斗争的场所"①。亦即,他们是从身体政治的角度,而不是从美学研究的角度来对待这一问题的。

然而,如果现在给"美"正名,将其还原为纯感性的、欲望的对象,或者还原为美感经验,以此建立起的审美体系还是不适合用来描述今天的媒介大众文化。

因为在传媒时代,大众所关注的焦点已经不是完全出自"自己"的身体和欲念,也不是美感经验。作为社会大众的一员,每个人从以往的有机社会中解放出来,他们迫切需要社会的文化认同。为了获得这一认同,他们更加关注的是"大家"所关心的热点,当然这热点并非真正的"点",而是不断延续的线,因为社会热点和时尚不断地被大众媒体生产出来。这一生产机制的核心不是"美"(虽然它常常借助美的名义),也不是感性经验(尽管在大众文化兴起的每一股热潮中,我们很难窥见理性的作用),而是市场与大众媒体以及社会时尚交互运行的产物。② 因此,表面上大众文化的火爆是出自大众的自身选择,其实这自由的选择是受大众媒体操纵,并受社会心理影响的。今天的大众情感和欲望已经被各种社会时尚所覆盖,情感和欲望虽然是身体和心理的复合物,是感性的和个人的,但它不是自然的或自古如此的,它是属于社会历史过程的,是逐步建构的。无论是阿尔都塞的意识形态建构主体的理论,还是福柯等的身体理论,都试图揭示离开特定的社会历史过程,离开特定的社会语境,我们将无法界定人的心理和行为中看来是自然而然的趋向。在复杂的社会环境中,在漫长的社会过程中,我们要确认人的社会行为中哪些是出自自然本能和纯感性的,哪些是由社会环境促成的或者是来自某种传统的,这是相当困难的。

媒介大众文化的情形就更加复杂,它是在市场经济、先进的传播技术和社会心理、社会时尚的交互作用下形成的,对它的走向的预测要考虑到种种相关的因素,社会的因素、心理的因素、传统的因素等。因此作为一个开放系统,它没有固定的运行规律。如果说这系统和规律是指我们必须关注以上这几大因素,则可。如果说这系统和规律是指内在的运行模式,则无! 因为我们无法预测社会的走向,也无法事先定义当代生活。

如果一定要从审美上把握大众文化,那么一百多年前俄国思想家、批评家车尔尼雪夫斯基提出的"美是生活"的理论便不尽如人意。当服装、住宅、饮食、汽

---

① 〔美〕约翰·费斯克:《理解大众文化》,宋伟杰、王晓珏译,中央编译出版社2001年版,第85页。
② 美国学者弗雷德里克·杰姆逊(又译詹明信)认为,当代社会"美感的生产已经完全被吸纳在商品生产的总体过程之中"。参见〔美〕詹明信:《晚期资本主义的文化逻辑》,陈清侨等译,三联书店1997年版。

车和兜售以上物品的广告都成为媒介大众文化的主要内容时，当日常生活已经成为大众文化的题材和主题时，日常生活自然就升格为审美对象。之所以说不尽如人意，是因为今天的"生活"已经不是车尔尼雪夫斯基眼中的"依照我们的理解应当如此的生活"，也不是"首先是使我们想起人及人类生活的那种生活"，而是由"看不见的手"所操纵的市场经济生活和大众媒体一天24小时不断喧嚣的"生活"。如果车尔尼雪夫斯基活到今天，亲见这种生活是会大摇其头的。然而，媒介大众文化又确确实实构成了当代社会生活的重要组成部分，它不是"依照我们的理解应当如此的生活"，而是不由分说地将人们裹挟到其中的生活。它是发散的，是混合了多种社会因素的。它不是"美"这样一个古老的概念所能涵盖的。说它是开放系统，是指它有着多种发展前景，当然它也有多种被阐释的可能性。

## 核心概念

传播中的开放体系　社会流行趣味　媒介文化的偏爱　基本话题　超越审美体系

## 思考与讨论

1. 为什么说媒介文化是传播中的开放体系？
2. 怎样理解媒介文化是先进的传播功能与社会的流行趣味相结合的产物？
3. 为什么说媒介文化是由基本话题构成的？其依据什么思路？
4. 为什么说媒介文化超越于精英文化和通俗文化的分类标准？

# 第三讲　媒介文化的全球化和同质化

讨论媒介文化不能回避其全球化现象,关于全球化的论述几乎涉及社会生活领域的各个方面,从政治到经济,从科技到文化,从物质到观念。有的学者精要地指出,20 世纪中叶以来的全球化概念是:"专门指第二次世界大战以来的经济—科技—信息—文化的跨国化过程,尤其是冷战结束以来,跨国的资讯—金融—技术—商业文化,如何不断跨越民族国家疆界,而形成某种民族国家同步的所谓社会科学还无法妥善处理的新现象、新挑战。"

全球化的先导是媒介,各种与现代科技一并成长的媒介手段(大型快速的交通工具、高效的通信设备与各种电讯网络、满世界发行的电影和报纸杂志等),使得全球化成为可能。对于全球化,人们往往关注的是意识形态内容,关注其某些观念和思想,而没有注意到在有关的观念和思想产生之前、在意识形态传播之前,现代媒介手段已经将世界各地有着不同语言、信仰、习俗和生活方式的人们用几乎是同一种方式联系在一起了。亦即,当世界各地的学者们聚集在一起(或利用互联网),起劲地讨论本土化和全球化问题时,在某种意义上他们已经共同迈入了全球化的过程之中。因此,面对全球化,首先是面对使全球化成为可能的媒介手段。而大众传媒以及媒介文化既是全球化的原因,同时也是它的结果。

## 一、媒介文化的同质化

今天,令人困惑的是媒介文化的同质化现象。人们浏览报纸、杂志,或打开电视机,感觉似曾相识,有时遥控器横扫几十个频道,看到的是类型甚至内容都大致相同的娱乐节目。媒介文化的同质化是十分迅捷的,常常会像瘟疫般流行,例如当中国大陆的电视人发现台湾的《非常男女》大有市场时,立刻激起了连锁反应,地无分东西南北,台无分卫视有线,纷纷仿效。一时间,从首都到地方有十数台类似的婚恋节目匆匆出笼。又比如美国的《百万富翁》这样的电视节目在中国有了它的众多"表兄弟",如《开心辞典》《幸运52》《超级大赢家》等。再如湖南卫视非常火爆的《超级女声》和《快乐男声》是模仿《美国偶像》而来,而据说《美国

### 第三讲 媒介文化的全球化和同质化

偶像》的源头是另一大洋彼岸的《英国偶像》。对于这种现象,人们最先能想到的是批评电视人或媒体工作者缺乏创意,深一步地探讨后则会涉及更多的问题。

#### (一) 文化全球化与现代媒体

在媒介文化的时代,关于文化全球化和本土化问题争论得最为激烈。一些学者认为文化的全球化是经济全球化的必然结果,所以有关"媒介帝国主义"概念的流行是顺理成章的。媒介帝国主义的存在是以跨国公司的全球营销策略和统一的资本主义市场为前提的,媒介帝国主义有关定义的可能的表述如下:"一个既定国家的媒介的属性、结构发行或内容程序受到代表一个或几个国家的媒介的强烈的压力……"①

那么前者对后者的屈从到底是什么原因呢?

我们来对事情的因果关系作进一步的可能性描述:是某些势力或集团"运用政治和经济权力,宣扬并普及外来文化的种种价值与习惯,牺牲的却是本土文化"②。

本土文化对外来文化的屈从除了政治和经济的原因,还有其他比较重要的原因吗?或者换一种提法,为什么在政治或经济的较量中,弱者还要再牺牲本土文化?难道不可以作其他的选择?不能牺牲别的什么来保护本土文化?

这里或许会忽略一个问题,即媒介文化的同质化问题。我们容易接受经济生活的同质化事实,却很难接受文化的同质化现象。我们认为,文化应该是民族的或民俗的,文化应该是有本土特色的。也就是说,我们可以放心地坐跨国公司设计制造的汽车,可以无顾忌地穿跨国公司制造的皮鞋,抹跨国公司生产的香水,但是享用跨国公司的影视或其他产品时却应该保持警惕。殊不知,是媒介文化的生产方式决定了媒介文化的全球化。特别是20世纪中叶以来,新兴媒体和伴随而来的新兴媒介文化就是在国际化交流相对频繁的环境中产生和发展的。如真人秀电视,有研究者认为最早始于2000年荷兰的一档节目《老大哥》,后被各国广泛移植,在美国CBS为《生存者》,福克斯电视公司演化为《诱惑岛》,在法国变身为《阁楼故事》,在德国成为《硬汉》,而在中国则是《走进香格里拉》《生存大挑战》等大型生存探险类节目。

也就是说,今天我们所说的媒介文化不完全是在某一发达国家完成后再走

---

① 〔法〕阿芒·马特拉:《世界传播与文化霸权》,陈卫星译,中央编译出版社2000年版,第189页。
② 〔英〕汤林森:《文化帝国主义》,冯建三译,上海人民出版社1999年版,第5页。

向国际市场的,而是在比较广泛的国际交流的背景中逐渐生成的,而这种广泛的国际交流背景正是现代媒体所促成的。即便拿好莱坞电影来作例子,半个世纪以前的好莱坞同今天的好莱坞已经大相径庭。今天的好莱坞有更加广泛的全球语境,制作者和表演者来自世界各国,白人、黑人或黄种人,欧洲、亚洲或大洋洲,技术手段或电子制作技术也是当今最先进的,无论这种技术是出自美国本土或是出自其他国家。

因此在当前的媒体环境中,发展中国家不可能发展出纯粹的本土足球文化去抵抗西方的足球文化,也不可能以本土的肥皂剧来冲淡《达拉斯》这类肥皂剧的影响。因为一进入媒介文化的大环境,文化的同质化现象就会加剧,也就是我们只能以比《达拉斯》更"达拉斯"的电视剧来取代前者,而不可能依照本土原有的文化特点来制作所谓的"中国特色的肥皂剧",真正中国特色鲜明的只能是京剧和各种地方戏曲。观众对国产肥皂剧的观赏要求是依据今天的社会和传媒的大环境而来的,而不是依据"中国特色"的概念而来的,除非从根上斩断相似的媒体环境,否则同样的媒体环境就会带来基本相似的媒介文化。

再比如说,在西方的足球文化传入中国之前,中国本土并没有类似的文化现象,因为本土的足球运动并不怎么兴盛,也没有相似的媒体环境。20世纪80年代后,足球文化在中国的风靡并不是大众在西方的媒介文化和中国的本土文化两者之间的对抗中选择了前者(就像在两支足球队之间,选择红队或蓝队那么简单明了),而是在人们选择之前就决定了的,或者说是由某种媒体环境所决定了的。要么有足球文化,要么就没有,这里最难想象的是独自发展中国本土的足球文化。

人们无法在一个划定的、相对封闭的空间中指定要发展某种文化。文化不是静态的,而是动态的,文化是在互相交往中发展的。人们可以将民族的、本土的文化想象成封闭性的文化,但这只是相对于全球化和国际化而言。其实任何民族的所谓本土文化都不可能在一个完全封闭的环境中生长,相反,它恰恰是在相对开放的环境中存活的,是在这一民族的各个组成部分或者各个部落之间的不断交流中产生和发展起来的。流水不腐,户枢不蠹,任何有生命力的文化都必须在与周围其他文化的交流中获得养分和支持。就比如华夏文化,它最初可能起源于黄河流域,但是在日后的漫长岁月中,正是在同南方的楚文化和西域各地文化的交往中,它变得生气勃勃。我们可以对华夏文化的单一起源表示怀疑,但是我们不会否定它是在与其他文化的一次又一次的交流和碰撞中成长发展起来的。

文化在互相交流和碰撞中会有趋同性,这里包含着多方面的情形:有优势互补,有弱势文化对强势文化的归化,有强势文化对弱势文化的压制,也有在碰撞和摩擦中产生出的新文化。而这些情形在今天的媒介文化的发展中都存在。但是,媒介文化比以往任何时代的文化都来得趋同。因为除了上述原因,媒介文化所到之处,开辟的是同样的媒体环境。可以设想在一个封闭的小山村中,有一天通了电,村民们通过卫星电视突然能看到肥皂剧,而同时他们也看到了T形舞台上的服装表演和各种光怪陆离的广告。他们也为意甲和英超的足球比赛尖叫,他们也知道所谓"脱口秀"就是某主持人独自或与一群人坐在一起聊天。只有媒介文化能够如此轻易地进入深山腹地,并建立起全新的日常环境(如果是20世纪60年代,"乌兰牧骑"这样的文艺小分队下乡,情况就完全两样;对村民们来说那更像是一个盛大而又短暂的节日,而不是一种日常环境)。虽然在这之前必须有许多物质和经济的前提和条件,比如要通电,要有电视和卫星转播等,而且这些都是在最近几十年间才成为可能,但是不要忘了媒介文化也就是在这短短的几十年间发展起来的。媒介文化的同质化就是以媒介手段的一致性为前提的。

这里,我们不得不惊叹麦克卢汉有关"地球村"的预言,他是从"媒介即讯息"中得出结论的,而不是从资本和市场的全球化中推导出此答案的。或许能这么说,资本和市场的全球化也是现代媒介手段所导致的一种结果,虽然我们还可以找到别的成因。

(二)经验、语境、媒体环境

媒介文化的同质化现象如此迅捷,有时显得十分粗暴,最容易引起人们的惊恐。这里,可以将马尔库塞的著作《单向度的人》看作是这一惊恐的较早的系统反应。马尔库塞认为在当代工业社会中,社会以它"高水平的福利"、以它的高效的生产力同化或吸收了它的对立面,培植了新的顺从主义,并"全面管理语言"和重新塑造着传播领域,"使得单向度的行为在其中表现出来。它的语言有助于同一和统一,有助于系统地彰扬肯定性思维和行为,有助于一致攻击越轨的批判性观念"[1]。这样,社会就进入了一个"言论领域的封闭"的过程,人被社会所驯化,所麻痹,看不到不幸的一面。自然,在这一过程中,整个大众传播媒体起着一种催眠的作用,"同时它被染上一层虚伪的亲近的色彩——这是不断重复的结果,是对传播过程的熟练管理指导的结果"[2]。马尔库塞认为可怕的是:"大众传播

---

[1] 〔德〕马尔库塞:《单向度的人》,张峰译,重庆出版社1988年版,第72页。
[2] 同上书,第77页。

直接同接受者相联系——没有地位、教育和职业的间隔,并在起居室、厨房和卧室不拘礼节的气氛中射中他或她。"① 因此,被动的大众只能依照大众媒体和广告所宣传的那种方式来组织自己的生活,而这正是社会强加给自己的虚假的需要。从而,人失去了自己的个性,失去了自主力,失去了对社会的控制与操纵的反抗力和否定能力,舒舒服服地成为工业文明的奴隶,成为屈从社会政治需要而又麻木地自感幸福的"单向度的人"。② 当然,马尔库塞作为法兰克福学派的代表人物主要是从当代工业社会的单向度性出发来认识这个问题的,社会的媒体环境的同质化对他来说也是当代工业社会之过,虽然他没有详细论述过媒体环境与媒介文化的同质化现象。

另一位法国学者马特拉在批判性地剖析现代传播和世界经济的相互关系时则已清醒地认识到了媒介文化的同质化现象和文化的同质化过程。他认为,跨国公司生产的文化商品在不同的国家、不同的领域都畅通无阻,在不同社会群体、不同文化层次的接受范围中成为一种新的意义生产机制。在不同的视听文化产品中,文化因素是一种混合物,既有本土的,也有时髦的。这些越来越多的文化产品成为连接传统和现代性的中介,它们本身亦成为一种进步的标志。③

看到了各种文化因素的混合就是看到了文化的同质化现象和文化的同质化过程。马特拉强调的文化因素可能是一个十分宽泛的概念,但是,他显然是注意到了媒介手段的趋同对于文化发展所产生的影响,否则,他不会如此关注"中介"和"中介过程"。自然,马特拉不会只停留在中介过程,他想指出中介过程背后的某种商业和经济势力以及这些商业和经济势力如何透过大众媒体发挥其作用。所以他认为,20世纪80年代以来的所谓"全球化"实质上是意识形态的全球化,这是与公民表达的自由相对抗的"商业表达的自由",这种自由只是为了让全球经济的施动者更多地渗透到可能存在的社会空隙中。④ 说到底,马特拉反对的是文化界日益加剧的商业化现象以及由商业化现象所带来的文化同质化。但是,他同时又看到了媒体环境的趋同所导致的根本性变化,所以他说:"在一个人思想中最根本的变化是在他的思考中不再用分离的观点来看待欧洲、拉丁美洲和亚洲发生的事情,我相信今天人们要求我们用另外的眼光来看待世界。全球化是一个真实的现象,我们所抵抗的是那种全球化的命定论设想,我把它称之

---

① 〔德〕马尔库塞:《单向度的人》,张峰译,重庆出版社1988年版,第78页。
② 参见欧力同、张伟:《法兰克福学派研究》,重庆出版社1990年版,第312页。
③ 参见〔法〕阿芒·马特拉:《世界传播与文化霸权》,陈卫星译,中央编译出版社2000年版,代译序,第6页。
④ 同上书,第8页。

## 第三讲 媒介文化的全球化和同质化

为全球化意识形态。"①

反对意识形态的全球化,同时又看到一个真实的全球化,问题的焦点在哪里?焦点就在于媒体和媒介环境。是交通、电讯(互联网)、经济往来等将世界连成一体,尽管后现代主义试图以小叙事和个人化的叙事来突破现代性的大叙事。这些小叙事和个人化的叙事是从内容上来对抗全球化的意识形态的,然而叙事所用的媒介手段呢?有时,人们用什么手段和方式来陈述,比叙事内容更加紧要!因此,消除媒介文化的同质化问题实在是个莫大的课题。

面对这一课题,迄今为止的文化探索者和前卫艺术家都回答得不圆满。例如近两年来,中国当代许多艺术家在各类艺术大展中试图呈现所谓的"中国经验",就是这样一种努力。虽然没有人怀疑这些艺术家所具有的中国经验,因为一位中国艺术家在其作品中不太可能表达有深度的外国经验(虽然他可能有留学的或短暂的访问外国的经历),他最擅长表达的应该是本土经验,可是,"中国经验"的呈现者在很多时候做得并不成功。这些艺术家忽略了艺术的表现形式本身也是一种经验,即艺术表现的经验;这种经验同艺术家所处的环境、接受的教育或传统有密切的关系。在今天这样一个信息时代,艺术家不可能在一个封闭的环境中长大,相反他是在多种文化和艺术观念的调教下成熟起来的。如果他是艺术院校毕业的,那么他可能受过系统的西方艺术史的教育,还可能受过专门的油画或版画的技法训练;倘若某位艺术家是自学成才的,也许表明他在学习西方艺术和艺术观念的道路上走得更远,更大胆。因此,在中国当代艺术所采纳的表现形式(表达的经验)中,有着对世界当下艺术的吸收、借鉴、挪用和拼凑。当一位艺术家在依据直觉进行创作时,是无法区分生活中的中国经验和表达中的某些西方传统的,因此在艺术批评和文化分析中强调所谓的中国经验,只有心理上和展览策略上的意义,而不可能指导创作。真正纯粹的中国经验只能在某些特定的或封闭的环境中产生,而不是在前卫艺术的大氛围中,在与西方艺术的激烈交锋中生长。

同样,还有人在中国经验的基础上提出了中国语境。其实,在今天的信息环境和媒介环境中,当代艺术界已经不可能指望有什么中国语境。所谓语境是由交流的双方和多方共同构成的,是表述互动关系的一种状态。是什么样的互动关系就表明处于什么样的语境之中。中国的当代艺术是在与西方甚至全球范围内的艺术潮流的不断交流、碰撞和影响下产生的,这就是当代中国艺术的生长语

---

① 参见〔法〕阿芒·马特拉:《世界传播与文化霸权》,陈卫星译,中央编译出版社2000年版,第300页。

境,实际上就是全球语境。从20世纪五四运动以来,特别是从70年代末中国实行改革开放的国策以来,我们已经进入了全球语境,改革开放的现状就是这一语境的产物。而所谓"中国经验"更是在全球语境和西方语境下产生的概念,没有全球语境,就没有所谓的中国经验。这里所谓的中国经验只有思辨逻辑上的意义,而不是艺术创作中可以用作价值判断的原则。

所以,在前卫或先锋艺术的背景下强调"中国经验"和"中国语境"是很吊诡的事情,是一个艺术神话。前卫或先锋,在某种意义上就是向西方艺术看齐,就是与传统分手。

尽管在对当下艺术的细致的谱系学的分析中是找不到纯粹的中国经验的,或者说,所有的文化经验和历史经验基本上是多种因子的融合和相互交织,你中有我,我中有你,但是有关"中国经验"的神话还是有着鼓舞意义的,它暗示着艺术家成功的可能和发展的方向。在"中国经验"神话的激励下,艺术家们会眼睛向下,会走向民间,会寻找和开掘来自基层的新资源。这一点,对于抵制媒介文化的同质化是不无意义的。

## 二、媒体价值观

与媒介文化的同质化现象相关联,是所谓"媒体价值观"的产生。

当一位后起的歌手通过"模仿秀"捷径走红,模仿刘德华、模仿王菲或模仿周杰伦,由于模仿得惟妙惟肖而引起某家唱片公司或某位投资人的青睐,这意味着什么呢?

当然,精明的投资人并不是为了再创造一个刘德华和周杰伦,他们只不过是从这些追星族身上窥见了可资包装并打入市场的潜质,他们的眼光、经验和市场运作的手腕使他们相信自己的决策大致能够获得成功。

按理,推出一颗新星首先是发现和挖掘其不同以往的特质,以此来吸引大众的眼球,引起轰动进而获利。然而,有时候危险的也正是这些特质,这是难以琢磨的。这里不仅包括歌手自身的各种素质,更加要紧的是观赏者的心理,而观赏者的心理从来就不是稳定的因素(观众是一个极其特殊的集合体,除非加以严密的组织,否则几近乌合之众),昨是今非,大起大落,相当难揣度。不过,这并不表示无路可走,如果从已经在大众媒体上获得声誉的明星入手,成功的概率要高一些,这既为以往的经验所证明,也有心理学上的依据。而"模仿秀"则是一个契合点,是联系已有成功和未来发展的一座桥梁。自然,这座桥梁与其说是通往声乐艺术和表演艺术未来发展的方向,不如说体现的是一种特殊的价值取向。这一价值取向同市场经济环境相适应,更同大众传媒自身的运作和媒介文化的大背景相联系,由此这里提出"媒体价值观"这一概念。

### (一) 趋同心理与社会群体压力

由于媒介文化的话题是向当代社会生活开放的,人们必然要把生活中的价值观带入到媒介文化之中。这是不言而喻的。然而,媒介文化所宣扬的价值观并不等于人们日常生活中的价值观。如果说日常生活中的价值观同社会道德有着密切的联系,并且很大部分来自对传统的继承,有一定的稳定性,那么媒介文化中的价值观,则偏向于时尚而"与时俱进",当然在另一面也容易时过境迁。

提出"媒体价值观"是为了强调其外在性,以区别于日常生活中的价值观。一般来说,日常生活中的价值观是内在于人们的思想和行为的,人们的言语行动或处理问题的方法、态度都受其影响,且价值观既然来自传统或社会伦理,它就是在较长的时间中形成的,它慢慢地渗透到人的思想深处,成为行动的方向仪,决定着人们日常思想的决策、行为的选择和其他的诸种表现。

媒体价值观则不然,它不是在长期的形成过程中对人们施以潜移默化的影响,而更可能是一种突变的力量,在某一时刻左右着人们的行为抉择。如某天早晨当人们打开收音机、电视机或报纸,或走上街头,突然发现周围的世界变了。这种变化也许发生在某一方面,也许是好几个方面。重要的还不仅仅是这些变化,而是这些变化在大众媒体的集体显示中带有一种胁迫的力量,暗示人们不要背时,不要落伍,不要被时代所淘汰。人们对这种变化背后的动因还无法作出准确的判断时,就已经屈从于这一变化了。这里还可以举一个生动的例子。一位诗人兼批评家从报纸上获悉,池莉的《来来往往》颇有看头,销量达到了3万册,于是就买了一本来读。对于语言的诗性要求使他觉得这部作品的叙事语言显得很粗糙,无法卒读,就放下了。后来,报纸上又称小说的销量超出11万了,于是他又重新找来阅读,居然一读到底。其实这类例子相当普遍。人们的感觉跟着媒体的说法走,但是与此同时,在心灵深处还自觉或不自觉地保留着抵触。因为这一切来得太快,人们常常缺少应有的心理准备。这也就不难理解为什么在今天这个时代,年轻人更加合乎时宜。比起年长的一辈,他们更少内心的保留,与传统价值观的联系也十分薄弱。反过来,对于突变的力量他们更能顺应,有时还会急切地伸出双臂来热情拥抱。

媒体价值观主要是由媒介文化来体现的,在一系列话题中可以窥见它时隐时现的身影。当然,媒体价值观是在动态的传播过程中建立并不断修正的。在这一过程中,它既与传统保持一定的距离,也与理性的审视相睽隔,它是由时势造就的。

所谓时势，在某种意义上就是指社会群体的压力。这种压力同社会伦理和个人内心的道德律令没有什么直接的联系，或可说这一压力总是同传统的道德呈相反的态势，它以强势的劲头扫荡一切，压倒背时的对手。这里十分关键的一点是，社会群体的压力是怎样形成的？它的形成同现代媒体的宣传或造势呈什么关系？

20世纪70年代，德国社会学家伊丽莎白·诺依曼（又译作伊丽莎白·内尔—纽曼）提出的"沉默的螺旋"理论或许可以部分帮助我们回答这一问题。虽然诺依曼的理论是就社会舆论是如何产生和形成而言的，但是这对我们认识"媒体价值观"有借鉴作用。诺依曼认为，人们在表明自己的意见和看法时，必然会对周围的"意见环境"进行观察和了解。当发现自己的意见属于优势或多数意见时，他们便积极坦然地表达自己的意见和看法；当发现自己的意见和看法属于少数和弱势意见时，就会屈从于周围的压力而保持"沉默"和附和。这是因为人的"社会天性"是害怕孤立而受到社会的惩罚。这样一来，一方的"沉默"更造成另一方意见的增势，使得优势意见比原来更加强大。这强大的优势意见反过来又迫使弱势意见更加保持沉默，如此往返循环，便形成了"一方越来越大声疾呼，另一方越来越沉默下去的螺旋式过程"。而由优势意见组成的所谓社会舆论就是这么产生的。

那么，构成所谓社会舆论的"意见环境"的主要因素到底是什么？

说到底，在现代社会中，"意见环境"往往是由大众媒体来营造的，它并不植根于我们的生活之中，所以这里把它称为"媒体价值观"。若没有大众媒体的推波助澜，可能情况会完全两样。正如诺依曼的"沉默的螺旋"理论是从德国的议会选举中出现的"雪崩"现象中生发出来的，而这种大选中的"雪崩"和一面倒现象往往是在大众媒体的强大攻势下出现，大选一过，原来支持谁的还是支持谁，没有根本上的改变。①

可见，媒体价值观是表面的和临时的，也是非理性的，因为它没有恒定的标准，习惯性地趋从时势。这有点像各类歌曲、CD或畅销书的排行榜，能占据排行榜前列，是由各种因素（包括经销商的市场运作）决定的，但是媒体价值观并不深入其间，分析其中的是非曲直，它只尊重排行榜，其他的因素都服从于这个主

---

① 参见〔德〕伊丽莎白·内尔—纽曼：《大众观念理论：沉默的螺旋的概念》，张敏敏译，载《大众传播学：影响研究范式》，中国社会科学出版社2000年版；参见郭庆光：《传播学教程》，中国人民大学出版社1999年版，第12章。

要的指标。

由此可以说,媒介文化中的价值观是认同当代社会生活的,它遵循着"存在即合理"的原则,附和社会上的流行观念或现存的价值观,基本上不对它们提出批评或质疑。这样,它在其推行过程中受到的阻力最小,也最容易获得大众支持。它维持着表面的其乐融融,也不对背时的价值观进行理论上的清算。它似乎深谙"三十年风水轮流转"的道理(在当今社会,实际情形往往是三五天风水轮流转),只是以今天之是来排斥昨天之非。它总是能为现行的价值观找到合理的依据,哪怕它昨天还是被排斥的对象。

法兰克福学派之所以激烈地批判大众文化,称之为巩固现存制度的"社会水泥",是因为大众文化同时也传播流行的价值观,而传播和维护这种价值观就意味着维护资本主义的腐朽统治。早期法兰克福学派把这一情形看成是统治阶级的阴谋,而本书更愿意将之归于媒体价值观本身的特性。

媒体价值观与其说是意识形态的产物,不如说是媒介文化的派生物。尽管我们在媒介文化中能找到意识形态的种种痕迹,或者说我们可以从媒介义化当中归结出某一意识形态的运作状况,但那也是与以往意识形态在意义上完全不同的意识形态。它不是马克思主义所说的那种意识形态,即建立在一定的经济基础之上的人们对世界的系统看法,也不是阿尔图塞所说的"个人对其实际的生存状况的想象性关系的再现"的意识形态,因为这两者都是相对封闭的,而媒体价值观则是开放的、流动的和趋时的,并不固执一端。

这里仔细分析一下前几年电视频道上清宫戏的泛滥,或许多少能发现媒体价值观的运作轨迹。

如果不借助于具体的统计资料,可能没有人能说全这几年总共上演了多少部清宫戏,从《戏说乾隆》《宰相刘罗锅》算起,到《雍正王朝》《康熙微服私访记》《还珠格格》《康熙王朝》《铁嘴铜牙纪晓岚》《李卫当官》《梦断紫禁城》《天下粮仓》《孝庄秘史》《雍正·小蝶·年羹尧》等可谓举不胜举。每年上万集的电视剧中,清宫戏占了多大的比重?而且,《还珠格格》《康熙微服私访记》《铁嘴铜牙纪晓岚》等戏一而再、再而三地拍续集,有时在全国几十个播放电视剧的频道中,清宫戏竟占了一半还多。问题来了:到底是什么在发力,吸引如此大量的人、财、物在这样一个狭窄的领域里,以专制独裁的帝王和残酷的宫廷争斗为描写对象,以帝王将相的野史和种种传闻为素材而演绎出如此宏大的媒体景观?

在一片红顶子和长辫子中间,偶尔播出了几部当代题材的故事剧,如《让爱做主》《危险真情》《牵手》等。但是,其中一些电视剧由于内容上涉及婚外恋,受到了有关人士的质疑和管理部门的批评,缘由是其与刚出台的《婚姻法》相抵牾。

台湾地区的《流星花园》也因其可能对青少年产生不良影响而被禁。然而，大量的清宫戏宣扬封建主义、专制主义、好皇帝主义，夹杂着愚昧和野蛮的内容，不仅与国家的主流意识形态相抵触，与目前的社会经济制度不相容，也与当下的生活潮流格格不入，但却没有受到太多的指责和非难。虽然一些报刊（如《南方周末》等）对清宫戏的泛滥提出了十分严肃尖锐的批评，但是远没有引起社会普遍的警惕，分析其原因是多方面的，以下描述仅仅是其中的一条分析路径：

可能是《宰相刘罗锅》或《雍正王朝》之类电视剧的票房成功引来了大批模仿者，与此同时，现存的影视审查制度对当代题材内容的审批要严格得多。从防范投资风险的角度出发，一些制片人也更愿意将大笔资金投放到古装戏这一领域。另一方面，由于许多人力财力集中在这一领域，所以其中有些部集能做到制作精良、表演精湛，带来了较高的收视率。这些统计数据反馈回来，会让制片人以为观众们喜爱看清宫戏，这里有市场，值得投入（此处或许又会涉及有关国民性的讨论）。其他的原因还包括，制片人觉得在这一领域里轻车熟路，演员、本子、道具、场景都是现成的，最小的投资能获取最大的利益，何乐而不为（当然大家一哄而上，是否都能有所斩获，是另外一回事），至于在许多清宫剧中宣扬了封建主义、专制主义、蒙昧主义思想，传授了卑劣的治人之道和驭人之术，则很难引起人们的警觉。从制片到编剧再到演员都觉得这只不过是娱乐一把，何必大惊小怪，毕竟对此有生理上反感的人还是少数。而媒体上的批评文章推波助澜的居多（类似于软广告），深刻批判的寥寥（容易流于老调重弹，或又将其归于国民的素质问题等）。

以上的分析和推演虽然缺乏细节上的保证，但是用来描述媒体价值观或许是恰当的。如果不引进媒体价值观，实在难以解释为什么在20世纪末，在中国推翻了帝制90年之后，在倡导科学与民主、开启民智的五四运动发生了80年之后，在一片改革开放和"与国际接轨"的呼声中，在整个社会向市场经济的过渡和转轨中，中国的电视媒体竟有如此声势浩大的封建专制主义的"大复辟"？

可见，媒体价值观与社会的意识形态是分离的，有时保持着相当的距离。社会意识形态在一个时期内是相当稳定的系统，它由社会上占统治地位的思想、传统和教育来保证，当然这一切是根植于社会的经济和政治制度的；而媒体价值观则没有恒定的标准，它是随时势而变化的，其中许多偶然因素在起作用（某种社会心理或某一社会事件都会使之改变）。然而，它必然是追随受众口味的，追随时尚的，追随票房和收视率的。可以说，媒体价值观就是时尚的一个部分，它向着时尚开放，向着社会的潮流开放。

相对于意识形态的系统、完整、稳定，媒体价值观是浅薄的、流动的、盲目的和无根底的。它追随时尚却从不深究时尚是否有品位,有底蕴。它顺应社会潮流,却从不质疑潮流的方向。它是随机应变的:有时附和社会主流意识形态,但是不板着严肃的面孔;有时背离社会主流意识形态,又不敢正面挑战。它有着易风俗、移性情的力量,但不是立竿见影的。在它的嬉笑怒骂中既有正义的呼喊,也有邪恶的诱惑。媒体价值观的存在似乎时时处处在印证着人性中的浅薄、易变和愚昧的善良,也时时表明人心不古,世风难久。

## (二)默多克——媒体价值观的化身

如果要找寻媒体价值观的人格代表,媒体大王默多克或许最为典型。这位用庸俗的快餐文化来喂饱大众,并擅长于利用各种桃色新闻、政治丑闻、皇室绯闻来诱惑读者以攫取市场利润的传媒巨头,用马克思主义意识形态的眼光来看是地地道道的资产阶级腐朽文化的魔王,必须给予严厉的批判。另一方面,在世界上最老牌的资本主义国家英国的一些卫道士的心目中,他也是一个不折不扣的"政治道德堕落"分子,据说1994年在伦敦举办的一个传媒高层研讨会上,默多克受到了来自方方面面的指责。这些指责首先来自意识形态方面,因为他见利忘"义",为了赚钱,全然没有意识形态上的禁忌,一点儿也不维护资产阶级的意识形态,想怎么干就怎么干。① 当然,这一切指责并不妨碍他的事业发展,相反,他的事业蒸蒸日上,在五大洲遍地开花。从意识形态上说,他似乎哪边都不靠,既不站在资本主义一边,也不站在社会主义一边。但是从媒体价值观的角度说,他好像是其化身,因为他总能引领大众文化的潮流,占市场之先机。例如他敢拍板在《泰坦尼克号》上投巨资,要知道这是一个世纪以前的陈旧浪漫爱情故事,即闺中淑女为爱情而冲破门第观念,投入心上人的怀抱。这类故事已经出现在不计其数的文艺作品中,现在无非是以一场著名的海难为背景,而那场海难也已被各种规格的胶片多次拍摄展示过。现在的问题是将这类爱情故事和历史背景结合起来还有没有价值?这当然不是指其他方面的价值,而是媒体价值。它能否成为一道对大众来说是可口的文化快餐?许多人的答案可能是否定的,但是默多克的回答却是肯定的;不但肯定,而且端出的居然是一道连环套餐,电影—录像—电视—唱片—书籍,还有其他事先无法预料的附带产品,如《泰坦尼克号》中的道具,女主角的红色睡衣、救生艇和茶杯等作为拍卖品。由此,《纽约时报》称:"默多克是世纪末最具游戏精神的人,他的新闻公司所谋划的人类情感

---

① 参见《读书》杂志2002年第3期,第123页。

游戏引导着他的传媒帝国攻占了人们空虚的心灵。"①

说默多克最具游戏精神未必准确（严格地说，他与真正的游戏精神完全背道而驰，他的快乐是建立在攫取大笔利润的基础之上的），倒是应该说他通晓媒体价值观的运作规律，否则他没有那么容易就攻占了世纪末人们的"空虚的心灵"。

这里，我们还不能给媒体价值观下确切的定义，但是可以肯定一点，即媒体价值观隐藏在各种媒介文化话题背后，潜移默化地操纵着大众的行为。当《哈佛女孩刘亦婷》牵连出《耶鲁男孩……》或《剑桥男孩……》等系列图书时，当读者就冲着《谁动了我的奶酪》的畅销而掏腰包购买时，当准球迷们为追赶时尚而谈论足球和足球比赛时，当青少年唯恐被同伴歧视或被当作"老土"而热烈地追星时，当"哈日"或"哈韩"一族以某种穿着来标识自己时，当大学生们争先恐后以《大话西游》中的无厘头语言和现今最流行的"火星文"在网上聊天时，再或者当都市的白领依照着各种眼花缭乱的时尚杂志所推荐的款式来打理自己的服装时，媒体价值观就在不知不觉地发挥其无处不在的影响。

将默多克作为媒体价值观的人格代表，似乎暗示媒体价值观是一种邪恶力量的表征，其实不然。默多克对传媒产业利润的追逐是一回事，媒体价值观所反映的大众心理是另一回事。它表明在当今的信息社会中，人们的价值尺度是受多种因素影响的。传统文化和具体生活环境对每个人的价值观的影响和制约是一个重要的方面，大众媒体的影响则是另一个方面。虽然后者是外在的、短暂的或者是临时的，但是久而久之，它会转化为心理上的"内在的"动因。因为在很大程度上，大众媒体已经成为人们与周围世界联系的主要通道。它取代了人群中"意见领袖"的地位，甚至还取代了父母和朋友的忠告，上升为影响人们决策和判断的主要依据。由此，媒体价值观似应该进入社会心理学的研究范畴。

说到底，在媒体价值观上体现出来的是人们的从众心理，但是这与"沉默的螺旋"理论中所分析的人们对舆论的趋从有很大差别。当年，人们趋从舆论是害怕成为社会的边缘而被排斥，成为政治上的异端而遭到打击，背后有着受迫害的恐惧。与这种消极的态度相比，今天尊奉媒体价值观的人则体现出相当积极的成分，他们更多地将认同媒体价值观看成是保持青春活力和未被时代所淘汰的一种标志。大众媒体上所宣扬的对象是多元的，也是易变的，甚至是速朽的，但是它似乎就是当代社会生活的写照，显示着当代社会生活的多样性、流动性和鲜活性。媒体价值观就是一种隐喻，它表明人们对当代社会生活参与程度的深浅，显示着其追逐潮流的活力和能力。相反，若有人在社会活动中完全不以大众媒

---

① 见王化桥编译：《阴谋与利润——默多克传媒帝国全内幕》，中国城市出版社1999年版，封底。

体为参照,抱着"以不变应万变"的态度来应付世事,或者继续生活在传统的文化经典之中,则表明他在某种程度上与当代社会生活的隔绝。

自然,在概念上媒介文化并不等同于当代社会文化,媒体价值观也并不等同于人们日常生活的价值观。另一方面,在实际生活中,媒介文化就是当代社会文化的最主要组成部分,因此媒体价值观多少反映了当今信息时代人们的某种文化态度和价值取向。再说,人们的价值观从来不是一成不变的,它是在一定的语境中产生和形成的,并且处于不断的渐变过程中。媒体价值观会慢慢侵蚀日常生活的价值观,特别是当大众媒体在人们的生活中产生越来越大的影响时,这一变化和侵蚀也会日渐显明,不引入媒体价值观就无法解释当代人的许多行为选择,正如离开了大众媒体和媒介文化的作用,就无法理解当代社会的文化语境和大众心理。

或许在我们的想象中,经典文化和媒介文化构成了一对鲜明的矛盾,但是,实际情形要复杂得多。经典文化以其相对的稳固性和传统的力量排斥媒介文化的流动性和即时性,然而媒介文化却大包大揽地吸收着经典文化的营养(在这方面,《百家讲坛》是比较典型的例证)。媒介文化似乎是无界限的、百无禁忌的,并有着化腐朽为神奇的法力,至于究竟吸纳哪些经典文化或者经典文化的哪一部分,既不取决于经典的所谓质量,也不取决于文化行家的指点,而取决于当下的社会语境。抑或说在媒介文化中根本就没有经典和大众之分,只要同当前大众的需求相吻合,只要有市场,就是媒介文化所应该包容的对象。

如果说媒介文化与市场有着天然的同盟关系,那么媒体价值观就是这一同盟的内核,媒体价值观是在市场的消费中发挥其影响的,它引导文化消费的走向。至于对媒体价值观与文化市场的关系的进一步探讨,则是另外一个话题了。

## 核心概念

文化全球化　媒介文化同质化　媒体价值观　媒体环境　趋同心理

## 思考与讨论

1. 如何理解媒介文化同质化现象?
2. 怎样看待文化全球化现象?这一现象与文化帝国主义之间的区别在哪里?
3. 何谓媒体价值观?它与日常生活中的价值观有什么不同?

# 第四讲　大众媒介与现代神话

"现代"与"神话"是两个相对立的概念。神话以虚构的方式来制造梦幻和辉煌的叙事,现代性文化则是祛魅的文化,然而它们在当下的媒介文化中有了结盟的机缘。

当年,罗兰·巴特将其在《新文学》杂志上发表的专栏文章结集出版,以《神话集》命名。这些专栏文章是这位批评家对当时的各种社会现状和时事的感言,如对"报纸专栏、周刊上的某帧照片、一部电影、一场表演、一次展览"等等发表个人意见。这些个人意见表面上虽然是就事论事,但是相互之间又有着内在的联系,这就是对广告和大众传媒等制造的现代神话进行剖析和批判。所以,当初《新文学》杂志上的专栏按罗兰·巴特的意思就是以《当月小神话》来命名的。

据说,神话至少可以从两个意义上来理解:首先,如它的希腊词源所示,它是一种传说,一种关于人类状况的象征故事;其次,它是一种"言谈",一种谎言,或一种"欺骗"。在罗兰·巴特这里,当然取的是第二种含义。这位大批评家就是想指出"我们的报纸、艺术和常识领域"怎样将当前时髦的日常生活进行一番包装,使之成为"自然法则"的。他在《神话集》的初版序言中说道:"我讨厌目睹自然和历史在每一个环节中混淆视听,我要一路追踪,在每一件想当然的情节之中,'锁定意识形态的滥用'……"[①]

然而,在接下来的"追踪"中,作为一个批评家的巴特被作为一个学者的巴特所掩盖,因为在《神话集》最后的那一篇总结性的长文《今日神话》中,罗兰·巴特不是从意识形态的无处不在的渗透出发,来消解现代神话的,而是试图超越自己以往的种种具体见解,将索绪尔的语言学理论运用到现代神话的研究之中,发展出一整套解读神话的系统语法来。

难道存在着一套独特的神话语言机制和叙事法则?在德里达的解构主义彰明的今天,已经没有必要再来探讨这一话题,因为在他那里,文学、哲学和历史之

---

① 〔法〕罗兰·巴特:《神话——大众文化诠释》,许蔷薇、许绮玲译,上海人民出版社1999年版,初版序。

间的叙事分界统统被消解（或许还波及新闻叙事）。

但是即便如此，罗兰·巴特当年针对时尚和中产阶级的日常生活细节所表现出来的深刻洞见，在"嘉宝的脸蛋""葡萄酒与牛奶""布尔乔亚的声乐艺术"等等话题上开辟出来的关于媒体文化的神话功能的研究，仍然功不可没。

一、现代神话的构成

谁是现代神话的制造者？当然是大众传媒！

不是大众传媒的创办者掌握了什么统一的神话语法，而是媒体只有不断地制作神话，才有其存在的根据。大众传媒在销售神话的同时，才能推销自身，否则无法在让人目迷五色的环境中吸引大众的注意力。

说起神话，人们会想到宗教和信仰。在古代，神话和信仰有着某种天然的联系。神话是信仰的一个组成部分，或者说是经过叙事艺术加工的信仰，是在信仰的基础之上发展出来的一片独立的天地。而在当今的社会中，古老的信仰已渐渐退让，让位于商品拜物教或金钱拜物教。然而，赤裸裸的物欲终究让现代人难堪，所以生活在消费社会中的人们需要现代神话，他们需要现代神话的安慰、现代神话的诱导。现代神话中有着信仰的成分，或者说它就是信仰的替代品。

古代神话是关于神和英雄的神话，是以神祇和英雄为其叙事对象的；现代神话是关于凡夫俗子的神话，是关于中产阶级和想要进入中产阶级的每一个人的神话。现代神话的叙事对象是普通人和物，和古代神话相比，其叙事对象和题材范围要广泛得多。

当然，将普通人作为现代神话叙事对象有其历史和观念的基础。经过18世纪资产阶级人文主义思潮的洗礼，社会已经陷入物的包围圈不能自拔，"大写的人"被物的结构所控制。但是，失去信仰的人必然要寻找精神上的救命稻草，而现代神话就是这根救命稻草。

（一）现代神话的生长环境

由于现代神话是在"上帝已死亡"的环境中逐渐生长起来的，与此同时鲍德里亚所说的消费社会已悄然现形，所以它必然要制造"顾客是上帝""消费者是上帝"等类似的或大同小异的神话。这类神话有时编撰得巧妙，有时编撰得拙劣，它们都是在为一个大的主题效力，在大主题的每一个细小的方面发展出叙事空间。不管是巧妙还是拙劣，它们也都必须充满热情，必须在叙述和言说的过程中突出人的欲求，而这些欲求不是来自人的本能，而是现代神话在创造自身时一步一步地发展出来的,现代神话的题材和叙事逻辑统统指向这一焦点。

创造现代神话的任务之所以责无旁贷地落到大众传媒的头上,是因为只有大众传媒才能调动多种手段,全方位地为现代神话服务。大众媒体能把历史上所有的神话叙事方式或其他形式的表述手段汇拢起来,作为现代神话的创作资源加以利用。另外,大众传媒能抓住任何一个细小的环节来大肆铺叙,并且能够一视同仁地对待所有的题材和对象。古代神话关注的是重大的题材,比如盘古开天、女娲补天,比如特洛伊战争等;现代神话产生在平庸的商业社会,生来就缺少重大题材,所以需要通过大众媒体,尽量利用每一个机会、每一类题材来扩大叙事空间,以呈现出丰富多彩的景象。

例如,它会利用汽车、西服、领带、香水一直到洗衣粉和清洁剂这类题材大做文章,它告诉人们:系上某种款式的领带,会使您气度非凡,身价直逼贵族;使用了某种洗衣粉可以让你过上清洁健康、幸福美满的生活,甚至在洗衣粉的泡沫里都渗透着奇异的快感——"它丰沛、亲切、几乎无限地膨胀,令人以为其中有什么物质会滋生一种活泼的细菌,一种健康而有力的物质……最后,它使消费者快乐,隐约刺激他想象高耸入云的美妙物体,它所滋生的触感既轻柔又上下纵贯,这和我们在味觉方面的追求颇为类似(鹅肝酱、甜食、葡萄酒等)……泡沫甚至可以成为某种灵性方面的表征,只要这个灵性可以无中生有,以小化大"①。

大众媒体是一架便捷的造神和造梦机器,它不仅可以在每一个细小的题材上大做文章或做大文章,还能在短短的言说过程中,迅速编制和演绎神话。当然,这往往是在与广大受众共谋的情况下完成的。例如,在两个小时或更短的时间内,现代灰姑娘的神话、百万富翁的神话、丑小鸭的神话、阿甘的神话(傻小子终于成为英雄的神话)便在影院和电视机屏幕前完成,神话的种子或许早就埋在人们的心底,然而媒介文化的声情并茂和灿烂斑驳使得现代神话分外饱满和光彩夺目。古代神话的魅力来自神或英雄的神武英勇的品格,现代神话依靠的是光怪陆离的媒介手段,它并不需要观众在走出影院或离开屏幕之后仍然相信神话,它只需要在当时当刻吸引住观众,这就是成功。而媒介文化这架机器在这方面又是最有效的!它诱惑人的方式最多,色彩、光线、音乐、煽情的语言、真实的镜头、拼接的画面,还有电脑特技等。一句话,它们构成了一个时空包围圈,逼近观众。当代大众不太需要口耳相传而又节奏缓慢的、线性叙事的神话,这是当初老奶奶用来催眠小孙儿的。他们希望的是满足感官需要的,或者全部的感官沉

---

① 〔法〕罗兰·巴特:《神话——大众文化诠释》,许蔷蔷、许绮玲译,上海人民出版社1999年版,第34页。

浸于其间的神话。当代大众欣赏的是题材各异、丰富多样、与生活同步的神话，而缺乏耐心来倾听绵绵不绝、永无尽头的长篇神话。

大众的心理、大众的需要决定了现代神话的长度和容量，即它们通常是短暂的和小容量的。在抽取了神话的叙事要素后，在广告这类载体中，神话缩短到一分钟、半分钟或15秒、10秒，甚至5秒！一个5秒的神话具备的最简明的手段是隐喻的，如"曲美身材，美好生活"（减肥药），"美的品质，全球青睐"（电器品牌），再如"无限世界由我合一，无边、无界、无拘、无束，随时、随地、随心、随意……"（多普达手机）等等。

媒介文化的逻辑是隐喻的逻辑，是象征和联想的逻辑。这不仅体现在同一符号体系之中，还体现在其他方面。媒介文化的符号系统是混成的，语言符号、视觉符号、听觉符号之间，不同的语言符号或不同的视觉符号或听觉符号之间的关系会相互转喻或切换，这种转喻和切换也是以联想或隐喻为基础的。如"鹤舞白沙，我心飞翔"（白沙集团），"妹（魅）力四射"（张惠妹演唱会），"众里寻他千百度，想要几度就几度"（自动控温冰箱）等，这里谐音的联想横跨着好几个领域。

人们从飞驰的豪华轿车，联想到飞黄腾达的人生；由香醇浓郁的美酒，感悟到甜蜜的爱情；由手机和大海联系到亲情；由领带联系到风度；或者倒过来，由家乡的小溪连接到母爱，再到洗衣机；由球王贝利的一脚好球踢到厨房或厕所里的"冠军瓷砖"；由孩子和继母的关系缓转跨到雕牌牙膏……无论最初怎样生硬，怎样拙劣，及至后来却一切水到渠成，这一切也只有在媒介文化时代才能做到，因为当今的大众已经在与媒介文化的互动中培养了充分调动隐喻思维的能力。他们渐渐养成了解读媒介文化的超强本领，只需一丁点暗示或启迪，就能默契地配合，与大众媒体共同演绎神话。

### （二）收视率与众生平等

现代神话的特点是普度众生。现代神话是在商品和市场经济的环境中产生的，对于每一个掏钱购买商品的顾客，待遇是平等的。虽然每一个社会人先天的或现实的条件、机遇是不平等的，但是在市场交换的环境中，他们享受着暂时的平等，现代神话就是冲着这一暂时的平等而去的。换句话说，即便是面对种种社会不平等，现代神话也会视而不见。不平等的情形是发生在现实生活中的，而在神话中这统统是不存在的。神话就是神话，在它那里一切都是美好的和合理的。神话中当然也有缺憾，也有矛盾，不过这些缺憾和矛盾都是能即刻被弥补和解决的。

前文说过，现代神话的制造者是媒介文化，因此在现代神话的语境里，众生是平等的。尽管这一语境是虚拟的,却是必不可少的,这是现代神话成立的前提。现代神话既然是由媒介文化构成的,它就已经具有媒介文化的特征,即它必须面对大众,而且必须讨好大众。它知道大众不是铁板一块,他们是分阶层的,不但有着经济地位的差异,还有着经济条件以外的种种区别。但是不管他们之间有多少分歧,他们肯定都需要神话的安慰和鼓舞。而神话也需要大众。尽管大众是匿名的、面目模糊的、怀揣着各种动机的,但是他们对收视率而言是同等重要的,这就是大众(或观众)的意义。收视率对于媒介文化的意义转化到现代神话中,就由收视率民主构成了众生平等的神话语境。

当然,就这一语境而言,我们也可以追溯到 18 世纪的资产阶级革命,因为从那时起,自由、平等、博爱的观念,人道主义的观念,而后是人权的观念逐渐深入人心。但是这一切不能取代收视率这一硬性指标。毋宁说,为了提高收视率,媒介文化借助了所有有利于其传播的观念和手段,来演绎现代神话。由于在收视率前人人平等,所以现代神话必须营造相应的氛围和语境。

### (三)现代神话发展的两个阶段

现代神话并不是一成不变的,它至少有两个发展阶段。这两个发展阶段也许可以叙事对象来划分。第一阶段的叙事对象主要是人,第二阶段的叙事对象主要是物。

一开始,现代神话的叙事对象是人,因为那时的人还没有受到物的全面包围,还没有进入鲍德里亚所说的"丰盛"的消费社会。另外,几千年的叙事传统还没有离开过以人物为中心的历程。现代神话的叙事对象瞄准普通人,想让每个普通人都有机会得到解脱或提升,也就是说,经过奋斗和努力,大家都能过上好日子。当然,神话的展开过程是复杂的或多变的,它不像"人人都能过上好日子"和"前途是光明的"这类基调那么简单。社会现象的丰富性和复杂性构成了现代神话的全部内容,也使其能借助各种素材和时机来充分展示自身的魅力。例如,在一部描写社会底层人民与命运作斗争的电影故事片与一篇有关球迷在世界杯期间的奇妙的陈述之间,再或者加上年轻的追星一族与他们家长间矛盾的纪录片,粗看完全是风马牛不相及,但是从某一个视角看,或许它们都可以被归入现代神话的系统。也因此,罗兰·巴特在其《神话集》中所揭示的对象是五花八门的。他写到的各色人物和现象有摔跤手、哈古尔的演员、银幕上的罗马人、一名亲切的工人,等等,还有嘉宝的脸蛋和脱衣舞女。

在《一名亲切的工人》中,这位大批评家的笔调我们或许熟悉。这是一部关于码头工人的影片,巴特称之为"神话运作的佳例"。影片"叙述一名俊美的码头

## 第四讲 大众媒介与现代神话

工人(马龙·白兰度饰演),散漫而有点粗鲁,他的良心幸有爱情与教会而慢慢苏醒",这个觉醒过程正好与"码头工人们反抗某些剥削他们的人"的过程重合。巴特在揭示这一神话时这样写道:"(资本主义的)国家与代表绝对公正者相混淆,成了反犯罪、反剥削唯一可能求助的对象;如果工人得到了国家,得到了警察局和侦查小组的帮助,他就得救了。至于教会,在自炫的现代主义的外表下,只不过是工人固有的悲惨与国家/老板控制权之间的仲裁力量。而且到最后,对公正与良知的一切微笑期望都会很快地平息,在有益的大安定秩序中化解,在安定中,工人做工,老板交叉着手臂,神父为各在其位的双方祝福。"①

这是(资本主义)国家作为真理化身的神话,这类神话或许我们已见怪不怪,而另一类神话,即同杂耍、角斗和表演相联系的神话和神话批评,我们可能比较陌生,所以对罗兰·巴特在《摔跤世界》中的分析或许会感到新鲜。他认为,摔跤只是一场表演,"摔跤手的功能并不是取胜,而是依照外界期待的动作、姿态来表现"而已。在摔跤表演中,展示的是"苦难、挫败与正义的伟大景象"。他还说:"摔跤最终要呈现的,是一种完全道德的概念,也就是正义。'偿还'的观念对摔跤而言是很重要的,群众的'给他好看'其实就是意味着'要他付出代价'。不消说,这是一种内涵的正义。'混蛋'的行动越卑劣,观众越会因他受到报复、痛击而开心。"②

一旦转化为道德评判的神话、伸张正义的神话,我们又似曾相识。然而,这位大批评家的剖析还要继续进行下去。他说:"在美国,有一件已经广受注意的事,摔跤代表一种善恶两方间神话学般的打斗(属于准政治性质,坏摔跤手总被视为'赤色分子')。而法国摔跤里制造英雄的过程则大不相同,它是以道德为基础而非政治。群众所期待的,是以渐进的方式建立起高度的道德形象:完美的逆子形象。"③

在以上的分析中,我们能发觉,神话的意义功能是可以自动转换的,关键是看处在什么语境之中。我们还能发现现代神话的主角虽然是行动着的人,但是他们是被动的,他们的行为往往是被规定和预设的,并被融化在背景中,而构成神话背景的是某种意识形态。是意识形态的整合作用或隐喻功能将现代社会中芸芸众生的种种欲求和期待编织成希望的花环。神话叙事与这些花环的编织在许多方面是相通的。当然,一般来说前者比后者更丰富圆满,因为我们经常将神

---

① 〔法〕罗兰·巴特:《神话——大众文化诠释》,许蔷蔷、许绮玲译,上海人民出版社1999年版,第59页。
② 同上书,第10页。
③ 同上书,第12页。

话作为一个完整的叙事系统来看待。

现代神话发展的第二阶段是由被动的人到"物"。现代神话的这一转变不是由神话自身的叙事逻辑所决定的，而是由外部因素所规定，这就是社会因素。是消费社会决定着现代神话的这一走向，因为消费社会从根本上改变了人们的社会境遇。按照鲍德里亚的描述："今天，在我们的周围，存在着一种由不断增长的物、服务和物质财富所构成的惊人的消费和丰盛现象。它构成了人类自然环境中的一种根本变化。恰当地说，富裕的人们不再像过去那样受到人的包围，而是受到物的包围。"①

物对人的包围意味着物的主动性。物不是被动地被人们所使用，而是积极主动地服务，满足人们的各种要求。物是那样的功能齐全、高贵而又典雅，使得每一个使用者也顷刻之间改变了自己的身份，成为高贵而典雅的成功者。

那么，无生命的物是如何取得主动性的？这其实就是现代神话的主旨——让物成为某种中心，成为辐射的灯塔或高耸的标志性建筑，并对周围环境产生影响。现代神话只能建立在对物的信仰上，它们以物的世界来替换神祇的世界。

物的主动性其实是一种隐喻，或是某种指代，指代某种常常被文明掩盖的东西。当然说到底，物的主动性是建立在人的欲望基础之上的，在物的背后是欲望的冲动。现代神话无非是将欲望转换为物的语言，让物来喻示或告诉人们那内心深处的、可能是尚未苏醒的欲求。人的内心欲求是一片广袤的沃土，在很长的历史时期中是荒芜的，可以大规模地开垦，但是开垦的方式不是坚硬的犁和锋利的刀，而是要用言语和叙事来诱导，因此神话叙事是特别合适的方式。当然，更重要的是现代神话在对物的称颂中已经将某种价值尺度和倾向渗透其中了。当然，这不是什么总体价值观，不是与意识形态和社会伦理紧密联系在一起的价值观，而是与具体的物联系在一起的价值取向，是鼓动人们攫取或占有消费对象的价值观。因此，对现代神话的要求是它必须充满诱惑力。它的任务是千方百计将人们的消费欲求开发出来，化欲望为叙事，化欲望为对象，并在此空间中编织有关物的种种故事和传奇。正是在消费欲求的背景下，静止的物才会焕发出神话般迷人的光芒。

现代神话的叙事对象主要是物而不是人，这符合媒介文化的化腐朽为神奇的特点。原本物在人的目光中是呆板的、静止的，被动地固定在某一空间之中，即便是光彩夺目的珠宝，当它陈列在柜台中，在丝绒的包裹之中，顾客也只能一睹其有限的容颜。但是在媒介文化营造的环境中，一切就不同了，不用说是熠熠

---

① 〔法〕鲍德里亚：《消费社会》，刘成富、全志钢译，南京大学出版社2000年版，第1页。

## 第四讲　大众媒介与现代神话

闪光的珍宝,就是一粒普通的治感冒或治胃病的药丸,也会焕发出无限的光彩。药丸会旋转,会翩翩起舞,在药丸的鼓舞下,服药者顿时由萎靡到精神抖擞,笑逐颜开。虽然现代神话的主旨是化被动为主动,但倘若没有具体的媒介手段也是白搭。媒介文化的发展使得其自身像魔术师手中那根点铁成金的魔棒:任何东西只要一触魔棒,就会焕发出金子般的光芒;任何物一经其点化,就会获得青春的生命力。冰箱会自动奉献出美味佳肴;高保真音箱会主动搜索最美妙的乐曲;高雅的西服和美丽的衣裙会在任何一个角度上向你昭示它的魅力;香水和香波能改变人的容颜,使人返老还童。总之,借助媒介文化的迷人手段,关于物的种种叙事既神奇又宏伟,物在历史上还从来没有像在今天,在媒介文化兴起的时代取得如此重要的地位。而这一切都是为你,为一个不知名的神话倾听者而存在;当然,它更是为千千万万的大众而存在,否则的话就不成其为神话。

　　媒介文化的无处不在能使现代神话镶嵌到任何一个生活的角落,商店、饭馆、车站、广场、路边,甚至通过电视、广播和报刊侵入到你的家庭、你的饭桌、你的床头,在这里现代神话和媒介文化是一而二、二而一的事情。它们使你恍恍惚惚,它们使你云里雾里,用鲍德里亚的颇有讽刺性的说法是:"我们每个人都被一种美妙的热心服务包围着,被奉献和善意的组合包围着。即使小到一块香皂,那也是一群专家为使您皮肤光滑而进行了几个月的研究思前索后的成果。"①再或者民航客机上的区区一把座椅也许是由艾尔波恩航空公司让其整个智囊团来为您的"臀部"服务的结果:"因为一切尽是此处。它是我们的首要研究领域……我们的职责就是要让您坐好。我们从人体解剖学、社会学,甚至哲学角度进行了研究。我们所有的座椅都是出自对您身体的细致观察……扶手椅外壳之所以用聚酯塑成,那是为了更好地配合您优雅的曲线,等等。"②自然,"这个座椅再不只是座椅了,而完全是为您的利益着想的一种社会供给"③。

　　由于在对物的叙述中我们处处能感受到人的存在,或者说有关物的神话的潜在操控者总会在不知不觉中露出其最终的着眼点,所以鲍德里亚将现代神话同时视为"关切的神话"。所谓关切的神话就是物对人无微不至的关怀,物对人的竭尽全力的服务。鲍德里亚认为消费社会不仅仅意味着财富的丰富,更重要的是还意味着一切都是服务,被用来消费的东西绝不是作为单纯的产品,而是作为个性服务,作为额外的赠品被提供的。因此当代消费者们是沐浴在"关切"的

---

① 〔法〕鲍德里亚:《消费社会》,刘成富、全志钢译,南京大学出版社2000年版,第178页。
② 同上。
③ 同上。

阳光中，而不是获得单纯的物欲的满足。①

这就是说一个好的有关物的神话，至少应该有两层内容或含义：第一层是有关物的陈述，这一陈述的宗旨是充分展现物的方方面面的功能和可用性，尽管其功能是一目了然的，但是还是有必要申明，以增加可信程度。例如某某牙膏使您的牙齿洁白、坚固，某某沐浴露不仅能祛除身上的污垢，还能使之光泽而芳香等等。第二层含义是超出物欲的，有着心理的或精神上的作用。当然有的神话中往往只有第二层含义的叙述，省却了第一层的功能陈述，因为现代神话之所以成为现代神话，原因就在于第二层含义的叙述上。在这一层面上，必须体现出物对人的关怀和热诚，必须将物的形而上的意义揭示出来，或者更准确地说是虚构出来。

应该说，虚构各种物的独特的形而上学的意义本应是现代神话的一个难点。许多不同的商品，同种商品的各种不同的品牌，虽然在形态上很容易区分，但是很难对其意义空间作出恰如其分的区分。然而，现代神话的特点是其总体语境的共通性，在这一语境中叙事，导致的效果也基本相似。因此，神话制造者无须独出机杼，别出心裁。除了具体叙述言词的不同和言说方式的差异（如叙事的、抒情的、戏剧的、论辩的、口号的、卡通的等），它们的叙事氛围是共通的，叙事发展的方向是预定的，内在的逻辑基本上是一致的。神话制造者和神话的聆听者又往往是共谋的，因此即便某些神话编撰得不够完善，缺少一些叙事功能，有的甚至破绽百出，也能达到大致相近的效果。

现代神话从根本上说是大同小异的，所以用结构主义叙事学的方法来剖析现代神话的叙事或许是最讨巧的事情。例如，正是利用这一分析方法，罗兰·巴特曾经将牛排和葡萄酒归类为"欢乐的神话"，并且揭示出它们的共同语境。正是在这一语境中，葡萄酒有了别的酒精饮料所没有的意义和价值：现代葡萄酒是"社会的一部分，因为它不仅为道德提供了基础，也为环境提供基础；它是法国日常生活中最轻微的仪式行为的装饰，从零食（葡萄酒和松软干酪）到盛宴，从地方餐厅的闲谈到晚宴的正式演讲。它提升了所有的地位，任何一种天气：在寒天里，它和所有由寒转暖的神话相关。在盛夏时，又和阴影相关，和所有凉爽和冒气泡的东西相关。没有一种情境涉及生理的制约（温度、饥饿、烦闷、冲动和失去方向感），这些限制不能引起葡萄酒的梦境。它被组合成一种基本的本质，附有

---

① 〔法〕鲍德里亚：《消费社会》，刘成富、全志钢译，南京大学出版社2000年版，第178—179页。

其他的营养数字,它可以涵盖法国人空间和时间的所有方面"①。

在另一篇题为《牛排与油炸马铃薯》的神话分析中,这位批评家将同样的逻辑运用在牛排上。他说:"和葡萄酒一样,牛排在法国是一种基本要素,它的国家化的程度比社会化还深,它在营养生活的所有环境中崭露头角:在廉价餐厅,它平板、周边呈黄,像鞋底一样;在小型酒馆的特色是厚而多质,立体形,中间核心部位至底部是潮湿而有些焦酥;在高级餐厅的特色则是,它是整个旋律中的一部分,也就是安适的布尔乔亚中产阶级的餐饮,以及波希米亚光棍的点心。它是一种急速而又紧密的食物,它影响了经济和功效之间、神话和五花八门的消耗方法之间的最好比例。"②

自然,所谓有关物的形而上的意义其实只存在于神话叙事的相关句法中,我们不可能在此之外寻找到别的产生意义的土壤。有时意义会直接走上前台,即它不是在物的消费过程中逐渐呈现的,而是早就生产好的,若要实现意义那只有一途,就是直接占有此物。说到底,物的神话就是煽动起对物的欲望,对物的占有欲,而这种欲望在叙事过程中是暗示的,但是有时却被媒介文化赤裸裸地暴露出来。一切都变得诱惑力十足,而所谓意义不过是一种习惯性的包装,观念上的包装而已。

(四)现代神话功效的短暂性

虽然现代神话享有共通的语境,但是每一个具体的叙述都是简短的,这不只是时间上的短暂,还有着意义和观念上的临时性。现代神话由于其面向当代大众,便时时追踪大众的口味。然而,大众的口味或者叫时尚,是产生于变化之中的,它们不是固定的、永恒的对象。因此,现代神话必然在叙事过程中时时处处关注世道变迁,更替其内容,制造新的意义,或者变换叙事视角以吸引大众。

现代神话的迷人之处就在于它的"与时俱进"。它有很强的喜新厌旧的倾向,对新事物的宠爱和崇拜几乎构成了它的叙事基调。这和它对于大众口味或时尚的敏感是相一致的,或可说对新事物的崇拜和对于时尚的敏感是互为前提的,并且基于这一敏感所作出的反应,有时比某些时尚的弄潮儿(如影视明星、模特等)还要迅捷,所以现代神话又是引领时尚的。它的引领时尚并非通过对社会和时势的周密分析来达到,而是出于直觉,出于感悟,凡是尚未开垦的处女地、凡

---

① 〔法〕罗兰·巴特:《神话——大众文化诠释》,许蔷蔷、许绮玲译,上海人民出版社1999年版,第69页。

② 同上书,第73页。

是方兴未艾的新领域都是现代神话施展身手的场所。

当然不管是引领时尚还是追随时尚,现代神话与时尚难解难分的亲密关系成为它自身的最主要的特质,这种特质又是以短暂性为代价的。现代神话是地地道道的海市蜃楼,它在兴起和幻灭之间交替,它在对时尚和物的追逐中展开自身,而后又物色下一轮的目标。它永不疲倦,因为它拥有取之不尽、用之不竭的题材,它无须历史素材作其后盾,也不将希望寄托在将来之上。虽然它在叙事过程中时时编造历史传统,也能轻而易举地开辟出希望之路,然而大众在现代神话中获取的是关于当下的信息,所有的历史和将来只不过是一种铺垫。现代神话的制造者和读者达成的默契就是在当下信息(适时性)这一领域。离开了这一领域,现代神话就会被遗忘。

说到底,现代神话的适时性是与大众的欲望相关联的。在消费社会中,欲望是被建构的而不是本能的,所以欲望既是亢奋的又是短暂的。现代神话的功能就是在某种语境中随时随地地激活或激起某种欲望,而某种语境一旦消失,神话的功能告退,欲望也就平息了。由于被建构的欲望是短暂的和盲目的,所以一旦有了新的目标,神话之间的更替也是极其迅速的。

对于同一叙述对象,现代神话有时会强调其某方面的品质,有时则会渲染另一种品质。在追随时尚的过程中,它只有不断变换其叙事策略和视角才能吸引读解者的眼球。当然这里也有窥探的意味。现代神话既然是在制造者与读解者双方默契的前提下产生的,那么时时变换其方向,试探读解者的口味,揣摩读解者的心理,并推陈出新,就是现代神话取悦大众、永不衰败的根本原因。

## 二、媒介文化与现代神话同构

现代神话不仅是由大众传媒制造的,它还是大众传媒的宠儿,因此它自然而然成为媒介文化的一个极其重要的组成部分。当罗兰·巴特在描述现代神话时,当鲍德里亚在剖析消费社会的种种神话时,我们联想到的就是媒介文化,而当批评家们分析媒介文化的个案时,其对象往往是现代神话。这种现象毫不奇怪,因为现代神话的兴起与媒介文化的发展几乎是同步的,媒介文化的灿烂斑驳本身就带有神话的成分。不能说媒介文化是为现代神话而存在,因为在其发展过程中传播技术和手段的多样化、便捷化起着决定性的作用。但是,媒介文化在内在逻辑上与现代神话相差无几,它们都试图为大众炮制一个适时的、充斥着各种意义的梦幻世界。

如果我们大致认可前述英国学者尼克·史蒂文森关于媒介文化的出现从根

本上改变了人们的"现代生活经验,以及社会权力的网络系统"的说法,那么,这改变之中首要的就是有关阅读、接受或应对现代神话的经验。作为消费社会的一员,人人都要与现代神话打交道;作为消费社会的一员,许多人还要参与制作现代神话。而正是在编制现代神话的过程中,媒介文化的种种表述方式得到了充分发展;反过来,媒介文化的丰富性和各类符号交替的庞杂性,使得现代神话更具感染力、迷惑力。

如果归纳现代神话的总体特征,那么在某种意义上就是归纳媒介文化的特征,如现代神话的梦幻色彩、现代神话的向当代生活开放、现代神话的趋从时尚等等无不与媒介文化的特征一一对应。然而,在这一对互动关系中,两者并不是半斤对八两,这里媒介文化更具主动性和进攻性。是媒介文化的发展使得现代神话逐渐泛化,扩散到所有的叙事对象之上。

神话本身可以被看作是一种意识形态,这一意识形态反映的是早期人类对于周围世界的想象关系。因此,神话凝固在历史之中,凝固在人类起源的种种假说之中,这一切使得神话成为一种特殊的言说,言说的对象是前文明时代的故事。这一特殊的言说在叙事研究领域中演变为题材,人们很容易将神话题材和现实生活的题材加以区分。这一区分自觉或不自觉地被沿用了上千年,作为一种惯例,进而作为一种法则被社会所遵奉。

突然间,媒介文化的兴起,在短短的数十年内,迅速打破了种种叙事藩篱,将神话的言说扩展到了所有的题材领域,扩展到了消费社会所有的对象之上,即不仅从带有传奇色彩的人物(各色社会明星),扩展到形形色色的物上,还扩展到人们所关心的各类社会话题上,无论是吃的、用的、穿的或想的,只要是人们注意力凝聚之处,就有神话产生的可能。于是,我们就有了足球神话和高尔夫神话,有了健康神话和"关切的神话"(鲍德里亚所言),有了汽车神话和计算机神话,当然更会有成功人士的神话等等……只要媒介文化的触角所到,往往能点铁成金。

媒介文化点铁成金的魔幻之术不是来自某种神灵,而是来自突飞猛进的传播技术。在大众传媒近二百年的发展过程中,只是到了最近的四五十年,人们才感受到其质的飞跃。大众媒体对人的包围几乎完全合拢,所以今天的文化环境也就成了媒介文化环境,而这一改变有着文化生态学上的意义。

媒介文化的产生从根本上改变了人们的生活方式、思维方式、与周围世界打交道的方式,即人们很难做到真正自发地、不受媒介文化的影响和媒体描述方式的干预来观察和认识世界,反而是企图借助媒体之手来更加"深入"地观察社会,了解世界。甚至大自然也是媒介文化所包装的大自然,或者说是媒介文化所诱导的观察方式之下的大自然。现在,即便有人想重返大自然,那也是借助于种种科技和传媒手段从外部来亲近自然界。

这里不仅有一个主观意愿的问题,还有一个"文明"的问题,即人们是受什么样的文明所规训、所制约来了解和接近周围的世界?

农业文明是地方性、区域性的文明,这一文明注重的是直觉和感受,在直觉和感受的范围之外是古老的传统和习惯势力的地盘。当然,人们常常会用传统的习惯来否定自己的直觉和感受,这就是巫术、宗教和古老的思想传统等发挥自己影响力的时机。

工业文明注重的是科技,人们常常用科技的方式来检察和矫正自己的直觉和感受,在某种意义上工业和科技文明是一端,而个人的直觉和感受是相对立的另一端。理性的力量借助于科技而显得强大,但是它并不足以完全吞噬人们的直觉和感性世界。

在后工业时代,个人的直觉和感受不仅被文化工业的产品所包围,而且所谓直觉和感受本身也是文明的一个部分。因为无论在都市还是在乡村,无论在旅途还是在住地,无论在居所还是在大街上,我们都被各种媒体所包围,我们的直觉首先是对传媒世界的直觉。我们早已习惯于通过各种媒体来观察和理解世界,甚至理解自身。我们甚至无法离开大众媒体,它们几乎就是社会生活的空气,远离它们我们就会感到窒息。媒介文化深刻地影响了我们的直观感受,我们永远失去了纯朴的、原始人般的眼光,已经无法返璞归真到混沌初开的世界。

(一)媒介文化创造人间奇观

现代人生活在媒介文化构成的空间中,媒介文化就是他们的神话世界。在这个世界中,人们和周围事物的比例关系都发生了奇异的变化——人的肉眼通过精密的摄像镜头观看对象,而摄像镜头可能被安装在飞机和卫星上;当然,摄像机更可以将拍摄的和制作的混合在一起,创造出前所未有的效果;同样,人的耳朵听到的声音也是精心制作的(模拟的或由数码控制的),真实世界的声音反而成为噪声。

由此,在媒介文化这个神话世界内,神话的含义首先表现为人间奇观。人间奇观不是仅仅指在太空之中遥看蓝色的神秘地球,或者借助火星探测器来窥测这颗有着传奇色彩的行星的庐山真面目,更多地是指在媒介文化的表述中日常事物的登场。

或许可以夸张地说,由于媒介文化的总体作用,所有的日常事物都是以不同寻常的面目在人们的目光中登场的。这里人们首先会想到的是广告媒介文化,在广告媒介文化中,所有的日常事物都被笼罩在神奇的光环下,小到药丸和护肤

## 第四讲 大众媒介与现代神话

品,大到汽车、别墅都在这一光环下变形,大小、比例、颜色、视角也有不同程度的改观。对于大众来说,这才是真正的刮目相看,因为在日常生活中人们从来没有这样来看待过它们,而且不借助现代传播技术也没有可能这样来观看。另外,随着以上的变化,眼前的对象变得那样的美观、亲切、可爱,似乎其实它们的功能不再是主要的。这就是媒介文化所创造的人间奇观,这类人间奇观在今天是那样地普遍,以致我们习以为常,以致我们认为事物本来就如此,认为从古至今我们就是这么来看事物的,殊不知早已人是物非,或人非物亦非。前文所说现代神话中对物的叙事,基本上是由广告媒介文化来承担的。

自然,就创造人间奇观而言,这一特质在足球媒介文化、服饰媒介文化和影视媒介文化中显得更加彰明。以服饰媒介文化为例,这一媒介文化在很大程度上与广告媒介文化相重合,但是它毕竟有相当独特的一面。广告神话再高雅奇特,它最后的归宿依然无奈地落在叫卖和市场的营销策略上。而在服饰媒介文化中,特别是在T形舞台上,一切就大不同。在这里,奇观就是奇观,人们创造奇观就是为了与日常生活保持距离,就是为了观看,为了满足腾飞丁现实之上的心理要求。T形舞台上有奇装异服的争奇斗艳,有风格与风格的比拼,有款式与款式的较量,有梦幻与梦幻的角逐,还有个性的展示和显扬。这一切都是为人间奇观而存在的。

应该说T形舞台是颇特殊的媒体,它的功能似乎只有一种,就是传播服饰文化。它长长的走台既向人群中伸展,又因其凸现高度,而与大众拉开一定的距离。就像其所展示的服装那样,T形舞台与大众保持着若即若离的关系。在这一舞台上演出的是一幕又一幕自成格局的景象。戏剧舞台上上演的是充满矛盾斗争的故事,这类故事中交织着常人的喜怒哀乐。在T形舞台上,日常生活中戏剧化的内容退隐在一边,观众见到的是某种景观。这一景观在日常生活中往往是静态的,但是在T形舞台上却分外生动。虽然服饰是套在美丽的模特身上的,然而在这里,服饰是主角,模特只是配角,是活动的衣架。当然,这配角倒是常常僭越主角的地位而登场,这就是所谓的名模,这就是辛迪·克劳馥,这就是吉赛拉,这就是王海珍。有的观众就是为了观看名模,才争先恐后地挤在T形舞台的两侧。不过时至今日,名模依旧未能撼动服饰的主导地位——名模的搔首弄姿、名模的"杨柳小蛮腰"和她们的款款猫步依然要由服饰来体现。

T形舞台尽管有完全独立的价值,但是它能与摄像机构成最完美的组合,使得服饰的每一个侧面、每一个微妙的细节得以展示无遗。观众不仅能欣赏到各种款式新颖、色泽艳丽的套装,春夏秋冬的四季流行服装,情韵奇异的长短裙裾,时尚的吊带露肩衫或飞行夹克衫等,而且在镜头的逼视下还能细品衣料的质地和图纹:是棉的、麻的、丝的、毛的、化纤的还是混纺的?是人字纹、环形纹,或者是不规则纹理?当然,镜头还能引导人们关注搭扣的明暗处理、腰带的特殊含义、衣纹的高低位置、口袋的隐蔽与显在,还有其他一些精心设置的"小花招"等等,并将服饰每一个部位的突发奇想的构思和总体之间的匀称关系或剧烈的反差带来的紧张关系揭示出来。这里的关键是,在日常生活中人们不可能取得这样的观看视角、背景和特殊的氛围。在这种时候,往往还有音乐和灯光来帮忙,音乐的旋律和节奏有时令人迷惑其间,而冷暖灯光的投射,不同角度、不同色泽的交叉,也有至幻的魔力。尽管灯光、音乐和整体背景之间恰如其分的对应关系是逐渐建构的,但是它们往往一开始就是有效的,在奇观中的人们是放松警惕的,他们大度地接受一切新鲜的尝试,并很快就做出认同的姿态。此时,人们似乎完全忘却了服饰在日常生活中的功用,他们以欣赏和观看的态度来对待眼前的景观。这是一个呈现在人为的空间之中的景观,是地地道道的人间奇观。

这奇观的各个组成部分没有叙事逻辑之间的关联,没有悬念和类似的包袱。某些搭配是偶然的,另一些组合是临时的,但是由于它们毕竟有日常生活为背景,因此它们之间就有了必然性。某些色彩明丽的衣服可以被归为春装(尽管秋季也能穿),另一些宽松飘逸的服装可以被称为休闲服(上班未必不能穿),还有一些线条简洁明朗、外观大方的服装可以命名为工作装(穿上它们休假绝对无妨)。这种划分在开始或许是勉强的、一厢情愿的,但是久而久之,在日常生活实践中取得了地位,于是就在T形舞台和相关的服饰媒体上取得了其合法性。自然,种种划分不是为了限制奇观,而是为了使它们显得更加辉煌,更加彻底。人间奇观不只是炫人眼目,还应该是复杂的和完美的,并且越是复杂就越是完美,它会事无巨细地表现在每一个方面。就是说,任何细琐庸常的事物都不是无可救药的,在一定的条件下,它们都会升格为人间奇观。而这所谓的一定的条件就是非同寻常的视角、超出常规的距离或节奏、奇异的拼接和组合,另外再伴之以其他辅助手段等等。总之,只要社会或市场需要,当今日新月异的媒体技术就能创造出任何人间奇观来。

### (二) 梦幻中的快乐

人间奇观是由十分具体的视像来展现的,而梦幻则是虚空的,它或许由某种语境所生发,或许由某种情绪所激起,也或许是各种因素的综合集成。

当罗兰·巴特将现代神话看成是快乐神话时,或许已经认清媒介文化的享乐特质,因为媒介文化的产生是以媒体受众的娱乐需求为动力的。自然,巴特对快乐神话是持批判态度的,所以他条分缕析,对诸如"牛排和葡萄酒"神话的形成做了比较具体的描述,并最后挑明这类神话的破绽,让人们保持警惕。应该说,这一警惕最初来自法兰克福学派,如霍克海默等就认为大众文化是以虚幻和假象来满足观众的欲求的,因此这一快乐是建立在人们"受到他自己本质的欺骗这一事实"之上的。

如果霍克海默等的理论成立,那么受欺骗或受蒙蔽的快乐是怎样一种快乐呢?这是一种暂时的心理满足,以不知情为前提。观众一旦觉悟或知情,那么这一快乐往往会转变成痛苦或愤怒。

自从法兰克福学派指出大众文化的欺骗以来,今天的媒介文化提供的仍旧是短暂的心理满足,而大众也基本明了了自己在媒介文化中获得快乐的缘由。在这一点上,双方是共谋的,即将受蒙蔽的快乐转换成梦幻的快乐或象征性的快乐。

这里提出梦幻的快乐是相对于感官的快乐而言的。前文已经说过,媒介文化是偏重声色犬马的文化,绚烂夺目的色彩和悦耳迷人的音乐,有着强大的感官诱惑力,然而光有感官刺激而无梦幻成分,同样会失去对大众的吸引力。媒介文化虽然基本上是消遣性的,但是它必须含有梦幻成分,梦幻在这里是理想的替代品,在梦幻中有着高于感官刺激的精神或心理内容。

梦幻的心理大多是补偿性心理,年幼时的理想没有实现,或青年时代的志向未酬,会留下遗憾的阴影,而这些均可在媒介文化的消费中得到补偿排遣,媒介文化是满足人们梦幻的最佳场所。人们曾经将好莱坞称作梦幻工厂,但是与媒介文化的大系统比较起来简直是小巫见大巫,因为好莱坞的梦幻(无论是爱情神话、财富神话、灰姑娘神话,还是阿甘的神话),都是被某种身份所规定,并且通过一系列的机遇和巧合达成,其中复杂的叙事机制在起作用,最终是让男主角或女主角一环扣一环地经历了预设的全过程之后,才走向辉煌。而当代的许多媒介文化则简化了这个过程,在好莱坞往往要用两个小时才达成的梦幻现在只运用一两个场景或片段的叙事就搞定,将梦幻迅速推向高潮。例如,在广告媒介文化中,这一倾向发展到了极致,据说当年(1979年1月)上海电视台播出了中国电视史上第一条商业广告,这是生产参桂补酒的厂家所为,足足用了一分半钟的时间,而现在人们很难想象怎样来填满这漫长的90秒。在今天这样一个高速运转的社会,似乎一切都可被精炼地压缩在15秒甚至短短的5秒之内。这正应了另一家酒企业的广告词:"精心锤炼的、梦幻般的王朝,酒的王朝,酒的经典……"

媒介文化的梦幻大多是心理补偿的梦幻,所以也是享乐主义的梦幻,也就是说由媒介文化所激起的梦幻,其精神力量是微薄的。在媒体所制造的大大小小的神话背后,既不是古老的宗教在起作用,也不是悠长的思想传统在发酵,它只是将关于物的占有和占有者的快乐用某种概念的外衣包装起来而已,以物的占有和物的享用所带来的心理满足来替代精神层面的追求。例如,在美酒和温柔醇美的女人之间,或在靓丽的服装、化妆品与拥有者的内在气质之间建立某种联系,将豪华住宅、海滨度假村与居住者的精明能干和事业有成画上等号,这些都是媒介文化的拿手好戏。而后者,如美丽的女性、内在气质或是事业有成等等,在某种意义上已转换为精神指针,就像一家护肤品的广告所谓"今年 20,明年 18",已经不是单纯地指代年龄或健康问题,而是一种虚幻的精神性满足,而这种虚幻的精神性满足由于有了物的占有或享受,似乎有了某种保障。在媒介文化中,物质从来就是精神和心理的保障。梦幻的制造者同接受者在这里达成了很好的默契。这种默契没有任何其他的依据,唯一的依据是人们都有模模糊糊的心理需要和那种能和这一心理需要建立起联系的对于物的享用。

尽管媒介文化所制造的梦幻比较浅薄,经不起推敲,但是人们还是欢迎它。大众需要梦幻,需要补偿性的心理安慰,现代社会的紧张的节律需要梦幻来调节,否则社会的正常运作就难以维持。当然,媒介文化所制造的梦幻与工业社会以前的梦幻不同。在媒体大众文化产生以前,人们之间的梦幻差异是比较大的,在内容上也相对朦胧,且个性色彩也比较强。而在媒介大众文化所制造的梦幻中,梦幻带有相当统一的色彩,梦幻的内容也比较具体,梦幻中有视觉形象和听觉形象,还可能有具体的模式。虽然这样来看,梦幻的表象丰富了,但实际上梦幻的界限受到了一定的限制,亦即在一定程度上媒介文化操纵了大众的梦幻,并规定着梦幻发展的方向。

尽管追求梦幻和追求感官刺激从表面上看是相互对立的,但是在媒介文化的运作中它们往往是统一的,媒介文化制造的梦幻中内含着感官的享受,或者说暗示着感官享受的进一步满足。感官享受中也有梦幻,感官享受中的快乐有人生"幸福""美满"的含义,并且暗示着人生的成功和自我价值的实现。总之,当梦幻和感官享乐在媒介文化的运作中获得了相互转换的自由,当物质的力量和精神性代码能够如此结合,虚构出美丽的世界,其他的一切似乎都无足轻重。媒介文化本身就是当代社会的巨大神话,而不是罗兰·巴特所指认的,由大众传媒所制作的、具体的现代神话。

**核心概念**

  现代神话 收视率民主 众生平等神话 现代神话叙事对象
  心理补偿的梦幻 人间奇观

## 思考与讨论

1. 如何界定现代神话？它的意识形态功能是什么？
2. 现代神话是在怎样的媒介环境中产生的？
3. 现代神话的叙述焦点集中在哪些方面？
4. 怎样理解媒介文化与现代神话同构？

# 第五讲　媒介文化引导消费

讨论媒介文化必然要讨论消费社会,后者不仅是前者赖以产生的氛围,也是前者必要的社会条件。

如果说 18 世纪西方小说的产生与资产阶级的兴起有关(据说"novel"这个词是在 18 世纪后期才专指小说,以区别于一般散文虚构类作品"fiction"),是"当时占优势地位的中产阶级的读者大众的欣赏趣味、文化程度、经济能力"起着"关键性的促进作用"的话①,那么媒介文化可以看成是消费社会中大众的文化选择。当然,这里的所谓选择,虽然从表面来看是出自众多消费者的共同意愿,而实际上是消费社会自身的运作所导致的必然结果。

消费社会的到来揭示了一种前所未有的社会图景,即现代"大型技术统治组织是怎样引起无法克制的欲望,而且又是怎样创建了用以取代旧的不同阶级的区分的新的社会等级"②。而媒介文化正是这一社会图景的最显眼的标志和最突出的表征。因此,解析媒介文化的最佳途径就是解析消费社会,消费社会的逻辑之中包含着媒介文化的发展逻辑。是鲍德里亚首先揭示了消费社会的特质,即人们所进行的不是单纯的物质和功能性消费,而是文化的、心理的、意义的消费。因此,要弄清媒介文化与消费心理的关系,必须了解鲍德里亚的消费社会概念和相关理论。

## 一、鲍德里亚论消费社会

"消费社会"的提出是鲍德里亚的一大发明。当许多西方学者纷纷用"后"来命名当前的社会形态(如后现代社会、后工业社会等)时,他则从现代社会中人与物的关系入手,从特殊的需求理论,即消费者实际上是对商品所赋予的意义(及意义的差异)有所需求,而不是对具体的物的功用或使用价值有所需求出发来界

---

① 参见〔美〕瓦特:《小说的兴起》,高原、董红均译,三联书店 1992 年版,译者序,第 2 页。
② 〔法〕鲍德里亚:《消费社会》,刘成富、全志刚译,南京大学出版社 2000 年版,前言,第 1 页。

定这一社会形态的。

鲍德里亚认为:"必须明确指出,消费是一种积极的关系方式(不仅于物,而且于集体和世界),是一种系统的行为和总体反应的方式。我们的整个文化体系就是建立在这个基础之上的。"①

那么究竟如何来看待这样一种积极的关系方式呢?这种积极的关系方式所呈现的社会逻辑是什么?鲍德里亚的分析是从货架上丰盛的、琳琅满目的商品开始着手的。

### (一) 完美的诱惑

讨论消费社会,鲍德里亚首先强调的是物的丰盛和商品的系列化与系统化。他认为,在消费社会中最根本的变化是"富裕的人们不再像过去那样受到人的包围,而是受到物的包围"。这里,所谓"物对人的包围"不能简单理解为物的堆积和巨大的数量。按照鲍德里亚的意思,包围消费者的商品是以整体的面目出现的,即"今天,很少有物会在没有反映其背景的情况下单独被提供出来",因为"几乎所有的服装、电器等都提供一系列能够相互对应和相互否定的不同商品"。也就是说,消费者不会再从具体的用途上去看待单个的商品,而是从其全部意义上来看待它们的。"洗衣机、电冰箱、洗碗机等,除了各自为器具之外,都含有另外一层意义。橱窗、广告、生产的商号和商标在这里起着主要作用,并强加着一种一致的集体观念,好似一条链子,一个几乎无法分离的整体。它们不再是一串简单的商品,而是一串意义,因为它们相互暗示着更复杂的高档商品,并使消费者产生一系列更为复杂的动机。"②这样,当消费者买进某一款名牌西服的同时,必须连带购进与之匹配的领带或衬衣,或许还要考虑相应的腰带、皮鞋或手提包,不是为了实用,而是为了意义的齐备,为了意义的完整。意义不是通过思考或论证产生的,也不是早就预设好的,而是暗示的,根据具体的情境生发的,并且正好契合连锁的心理反应。所以,消费者会由于喜欢某一类流行歌曲而扩大到喜欢排行榜上的所有同类流行歌曲,由喜欢某一 CD 到喜欢某一乐曲的不同 CD 版本,甚至于爱屋及乌,购买和收藏相应的封套设计,当然有关的介绍,如《CD 经典》或《CD 大全》更是必不可少的。

说到意义的齐备,不由得联系到对符号的消费。所谓完美的诱惑在鲍德里亚看来或许就是指消费者意欲尽可能地占有符号的意义,各类符号的各种意义,

---

① 〔法〕鲍德里亚:《消费社会》,刘成富、全志刚译,南京大学出版社 2000 年版,第 1 页。
② 同上书,第 2—3 页。

无论是符号的现实意义还是历史意义。所以他说出了极其精彩的警句:"我们从大众交流中获得的不是现实,而是对现实所产生的眩晕。"①应该说明,不是现实必然产生"眩晕",而是大众交流需要"眩晕",于是就产生了"眩晕"。

当然这种"眩晕"是由符号和文字所产生的。符号的"眩晕"魅力来自两个方面:首先来自其自我标榜的"活生生"的对象。还有什么比发生在周围的各种惊心动魄的真实事件更加令人激动?尽管这些对象说到底只是由"写实的录像"和有关真相的"客观报道"等组成,但是它们毕竟饱含激情。其次是符号所产生的安全感。用鲍德里亚的说法是"奇迹般的安全","当我们观看世界形象时,有谁把突然闯入的现实与不在场而产生的内心快乐加以区别呢?形象、符号、信息,我们所消费的这些东西,就是我们心中的宁静。与外界产生的距离则巩固了这份宁静"②。

基于以上两点,鲍德里亚认为,人们可以这样来给消费生产力下定义,"消费者与现实世界、政治、历史、文化的关系并不是利益、投资、责任的关系",而是一种特殊的"好奇心的关系",而紧接着他给"消费地点"下的定义是"日常生活",即只有日常生活才是人们的消费处所。③ 所谓日常生活不仅仅是指人们所有的日常行为和举止,它似乎还是平庸和重复的同义词,它没有幻想也没有超越,因此令人难受。鲍德里亚之所以如此来阐释或规定日常生活,是因为只有在平庸和重复的日常生活中,好奇心才是某种积极的有推动意义的行为。当然,如果谁把两者联系起来,将由日常生活领域中产生的好奇心看作整个消费社会的动因,那就偏颇了。消费社会的产生不是社会心理发展的必然结果,而是资本主义生产力发展的一个梦魇,之所以这么说是因为生产力的发展进入了增长的恶性循环。

在这种恶性循环中,个人和集体的财富的增长是与危害的增加同步的。这里说的危害是指由经济活动加剧和高科技生产力发展所派生的恶果,如空气和水污染的日益严重、噪音的困扰、自然风景的破坏、生活节奏的紊乱等等。所以,鲍德里亚认为危害的产生至少来自以下两个方面:"一方面,它是工业发展与技术进步产生的后果;另一方面,它产生于消费结构的本身。"④

工业和技术的发展所带来的增长性危害早已为许多有识之士所挑明,鲍德里亚的贡献是揭示了由以消费为中心的社会结构本身必然导致这种危害的悖

---

① 〔法〕鲍德里亚:《消费社会》,刘成富、全志刚译,南京大学出版社2000年版,第12页。
② 同上。
③ 同上书,第13页。
④ 同上书,第20页。

论。这里特别荒谬的是,当由增长所带来的危害造成的巨大损失必须由新的增长来弥补时,这些居然也能作为增长的最新成果来炫耀,即所有人为的或技术的灾难所引起的消耗,如"额外的汽油开支和为事故的受害者所花费的医疗费用等,所有这些仍可以作为消费的增长来计算。也就是说,在国内生产总值和统计的名义下竟可以作为增长和财富的指数"①。这样,不难想见便有了"国民生产总值的神话"。在这神话中,所有的社会产品和服务的价值全都被加在一起加以统计而不分优劣,不区分它们对社会有益还是有害。用鲍德里亚的话来说:"任何生产出来的东西,都因存在这一事实本身而变得神圣。"②不管这一生产是出于什么目的,派上什么用途,一切都可以算是社会财富的一部分。这一神话的逻辑就是——"任何生产出来的东西都是积极的"。例如,巴黎在最近这50年间空气的亮度下降30%(由于污染、各类建筑物的增多等原因),这方面的变化绝对不在增长的神话统计之内。相反,由于亮度下降而耗费了支出,"如果说一大笔更大的电力、灯泡、眼镜等开支由此而得以产生,那么,它一下子就会作为生产的增加与社会财富而存在"③。

揭露消费社会荒谬增长神话的同时,鲍德里亚认为不能不联系到另一个概念——"浪费"。同样是浪费,在消费社会有了与以往不同的含义。浪费原本是指正当的和合理用途之上的多余的消耗,另外对浪费的指责还有道德方面的功用,"贪污和浪费是极大的犯罪"。所以,"道德家才与资源的浪费与侵吞展开了积极的斗争"。然而在消费社会中,传统的道德观念被消解,人们会发现,其实所有的社会都是在极为必需的范围内浪费、侵吞、花费与消费的。在以往时代,"君主贵族都是通过无益的浪费来证明他们的优越感的",甚至包括他们对宝贵财富的竞相破坏也是一种特殊的证明手段(这不禁使我们想起了《世说新语》中王恺与石崇斗富的故事)。据说个人与社会一样,只有在浪费时,或者在必需物品之外还有剩余可供使用、消费或挥霍时,"才会感到不仅仅是生存而且是生活"。因此,在鲍德里亚看来,从更为广泛的社会角度入手分析,浪费远远不是非理性的、疯狂的或精神错乱的行为,它具有积极的作用。在生产力发达的社会中,浪费以其独特的功用代替了以往理性消费的用途,它甚至作为消费社会的核心功能而发挥作用——"支出的增加,以及仪式中多余的'白花钱'竟成了表现价值、差别和意义的地方"。而我们平常所说的丰盛,也只有在浪费中才有实际的意义。④

---

① 〔法〕鲍德里亚:《消费社会》,刘成富、全志刚译,南京大学出版社2000年版,第20页。
② 同上书,第23页。
③ 同上。
④ 同上书,第24页。

当然，无论人们怎样来界定"浪费"，在当今丰盛社会的消费与所有所谓"匮乏"社会所进行的破坏性的挥霍之间，都存在着一种绝对的差别。所以鲍德里亚指出："前者是一种纳入经济体系的危害，是一种集体价值功能性的而非生产性的浪费；而后者则是一种'过分的'浪费，对财产的破坏是集体象征性价值的源泉。……经济体制只有考虑到所谓'理性'的时候，才会在节日浪费过程中超越自己的原有水平。从某种意义上来说，它带有愧意，只吞噬掉了财富的增添部分。它只是对生产力的计算进行了补充性的、小心翼翼的破坏。"①

## （二）消费的社会逻辑

什么是消费的社会逻辑？据说是人们生产和驾驭社会符号的逻辑，而不是那种把财富和服务的使用价值占为己有的逻辑。②

鲍德里亚认为，所有使我们去研究关于需求与丰盛的形而上学的那一切，都是对消费的社会逻辑的真正分析。消费表面上看虽然是由个人的需求引起，但是消费的社会逻辑却比个人的需求复杂得多。自工业革命以来和19世纪的资产阶级民主革命以来，有关幸福和平等的神话是消费社会生长的社会逻辑。在此，他特别提出了"福利的平等意识"这一概念，这一概念就是在幸福和平等的神话之上滋长起来的。据说："幸福概念的意识力量，并不是来自每个个体为实现本人幸福的一种自然倾向。从社会历史观来看，这是由于幸福的神话将平等神话收藏并转化到现代社会之中了。"③显然，鲍德里亚关于幸福的观念的这一描述是受了福柯思想的某种启示，即在社会文明的发展过程中把握观念的演进。至于幸福神话是如何转变为平等或福利神话的，就语焉不详了。幸好在"福利的平等意识"是如何向消费主义运作的关键问题上，他有独到的阐释。他说道："幸福要成为平等的神话媒介那它就得是可测之物，必须是物、符号、'舒适'能够测得出来的福利。"④

鲍德里亚接着指出："'福利革命'是资产阶级革命或简单地说是任何一场原则上主张人人平等，但未能从根本上加以实现的革命的遗嘱继承者或执行者。因此，民主原则便由真实的平等，如能力、责任、社会机遇、幸福（该术语的全部意义）的平等转变成了在物以及社会成就和幸福的其他明显标志面前的平等。这就是地位民主，电视、汽车和音响民主，表面上具体而实际上又十分形式的民

---

① 〔法〕鲍德里亚：《消费社会》，刘成富、全志刚译，南京大学出版社2000年版，第31页。
② 同上书，第48页。
③ 同上书，第33页。
④ 同上书，第34页。

主。"当然,这样一来尽管"符合宪法中的形式民主",但是在另一方面反而将"民主的缺席以及平等的不可求的真相掩盖了起来"①。不过,由于掩盖真相的是丰盛的"物"和堆积的商品,所以它多少不同于早期资本主义那副残酷的面貌,于是"增长,即丰盛;丰盛,即民主"的观念便越加畅行。这样,由资产阶级民主革命所创造的各种神话在发达的后工业社会便顺势转化为财富、福利和消费的神话。②

福利和消费的神话既是便于操作的,同时也和"需求"的概念紧密相连,这两者的结合更增加了其诱惑力。所以,鲍德里亚说:"福利与需求的互补神话,对不平等客观的、社会的和历史的决定性,具有一种强有力的吸收与消除意识的功能。福利国家和消费社会里的所有的政治游戏,就在于通过增加财富的总量,从量上达到自动平等和最终平衡的水平,即所有人的福利的一般水平,以此来消除他们之间的矛盾。"③

然而,不幸的是,无论财富的绝对量增长多少,都无法消除社会上的矛盾和不平等,因为消费社会本身就含有一种系统的不平等,而且消费社会的结构就是建筑在这些不平等之上的。例如,在工业化的过程中,一方面生产资料和某些商品或者相应的服务得到了广泛的,可能是廉价的提供,另一方面像空间和时间、纯净的空气、绿色、水、宁静的环境等过去无须花钱就唾手可得的东西,却变成了唯有特权阶级才能享用的奢侈品,即出现了新的不平等。说到底,增长在其本身的运动过程中就是建立在不平等的基础之上的。所以,与此相应,鲍德里亚教导我们应该持有这样一种增长观,与其去问"增长是平等的还是不平等的"这一类假问题,不如说"不平等的功能是增长的本身"。④

由于消费的社会逻辑根本不是那种把财富和服务的使用价值占为己有的逻辑,而是生产与驾驭社会符号的逻辑,因此从这个角度看,消费过程可以从以下两个基本方向来分析。第一,作为建立在一个符码基础之上的明确意义和交流过程,实际消费行为能够在其中得以实现其应有的意义。在这里,消费是一种交流体系,而且是一种语言的等同物。对其所作的分析应该是一种结构分析。第二,作为社会分类和区分过程,物和符号在这里不仅意味着对不同意义的区分,按顺序排列于符码之中,而且作为法定的价值排列于社会等级中。这里,消费可

---

① 〔法〕鲍德里亚:《消费社会》,刘成富、全志刚译,南京大学出版社2000年版,第34页。
② 此处可参见〔美〕约翰·罗尔斯:《正义论》,何怀宏等译,中国社会科学出版社1988年版。原著比鲍德里亚《消费社会》晚一年出版,在书中作者详细阐释了"公平即正义"的理论。该书被誉为二战以来,西方伦理学和政治哲学领域内最重要的著作。
③ 〔法〕鲍德里亚:《消费社会》,刘成富、全志刚译,南京大学出版社2000年版,第35页。
④ 同上书,第38、39页。

能是战略分析的对象,在法定的价值(涉及其他社会含义:知识、权力、文化等)分配中,决定着其特殊的分量。①

从这样一种社会逻辑和分析过程出发,鲍德里亚想告诉读者:"人们从来不消费物的本身(使用价值)——人们总是把物(从广义的角度)用来当作能够突出你的符号,或让你加入视为理想的团体,或参考一个地位更高的团体来摆脱本团体。"② 由此,他将消费的社会逻辑同工业社会的生产逻辑区分开来。

首先,"创造财富的节奏与工业经济的生产力有关,而激发需求的节奏则随社会区分逻辑的变化而变化"。尽管在一定意义上,人们的社会需求和向往是由生产的增长所"解放"出来的,但是,"倘若人的向往仅仅与从属于它的生产力相竞争——那就不会存在什么问题了。事实上,它通过自身的逻辑,一种区分的逻辑,构成了一种无法控制的变量——不是经济计算中外加的一个变量,一个有关情景或背景的社会文化变量,而是一种起决定作用的结构变量,它决定着其他所有的变量"③。

其次,在物质增长的社会里,由社会区分和地位要求所激活的需求和向往,其增长的速度总是比财富的增长速度要快。物质的增长不仅意味着需求的增长,以及财富与需求之间的某种不平衡,还意味着需求增长与生产力增长之间这种不平衡本身的增长。

再次,人们的社会需求的增长是没有极限的,而财富的增长是有极限的;物的文化系统是难以确定的,而对物的量的吸收是一定的。也因此,为了扩大需求,广告的窍门和战略目标就在于"通过他人来激起每个人对物化社会的神话的欲望"。广告从不与单个人进行对话,而是在社会阶层区分性的关系中瞄准他,好似要捕获其"深层的"动机。④

显然,鲍德里亚在这里最想告诉读者的是消费的社会逻辑与工业社会的生产逻辑之间的分野。这条分界线不是在其他方面,既不是在产品的生产方面,也不是在一般意义上的商品需求方面,即商品的使用价值的需求上,而是在需求的对象方面。这是一种特殊的社会心理需求,是对商品的符号和符号背后的意义的需求,或者说是由占有"社会意义的欲望"所激发出来的需求。因此,这种需求是对符号等级或这一等级所代表的意义"差异"的需求,它永远不会得到满足,也

---

① 〔法〕鲍德里亚:《消费社会》,刘成富、全志刚译,南京大学出版社 2000 年版,第 48 页。
② 同上。
③ 同上书,第 51—53 页。
④ 同上。

永远不会有需求的确定性。①

(三) 否定享受与个性化的消费

这是一个相对复杂一些的问题。在消费社会中,消费者的购买行为和需求是个体自由选择的结果,还是被生产出来的?加尔布雷斯等学者认为,在消费社会中,消费者是盲目的或被操纵的。消费个性,或者说消费者的自由选择和主权实际上是一个骗局,他只是被强加了选择的自由而已。实际上,消费者的需求是被生产出来的。所谓被生产出来是指:"企业在某种财富生产和服务的同时,也发明了使人接受它的各种方法,因而实际上也就'生产'了与之相对应的需求。"②

鲍德里亚在批判加尔布雷斯的"需求是生产的结果"的基础之上,提出了"需求体系是生产体系的产物"这样一种观点,认为在消费社会中需求并不与具体的物和商品有关,需求也不是与物一一对应的,消费者的心理不是"一个橱窗或一个目录",因此需求不是一个一个地被生产的,需求作为一种体系是在一个更大的生产力范围里以总体的支配性面貌出现的。③

正是站在需求体系的总体立场上,鲍德里亚想指出:消费者对物的消费与我们一般意义上所说的享受是不同的;如果说个体的需求性消费必然是一种使用或享受式的消费的话,那么在消费系统中,情形就发生了变化,消费甚至可以"被规定为排斥享受的"。他说:"作为社会逻辑,消费建立在否认享受的基础上。这时享受也不再是其合目的性、理性的目标,而是某一进程中的个体合理化步骤,而这一进程的目的是指向他处的。享受会把消费规定为自为的、自主的和终极性的。然而,消费从来都不是如此。人们可以自娱自乐,但是一旦人们进行消费,那就绝不是孤立的行为了(这种'孤立'只是消费者的幻觉,而这一幻觉受到所有关于消费的意识形态话语的精心维护),人们就进入了一个全面的编码价值生产交换系统中,在那里,所有的消费者都不由自主地互相牵连。"④所以,在此意义上,批评家认为消费和语言一样是一种交流体系,是一种"含义的秩序"⑤。

自然,这种总体立场使得我们可以用结构主义的视角来看待问题,即"消费系统并非建立在对需求和享受的迫切要求上,而是建立在对某种符号(物品/符

---

① 〔法〕鲍德里亚:《消费社会》,刘成富、全志刚译,南京大学出版社 2000 年版,第 69 页。
② 同上书,第 64 页。
③ 同上书,第 64—65 页。
④ 同上。
⑤ 同上书,第 70 页。

号)和区分的编码上"。也就是说,在消费社会中,"财富和产品的生理功能和生理经济系统(这是需求和生存的生理层次)被符号社会学系统(消费的本来层次)所取代"①。同时,这种结构主义视角也使人们能更加理解前面所说的消费需求是对"差异"的需求,因为对单个商品的消费(或者说使用)是无所谓差异的,只有在某个相对的系统之中才有差异存在。也只有在这一语境中我们才能确实感受到需求作为一种体系所具有的支配力量。

接下来一切都顺理成章,这种支配力量为了维护符号秩序和组织的完整,必须要对消费者进行调教和规训,使得这一体系能够有效地运作起来并长期维持下去。所以鲍德里亚会说:"消费社会也是进行消费培训、进行面向消费的社会驯化的社会——也就是与新型生产力的出现以及一种生产力高度发达的经济体系的垄断性调整相适应的一种新的特定社会化模式。"②

现在问题来了,在消费社会中,个体的价值和地位如何得到体现?或许消费社会中最有号召力的口号是"个性化消费"。在个性化消费活动中,人们能够对自己的主体地位加以确认,"找到自己的个性并肯定它",会有一种十分充实的乐趣——"真正成为自己的乐趣"。然而,事实上,对西方18世纪以来的主体神话消解得最厉害的正是消费社会本身。据说,无论消费者买什么样式的服装、用什么品牌的化妆品、驾驶什么款式的汽车都无法体现自己真正的个性。虽然人们之间有着真实的差异存在,但是在消费过程中这些差异不会把个体相互对立起来,而是对它们进行归并和集中,根据某种不确定的等级进行划分,并向某些范例汇集,而差异正是以这些范例为出发点被生产和再生产的。当然,这些范例并不是由独特的个性所奠定,而是一种组合个性。例如,对某些成功人士来说,吸某种品牌的烟与穿戴某种款式的西服衬衣、领带可能是相对固定的搭配,标志着某某一类人的身份特征。鲍德里亚的描述是这样的:"您有一位出自名门的妻子和一辆阿尔法—罗密欧2600斯普林特?但是假如您使用绿水牌香水的话,那就拥有了名士所必需的完美的三要素,您就拥有了后工业时代贵族气质所有必需的部分。"③当然,这种组合个性是某种组合文化的反映,由多种因素构成,也有偶然的或感性的成分。但是,最根本的原因是消费系统促使人们及产品同质化;在这一同质化过程中,个性的差别被产品的差异所取代,而与此同时,资本主义大工业生产在进行着对差异的垄断和集中。

---

① 〔法〕鲍德里亚:《消费社会》,刘成富、全志刚译,南京大学出版社2000年版,第71页。
② 同上书,第73页。
③ 同上书,第84页。

第五讲　媒介文化引导消费

既是差异又是垄断和集中,这里存在着明显的矛盾,该如何统一？鲍德里亚的解释恰到好处:"抽象地说,垄断和差异在逻辑上是无法兼容的,它们之所以可以共存,恰恰是因为差异并不是真正的差异。"因此,消费者"无论怎么进行自我区分,实际上都是向某种范例趋同,都是通过对某种抽象范例、某种时尚组合形象的参照来确认自己的身份,并因而放弃了那只会偶尔出现在与他人及世界的具体对立关系中的一切真实的差别和独特性"[1]。

鲍德里亚强调:"应该看到消费并不是围绕着某个个体组合起来的,因为根据名望或雷同的要求,个体的个人需求是以集体语境为索引的。其中首先有一种区分的结构逻辑,它将个体生产为'个性化的',也就是生产为互相区别的,但是根据某些普遍范例及它们的编码,他们就在寻找自我独特性的行为本身中相互类同了。"[2]因此,他教导读者,不必过多地关注个体符号之下体验的独特性或类同性问题,虽然这类问题并非毫无意义,但是真正应该研究和关注的是置于编码符号之下的区分系统和个性化逻辑。这一区分系统和个性化逻辑"从来不依靠人们之间的(独特的、不可逆转的)真实差别。使之成为系统的,恰恰是它取消了(必然不同的)每个人本来的内容、本来的存在,取而代之以作为区分符号进行工业化和商业化的差异形式。它取消了一切原始品质,只将区分模式及其系统生产保留下来"[3]。

至此,鲍德里亚不仅挑明人们的消费行为是一种符号消费,消费系统是一个置于编码之下的差异系统,而且还透彻地分析出,这一由工业化和商业化生产的大规模的差异系统是排除个性化的。然而,这位消费社会的批评家的精辟分析并没有就此打住,他进一步指出,这样一个消费差异系统还可以被看成一套特殊的语言系统。因为在这里,符号差异不是固定的和排他的,而是互相作用和互相诉求的,并且是可以相互交换的。这样一来,编了码的差异不仅不能将个体与个体之间真正区分开来,反而变成了交换的材料,所以人们的消费行为也是一种语言交流。他说:"从前,出生、血缘、宗教的差异是不进行交换的:它们不是模式的差异并且触及本质。它们没有'被消费'。如今的(服装、意识形态,甚至性别的)差异在一个广阔的消费集团内部互相交换着。这是符号的一种社会化交换。并且一切之所以能够这样以符号的形式相互交换,并非归功于某种道德'解放',而是因为差异是依照将它们全部整合成为相互承认的符号的那种命令被系统地生

---

[1] 〔法〕鲍德里亚:《消费社会》,刘成富、全志刚译,南京大学出版社2000年版,第82—84页。
[2] 同上书,第87页。
[3] 同上书,第88页。

产出来的,而由于这些差异是可以互相取代的,因而它们之间并没有比高和低、左和右之间更多的紧张或矛盾。"①

由此可以说,所谓个性化消费只是在大编码系统下的有限的语言表达。

这样,从鲍德里亚所建构的消费的社会逻辑出发,他将消费行为规定为以下三点:(1)不再是对物品功能的使用、拥有等;(2)不再是个体或团体名望声誉的简单功能;(3)是沟通和交换的系统,是被持续发送、接收并重新创造的符号编码,是一种语言。②

## 二、关于消费文化

### (一)消费文化概念的谱系

当鲍德里亚将消费的社会逻辑和工业社会的生产逻辑区分开来,并以结构主义的立场和观点来建构消费社会的理论时,似乎就决定了日后消费文化的研究方向。所以英国学者迈克·费瑟斯通在《消费文化与后现代主义》一书中这样写道:"使用'消费文化'这个词是为了强调,商品世界及其结构化原则对理解当代社会来说具有核心地位。这里有双层含义:首先,就经济的文化维度而言,符号化过程与物质产品的使用,体现的不仅是实用价值,而且还扮演着'沟通者'的角色;其次,在文化产品的经济方面,文化产品与商品的供给、需求、资本积累、竞争及垄断市场等原则一起,运作于生活方式领域之中。"③

也就是说,消费文化概念的提出,不只是研究的对象发生了变化,更主要的是研究的视角和立场有了转变。消费文化的研究对象可能就是我们平常所说的大众文化,或者说是通俗文化、媒介文化,也可以是视觉文化等,可能是它们中的一部分,也可能是全部,这些都无关紧要,要紧的是这里突出了商品世界的结构化原则与符号化使用。因此,消费文化概念的出现代表了一种鲍德里亚式的认识逻辑。当然实际上,对当代社会文化的研究视角不可能被某种统一的逻辑所规范,因此费瑟斯通尽管沿用了鲍德里亚的立场和方法,但还是将一般研究者作了三种划分:"第一种视角认为,消费文化以资本主义商品生产的扩张为前提预设资本主义商品生产的扩张,引起了消费商品、为购买及消费而设的场所等物质文化的大量积累。其结果便是当代西方社会中闲暇及消费活动的显著增长。对

---

① 〔法〕鲍德里亚:《消费社会》,刘成富、全志刚译,南京大学出版社2000年版,第88—89页。
② 同上书,第88页。
③ 〔英〕迈克·费瑟斯通:《消费文化与后现代主义》,刘精明译,译林出版社2000年版,第123页。

此，尽管有些人振臂欢呼，认为它带来了更大程度的平等与个人自由，但是，另一些人却认为它导致了意识形态的操纵能力的增长，把人们从一系列可选择的'良好'的社会关系中'引诱'了出来。第二种视角是一种更为严格的社会学观点。我们知道，通货膨胀条件下的零和博弈，是人们通过对社会差距的表现和维持来实现自己对商品的满足，并取得某种社会地位的。与此相关，消费文化中人们对商品的满足程度，同样取决于他们获取商品的社会性结构途径。其中的核心便是，人们为了建立社会联系或社会区别，会以不同的方式去消费商品。第三种视角关心的是消费时的情感快乐及梦想与欲望等问题。在消费文化影像中，以及在独特的直接产生广泛的身体刺激与审美快感的消费场所中，情感快乐与梦想、欲望都是大受欢迎的。"①

  这里，费瑟斯通虽然想将有关消费文化研究的最基本轮廓勾勒出来，但其实他多多少少将研究的谱系搞混了。他所说的第一种视角，是法兰克福学派的视角。在这一视角中无所谓消费文化，这一视角是从资本主义工业的扩张、商品拜物教对文化生产的影响和对交换价值的支配出发，是从资本主义文化工业的兴起出发的。在这一视角中，大众对文化的需求是由文化工业所操纵的，因此这类文化产品既是资本主义大生产标准化的结果，同时又反映了大众虚假的个性要求，这不同于消费的社会逻辑所揭示的商品的符号消费。

  费瑟斯通所说的第三种视角是从大众的日常生活实践、从他们的使用与满足，以及他们对统治地位的文化抵制和颠覆的立场出发的，这其实应该说是一种后结构主义的立场。这一视角认为大众的消费并非完全被动的，且受社会结构控制，相反，在具体的消费实践过程中，人们往往受自己的欲望驱使。这一立场在德赛都和约翰·费斯克那里被大大地发展和夸张了。如德赛都称消费者是"未被承认的创造者"和"自己行为的诗人"，"他们是在工具理性主义的丛林中静静地开拓自己的道路的探险家，通过他们有意义的行为，画出了某种类似于德里奈发现患有自闭症的儿童所画的'漫游曲线'，即遵循自闭儿童自己的逻辑的'迂回'或'离途'的轨道。消费者活动在专家统治、建构书写和操作的空间，他们的轨道就像随意的句子、有些部分无法解读的穿越空间的道路。虽然使用的是现有语言中的词汇（来自电视、报纸、超市或博物馆的陈列品），虽然仍然遵守规定的语法形式（进度表的时间模式、空间性的词形变化顺序等），但消费者的轨道描绘出了有着另一类兴趣与欲望的策略，既不受其成长于其中的体系制约，也不被

---

① 〔英〕迈克·费瑟斯通：《消费文化与后现代主义》，刘精明译，译林出版社 2000 年版，第 18 页。

它俘获"①。

现在我们应该回到费瑟斯通所提到的第二种视角,这是比较地道的结构主义视角,从鲍德里亚的消费社会的逻辑派生出来。在这一逻辑中,由于所消费的商品不是以其使用价值,而是以符号化的形式相互交换,因此这是一种符号消费。亦即在第一和第三种视角中,作为文化的产品和非文化的产品还是有一定的分界的,文化工业和其他产业至少有着模糊的界限,而在鲍德里亚所阐述的消费逻辑中,由于所有的商品消费几乎都转化为符号消费,所以在这里一切都融合在一起了,"平凡与日常的消费品与奢侈、奇异、美、浪漫日益联系在一起,而它们原来的用途或功能则越来越难以解码出来"②。由此,鲍德里亚在其著作中专辟的"流行:一种消费艺术?"一节中写道:"消费逻辑取消了艺术表现的传统崇高地位。严格地说,物品的本质或意义不再具有对形象的优先权了。它们两者再也不是互相忠实的了:它们的广延性共同存在于同一个逻辑空间中,在那里它们同样都是(在它们既相互区别又相互转化相互补充的关系中)作为符号'发挥作用'。流行以前的一切艺术都是建立在某种'深刻'的世界观基础之上的,而流行,则希望自己与符号的这种内在秩序同质,与它们的工业性和系列性生产同质,因而与周围一切人造事物的特点同质,与广延上的完备性同质,同时与这一新的事物秩序的文化修养抽象作用同质。"③显然,这里消费艺术不是简单指艺术被大众消费或艺术作品成为商品,它更是指消费社会如何使某些物品、日常生活、日常行为甚至身体成为艺术或文化的对象,成为符号系统。

### (二) 结构主义消费文化中的"身体"和其他

日常消费品在消费社会中是如何具有了文化或艺术的含义?它们又是怎样与"奇异"和"美"等联系在一起的?这正是当年一批法国思想家、哲学家共同关心的问题,他们似乎能把结构主义符号学运用到社会的一切领域,毕竟巴黎是结构主义的发祥地。④例如罗兰·巴特在其《流行体系》一书中就对巴黎的时装进行了符号化的建构,而后又在《符号帝国》中干脆把日本人日常生活的各个方面,如面容、服饰、礼节、饮食、游戏、文具、城市建筑、商品包装等均当成各类文化符号来解读。不过,鲍德里亚从结构主义的消费逻辑出发,将身体作为"最美的消费品",从消费的角度提出身体的文化,意味就更加深长。他认为,身体的地位是

---

① 陆扬、王毅选编:《大众文化研究》,上海三联书店2001年版,第88页。
② 〔英〕迈克·费瑟斯通:《消费文化与后现代主义》,刘精明译,译林出版社2000年版,第124页。
③ 〔法〕鲍德里亚:《消费社会》,刘成富、全志刚译,南京大学出版社2000年版,第121页。
④ 索绪尔的《普通语言学教程》是1916年在巴黎出的第一版。

一种文化事实,无论在何种文化之中,身体关系的组织模式都反映了事物关系的组织模式及社会关系的组织模式。①

对身体进行文化或权力的阐释,其历史至少可以追溯到尼采,而福柯在《规训与惩罚》一书中结合社会对肉体的惩罚和监禁的历史,对此有更加详尽的描述。鲍德里亚的独特之处是敏锐地析出消费社会的身体文化,他从当前的生产/消费结构这一社会关系的投影中,看到了人们在身体上会表现出双重实践,即作为资本的身体实践和作为偶像(或消费品)的身体实践。而在后一种实践中,身体不再是有某种固定体积的对象,而是成为可以不断向外延伸、日益完美、功能更加齐备的对象。虽然其他物品依据同样的逻辑也能扮演这一角色,但是鲍德里亚强调,只有身体是心理所拥有的、操纵的、消费的那些物品中最美丽的一个。②

当然,身体成为消费品或偶像不仅有一个历史过程,还有一个商业的运作过程。这一过程并不受个体的自我需求的影响,也不是欲望的简单膨胀。按鲍德里亚的说法,"身体之所以被重新占有,依据的并不是主体的自主目标,而是一种娱乐及享乐主义效益的标准化原则、一种直接与一个生产及指导性消费的社会编码规则及标准相联系的工具约束"③。接着,批评家通过对大众媒体(如著名的 *Elle* 等)和广告中的某些文本的解析,告诉读者,身体是怎样被消费社会所重新发现和重新编码的,是怎样被逐渐神话化的,而这一神话的主导主题是"美丽"和"色情"。据说这两者不可分割,并且共同创造了身体关系的新伦理。④

须申明,这里所说的"美丽"或"色情"并非原始意义或本来意义上的概念,而是一种功用性概念,正如当下人们以身高、体重和三围为标准来选美,而不以个人的趣味为判断依据。鲍德里亚说:"应该将作为我们社会中交换普遍化范畴的色情与本来意义上的性欲明确区分开来。应该将作为欲望交换符号载体的色情身体与作为幻觉及欲望栖息处的身体区分开来。在身体/冲动、身体/幻觉中占主导地位的是欲望的个体结构。而在'色情化'的身体中,占主导地位的则是交换的社会功能。在此意义中,色情的命令,同礼貌或其他诸如此类的社会礼仪一样,受到符号工具化编码规则的约束,只不过(就像美丽中的美学命令一样)是功用性命令的一种变体或隐喻。"⑤

---

① 见〔法〕鲍德里亚:《消费社会》,刘成富、全志钢译,南京大学出版社 2000 年版,第 140 页。
② 同上书,第 143 页。
③ 同上。
④ 同上。
⑤ 同上书,第 145 页。

自然,在这一"色情化"过程中,身体已不再是宗教视角中的"肉身",也不再是工业逻辑中的劳动力,而是具有"交换价值"的功用性物品。因此,在广告和大众媒体中,身体常常不是作为一个有机整体,而是以某些部位,身段和肌肉,或者某种体态和"曲线"的面目而被关注并得到市场的认可。与这一过程相匹配的,是物的堆积。如果将身体作为句子的主干,那么物是修辞。身体的重新发现首先都要借助物品,这似乎是一条必然的途径。例如,借助性感美丽的衣服或知名品牌的化妆品来关注和显现身体,借助大大小小的健身器械,还有各种功能神奇的药丸来保持和恢复身体等。所以人们会悲哀地看到,"希望重新发现自己的身体"而献身于香水、按摩、疗养的女人在消费社会中便越来越多,她们只能通过"买入"来达到自己的目的,她们只能通过堆积物品来显示自身,否则找不到更好的、让整个社会都认可的途径。由此可以说,渴望或追求美丽的冲动便转化为占有物品的冲动,而"唯一被真正解放了的冲动便是购物的冲动,这样作为符号的身体和物品在理论上的等同造成了事实上的奇妙等同"①,即身体与消费品的等同。

　　身体的商品化是消费文化的主要特征之一,或可说消费文化正是在身体的商品化中将自己推向其巅峰,没有什么比身体赤裸裸地跨进市场更加刺激、更加彻底的事情了。当然,这是不同于古老的人肉市场和奴隶交易的,因为这两者讲究的是身体的使用价值,而在消费社会的语境中,人们更关注的是其符号意义,所以消费文化不会仅仅发生在女性身上,它同样适用于男性。尽管在男权社会中,我们比较容易理解女性作为消费品的功能,特别是女性的身体在消费文化中的特殊作用,但是,消费文化一旦启动,它就会浸润一切领域,绝不会在半途刹车。由此,英国学者弗兰克·莫特在其著作《消费文化》中沿用鲍德里亚的基本逻辑,讨论了20世纪后期的英国男性气质和社会空间问题。用作者自己的话说就是:"《消费文化》探讨的是一个特别的问题,它并不想把80年代发生的商业变革的历史完全地展示给读者。本书只探讨商供系统的一个具体环节:针对青年男子而创造,为他们服务的市场……"说得再具体一点,就是将男性气质与市场的运作挂钩,并考察这样一条"有具体内容的,连接生产、销售、促销……以及围绕所有这些物质文化的商品链"②。

　　将男性气质与物质文化的商品链联系起来,在传统的语境中是不可思议的事情。所谓气质是内在的,与人的外在表情既相联系,又有着某种间隔和距离。

---

① 〔法〕鲍德里亚:《消费社会》,刘成富、全志钢译,南京大学出版社2000年版,第147页。
② 见〔英〕弗兰克·莫特:《消费文化》,余宁平译,南京大学出版社2001年版,第9页。

它出自人的家世、修养和禀赋,其中有不少先天的因素,也有后天的修炼,总之不是一蹴而就的或临时制作的。但是,在消费社会的语境中,两者的联系似乎顺理成章,因为在消费社会中,一切均可被纳入符号消费的系统,包括"美丽"和"气度"等等价值判断尺度。

另外,消费社会不是被动的,作为"一种积极的关系方式",它有强大的扩张能力,能进入以前从未进入的领域,而消费文化也随之浸淫到社会的各个方面,包括像男性气质等这类特殊的领域。不妨说,消费社会中的男性形象问题是商业和文化日益融合的一个表征。所以莫特说:"这个商品化的男性偶像是多种方面的知识共同创造的,是产业间纵横交错的联合的产物……"①

那么,自 20 世纪 80 年代以来,英国的"新男性"形象是如何一步一步确立起来的呢?莫特想告诉读者:新男性形象不是随着时间的推移,在生活中自然而然地产生的;作为一个研究课题,它也不是男性生理学和心理学的研究对象;它是一个消费系统和消费文化的运作过程的产物,而且同商品的营销计划紧密相关。在消费社会中,营销计划不是以市场的一般空缺为对象,它是以"寻求特定的市场,瞄准特殊人物性格"为目标的。由此我们可以设想,在女性市场相对饱和的情况下,市场的下一个目标理应是男性。这样,所谓的"新男性"不仅是由时代和年龄产生的,而且更是由市场的营销计划和营销策略所产生,"这些营销计划所产生的一个效应就是对男性气质的现有定义发问,即仔细审视青年男性的品质"②,并对青年男性的行为和习惯在未来的消费中的可能作用加以分析和探讨。也就是说,市场和商业发展的需要,迫使消费文化必须寻找到或者创造出一个社会空间来安置新的男性形象。

当然,有关男性形象和男性气质的审视或讨论,开始总是从抽象的概念着手,如他们必然是"有风度"的、"优秀"的或"时髦"的,又是"充满乐观"的和"极具现代意识"的,有时他们和"水牛男孩"这类"强壮而敏感"的硬汉形象联系在一起,有时又和"充满慈爱的父亲形象联系起来",并且还常常被定义为"大都市现象"。可以想见,在英国 80 年代多元文化的环境中,这一形象的界定是"混乱"的,并且是开放的。当然,这些新男性形象越是丰富、越是有歧义,就越是受人关注。

人们不能指望"新男性"的形象有一副一统天下的面孔和一个标准的尺度,但是在 80 年代人的心目中,这些形象总是和一定的消费习惯和消费行为联系在

---

① 见〔英〕弗兰克·莫特:《消费文化》,余宁平译,南京大学出版社 2001 年版,第 10 页。
② 同上书,第 3 页。

一起,比如有人"坚持认为,汽车、自行车、音乐和黄色读物在沟通青年人市场方面,远比某个模糊的消费心理概念来得有效"①。也可以将男性形象与某些时装品牌或者化妆品系列联系在一起,如"开司米单色运动衫""缎子翻领无尾小晚礼服""彩拼毛衣""条纹双排扣西装"或"双排扣海军蓝夹克"等。所以,《竞技场》——英国于1986年创刊的第一份为男性办的杂志——总是"鼓励男人们进入消费的仙境,许诺只有加入的人们才能领略到其中的快乐",这大概就是新男性特有的快乐。杂志上的文章还会"偶尔登出购衣系列,泄露出一些热门信息,比如在哪儿可以买到鞋舌头里面可以放一分钱的那种一脚登穷汉鞋、真皮飞行夹克或厚帆布裤子等。这些文章提醒读者,他们应该避免去闹市区主要干道上的大商店,什么样的顾客都到那儿去。他们应该花点时间到货真价实的零售店去"②。其实,不管"新男性"形象究竟会发展成什么模样,他们共同的面孔似乎都是以特殊的、不拘一格(尽管这种"不拘一格"最终会走向"流行")的消费模式打扮起来的,无论人们是从工作场所或大街上,从形形色色的广告上,还是从大众性的消费杂志上来辨认他们,最终他们都会与十分具体的,甚至十分细小的、微不足道的消费品联系在一起,而不是与某种心理和生理素质联系在一起,这就是"新男性"形象发展的一般归宿。

不过,不要将广告和男性大众杂志提供的商品信息看成是一般的购物指南,这里的语境同以往相比,已经发生了很大的变化。随着生产力的发展,当社会的大多数成员拥有了基本消费品和耐用消费品之后,对单个物品的占有已经无法满足人们的需求,消费系统必须提出新的"生活的哲学和行为的时尚"才能领导市场的潮流。而"新男性"的提出正是生活哲学和行为时尚恰到好处的结合点。它们比任何有煽动性的商品广告更加有吸引力,更加有魅力。原因在于,这不仅仅告诉人们什么样的商品值得购买,也不是说这些商品能给你带来实用和方便,而是从建构"新男性"的立场出发,认为"新男性"形象必须有这样或那样的气质和与之相匹配的消费习惯,这可能包括从服饰到家居、从工作到休闲、从高档消费品到日常用品等一系列的行为选择。

说到底,这就是以"生活方式的消费"来取代以往的需求消费或者说"动机"消费,后者往往被看成是受"推理的、理性的和社会规范"影响的消费,而"生活方式的消费"则是指从整体上的"情绪上和感觉上"来把握社会的变化并来决定自

---

① 〔英〕弗兰克·莫特:《消费文化》,余宁平译,南京大学出版社2001年版,第26页。
② 同上书,第98页。

己总体的消费行为的举动,因为据说这是"一种更能为一代高级消费者接受的方式"[①]。因此,瞄准"生活方式的消费",而不是仅仅盯着某一种类的消费品,成为某些营销计划研究的对象。

其实,无论是生活方式消费,还是新男性形象,它们永远不可能是某种固定的对象,对此变化保持永久而全面关注的,不可能是个人或某个趣味团体,而是整个消费系统。在消费社会中,只有消费系统能最敏感地感受到社会的各种变化,也只有这个系统能在不断的变化之中开拓出新的方向以引导社会的趣味潮流。

一些市场营销研究人员认为:"消费者对零售,对自己如何买东西的想法、期望和态度都处于动荡不安的状态,更不用说他们买什么了……上大街购物只是反映出我们社会的变化,其中最主要的变化之一就是人们对物质的期望不断增加……要想成功你必须认清社会正在发生的变化,并表现出你对这些变化的反应……"[②]那么,替消费者下决心,或者告诉他们应该购买什么商品,似乎是营销机构责无旁贷的功能,所以莫特会说:"有关消费社会前景的最广阔的声明来自市场营销下属的一个特别分支,这就是预测研究或者预报。"同样,有关男性形象和男性气质问题的最广阔的声明和最热烈的探讨是来自消费文化,是消费文化的延伸和发展产生了这样一个商业性的"新男性"形象,尽管这一形象是糅合了社会学、各种人文学科和跨学科的文化研究的种种成果而诞生的。[③]

## 三、媒介文化引导消费

对消费文化的研究,深入下去往往就是对媒介文化的研究(就像罗兰·巴特在其《流行体系》一书中讨论的是大众媒体上的服装符号,而不是作为实物的形形色色的服饰和巴黎时装),而对媒介文化的研究也不能不涉及整个消费系统。因此,消费文化与媒介文化在许多时候是可互换的概念,或者说两者是二而一或一而二的关系。然而,消费文化的提出,是从消费的社会逻辑而来,其结构主义痕迹太重,采用消费文化的概念就可能意味着站在相对封闭的结构主义的立场上。然而,作为符号系统的文化,常常会被发展着的社会生活所突破,消费文化的区分原则和符号差异不可能如此边缘清晰,界限分明,它更多的时候是混沌的

---

① 〔英〕弗兰克·莫特:《消费文化》,余宁平译,南京大学出版社2001年版,第120页。
② 同上。
③ 同上书,第126页。

和模糊的,处于模棱两可的状态之中。所以,本书更愿意以媒介文化的范畴来讨论与此相关的问题。媒介文化的提出,其谱系虽然可以追溯到"媒介即讯息"理论,但是媒介文化无疑是开放的系统,它时时受到科学技术发展的冲击和影响,任何既定的结构都无法将它包容在内。因此,当这里提出媒介文化引导消费时,不会像"消费文化引导消费"那样同义反复。

媒介文化不仅仅是为区分意义而存在的,虽然它每时每刻都在制造意义。媒介文化是为人际交流而存在的,媒介文化反映着人际交往关系的历程。站在媒介文化的立场上,或许我们能更加清楚地看到社会消费系统的运作过程。

(一)凸显购物主题

应当说,社会消费系统的运作与媒介文化的发展是相辅相成的,新媒体的产生虽然不是消费经济发展的直接产物,但是新媒体手段一旦出现,就能迅速地被推广和运用到社会的一切可能领域,这背后有着强大的经济动力。反过来,消费系统的运作依靠的就是媒介文化,几乎不能想象没有大众媒体和媒介文化,社会消费系统究竟会朝什么方向运作?媒介文化是消费社会的唯一动员者和组织者,是媒介文化而不是其他的社会构件承担着购物指南的功能。所以当1993年,在中国的社会生产由计划经济步入市场经济的新阶段,我们能阅读到像《精品购物指南》一类的报刊,而在以往我们只有在商场和百货公司的指示牌上,或者在报纸的中缝中才能看到这类指南。

媒介文化唯其是开放体系,所以集信息交流、娱乐和消费于一体。首先,媒介文化本身是可供娱乐和消费的,它是名副其实的"消费的"文化,无论是影视媒介文化、足球媒介文化、服饰媒介文化还是广告媒介文化,其本身都可以作为文本来阅读。阅读过程所带来的愉悦也可以是精神性的、非功利的和审美的,即人们可以像以往对待传统文化那样来对待新型的媒介文化。但是,媒介文化的即时性和流行性又使得人们只能抱着临时的、好奇的、寻求新鲜刺激的态度来对待它们。这样,在消费文化的多种阐释含义中,或许我们还可以找到打发时光的含义,即我们在消费金钱的同时也在消费时光。反过来,传统文化这种纯精神性的文化,超越了具体的文本方式的文化,在消费社会中也会慢慢被新型的媒介文化所同化。人们有时会抱着临时的、实用的、好奇的或消磨时光的态度来对待传统文化,欣赏一出高雅的歌剧和看一场热门的足球比赛在某种情景下有着同等的意义。这里,将以往的精英文化和下里巴人的文化置于同一情景的不是其他要素,而是各种媒体手段和社会消费系统的统一运作。在此过程中,一个文化行为与一个消费行为是合一的。例如,某人受到某些宣传和广告的蛊惑去购买某场演唱会的入场券,支付的价格同座位的好坏成正比,并为此消磨了两个小时。最后,要对这一行为作出判断:值还是不值?这一个体的判断还要同大众媒体上的宣传和判断互相对照,以便求得社会认同。所以,杰姆逊说文化是"消费社会本身的要素,没有任何其他社会像这个社会这样为记号和影像所充斥"①。不过,我们为一项文化活动支付金钱与使消费活动带有文化色彩,其背后的动因是不同的,前者是受市场规律的支配,而后者是受传统和心理要求的驱使。因此,从主动性上说,是人们的文化需求引导着消费,而不是市场法则支配着消费的欲求。正是在这一意义上,我们可以说媒介文化引导消费。

媒介文化对社会消费的引导可以从三个方面来理解。首先是对具体的、个别的商品的购买和消费;其次是对生活方式消费的组织和引导;最后是开辟新的生活风尚和消费领域。

媒介文化对具体的、个别的商品的消费的引导是最显而易见的。无论是广告媒介文化还是通过体育明星或影视明星传达的消费信息和商品新功能,都能对消费大众产生强大的诱导作用。在媒介文化时代,既然媒体价值观有着强大的影响力,那么个体所渴求的社会认同会渐渐转化为大众媒体的认同,个体与个体之间的紧密联系已被大众媒体所取代,因此个体的消费和对具体商品的选择在很大程度上依赖于大众媒体。小到日常用品,如一瓶洗发露或几节电池,大到衣食住行,似乎都有媒体在替人们操心,告诉消费者应该消费什么而摈弃什么,应该选购某些品牌或不应该无视某些品牌等。

由于媒介文化,特别是视觉媒介文化无时无刻不在释放大量的或有关的商品信息,使得消费者的选择只能停留在媒介文化所关注和涉及的范围内,因此不管人们愿意还是不愿意,媒介文化不由分说地担负起引导大众消费的职责。

#### (二)"生活方式"消费

当然,媒介文化的巨大影响不只是表现在对具体商品消费的诱导上,更表现在对生活方式的消费诱导上。既然媒介文化对个体的包围是全方位的,那么"生活方式的消费"理应成为首要的关注点。所谓生活方式的消费,这里首先是指总体的消费或者是配套的消费。在这一消费过程中,消费的具体行为不再是孤立的、没有联系的或者是心血来潮的,而是体现出相互间的种种关联。这种种关联与其说与消费者的地位身份,或者气度修养相匹配,不如说是与时尚和流行趣味

---

① 转引自〔英〕迈克·费瑟斯通:《消费文化与后现代主义》,刘精明译,译林出版社2000年版,第124页。

的关系来得更加紧密。如果说具体的消费行为仅仅同个体的身份、修养和地位相符,那么在传统的社会中,在等级制社会中这早已成为事实。在消费社会中,媒介文化所鼓吹的"生活方式的消费"不是指在一定的经济和社会地位中渐渐养成的牢固的消费习惯和态度,它是指消费个体认同某种社会时尚,跟随流行趣味的轨迹前行,并在消费过程中获得新的社会身份和相关形象。发挥消费引导功能的媒介文化是通过不断地提出新的消费概念和消费模式来吸引大众的,这类消费概念和消费模式旨在勾勒出新的与社会时尚相表里的形象。比如"新男性"形象、"成功人士"形象、"新新人类"形象或者"温馨而靓丽"的职业女性形象。这里并不否定经济实力和社会地位的作用,但是传统的和经济及社会地位紧密相连的消费行为不再占主导地位,因为新的消费概念和消费模式更加关注的是消费现象的表征,而不是某种背景。加之整个消费系统通过其严密的运作(如以按揭或借贷的方式)可以预支消费能力等等,所以与整体消费行为相连的不再是简单的经济实力,而是与时尚密切相关的各类消费新概念。

因此,所谓白领、粉领或金领的生活方式,雅皮士的生活方式,不是指一般意义上的生活方式,即仅仅与经济和阶级地位相称的生活方式或者是由个体的文化修养所反映的那种生活方式。它们是指消费新概念引导下的生活方式,它由一系列消费行为组成。这一系列消费行为看似随意,出自消费者自身的生活需求或文化需求,实际上是经过媒介文化精心设计的,并通过诱导或隐喻的方式来启动消费者的心灵。这一系列消费行为有时关注的是消费品的质地,有时关注的是消费对象的品牌,有时关注的是消费的气氛和环境,还有时关注整个消费过程以及它所能给消费者带来的符号意义,诸如气质、风度、格调等。

媒介文化在创造各种新概念方面有着传统文化无法比拟的优势,因此它也就有了给各种消费行为命名的优势。如前文已述,媒介文化是向当代生活开放的,社会生活中大量的、极为丰富的现象都是媒介文化的素材,所以媒介文化利用其图文并茂和视听结合的方式开拓出新的概念空间也就得心应手得多。例如,"休闲"的概念、"投资健康"的概念、"愉快的周末"的概念、"soho"的概念,等等。还有一些传统的概念在新的媒介文化的语境中有了与以往不同的含义,如一个简单的旅游的概念会分化出"文化旅游""生态旅游""情侣旅游""革命圣地旅游""黄金周旅游"等,而消费新概念是媒介文化所创造的各类新概念中最有活力的部分。可以说,消费新概念是人类"无法克制的欲望"转化后的产物,也可以说它是为后工业社会技术和生产力的出路指明方向的必需的标识。

(三) 制造新的意义空间

这里的关键是媒介文化本身就是一种特殊的消费品。媒介文化的具体产品，如电影电视、报纸杂志或别的媒体方式，当它们作为消费品被出售的时候，最佳选择是让它们销售"生活方式"和各种新奇的观念，而不是替某些产品做大幅的广告。例如，市场上林林总总的时尚类杂志和电视中的相关栏目都是瞄准生活方式的消费，或者是以种种新的观念来打动读者的。这些新的观念包括很多方面，大到社会总体潮流和人生价值取向，小到日常行为的细节和消费趣味等等，都可囊括其间。这些新观念大都是与具体的行为和行动方式结合在一起，有着开发欲望的功能。因此，所谓生活方式的消费包含着多重含义。它可以是对已有的消费行为和消费方式进行归类，将一定的消费行为与一定的生活方式联系起来，使得个别的、具体的消费行为成为总体的生活行为的一个部分。例如，将保龄球与贫民阶层的健身方式联系起来，将淡色的休闲长裤同中上阶层的度假生活联系起来，而驾驶帆船出游则与上层社会的习惯与品位相当。生活方式的消费也可以是建构一整套新的行为模式（或者说兜售新的消费行为模式），开发新的欲望领域和消费领域，鼓动读者大众参与其间，并在参与过程中不断地制造出新的意义空间来。

这里，或可举前些年大众媒体鼓吹的 BOBO 族为例。何为 BOBO 族（或布波族）？这是布尔乔亚与波希米亚概念的结合。布尔乔亚和波希米亚原本是一对有着明显差异，甚至对立的概念。前者是指："那些一丝不苟、脚踏实地的人。他们捍卫传统和中产阶级的道德观。他们在大公司上班，住在郊区，星期天会上教堂。"而后者恰恰相反："波希米亚性格的人则是那些蔑视传统的率性任情者。他们不是艺术家就是知识分子，反正就是嬉皮士一族和垮掉的一代。波希米亚人崇尚 20 世纪 60 年代的激进的价值观，布尔乔亚则是 20 世纪 80 年代积极进取的雅皮。"[①]

据说，原本要区分小资情调的布尔乔亚世界和波希米亚反叛文化是轻而易举的事情，但是如今有点难了，这两种人已经完全混在一起了。"现在要把啜饮浓缩咖啡的艺术家和猛灌卡布其诺咖啡的银行家区分开来，几乎是不可能的"，或者换一种说法，"要区分反现有社会体制的叛逆分子和拥护现有社会体制的公司人士越来越不容易"，因为"现在的人似乎已经把反叛文化的 20 世纪 60 年代

---

① 〔美〕大卫·布鲁克斯：《布波族——一个社会新阶层的崛起》，徐子超译，中国对外翻译出版公司 2002 年版，第 2 页。

和积极进取的80年代融合成单一的社会风气了"。并且,"在这个时代能够崛起的人就是那些可以把创意和情感转化成产品的人。这些高学历的人一脚踏在创意的波希米亚世界,另一脚踩在野心勃勃和追求世俗成功的布尔乔亚领域当中"①。于是,人们在新的世纪刚刚开始的时候,猛然间发觉在当代社会中崛起了一个新的社会阶层,一个由于信息时代的"文化影响"所造就的社会群体"布波族"。

这里,我们或许能够找到制造"布波族"概念的某些契机。

布尔乔亚本是指中产阶级,波希米亚是指生活在欧洲东部的某一原住民(当然百多年前,在普契尼的歌剧《波希米亚人》中,被用来称谓聚居在巴黎的穷艺术家)。前者是区分经济地位的标志,后者则是指称某一特定社群。现在,当人们把它们当成两种趣味标志和生活方式的指代时,就有了创造新的意义空间的可能性。以生活观念或消费行为来划分人群总是比以经济、政治地位来划分,或以人种、肤色、语言来划分人群要有意思得多。特别是在当今社会,人们的生活趣味和消费观并不是单纯地取决于经济地位,或根植于阶级分野之中,也不完全受制于自己所生活的群体,这种划分方式更具有时代的特点。

由于在消费社会中,人们的基本生活需求在得到满足之后,消费行为会演变为意义消费,演变为符号消费,会出现多种消费的可能性,因此明确的消费界限根本就不存在,也不存在截然不同的消费观念。除了那些体现真正经济实力的消费,人们再也无法轻易地从个别的消费行为和购买习惯上来区分社会阶层。以往人们的生活态度受自身所生活于其中的社会群体影响,或受"意见领袖"的影响,应该消费什么或者怎样来消费都有相对稳定的模式,而现在人们更多的是接受大众媒体的诱导和影响,追随时尚,变化多端。大众媒体无孔不入,已经渗透到社会机体组织的每一个毛孔之中,社会的个体对大众媒体是不设防的,卧室或客厅里的电视,床头或沙发上的报纸杂志看来似乎是被动的,但是它们无时无刻不在发挥其巨大的影响力。无论是潜移默化,还是强势的宣传,它们在当今社会生活中的作用已无可取代。另一方面,大众媒体替代了父母的规训、老师的教导和朋友的忠告。因此,在当代社会,在多种媒介文化和价值观的影响之下,我们找不到一个标准化的、从消费观念到具体的行为都十分典型的布尔乔亚;同样,在今天我们也难以寻觅到一个纯粹的、地地道道的波希米亚人。

布波族的产生是耸人听闻的(就像若干年前媒体所创造的"新新人类"一样

---

① 〔美〕大卫·布鲁克斯:《布波族——一个社会新阶层的崛起》,徐子超译,中国对外翻译出版公司2002年版,第2—3页。

耸人听闻),它首先在当今社会上纷繁复杂的各种生活态度和价值取向中抽出两种类型,再将这两种生活态度和行为规范决然对立起来,设想这是由两种完全不同的社会人格作为其基础的,并把它们定格在相应的消费行为和消费模式之中。这样一来,所有超越了这两者的,或者游弋于两者之间的消费行为都成为一种独特的、有着新的读解意义的社会生活事件。当然,事情还可以进一步也必然会进一步,这就是将此同新起的社会阶层连接起来,分析出它们之间的因果联系,然后由此得出结论——"一个社会新阶层正在崛起"(其实,出现新的社会阶层不假,如"高学历阶层",只是这不必非由消费行为析出,更不是由两种人生态度合成的)。当然,既然走到了这一步,那么最后的一步也不能省略了,就是将目前社会上时尚的消费行为和生活方式同这一新的社会阶层挂钩,并对其特征作出较为详尽的描述。布鲁克斯是这样来描述这一阶层的,他们"既可以让人享有富裕的成功,同时又不失叛逆的自由灵魂",他们"创立设计的事务所,他们可以身为艺术家,同时又享有股票选择权。开办班杰利冰淇淋或者南塔克饮料这类美食公司,他们得以身兼疯狂的嬉皮和跨国企业大亨这两种角色。借由把巴勒斯的作品放到耐克运动鞋的广告上,或者将滚石合唱团的名曲融入他们的行销活动,他们也成功地兼顾了反对现有体制的风格和企业的任务要求。倾听管理大师告诉他们如何在混沌中出头,让创意恣意奔驰,使他们得以将一颗想象的心灵和追求利润的重利行为和谐共存。借由将普林斯顿和帕罗奥多这些大学变成企业中心,他们让知识分子和高所得税扯上了关系。像比尔·盖茨一样穿着泛白的斜纹布裤出席股东大会,让他们在大学生的时装和高档职业间搭起了桥梁。借由参加生态探险假期之旅,他们让贵族式的寻求刺激行为和社会议题间彼此妥协。借由在班尼顿(Benetton)或美体小铺(Body Shop)购物,他们把唤醒社会意识和成本控制做了巧妙的配合"[①]。

至此,一个有着鲜明个性特征和时代特征的社会新阶层诞生了。它似乎是从天而降,其实是应运而生的,亦即消费社会需要时时创造出像"布波族"这样一个又一个有活力的新概念来刺激已然麻痹的社会生产力。创造出一个新概念就是开拓出一方新的意义空间,打开一片新的消费领域。或许从表面上看,这样的新概念和刺激消费没有直接的因果关系,但是实际上从社会的总体系统看,它们之间有着坚实的对应关系。没有比不断地制造热点、创造一个有利于消费的大氛围更加有利于消费社会的发展和巩固。而媒介文化为消费社会所作的最大贡

---

① 〔美〕大卫·布鲁克斯:《布波族——一个社会新阶层的崛起》,徐子超译,中国对外翻译出版公司2002年版,第37页。

献莫过于生产出"新新人类"或"布波族"这样的新兴社会阶层来,可以说这是更加有效、更加有持续性的意义性生产。原因在于,这样一些社会阶层不是仅仅建立在经济地位的分野之上的,而是建立在某些观念的基础之上,而这些观念是借助于对某一部分社会现实的特殊的描述而确立的,亦即面对纷繁复杂的社会现实,以怎样的视角去描绘它们是一件充满诱惑力的事情,其中有着无限的可能性。而从观念上和意义上生产新的社会阶层则是大众媒体的拿手好戏,也是媒体的权力话语的重要组成部分。

正因为大众媒体在观念生产上具有的便利性和权力,所以"布波族"在大洋彼岸的中国立即掀起了层层涟漪和波涛。当大卫·布鲁克斯的中译本推出不久,这本据称获得《纽约时报书评》等等媒体称道的畅销书也很快成了我国的畅销书,并得到了我国众多媒体的追捧。一时间,"布波族"或"波波族"概念在纸面媒体和电子媒体上不胫而走。

2002年11月6日的《北京晚报》,中国最大都市的一家晚报的副刊以《时尚新贵BOBO族》为题,对此做了毫无保留的渲染,并以蛊惑的口吻断然宣布道:"小资已经落伍了,现在的新名词是BOBO族,你知道吗?"该家报刊还以黑体字标出了波波族的似乎是完美无缺的特征:"物质与精神同时享受着超然和自由,这岂不是完美的天堂生活吗?追求这样生活的人,一定是个BOBO族!"①

紧接着,《三联生活周刊》以"波波族与'新文化运动'"为题,做了一个多篇幅的专题报道。"新文化运动"是一个多少有点崇高或神圣意味的标题,因为这容易使人们联想到"五四运动",现在它和"波波族"联系在一起了。读者似乎看到了在我们的周围正在涌现出一批又一批的波波族。他们基本上由高新技术产业和外企的白领组成,个个自信而又潇洒,聪明又靓丽,并精力充沛地引领着当代生活的新潮流。②

《精品购物指南》更是别出心裁,号召消费者成为一条"BOBO鱼",据说如果没有实力做一个"波波族",哪怕是作"BOBO鱼"也是快乐无比的。③ "BOBO鱼"们虽然经济实力有限,但是仍然可以游弋在各大HOTEL的自助餐厅里,尽情享受廉价而高档的美食,体味人生的价值。

不必再举其他媒体和各种网站上的种种说辞,它们基本上是大同小异。无论是以欢呼的口气、以发现新大陆的口气,还是以扶植新生事物的口气,都以积

---

① 以上均见《北京晚报》2002年11月6日。
② 见《三联生活周刊》2002年第47期。
③ 参见《精品购物指南》2002年12月27日娱乐版。

极的态度,一致肯定了布波族的到来。布波族是新生事物,新生事物是不可抗拒的。布波族是国际新潮流,凡是国际新潮流必然会席卷全球。

这里与其说读者感受到了布波族卷土而来的浩大声势,不如说是领教了媒体造势的威力。问题不在于今天中国广袤的大地上是否已经有了生长布波族的土壤,或到底有几块产生布波族的土壤(上海、北京、广州、深圳?),关键是关于布波族的神话或类似布波族的神话正在不断地拓展出新的意义空间,开启新的消费市场的大门。意义的消费是永无止境的。

当然,还是不要忘了布波族的神话本身就是广大读者的消费对象。

所以书摊上关于布波族的图书卖得好,报刊上有关布波族的文章读者多,电视里有关布波族的节目也有相当的收视率。或许正是从神话本身具有的消费价值出发,《南方周末》和一些网站等在布波族神话方兴未艾之际就推出"IF 一族"的神话,即"国际自由人"概念,这是指"一群可以在全球范围内自由地选择工作、居住和生活地点的人"。据说与布波族的神话不同,这是为中国人自己制造的"本土"神话,因为"它的要点在于恰恰应和了 WTO 后国人日益增长的全球性视野",又"最有野心,最能满足进入 21 世纪以来都市冒进阶层对幸福生活的想象"。IF 一族有许多美妙的特征,有十分动人的诱惑力,如有"全球的视野,完善的个人身心调教技术,专业领域之内非凡的领导能力",还能将"工作的选取与对生活品质的'高、精、尖'的不倦追索结合起来","强调健康而人性化的工作状态"等等。[①] 神话的制造者尽管极力拉开档次,但是毕竟能在"全球范围内自由地选择工作"的条件实在太苛刻。除此之外,由于其意义空间还是与布波族比较接近,所以,这一神话没有很好地流行起来,尽管这名头听起来很酷。

再则,当前一个神话的魅力尚没有消退时,后一个与其相似的神话颇难登场。应当说,消费神话的意义是全球性的。在今天的媒体环境中,时尚是全球共享的。在"与国际接轨"的语境中,想利用民族心理制造本土神话是一种十分滑稽的自相矛盾的举动。有时机缘凑巧,会有效应,但是在大多数情形下,在神话中人们恰恰是希冀从本土飞升上去。特别是在与市场化运作机制相结合的消费神话中,"本土"概念没有吸引力,因为人们原来就生活在本土中,假借"本土"的名义如果不能在意义上有所翻新,开拓出别有洞天的领域,那么这一神话就不会有多大的影响力。然而,《南方周末》试图制造"国际自由人"神话的努力倒是一个值得关注的现象。它表明了媒介文化发展自身的某些功能和途径,即媒介文化不是仅仅为市场制作类似广告这样的消费神话而存在,也不是亦步亦趋地为

---

[①] 以上均见胡子:《从小资、中产、波波到国际自由族》,载《南方周末》2002 年 11 月 24 日。

具体的资本和商品销售服务,它更多的是开拓消费社会的整体意义空间。媒介文化在消费社会的格局中有其最不可或缺的重要位置。

**核心概念**

  消费社会 完美的诱惑 荒谬的增长 消费的社会逻辑
  否定享受与个性化的消费 结构主义消费文化 消费文化中的身体
  生活方式消费

**思考与讨论**

  1. "消费社会"概念的提出有什么意义?
  2. 鲍德里亚在其《消费社会》中是怎样揭露消费社会荒谬增长的神话的?
  3. 为什么说在消费社会中消费被规定为"排斥享受"的消费?
  4. 怎样理解"身体的商品化"是消费文化的主要特征?
  5. 媒介文化是通过哪些途径来引导消费的?

# 第六讲 作为文化批评的媒介批评

在这一讲中,我们将会从以下几个方面来探讨作为文化批评的媒介批评问题:首先来一起梳理下媒介批评的由来和发展;其次分析探讨作为文化批评的媒介批评的功能与范畴问题。

## 一、媒介批评的由来及发展

媒介批评(media criticism)这个概念是由西方界定的,主要跟新闻传播有关,是新闻传播学科宏观框架内的有机组成部分,作为成熟的新闻传播学科理应包括新闻传播实务、新闻传播史、新闻传播理论与新闻传播批评等层面。这里可以将媒介批评看成是新闻传播批评的替代性称谓,是指以一定新闻传播理论并且参照新闻史的背景来对新闻传播实务中存在的问题进行批评。媒介批评是将新闻媒介作为对象进行批评的具体行为,此处的批评并不是单纯的批判和非议,而是包含着评论、评价、审查和判定等多重含义在内。对大众媒体(以纸媒为主的)新闻报道的批评与分析是媒介批评最早的功能角色体现。

### (一) 问题的提出:概念缘起与媒介阐释适用性

目前有关"媒介批评"的概念众说纷纭,多数都是在媒介批评的起源上存在分歧。其中一种说法是,根据西方有关史料介绍,媒介批评的实践最早萌芽于1923年3月3日美国《时代》创刊号所辟的《报界》小栏。当时在该栏内有一条简讯披露纽约市有哪些报纸报道了一名著名广告商的儿子锒铛入狱的消息,而又有哪些报纸未作报道。[①] 从这个层面来看,也是符合媒介批评在开始出现时主要是对报纸上的新闻报道作某种诠释和评价分析的说法的。还有说法认为媒介批评作为一个理论上的概念,事实上是与20世纪30年代兴起的、以法兰克福学派为代表的传播批判理论紧密联系在一起的。法兰克福学派的传播批判理论

---

① 参见王君超:《媒介批评——起源·标准·方法》,北京广播学院出版社2001年版,第63页。

主要从"哲学的批评""报章的批评"和"学术的批评"三个层面进行研究和探索。相应地,媒介批评也走过20世纪30年代的"哲学的批评",再到50年代流于形式的"报章的批评",以及70年代基于学术的理论与方法的"学术的批评"。

媒介批评实践起源于欧美,在已经拥有较为成熟的理论之后,也在欧美新闻体制下发挥着重要的作用。其中就包含着新闻业与媒介批评博弈中建立起来的"新闻的专业化与自律""新闻评议会""专业协会及其章程""新闻督察员"以及"新闻学评论""媒介批评的公开性"等①。从中能够看出这些实践成果已经为新闻传播按照相对正确的路线发展提供了基本形式上的保证。西方有关媒介批评起源的相关说法,不断验证着这一说法,即媒介批评其实在最初主要是针对报纸等传统纸媒的新闻传播及新闻实践展开的批评。

我国学者认为媒介批评主要是"分析媒介现象,反思新闻报道的得失,评价记者的作品,从而形成相应的新闻观念。自有新闻报道以来,人们不断思考媒介批评的本质,延伸出对批评的标准、任务、方法及批评家素质的认识,直到20世纪60年代以后,才设想构建系统的媒介批评系统"②。也就是说,媒介批评就是以解读新闻作为范畴支点来对媒体和新闻作品展开一系列评价活动。同时也提出了媒介批评是"对新闻传播媒介系统及其各要素进行批评的过程"③。可见有关媒介批评起源和界定的争论,一直以来都是学界和学者们共同探讨与关注的具体话题。在众说纷纭之中,可以看出自20世纪90年代中期以来,中国新闻传播学界就已经开始关注所谓的"媒介批评"问题了。自始至终出现的有关媒介批评起源、界定、性质、功能等问题的探讨,既为媒介批评研究,甚至是媒介批评学奠定了基础与前提,又为学术界探讨具体的媒介批评等话题设置了舆论场,不断推进对媒介批评本质的探索与争鸣。

马克思主义经典作家不仅是世界无产阶级的革命导师,而且也是杰出的新闻工作者,在马克思、恩格斯的新闻实践活动中,媒介批评是一项重要的内容。他们的媒介批评指向主要集中在普鲁士封建新闻制度、资产阶级报刊和新生的无产阶级党报党刊等方面。④ 他们的新闻报刊生涯是直接以媒介批评为起点的。马克思和恩格斯新闻思想的形成和变化轨迹是受他们的世界观和政治学说的发展支配的,是受其报刊实践经验影响的。⑤ 类似说法可以从另外一个侧面

---

① 参见赵建基:《浅议我国媒介批评实践与理论》,载《塔里木大学学报》,2010年第2期。
② 刘建明:《媒介批评通论》,中国人民大学出版社2001年版,第1页。
③ 王君超:《媒介批评:起源、标准、方法》,北京广播学院出版社2001年版,第15页。
④ 参见雷跃捷:《媒介批评》,北京大学出版社2007年版,第66页。
⑤ 参见童兵:《马克思主义新闻思想史稿》,中国人民大学出版社1989年版,第56页。

印证媒介批评的起点源自西方新闻报刊的批评,是对报刊新闻实践的批评。

随着社会生产力的不断提高和科学技术的进步,大众传播媒介也借助印刷技术的改进以及电子技术的普遍应用,日益成为特定时代下引领科技新潮的代表。新闻传播业也因此得到快速的发展和跃升,其社会作用日益重要,不断发展成为引领社会思潮和推动各项事业,尤其是普及科学知识、传承文化、舆论引导等社会活动的先锋。广播诞生于20世纪20年代,它是指通过无线电波或导线传送声音的新闻传播工具,通过无线电波传送节目的称为无线广播,通过导线传送节目的称为有线广播。广播的优势是对象广泛,传播迅速,功能多样,感染力强;短处是一瞬即逝,顺序收听,不能选择,语言不同则收听困难。20世纪20年代,由于无线电的广泛使用,以及人们对于大功率发射机和高灵敏度电子管接收机技能的熟练掌握,使广播逐渐得到了普及。在这一时期,广播站如雨后春笋般在世界各国相继涌现,在当时的欧洲,广播已经成为广泛使用的通信工具。电视是指利用电子技术及设备传送活动的图像画面和音频信号,是重要的广播和视频通信工具,电视机最早由英国工程师约翰·洛吉·贝尔德在1925年发明。1927—1929年,贝尔德通过电话电缆首次进行机电式电视试播,随后又进行了首次短波电视试验,英国广播公司依托此种技术条件开始长期连续播发电视节目。1930年实现了电视图像和声音同时播发。这一时期的现代新闻传播业也将其主要阵地放在报刊和广播、电视三类主要传播工具上。媒介技术、媒介形态的新发展,使得原有只关注报刊新闻传播活动的媒介批评涉及的范围和范畴日益变得狭隘。随后,以大量的电子媒介、新媒介为根基,媒介批评不断出现有别于先前的新闻传播样态。媒介批评也就随着这种向前发展的潮流趋势,逐渐改变了媒介批评的含义,媒介批评逐渐超越出原本关注新闻报道的领域,而是不断涵盖新闻报道和相关领域,本来媒介是传递信息的工具,传递信息工具本身影响信息传递的品类,由于视频媒介和纸媒传递的信息不同,也就直接导致媒介批评超越了原有的范畴。媒介技术(也可称为传播技术)是人们驾驭信息传播、不断提高信息的生产与传播效率所采用的工具、手段、知识和操作技艺。在今天,包括报纸、广播、电视、期刊、书籍、新兴媒体、互联网等在内的媒介家族成员日益壮大,借助新兴媒介技术生产出来的信息逐渐呈现出多元化特质,单纯依靠原来的思路和路径阐释当下的新闻传播媒介实践变得越来越力不从心。

实际上,新媒体的出现大大改变了媒介批评的内容。正所谓:媒介批评是应当代文化环境变化而生的。如果说以往的文艺批评是和印刷文本,如小说、诗歌、戏剧等相联系,那么今天的媒介批评则是与电子媒体的兴起以及大众文化的兴盛相联系。媒介批评更多地关注大众文化和新兴的媒体形态之间的关联。①媒介作为一种工具、技术载体也在影响着信息传播的内容及类型,广播和电视大行其道的年代,人们接受的不仅包含新闻传播信息,而且还包括民族音乐、曲艺、小说广播、文艺欣赏、外国古典音乐、高质量的广播剧和电影录音剪辑等,尤其是电视带来的信息充盈,依托自身信息传播及时、传播画面直观易懂、形象生动、传播覆盖面广以及互动性强等优势,人们接收的信息在类型和内容上都得到了拓展。电视最大的特点就是能够把世界和人的日常生活纳入图像和信息的整体包围之中。电视和广播、报刊等作为大众传播媒介家族中的一员,彼此共同担负着包括新闻、舆论、文化娱乐、社会教育以及知识教育、社会服务等在内的职能。新近的新媒体以及移动互联网、社会化媒体等新媒介形态的出现,更是在延续着上述不同种类职能的同时,传递着有关生活方式、生活态度以及消费观念等的信息内容。类似种种新兴媒体以及核心媒介技术的支撑,不仅使得新兴媒体的传播范围更广,与用户的距离也更近,尤其是移动媒体,更是实现了从实时媒体到全天候媒体的跨越,逐渐变成随身携带、随手使用的全接触媒体。可以说正是上述这样的发展样态决定了媒介批评的视野不断放大。

正是新媒介改变了媒介批评本来的定义,使得媒介批评概念本身的内涵及外延都发生了新的变化。媒介也在改变人们对相关事物的认知,麦克卢汉的"媒介即讯息"主张真正有意义的信息并不是各个时代的媒介所提示给人们的内容,而是媒介本身。人类只有在拥有了某种媒介之后才有可能从事与之相适应的传播和其他社会活动。媒介最重要的作用就是影响了人们理解和思考的习惯。因此,对于社会来说,真正有意义的、有价值的"讯息"不是各个时代媒体所传播的内容,而是这个时代所使用的传播工具的性质、其所开创的可能性以及带来的社会变革。又如,著名传媒文化研究者尼尔·波兹曼的"媒介即隐喻"是指媒介用一种隐蔽但有力的方式来定义现实世界,它指导着人们看待和了解事物的方式。也就是说,媒介所扮演的角色比以往任何时代都要重要,它们是社会文化精神的旗手和引领者。媒介无孔不入地渗入人们生活的各个角落,任何现代人的生活都已经离不开媒介。可以说,人们就是被媒介所造的。再有,新媒介更是改变了人们的文化生活,现代媒介是信息时代下的产物,网络媒体、手机媒体以及数字媒体的出现,正在逐渐改变人们的日常生活方式,它促使新的人际和群体传播模式的形成,相应地引发社会结构和状态逐渐改变。此外在新媒介参与的传播中,人与媒体的关系变得复杂,媒体与人之间形成的是一种多元式的关联,在新媒介

---

① 参见蒋原伦:《媒介批评与当代文化》,载《文艺研究》2008年第2期,第34页。

## 第六讲 作为文化批评的媒介批评

的帮助下,人们的日常文化消费更加大众化和平民化,正如微信一样,它让人们通过微信保持工作联络、形成不同于以往的社会关系,在新媒体平台上建立新的身份并逐渐发展成长为一种新的文化。在这样的背景下,越来越多的文化领域及文化层面的内容作为媒介批评的新内容开始出现,这与先前的单纯聚焦新闻传播报道领域形成了鲜明的对比。可以说,正是媒介技术、媒介工具本身影响着人们进行媒介批评的倾向和内容的侧重点。正是这种以文化批评、文化层面的内容作为媒介批评的新内容,催生了一种新的命名的出现,即作为文化批评的媒介批评。

### (二) 媒介批评与社会批判理论、文化研究思潮的关系

总的来说,20 世纪 30 年代媒介环境学派开始在北美萌芽,该学派从麦克卢汉的"媒介即讯息"出发,研究媒介在社会中的作用。它已经成为与经验学派和批判学派鼎立的学派,主要探究媒介与人类社会文化的关系。媒介环境学派的独特性表现在将研究重点放在研究传播技术本质或内在的符号和物质结构如何对文化产生深远的影响。媒介环境学成熟于 20 世纪 50 年代,建制于波兹曼,英尼斯是奠基人,麦克卢汉是旗手,波兹曼是学科制度化的关键人物。再有,英国的伯明翰文化学派(简称为伯明翰学派)形成于 20 世纪 60 年代,在当时世界范围内社会运动风起云涌,1964 年"当代文化研究中心"(Centre for Contemporary Cultural Studies,CCCS)在英国伯明翰大学应成立,至此一种新的大众文化研究范式开始走上学术舞台。[①] 创建人是理查德·霍加特,在他担任该中心主任 5 年后的 1968 年,斯图亚特·霍尔接任主任,后续继任者是理查德·约翰逊和乔治·洛伦。伯明翰学派主要研究文化形式、文化实践和文化机构及其与社会和社会变迁的关系。伯明翰学派的研究内容主要涉及大众文化以及与大众文化密切相关的大众日常生活,分析和批评的对象广泛涉及电视、电影、广播、报刊、广告、畅销书、儿童漫画、流行歌曲乃至室内装修、休闲方式等。其中大众媒介始终是其研究的焦点,特别是对电视的研究极为关注。在研究方法上最初受美国传播学研究影响,在霍尔领导时期则吸收了阿尔都塞和葛兰西的观点,转向媒介的意识形态功能分析。[②] 伯明翰学派的理论内核就是"大众文化",具有情境性特征,因此对其理解不能望文生义,要结合它产生和发展的社会土壤。伯明翰学派

---

① 参见陈慧平:《伯明翰学派"大众文化"的三大特征及其借鉴意义》,载《国外社会科学》2014 年第 3 期。

② 同上。

建立在马克思主义基础之上,大众文化承担着统一上层建筑与经济基础的辩证中介作用,根据马克思主义基本原理,经济基础决定上层建筑,上层建筑对经济基础具有反作用。伯明翰学派学者们从大众文化的视角切入社会生活,"就是认识和利用大众文化在经济基础与上层建筑、意识形态与个体观念、集体存在与个体之间所发挥的辩证中介的功能"①。此外,雷蒙·威廉斯在关于"文化"的定义中提到"文化"指的是一系列的文本与实践,而这些文本与实践的主要功能是对意义进行指涉和生产,并为这一过程提供场所。②"文化作为意指实践"是其简单的概括称呼。意识形态是大众文化研究中的关键概念,将意识形态看作某种掩饰、扭曲或者欺骗,用来描述某些文本和实践如何呈现对现实加以歪曲的图景值得重视。结合资本主义意识形态问题,约翰·斯道雷指出资本主义社会存在着用意识形态来掩饰权力所有者对他人践行统治的现实。正因为意识形态具有欺骗性,所以统治阶级从表面上看既非剥削者亦非压迫者。但是更重要的是,意识形态掩盖了无权者处于被奴役地位的真相,即被统治阶级并未意识到自身被剥削、被压迫的地位。这一定义源自关于文本与实践的生产环境的一系列假设。一些人声称,文本和实践属于上层建筑,是对社会经济基础的权力关系的"反映"与"表达"。而上述观点,正是经典马克思主义的基本假设。③

需要注意的是,媒介环境学派的发展、媒介批评的兴起与文化研究的兴起同属一个大时代社会背景下。媒介批评大量采纳法兰克福学派的社会批判理论、英国伯明翰学派文化研究思潮等观念与思想资源。具体来说,作为文化批评的媒介批评依据的思想观念与理论资源,从目前可获取的资料及文献可知主要表现在"社会批判理论"和"文化研究思潮"两大领域。

综合来讲,媒介批评的基本理论大多来自西方,具有广阔背景和丰富思想资源。这不仅是西方发达资本主义国家大众传媒发展到一定阶段的必然产物,而且也是其自身的经济垄断和文化霸权及影响达到一定高度后的直接产物。正如有学者指出的,"从理论层面来看,自20世纪以降,一股席卷欧洲大陆的新马克思主义思潮,在对传统马克思主义进行理论反思的过程中,以意识形态重构、文化研究为宗旨,对资本主义社会的各个层面进行了全面而深刻的批判。在其批

---

① 参见陈慧平:《伯明翰学派"大众文化"的三大特征及其借鉴意义》,载《国外社会科学》2014年第3期。
② 参见〔英〕约翰·斯道雷:《文化理论与大众文化导论(第五版)》,常江译,北京大学出版社2010年版,第2页。
③ 同上书,第3页。

## 第六讲 作为文化批评的媒介批评

判的对象和文本中,现代大众传播媒介及其生产的大众文化,是主要的内容"[①]。此种席卷欧洲大陆的新马克思主义思潮就是社会批判理论,在以社会批判理论研究闻名于世的思想家群体中,多数来自哲学、社会学、经济学、政治学和历史学、法学、心理学等领域,社会批判理论在理论源泉与思想背景上为媒介批评提供坚实支撑。此外,从马克思主义媒介观及新闻传播思想等资源来看,也对当下的媒介批评理论及具体实践产生深刻的影响,这里介绍的欧洲传播学批判学派所倡导的社会批判理论,可以说是兼具上述两大思想源泉精髓的直接典型代表,事实上也为媒介批评提供了强大驱动支撑,不断推动媒介批评向深度发展。

1. 社会批判理论的特色及价值取向

这里的法兰克福学派是指德国法兰克福大学内部基于研究马克思主义的社会研究所主要秉承的具体学术观点和由此而形成的学术流派。此学派代表人物众多,涉猎范围比较广泛,早期代表人物主要有马克斯·霍克海默、阿多尔诺、马尔库塞、弗洛姆、本雅明等人;中期发展阶段的主要代表人物中霍克海默等人继续建构与发展社会批判理论,此外一批年轻理论家包括哈贝马斯、施密特等人开始崛起,成为法兰克福学派新一代理论家;自20世纪70年代以来,法兰克福学派逐渐进入发展末期,随着代表人物相继离世,法兰克福学派开始走向解体。在1937年霍克海默的《传统理论和批判理论》以及马尔库塞的《哲学和批判的理论》中首次将他们的理论称为"批判的理论",后来多称为"社会批判理论"。社会批判理论突出的特点就是具有强烈的批判性,其社会批判理论被看成是现时代的批判哲学。尽管社会批判理论内容丰富、思想深刻,后期又出现了理论上的分歧,但是不能否认它作为一个相对完善的理论体系的进步性。

总的来讲,社会批判理论对当代实证主义的哲学方法论持鲜明的反对态度,主要价值指向是对工具理性的激烈批判。社会批判理论始终坚持主体与客体统一的辩证法,强调主体性并注重人的意识,这在本质上是人本主义理论的体现。对人的主体意识的强调也使得法兰克福学派的社会批判理论彰显出"人化自然"特征。[②] 诸如在《传统理论与批判理论》中不仅明确提出"批判理论",并且从社会作用、理论目的及思维主体、研究方法等层面分析阐释了"传统理论"与"批判理论"的区别,确立批判理论的方法论基础,成为批判理论的主要奠基文献之一。其中对于"启蒙精神"的批判是对现存社会和文化全面批判中最有影响的部分,也对后来的阿多诺、马尔库塞、哈贝马斯等人的思想产生深刻影响。

---

① 雷跃捷:《媒介批评》,北京大学出版社2007年版,第20页。
② 同上书,第25页。

## 2. 社会批判理论对媒介批评的影响

从整体上看,媒介批评源源不断地汲取着社会批判理论的营养,可以简单总结为几个层面:

第一个层面,媒介批评立足于社会批判理论的根基。

法兰克福学派整体上继承了卢卡奇、科尔施的"批判的马克思主义"的传统,综合弗洛伊德的精神分析以及其他现代哲学流派的一些观点,对现代资本主义社会进行多学科的综合剖析,形成独特的"批判的社会理论",其媒介批评思想即社会批判理论的组成部分。① 依托于雄厚的哲学优势基础,注重现实批判,以人本主义为哲学基石,兼顾人的生存方式和发展,批判人的历史困境,"从人的对象化、超越现实的活动,寻找扬弃异化的革命力量。其媒介批评理论是这种人本主义思想的延伸和体现"②。从此角度可知,媒介批评继承了法兰克福学派的思辨性,以"异化理论"的媒介观为借鉴,参照法兰克福学派立足于"异化"来批判当代资本主义经典路径,以及将批判焦点放在社会政治、经济、日常生活及意识形态等层面。媒介批评汲取了法兰克福学派以异化理论为主要依据的文化批判理论,为其深入探索与批判有关人的存在及人的本质提供思想源泉。

第二个层面,媒介批评继承了"媒介批判意识"。

从整体框架层面来看,社会批判理论在多数法兰克福学派代表理论家那里都得到过不同程度的阐释,在霍克海默的《传统理论和批判理论》以及《论哲学的社会功能》等文章中,社会批判理论的精髓得以完整展现出来。法兰克福学派典型的研究取向以及主题也对其媒介批评思想产生了深远的影响。此处的"媒介批判意识"似乎可以理解为"受众主体性的表现,强调受众接触和处理大众传播媒介信息时保持独立思考的习惯,主要是指其使用信息的主动意识和主动权"③。媒介批评能够充分吸收法兰克福学派的思想精髓,立足于对现实的批判与超越;同时将批判自身看成是为人类现存与未来之间建构超越自身维度,并且逐渐形成人类发展自我意识的捷径之一。"马克思并不能预见到20世纪社会发展的某些特点,尤其是大众文化在媒体作用下的发展对人们心理和文化态度的影响。法兰克福学派对媒介受众以及媒介产品的批评,就是在霍克海默批判理论所规定的方向上展开的文化批判,许多论述都可以从批判理论中找到依据和源头。"④ 从媒介批评批判立场及批判取向出发,能够清晰地看到对源自法兰克

---

① 参见刘建明等:《西方媒介批评史》,福建人民出版社2007年版,第442页。
② 同上。
③ 王倩:《论当代大学生媒介批判意识的培养》,载《南昌大学学报(人文社会科学版)》2009年第1期。
④ 刘建明等:《西方媒介批评史》,福建人民出版社2007年版,第448页。

福学派的"文化批判"的继承与发展。以媒介受众批评和媒介产品批评的坚守与延续,本身就是以批判实践的形式对法兰克福学派的继承与发展。

第三个层面,"辩证否定"理论为媒介批评提供精神指引。

在以马尔库塞和弗洛姆为代表的理论家所阐释的异化理论以及霍克海默所阐释的批判理论整体论述中,我们能够体验到文化批判的精神内核。当然,此内核最为突出的阐释者还属阿多诺,其可简单地概括为"辩证否定"。众所周知,阿多诺与其他法兰克福学派成员不同,其对资本主义文化的关注程度较高,尤其对大众文化与大众传媒给予较为深入而细致的考察。此种"辩证否定"作为最激进和彻底的表现形式,带有一种后现代主义的解构精神。作为一种特殊的文化景观,其主要价值取向在于唤醒人们那些政治机构、意识形态、大众文化及技术理性等机构和文化力量已经成为统治与束缚人的异己力量,"这些异己的文化力量以技术理性或工具理性为支撑,聚合成为一种总体性的、强制性的、压抑性的统治力量。对于这种物化和异化的统治,无法凭借单纯的政治力量进行消除,必须依赖于一种发自人类实践本性的深刻的文化反抗。在这里,'否定的辩证法'成为批判理论的一种表现形式"[①]。这实质上也为今天的媒介批评提供观念上的参照,即此种"否定的辩证法"之基本精神,将"非同一性"和"绝对否定"作为核心范畴之要义。这些在阿多诺的《否定的辩证法》中得到系统而详细的阐述。阿多诺认为差异、异质性、个别性、特殊性、非概念性等构成了"非统一性"的基本内涵,正是以"非同一性"取代"同一性"的核心地位,完成了传统哲学向否定的辩证法的转变,同时也是在用"绝对否定"取代"否定之否定",从而完成了"否定的辩证法"的建构,并且以其对电子媒介如何伪装艺术以及如何排斥思想自由等的深刻批判为人们提供了样板和范例。

总的来讲,法兰克福学派的媒介批评观对媒介批评的启发与影响主要表现在以其超越传统实证研究方式及路径的局限,深入揭示出大众传媒的深层次社会背景,在媒介体制、媒介受众以及媒介产品、媒介与社会等多维领域给予深刻的关注与研究,并就资本主义社会媒介的种种弊端提出深刻的批判,诸如认为媒介在其本质上乃是"意识形态国家机器",媒介受众处于一种受控制的境地之中,媒介的经济和文化性质已经发生异化,以及媒介产品的商品性、同质化、操纵性等。

3. 媒介批评不断汲取文化研究思潮的养料与精髓

这里还需要说明的是,文化研究思潮乃是目前国际学术界最具有活力,也是

---

① 刘建明等:《西方媒介批评史》,福建人民出版社 2007 年版,第 449 页。

最富有创造性的学术思潮之一。① 其实今天文化研究作为一种先锋学术思潮，已经在文学、美学、政治学、社会学、媒体研究以及文化人类学等学科领域引起一场研究方式上的革命性转变，已经渗透和波及整个人文社会科学研究领域及范畴。文化研究主要是与相关学科理论相互结合来集中关注工业社会之中的普遍的文化现象，而且文化研究者也经常关注某一现象是怎样和意识形态、种族、社会阶级或者性别层面等焦点议题关联在一起。事实上，"文化研究"和"文化"是两个完全不同的概念，多数人认为"文化研究"主要是源自20世纪六七十年代的英国伯明翰大学当代文化研究所的研究方向和相关学术成果的集成，此"文化研究"领域的典型主要代表人物包括理查德·霍加特、雷蒙德·威廉斯和斯图亚特·霍尔。

由于对"文化"的理解与阐释一直以来没有得到根本性的解决，正如有学者指出的，"在社会科学领域里，文化的概念始终是个比较含混的、争论不休而又歧义层出的问题"②，尽管各个学科的不同流派、不同理论家都试图从各自的视角给"文化"的内涵与外延提出不同的描述与界定，但是都没有得到一致的认可与认同。实际上，"文化"一词的本义，是19世纪中叶以来随着民族学、人类学的产生而被赋予的。其中最早做出专业性研究成果的当属被誉为"英国人类学之父"的民族学、文化人类学家爱德华·伯纳特·泰勒。他在1871年出版的《原始文化》一书中首次把"文化"作为一个中心概念提出，并对其作了系统阐述。后来经文化人类学家、社会学家如奥格本、亨根斯等人的修正，使得"文化"成了"包括实物、知识、信仰、艺术、道德、法律、习俗以及任何其他能力和习惯"③。鉴于"文化"在概念上的宽泛及难以准确界定，也就为文化研究的难以确定准确所指埋下了伏笔。事实上也正是源于上述相关原因，给"文化研究"做一个确切的界定也就不现实了。

媒介批评另外一个理论源泉就是"文化研究思潮"。这不仅仅是说"文化研究"的界线问题清晰地呈现出与以往以文学经典为研究对象的不同之处，而且也日渐凸显出"文化研究"始终关注大众文化的学术传统。众所周知，在英国著名的文化理论家雷蒙德·威廉斯看来，"文化是一种整体生活方式"。他将"大写"的文化与"小写"的文化相区分，明确指出了"大写"文化的实质是人类文明精华的文化，"小写"的文化则指人们用来理解事物所采用的相关表达方式。

---

① 参见罗钢、刘象愚主编：《文化研究读本》，中国社会科学出版社2000年版，"前言"部分。
② 林耀华主编：《民族学通论》，中央民族大学出版社1997年版，第379页。
③ 孙本文：《社会的文化基础》，世界书局1932年版，第24页。

# 第六讲　作为文化批评的媒介批评

媒介批评汲取了文化研究作为20世纪50年代中叶的典型范式的丰富养料，以及在英国兴起之后逐渐扩展到其他国家，成为席卷广泛的学术思潮及知识传统的精神品格。这些养料中，当然就包含着不同典型理论家的思想和学术传统，综合来看体现在几位前文提及的重要理论家的主张之中。诸如在思想来源上，能够大致梳理出一条线索，这就是首先以李维斯等人为代表的对20世纪以来科技发展所带来的大众文化兴起和不断流行加以关注与思考。在李维斯等人看来，应以批判和鄙视的立场来对待大众文化，以其文化精英主义为线索，此处明显能够感受到"批判"品格的坚守与延续。其次，霍加特则以《文化的用途》作为抓手，借助生动、细致和有感染力的阐释风格深度介入对有关大众传媒文化价值及新兴大众文化形式的研究与思考中。《文化的用途》被视为英国当代文化研究的发轫之作，以"特别涉及出版物和娱乐的工人生活的某些侧面"为副标题，彰显出作者对大众出版物影响工人阶级文化的思考与探求。以对大众出版物的文学批评式的剖析范式为后世的文化研究者所传承与借鉴。再有，雷蒙德·威廉斯也是公认的文化研究奠基者之一，他的主要贡献在于对大众文化的特别关注，相关论述和阐释也对后来的文化研究、媒介批评产生深远影响。

整体来讲，雷蒙德·威廉斯以马克思主义文学理论家和文化批评家的身份出发，将研究视角放置在大众文化和通俗文化学领域范畴，本身就是对李维斯精英文化立场的一种超越，试图以自身实践来建构马克思主义文学理论；以文化唯物主义，也就是属于历史唯物主义范畴之内的一种有关物质的文化以及文学生产的特殊性理论来为马克思主义的文化批评开创新路径。今天的媒介批评也是在这种理论指引下的具体实践。

雷蒙德·威廉斯在《文化分析》中为"文化"做出了界定，其中包括"理想的"文化定义、"文献式"文化定义、文化的"社会"定义，而其中有关文化的"社会"定义成为了文化研究的重要理论基础，"根据这种定义，文化研究的目的不仅仅是阐发某些伟大的思想和艺术作品，而且是阐明某种特殊的生活方式的意义和价值，理解某一文化中'共同的重要因素'"[①]。正因为如此，媒介批评继承了威廉斯关于将文化过程看成是一个整体，并且要将对作品的文本分析与相关社会制度和结构的分析系统结合起来。尤其是其中以文化分析的路径来看待整体生活方式中的各种因素之间的关系、关联研究与探索。再有，斯图亚特·霍尔对大众文化有着浓厚的兴趣，有关大众文化的兴趣可以在包括新闻照片以及新闻和电

---

① 〔英〕雷蒙德·威廉斯：《文化分析》，转引自罗钢、刘象愚主编：《文化研究读本》，中国社会科学出版社2000年版，第125、126页。

视时事找到印证。此外在种族问题、亚文化及有关意识形态、种族与身份等理论问题中,霍尔都投入了大量的精力,并取得了丰硕的成果。今日的媒介批评也在霍尔对意识形态、身份、文化与政治等关联探索中获得思想启发和具体研究路径参考,尤其是其有关马克思主义和当代社会结构及社会发展动力之间的关系直到今天仍然影响着媒介文化批评研究实践。由此可见,作为媒介批评重要思想源泉的英国文化研究以其重视源自"人民的"的日常生活研究,也就是大众文化研究而闻名,以文化作为一种生活方式来影响后来文化研究的进程,其中重点关注的是"文化形式、文化实践和文化机构及其与社会和社会变迁的关系"[①]。

在美国著名传播学者詹姆斯·凯瑞看来,传播的起源及最高的境界,并不是指智力信息的传递,而是建构并维系一个有秩序、有意义、能够用来支配和容纳人类行为的文化世界,"传播即文化"是他最为经典的论断。而在加拿大学者麦克卢汉来看,媒介就是文化,根据他的研究,人类的文明史就是媒介史。可见,"传播即文化""媒介即文化"等观点已经清晰地呈现出传播与文化两者之间的紧密联系。

4. 文化研究思潮为媒介批评提供理论驱动力

整体来看,文化研究在大众文化批判和媒介批评等领域明显地带有理论内驱与拓展角色。这主要体现在:首先,延续法兰克福学派社会批判理论转向之后与当代文化研究思潮的紧密逻辑联系,彰显出其和欧洲大陆新马克思主义思想转向的一致性,很明显是其历史观念的一次飞跃。这里的文化问题成为人们重点关注的对象,一种泛文化主义思潮扩展到从整体学术研究范式到政治、经济、社会等范畴领域中;其次,在文化观念上,文化研究思潮也打破法兰克福学派精英文化观念,而是将工人阶级的文化、日常生活的文化与大众文化、流行文化、青少年亚文化等纳入研究范围中;再次,在具体媒介观念建构上,文化研究更加注重从马克思主义经济基础和文化的关系原理上探讨媒介的功能、作用与发展。重点探求大众传媒与大众文化之间的关联,成为文化研究中媒介观念范畴的经典论断,也是文化研究为媒介批评提供的理论驱动所在。将媒介研究提升为文化研究主要焦点体现在诸如"霍加特的研究原本着重于特定阶级如何'活出'每日文化,后来也将研究兴趣转移到大众媒体。大众媒体很快主导整个研究中心的研究工作,也成为整个研究中心长期以来的研究焦点"[②]。在文化研究代表理论家看来,注重运用辩证唯物主义的原理来将文化问题放置在整体人类生活方

---

① 罗钢、刘象愚主编:《文化研究读本》,中国社会科学出版社 2000 年版,第 10 页。
② 〔澳〕格雷默·特纳:《英国文化研究导论》,唐维敏译,台湾远流出版公司 1993 年版,第 86 页。

式框架下以整体的、历史的、动态的观点①来分析社会文化现象。今日时代的媒介批评也从此理论节点中汲取了丰富的营养,包括除此之外的理性的、客观的、批判的观点以及在方法论上依托"个体经验"与"民族志"开展大众传媒与大众文化研究。其具体研究路径得到了拓展,其中包含诸如类型研究、美学分析、叙事体分析以及神话分析、社会学分析、结构理论和符号学理论、后现代主义理论等等。②

5. 媒介文化批评本身就是一种文化研究范式

有研究者已经指出,"媒介文化批评或媒介文化研究是文化研究的一种方式。媒介批评强调的是媒介视角,对媒介形态的变化带来的文化演变和社会变化加以关注。这一批评方法由加拿大学者伊尼斯和麦克卢汉开创,由当今的媒介环境学派所继承"③。就是说,从加拿大学者伊尼斯和麦克卢汉开始的媒介批评(或者可称为媒介文化研究),给了人们开展相关媒介批评的信心与样板。在伊尼斯的代表作《传播的偏向》中,认为传播的口头传统和书面传统是对立的,认为文明是在此两种传统的交替之中演化的。而在麦克卢汉看来,"媒介即讯息",一般意义层面的信息不起多大作用,人们相互之间交流沟通时使用的传播媒介的具体性质决定了社会的形成与发展。借助前文的"传播即文化"的阐释铺垫,可以明确一点,正是媒介的性质直接决定了文化的性质。

媒介批评的主要对象并不是所有的社会文化,它更多地面对大众文化。大众文化不仅指文化工业,同时也指在接受过程中不断被再生产的种种观念和文化模式,在这些方面媒介批评和文化研究关注的方向大致相同,但文化研究更关注研究对象的社会成因,如社会传统、习俗、礼仪、性别、语言及权力关系等,媒介批评更关注媒介技术所带来的一切。④ 这里明显地体现出与以往、先前的媒介批评以及文化批评的不同之处,此处的媒介批评不断立足于媒介技术发展的历史与现实来开展有关批评,这可以从经典代表性理论家的叙述之中找到影子,诸如在尼尔·波兹曼的《技术垄断——文化向技术投降》著作中,就对有关技术与文化的整体关系做出了分析与阐释,波兹曼将技术和文化当作对立面来分析和探究,指出正是技术的促动和推进,使得人们早已固定化的文化习惯面临着不断

---

① 参见张咏华:《媒介分析:传播技术神话的解读》,复旦大学出版社2002年版,第109页。
② 参见雷跃捷:《媒介批评》,北京大学出版社2007年版,第63页。
③ 蒋原伦:《媒介文化批评:文化研究的一种方式》,载《中国社会科学报》2012年9月5日,总第352期。
④ 参见蒋原伦:《媒介文化批评:文化研究的一种方式》,载《中国社会科学报》2012年9月5日,总第352期。

的冲击和挑战,但凡每一次新媒介技术的登场,总会带来人们文化习惯上的更替和迭代。也就是说,"之所以将技术从文化中分离出来,是因为技术是某种硬性的条件,具有偶然性、突变性和限制性,如印刷机的产生、电报的产生,互联网络的产生不依赖人们已有的文化习惯,而是要改变人们的文化习惯,即新媒介技术的使用者必须适应新的规范,这里有某种逼迫和限制的意味,文化的分层也因此出现了新的现象,以往精英文化与大众文化、精英文化与通俗文化的区分,转换成传统文化和新兴文化的区分"①。顺着此种思路,可以明确当今时代的媒介批评针对的主要就是大众文化,这个大众文化又经常地被新青年文化和新时尚文化所代表,正是年轻人率先体验和徜徉其中,集中彰显着新技术、新媒介所带来的革命性变化,其中更多地体现为娱乐文化和快感文化等样态。这里更可以借鉴"一切新文化都是青年亚文化"的分析视角来理解相关脉络,就是说"每一种新文化现象都源于一种新媒介或者说是一种新路径,如黑客、拍客、御宅、恶搞、网游、cosplay 等,说是新文化,但是对于许多年轻人来说,是老相识了,他们似乎生来就浸染在这一环境中,如鱼得水"②。这些也提醒人们需要给予更多的关注与跟进,而且带有互动性以及互动体验的新媒介技术引起的新文化更加需要准确的阐释与说明,诸如此类都是人们在开展媒介批评的时候需要直面的重要议题。

　　媒介文化批评作为一种文化研究的范式,自身具有进行"媒介阐释"的适用潜质与能力。根据相关学者的研究成果可以知道,"在西方,媒介文化研究大致可以归纳为三种范式:一是在 20 世纪 30 年代兴起的以法兰克福学派为主导的批判范式,它的历史最为悠久,谱系也很庞大,其中也包括那个比较难归类的本雅明;二是发端于英国伯明翰学派的文化研究范式;三是 20 世纪 60 年代起,由加拿大著名传媒学者麦克卢汉所引发的,包括法国著名哲学家鲍德里亚,以及美国的詹姆逊、波斯特等人的后现代研究范式"③。其中也提到了西方媒介文化理论中始终沿袭着"反思现代性"的传统,这个传统不仅表现在法兰克福学派的尖锐,而且表现在文化研究的温和诠释,更彰显在后现代层面的复杂包容,更多地集中在对媒介、文化、审美、社会以及大众和意识形态等问题的关注和研究中。其中两条副线也不断清晰地显现出来,即对媒介文化持批判态度的学者群体,包

---

　　① 参见蒋原伦:《媒介文化批评:文化研究的一种方式》,载《中国社会科学报》2012 年 9 月 5 日,总第 352 期。
　　② 蒋原伦:《一切新文化都是青年亚文化》,载《读书》2012 年第 10 期,第 107 页。
　　③ 荣耀军:《现代性与媒介文化批评中的主体型像——从本雅明、麦克卢汉到鲍德里亚》,载《厦门大学学报(哲学社会科学版)》2008 年第 3 期,第 28 页。

## 第六讲 作为文化批评的媒介批评

括法兰克福学派、鲍德里亚等认为媒介文化造成了理想的现代主体的坍塌;以及对媒介文化持建设性态度的学者如本雅明、伯明翰学派以及麦克卢汉、波斯特等却认为媒介文化促成了一种新型现代主体的出现。[1] 必须说明的是,这是在阐释相关问题前应该明确的总体印象。

我们所生活的世界,由媒体文化带来的一些改变已经深刻影响到人们生活的每个细节。单就媒体环境来看,可以确定的是,"90年代以来媒体环境的变化,实在不能小觑,这一变化使得当代文化呈现十分复杂的态势。特别是网络媒体,在今天中国扮演了十分重要的角色。它对新一代人的影响怎么形容都不为过,不仅是海量的信息可以从网上获悉,网络还不同程度地改写了人们对外部世界的感受方式,互联网成了现实生活的组成部分。人们曾经一度把网络称为虚拟世界,但它并不虚幻,它就是当代人的文化场所"[2]。从中能够体会到互联网和电子媒体等的发展演进对文化带来的深刻冲击。这也似乎在提醒人们,由新媒介技术催生的新媒介文化本身具有开放性和无限可能性、延展性,人们所处的媒介环境也是不固定的,此外不同人群所体验到的文化也是不同一的,类似种种描述似乎能鲜明地彰显出媒介环境对当代文化的建构力量之强大。

而从媒介批评与当代文化的关联视角来看,正是两者的紧密依存共同造就了人们日益熟知的当代文化大环境,"如果说以往的文艺批评是和印刷文本,如小说、诗歌、戏剧等相联系,那么今天的媒介批评则是与电子媒体的兴起以及大众文化的兴盛相联系。媒介批评更多地关注大众文化和新兴的媒体形态之间的关联"[3]。综合前文所述,作为文化批评的媒介批评在总体上横贯、交叉了文化批评和媒介批评的诸多领域范畴,媒介批评能够在其深厚的学理和发展历史渊源之上,将以电子媒介技术的兴起以及由其产生的新兴媒体与文化形态作为当下文化生活中的耀眼和闪亮的部分来关注和研究、阐释。

需要说明的是,作为文化批评的媒介批评是有着深厚的学理背景和现实阐释说明能力的。此处还是想以简要的思想谱系梳理来追寻"媒介阐释"的源头活水。在媒介批评思想谱系框架中,有三位著名理论家的理论及主张,大大地加强了媒介批评的力度和强度。

首先,看一下让·鲍德里亚的媒介批评理论对"阐释学"的启发。

法国著名后现代理论家让·鲍德里亚除了人们耳熟能详的有关社会学和哲

---

[1] 荣耀军:《现代性与媒介文化批评中的主体型像——从本雅明、麦克卢汉到鲍德里亚》,载《厦门大学学报(哲学社会科学版)》2008年第3期,第29页。
[2] 蒋原伦:《媒介环境与当代文化》,载《上海文学》2007年第2期,第84页。
[3] 同上,第34页。

学领域的著作及相关论述之外,再有就是有关消费社会和后现代理论,其实在媒介批判理论领域,鲍德里亚的贡献主要在于对马克思有关"拜物教"批判、法兰克福学派的大众文化理论以及本雅明媒介批判思想、麦克卢汉媒介理论的继承。鲍德里亚的媒介批判理论主要包含三个理论范畴,这就是"拟像""超真实"和"内爆"。其中的"拟像"复制出了许多极度真实而又没有客观本源,没有任何所指的图像和符号。鲍德里亚还借用了马克思的政治经济学相关理论基础推演出"超真实"的概念,此种"超真实"乃是依据一定的模型生产出来的真实,也是比真实还要真实,借助于现代电子科技以及网络,此种"超真实"大规模地、普遍地生产出来。于是,大量的拟像物的出现以及超真实叠加产生了一种"幻境"的世界,从而带来了整体社会层面的混乱和无序状态日益严重,最终结果是差异性和多样性的泯灭和消亡,也就是消除区别,这就是"内爆"的实质。鲍德里亚也对媒介文化批判诉诸具体的实践探索,主要在电视广告以及民意测验层面开展实践探求,并由此逐渐挖掘出人们生活受到影响和思想被奴役的根本源泉。一个明显的事实是,"让·鲍德里亚对时下已有的大众传播提供了最为精辟的后现代批评。传播技术、瞬息万变的服饰、主题公园、涂鸦以及后工业时代的生活方式已深刻地改变了20世纪后期的经验。鲍德里亚对这些方面作了探讨"[1]。值得注意的是,鲍德里亚的媒介批评观念对当代媒介批评(研究)的建设性参照意义明显,其中主张从辩证视角和立场分析和关注媒体与现实生活的关联在今天看来是媒介批评十分重要的参考资源之一。

其次,马克·波斯特的媒介批评观念为"阐释学"提供新视角。

马克·波斯特是一位典型的后现代主义者,作为著名的西方马克思主义批判理论家,马克·波斯特的研究领域主要涵盖西方文化思想史、批判理论和新媒体研究等。马克·波斯特的媒介理论受到马克思、福柯、鲍德里亚等人的深厚影响,他主要是主张用一种后现代主义式的信息方式的研究方法来对当代电子媒介文化进行研究。综合其理论发展脉络,主要媒介理论重心表现在"电子媒介交流""超级全景监狱数据库""信息方式下的主体建构""数字化作者""网络民主"以及"机械身体"等范畴。马克·波斯特的主要代表作是《信息方式》和《第二媒介时代》,在马克·波斯特的代表作中,媒介不仅仅自身带有物质性的进化意义,而且已经成为可用来划分文化时代的标志。其作品之中蕴涵着历史的厚重与哲学的思辨,从关乎人类自我发展的主题出发来横贯哲学、历史和媒介三个学科。

---

[1] 〔英〕尼克·史蒂文森:《认识媒介文化——社会理论与大众传播》,王文斌译,商务印书馆2013年版,第226页。

马克·波斯特在《信息方式》一书中将信息作为一种生产方式来探讨后结构主义理论与电子媒介交流的关系,指明前者如何使后者能被理解,而后者又是如何破坏并改变前者的轨迹。因此,《信息方式》首开一种思考方式,但并未将其触觉伸及它的所有意蕴。[1] 同样在《第二媒介时代》一书中,马克·波斯特力图纠正《信息方式》的某些不足,并且对后结构主义和电子传播的结合提出一些政治问题,并做了更为详细的考察,探讨了后现代理论及新技术与多元文化主义及女性主义的关系等论题。作者还述及哈贝马斯的共识交流理论与鲍德里亚的模拟符号学等。此外,作者还联系新技术,特别是互联网技术的发展来阐释相关理论分析。有意味的是,马克·波斯特把信息方式概念引入对互联网的分析中,从而提出在新技术下身份形成的独特特征:"即人们坚持将自我构建看成是技术文化的直接特征。在因特网社群中,人们为了联机交流而塑造一个身份。联机交谈的成功与否随人们以文字改变自己所塑造的身份的能力而定。"[2] 从整体上来看,《第二媒介时代》从后现代理论视角系统地建构西方批判学派的思想,详细考察新传播技术的意蕴。马克·波斯特的作品中包含对媒介特质哲学层面的思考,同时也彰显出作为历史学家对于人类的深层次思考与探索,而最为重要的是马克·波斯特以其多元复合媒介分析方法对媒介批评产生深远影响。其中就包括随着新媒介产生,媒体在个人主体性的塑造层面起到十分重要的作用,这里的主体性也并非人们所理解的单是哲学和社会学的基本问题,他开启的是从媒介入手的更新更具体实在的命题范畴。

再次,尼尔·波兹曼为媒介批判观念提供"新鲜养料"。

尼尔·波兹曼,世界著名的媒体文化研究者和批评家,生前一直在纽约大学任教,他在纽约大学首创了媒体生态学专业。直到2003年,波兹曼一直是文化传播系的系主任,2003年10月波兹曼去世后,美国各大媒体发表多篇评论,高度评价波兹曼对后现代工业社会的深刻预见和尖锐批评。在波兹曼的著作中,比较有代表性的包括《娱乐至死》《童年的消逝》《技术垄断》等,其中的《娱乐至死》和《童年的消逝》被译成多种文字在许多国家出版。作品都是对西方媒介体制转型深深的忧虑和反思的产物,在当时的西方文化界产生了深远的影响。《娱乐至死》系统追溯了传媒的变迁历程,阐释了电视声像逐渐取代书写语言的过程。在波兹曼看来,电视传媒的娱乐本性让非娱乐性的信息在"声像"上不断包

---

[1] 参见〔美〕马克·波斯特:《信息方式——后结构主义与社会语境》,范静哗译,周宪校,商务印书馆2000年版,"中文版前言",第1页。

[2] 同上书,第2页。

装自己,最后导致了信息在内涵上的缩水,同时认为电视传媒的单向沟通特性,无法与观众进行有意义的交流,担当不了教育观众的角色与职责。波兹曼以赫胥黎和奥威尔的预言来说明"奥威尔警告人们将会受到外来压迫的奴役,而赫胥黎则认为,人们失去自由、成功和历史并不是'老大哥'之过。在他看来,人们会渐渐爱上压迫,崇拜那些使他们丧失思考能力的工业技术。……简而言之,奥威尔担心我们憎恨的东西会毁掉我们,而赫胥黎担心的是,我们将毁于我们热爱的东西"①。在波兹曼的观念中,人们的政治、宗教、新闻、体育、教育和商业都心甘情愿地成为娱乐的附庸,毫无怨言,甚至无声无息,其结果是我们成了一个娱乐至死的物种。② 在《童年的消逝》中,波兹曼认为印刷术如何创造了童年,电子媒介又如何使之"消逝",正如他本人所说的,"换句话说,以我本人对我写本书的内容的理解,本书的主要贡献不在于断言童年正在消逝,而在于提供了一个解释这种现象何以发生的理论"③。同样在《技术垄断——文化向技术投降》一书中,波兹曼认为技术和人的关系是亦敌亦友的关系,但是他死死盯着技术的阴暗面,以免技术对文化造成伤害。波兹曼认为在工具使用文化阶段,技术服务从属于社会和文化;在技术统治文化阶段,技术向文化发起攻击,并试图取而代之,但难以撼动文化;在技术垄断文化阶段,技术使信息泛滥成灾,使传统世界观消失得无影无形,技术垄断就是集权主义的技术统治。《技术垄断》一书主要揭示技术垄断阶段各种"软"技术的欺骗角色,号召人们以更为强烈的道德关怀与博爱之心去抵抗技术垄断,而且反对文化向技术投降。尼尔·波兹曼作为媒介环境学派、媒介生态学的代表性理论家,鲜明地点出了技术的特征、性质与人类生活的密切关系,并且坚定指出现在正处于技术垄断阶段。波兹曼对技术垄断文化阶段状态提出精辟描述,即人类生活的各个层面已经被技术所控制。其中波兹曼也在不断告诫人们,随着现代媒介技术的进步,随之而来的便是媒介发展进程中阴暗面、庸俗文化的泛滥,人们在使用大众媒介时要注意把握尺度,尤其是研究者要能透过纷繁现象找到本质,要从关注信息载体的路径入手,提升人在信息处理进程中的主动性,学会面对日益复杂的信息时能够有一定的信息判断和批判能力素养。整体上来看,尼尔·波兹曼的媒介批评理论为媒介生态学带来了新的养料,当然也对媒介批评产生了深远的影响。

综上所述,媒介批评在探求大众传媒与大众文化关联,以及电子媒介、新兴

---

① 〔美〕尼尔·波兹曼:《娱乐至死》,章艳译,广西师范大学出版社2004年版,"前言",第2页。
② 同上书,第4页。
③ 〔美〕尼尔·波兹曼:《童年的消逝》,吴燕莛译,广西师范大学出版社2004年版,"引言",第3页。

媒介技术带来的新媒介文化层面,延续着社会批判理论和文化研究学派的思想精髓,跳脱了传统媒介批评面对研究对象更迭之后的局限和阐释的"失语",开始由原初的"解释新闻"过渡到涵盖"泛媒介阐释",再到集中关注大众文化和新兴的媒体形态。正所谓"媒介批评并非横空出世,它也从传统批评和学院批评中吸取养分,媒介批评和以往批评的共同点都是运用理论模式并通过具体阐释、说理和比较的方法来解析各类文艺作品和文化现象,并将批评的洞见放在一个相对坚实的基础上"①。

## 二、作为文化批评的媒介批评的功能与范畴

以作为文化批评的媒介批评来对当代文化,尤其是大众文化以及新兴媒体形态做出与时俱进的阐释与说明,是开展媒介阐释活动的题中应有之义。随着媒体环境及当代文化环境发生根本性改变,原来传统媒介批评因为批评对象的转换而不断面临挑战,以电子媒介技术的迅猛发展为重要内驱力,今日时代下不断生发出越来越多的新兴媒体和文化形态,这些新兴的媒体和文化形态日益成为人们日常文化生活中的焦点话题。

媒介与文化是相互关联、密不可分的。文化离不开媒介,正是依托一定的媒介作为平台,文化才实现了传播与扩散,并且最终影响人们的思维和行为方式、价值取向等层面;媒介也离不开文化,无论从具体传播内容还是在媒介个性特征构建等层面,都需要文化的介入,不同文化融汇入不同的媒介,也就形成了不同风格的媒介,媒介在这里也是一种文化,是一种彰显人们审美个性和价值追求,同时也遵循相应制度规范和立场原则的特定文化符号。

这里探讨的媒介还应该拓展其边界,对媒介的理解不能局限于狭义层面的理解,而应是一个宽泛路径范畴。媒介不仅涵盖传统的大众传媒家族成员,也就是报纸、杂志、广播电视,而且包括互联网以及其他种种新兴媒介及新路径,其中就包括人们比较熟悉的微信、微博等以及包括拍客、黑客、御宅、网游等新的路径。媒介的泛化是一个不争的事实。今天大多数情况下,一种新媒介或者说新路径带来的新文化样态,往往掀起比较狂热的追捧、消费、体验、分享的热潮。诸如智能手机以其具备无线接入互联网的能力、具有 PDA 的功能、具有开放性的操作系统、人性化、功能强大、运行速度快等特点,掀起的是移动互联网时代社交化服务的时尚流行潮流。再如依托于智能手机的微信,作为一款超过七亿人使

---

① 蒋原伦:《观念的艺术与技术的艺术》,新星出版社 2014 年版,第 155、156 页。

用的手机应用,支持发送语音短信、视频、图片和文字,已经建构起移动互联网时代人们的一种生活方式。随之而来的由智能手机、微信等催生的新文化样态,更是值得人们去关注和研究,由于是新生事物,加上对其理解认识需要不断积累,就决定了对其研究、分析与阐释也应该及时跟进,不断深入分析其对人们产生的各种影响与冲击。顺应此种批评对象转换,作为文化批评的媒介批评就成为及时发声以及表达相应文化自省能力的载体与平台。

依据解释学原理,语言是理解的重要媒介,解释的对象首先是语言,因为传统主要是通过语言传下来的。传统的媒介批评在今日时代面对的并非轻易能够读取和解析的固定语言,对象的转变和多元化使得媒介批评难以达成有效阐释的目标。此处的"作为文化批评的媒介批评"乃是从重点关注大众文化和新兴媒体形态视角来区别于传统批评和学院批评的聚焦。接着前面说到的解释学话题,伽达默尔说过,能理解的存在就是语言,意思似乎就是说语言表达了人和世界的一切关系,人总是以语言的方式拥有世界。每一种语言背后都有一个特殊的世界观,承认语言的多样性和复杂性也就等于承认世界的多样性和复杂性,这也为人们从媒介阐释学的视角理解相关问题提供前提和基础。同时这也传递出一个不争事实,那就是相对于精英文化来说,大众文化和新媒介技术形态带来的新文化样态面临着阐释和分析、说明上的挑战,主要是因为这些文化样态有着各自不同的成因和复杂的成长路径,就连在整体社会环境中的传播和流动也无固定的规律可以参照。媒介批评本身面对的阐释对象复杂性和开放性决定了在做相关媒介阐释和分析、批评时是困难的,也就是说"大众文化尽管通俗,但是它的成因和背景却相当复杂,传播路径也五花八门,对它的批评没有惯例可循。这是媒介批评的难题,它必须时时面对'未完成'的当下文化,并作出令人信服的阐释"①。这也与前面章节提到的"媒介阐释"做出呼应。此处的"媒介阐释"就是从各种媒介形态的功能和演变来对当代大众文化进行意义读解的,也就是说在具体阐释时将媒介的因素考虑在内。显然这里面也同样彰显出阐释层面潜隐的复杂性。单从已经定型的大众文化样态来分析,似乎还能够保持言说的准确性和有效性、说服力,但是新近出现的一系列新媒介形态催生的新文化就不能简单依靠过去的经验来阐释、分析。诸如当今社会新媒介技术不断演变,随之而来的文化样态也就呈现出复杂多变的情形,加上媒介批评主体在知识储备、批评修养、视野更新等层面的暂时性断档,就造成批评阐释与实际情形的某种"不对位"。这是在系统梳理作为文化批评的媒介批评功能与范畴之前需要说明的

---

① 蒋原伦:《观念的艺术与技术的艺术》,新星出版社2014年版,第157页。

问题。

作为文化批评的媒介批评功能与范畴主要体现在以下几个层面:

**(一) 对相关大众文化现象及本质进行揭示与挖掘**

作为一种特有的文化存在,大众文化本身是在现代工业社会产生的,与市场经济发展相适应的一种市民文化。它既与官方主流文化、学术界精英文化互相区别和对应,也和传统自然农业经济社会状态下的各种民间文化、通俗文化有着一些原则上的差异,可见商业性、流行性、娱乐性和普及性是其最主要的特征。鉴于大众文化此种多维特征存在,要想恰当、准确地分析和阐释大众文化是有难度的,这既包含大众文化内部复杂层面分析阐释在看似简单外表下隐含着多元化的内在因素,也包括在传播、推广和接受程序中相关要素的分析阐释等。阐释到位与否与阐释精准度、准确度相比稍逊一筹,毕竟说得精准、说得到位才是令人信服的前提。

媒介批评正是从此立场出发,是基于客观、全面的立场来不断揭示相关媒介文本的内容构架以及对相关文化现象的传播与流行提出较有说服力的阐释,诸如"今天多样化的媒体和多样化的媒介交往手段所构筑的社会文化空间无限宽阔,这一情景既使人惊喜,也令人恐惧,其前景不在耆宿名儒的掌控之中,也不在具有各种头衔的文化大师们三言两语的预测之中,而是在具体的实践之中"[①]。类似这样的阐释和批评,都是从实事求是视角做出的分析与探讨。值得注意的是,媒介批评所做的阐释有时并非能够真正做到更加全面、细化的分析,这是由媒介文化自身固有的复杂性和瞬息万变所决定的。在一个侧面,以一种视角来做最基础的剖析和挖掘,通过可抓取到的文本来抓住媒介文化的走向,不断深入地揭示其中隐含的相互联系。媒介批评能够做到的恰恰就是力求发现和拨开媒介文化背后的枝节,将事物的原本状态清晰地呈现出来。

事实上也是如此,正如多数人认可的那样,"媒介文化把传播和文化凝聚成一个动力学过程,将每一个人裹挟其中。于是,媒介文化变成我们当代日常生活的仪式和景观。这就是我们所面临的现实的文化情境,显然,我们对它知之甚少"[②]。其中当然就包括有电子媒介兴起并逐渐带来的一系列新景观、新样态。借助媒介批评的典型操作路径,人们能够发现电子媒介在加速了全球化和本土

---

[①] 蒋原伦:《媒体文化与消费时代》,中央编译出版社 2004 年版,"总序",第 2 页。
[②] 周宪、许钧:《文化和传播译丛"总序"》,参见〔英〕尼克·史蒂文森:《认识媒介文化——社会理论与大众传播》,王文斌译,商务印书馆 2013 年版,"总序",第 3 页。

化的进程同时,促进了本土化和民族化意识的凸显,人们日常生活中渗透着强烈的意识和观念。电子媒介推进了文化的集中化,却也促成某种碎片化。这就为人们理解相关新文化问题提供了参考。诸如在电子媒介扩大公共领域的同时,也一定程度上影响私人化的、个性化的意见表达。那些电子媒介以其强有力的"符号象征"冲击传统文化的边界,尤其是在电子媒介和市场元素相结合之后,以消费主义意识形态为代表的文化样态带来的影响与冲击更需要通过媒介批评的阐释和分析传递给人们。比如说中央编译出版社曾出版过的"媒体文化丛书"中较有代表性的《媒体文化与消费时代》《欲望花窗——当代中国广告透视》《文学网景——网络文学的自由境界》《脱口成风——谈话的力量》以及《花园声音——MTV 的意义空间》《霓裳神话——媒体服饰话语研究》等著作就是国内此方面较早时期的系列研究成果。这些成果首先从媒介文化大视角来对广告的具体形态、象征、意蕴和表现手法进行全面阐释和分析;与此同时,也尖锐地指出个人在网络空间的极大自由,使得现实中一切对个人强大的话语压抑在网络中失去了力量,真实世界中的权威、经典、秩序、制度等处于强势地位的东西在这里被无限地降格,剩下的只有在平等精神感召下诞生的一切形式的狂欢;其次,也针对"脱口秀"节目提出其中存在的不足以及发展的缺失与空白,并且对中国电视谈话节目中承载的社会功能作了比较详尽的描述与分析;该系列成果也谈及 MTV 文化已经在电子传播时代的流行文化体系中占据着不容忽视的独有地位,并对全球的青少年生活,乃至整个社会产生广泛而深刻的影响,这一点已是不争的事实;再有还可以看到以媒体服饰文化为研究对象,探讨 20 世纪 90 年代中后期流行的媒体服饰文化的话语是如何建构起来的,尤其是揭示出话语的陈述方式及其内在步骤之间是如何互相衬托、互相促进,并且是如何此消彼长的。此外,也系统揭示出媒体服饰文化的产生、发展成因和历史背景及其与消费社会、消费文化的互动关系,还以个案研究的形式重点讨论 T 恤衫、内衣、牛仔裤、高跟鞋、西服等极具代表性的服饰。

再来看新近的媒介批评,主要焦点是对新近出现的新媒介及新媒介文化样态保持及时敏锐的揭示与挖掘。国内媒介批评领域的许多专家学者、研究者始终将新媒介与新文化样态作为关注和分析、阐释的焦点,尽管各自在依据理论以及方法路径上有所区别,但都以其各自不同的挖掘与探索丰富着国内媒介批评研究及阐释的成果。其中保持审慎的研究及阐释态度极为关键,因为大多数问题本身很难借助一两个理论及简单的文本分析就可以轻易下结论,应该有正确的观念认知作为前提,这就是媒介批评继承了文化研究作为批评理论的本质属性,由早期作为文学批评的一种宏观视角转向对广义文化现象尤其是媒介文化的阐释、分析与评判。虽然批评对象在拓展与变化,但是文化研究的批评精神却始终如一:都是对文化这一整体生活方式的完整过程的描述、阐释与评价。同时,结构主义与符号学、叙事学等理论资源也为文化研究理论进行批评操作提供了得力的工具①。媒介批评以一种高度参与的批评方式,在具体的批评方法的实践性与开放性上获得了一定的突破,综合整体发展脉络来看,这也是以一种特有的方式传承着文化研究的实践性品格、批判性取向、政治学旨趣和开放性特质。例如在《媒介批评》系列学术论文集当中,研究者和批评者从媒介学角度对当前的大众文化和时尚进行批评、读解,考察媒介与社会文化的互动关系,提供媒介批评的方法。该学术论文集每期设定一个核心话题,同时开设有新媒介、娱乐世界、问题与方法、历史与文本栏目等常设性栏目②。在具体媒介批评实践中,如何从整体文化生态视角以及"媒介生态"系统视角出发来有效、有说服力地开展相关批评实践是需要注意和重视的关键问题。媒介批评正是类似上述相关研究成果所彰显的那样,是从事媒介批评的学者、研究者及批评家对当代文化的深刻洞见,是对其所作出的即时反应的体现。

(二) 建构一种新"趣味"观念,引导大众新认知趋向

如果回顾媒介批评的理论源头可知,其中的社会批判理论中就主张站在一种精英文化立场上来看待相关问题。在精英文化视野中,大众文化自身在所谓的"趣味"上是有瑕疵的,很值得批判与深究。有关"趣味"的认识是首先需要梳理的关键。一般来讲,"趣味"是使人感到愉快、有意思、有吸引力的特性,也可以指一种爱好。这是在《现代汉语词典》上的词条解释。人们比较熟悉的"趣味"的解释,在西方学者眼中,诸如社会批判学派的代表人物认为虚假个性的文化产品大量出现,其中蕴涵着他们对趣味的一种判断和定位,主要是对精英文化的偏爱大过于对大众文化的认可。当代法国最具国际性影响的思想大师皮埃尔·布尔迪厄曾经尖锐地指出:"对低级的、粗鄙的、庸俗的、腐化的、卑下的——一言以蔽之,自然的——快乐的否定,建构了文化的神圣空间,这一否定意味着确认某些人的优越性,这些人能够满足于永远将粗俗拒之门外的升华的、精致的、非功利的、无偿的、高贵的快感。这就是为什么艺术和文化消费总被预先安排好——

---

① 参见李凡卓:《走向媒介文化批评——媒介素养教育的理论反思与展望》,载《现代大学教育》2012年第3期。
② 参见蒋原伦、张柠主编:《媒介批评》第五辑,广西师范大学出版社2013年版。

且不论是否是有心和故意为之——要去实现让社会差异合法化的这种社会功能。"①可见,趣味本身并非简单且单纯的术语,它最初被用于判断与识别,进而发展成为"区别""区隔"。在布尔迪厄看来,"存在着一种文化商品的经济学,但是它具有一种特殊的逻辑。社会学力图建立一些条件,以便文化商品的消费者以及他们对于文化商品的趣味得以生产;同时,对于在某个特定时刻被认为是艺术品的种种物体,社会学也力图描述占有它们的各种不同方式,并描述被认为是合法的占有模式得以构成社会条件。但是,除非日常使用中狭义的、规范的意义上的'文化'被引回到人类学意义上的'文化',并且人们对于最精美物体的高雅趣味与人们对于食品风味的基本趣味重新联系起来,否则人们便不能充分理解文化实践的意义"②。人们从中可以了解到,布尔迪厄还是主张从整体性、联系性、全面性和系统性视角认识趣味这个本质的、关键性的问题的。实际上,仅仅依靠简单的、粗暴的拒斥的确也是不适宜的,若是抱着精英文化的立场和态度不放手,不分场景、不分时空界限地发表批评未免过于草率,也是不负责任的、一厢情愿的假批评、假阐释。人们应该尽可能地将更为宽广的"趣味"观念作为参照和借鉴,狭隘地仅从美学范畴来抓住"趣味"的"精气神"是需要慎重思考的。

结合个人的成长经历来说,我们每个人在接受教育和美学、艺术学素养培养的过程中,因为受到不同的背景、不同的经历、不同的路径等的限制,我们对"趣味"本身的认识与理解也就出现了不同层次。在经典理论家们的视野中,诸如英国批评家休谟的《论趣味的标准》就指出世人的趣味正像对各种问题的意见,是多种多样的——这是人人都会注意到的明显事实。即使见闻极端狭隘的人也可以在他来往的小圈子里发现趣味的不同,甚至在那个小圈子里的人所受到的教养和早年吸收的偏见都完全相同的情况下,也不例外。③ 可见这里休谟也点明了人们经常把一切与自己的趣味和鉴赏力大相径庭的看法贬斥为"野蛮",但转眼就发现别人也把同样的贬义词加在他们身上。而在东方学者眼中,诸如蔡元培在《图画》中提到"文学之趣味",一说为"情趣;旨趣;兴趣",也被视为"滋味、味道"。在鲁迅眼中,趣味就是一种生活状态。然而对绝大多数老百姓来说,趣味问题本身更多地与大众口味、平民化娱乐相关联。同样梁启超也提出过有关趣味和趣味教育的观点,他由推崇情感而推崇趣味,在从本体、人生和美学等不同

---

① 〔法〕皮埃尔·布尔迪厄:《〈区隔:趣味判断的社会批判〉引言》,朱国华译,范静哗校,引自陶东风、金元浦、高丙中主编:《文化研究》(第4辑),中央编译出版社2003年版,第13页。
② 同上书,第8页。
③ 〔英〕休谟:《论趣味的标准》,吴兴华译,引自高建平、丁国旗:《西方文论经典(第2卷)》,安徽文艺出版社2014年版,第681页。

角度诠释趣味的同时,大力提倡趣味教育,梁启超对趣味教育寄予厚望。① 上述这些有关"趣味"的经典论述,能否直接对今日时代下的媒介批评发表言说呢?答案可想而知。在今天这样的文化多元、媒体多元、消费与体验多元的情境下,有关某种"趣味"的生成与推广的认知就不能狭隘地依靠既有观念和惯例,完全靠自身修养的提升以及心理能力的完善、审美能力的提升也是不够现实的。鉴于受众、大众等概念的实质内涵已经发生重要改变,传统的衡量标准也不断被新形势、新情境下的新情况所质疑与挑战,就需要人们从整体层面上建构新的"趣味"认知趋向和新的"趣味"观。事实上,"大众不只是人群规模的扩大,大众文化的概念也不再是传统社会中的通俗文化,更不是以上两者的相加和组合,它是现代文化工业和电子媒体的产儿,它构成了人们所处的媒介环境,对于复杂的媒介环境和相关因素的洞悉,其实也是一种趣味"②。这也提醒人们识别和理解"趣味"不应再调动传统的固有评价标准,而应顺应媒介环境生态视域下新媒介技术带来的文化新状态之演变,将传统媒介批评的"趣味窄化"扩展到媒介文化批评视域下的"趣味泛化"发展趋向,这就跳出原来拒斥大众文化的框架思维,媒介批评将"趣味"泛化,以阐释学的视角与操作路径来对当代文化做出相应诊断与分析。与前文呼应,这种诊断和分析主要从各种媒介形态的功能和演变来对当代大众文化进行意义分析。

### (三)新的多元范畴拓展——媒介批评的鲜活品质

结合前文所述,人们能够清晰把握住媒介批评的具体对象已经不再是传统的大众文化及广泛视野下的当代文化,也不能简单地将其放置在"二元对立"思维下,而应该放置在现代文化工业和新兴电子媒介技术共同构建的媒介生态学大框架下来进行分析与批评、阐释。若仍旧按照先前的范畴来开展批评,只局限在原来的文学批评、文艺批评等范畴是不合时宜的。它应该适应当下文化发展的整体状态而做出相应调整。此处多次提到的"范畴",一种说法是多对抽象思维而言的"领域""范围";也是一种哲学用语,是一种最高级的概念,能够用于任何事物、最普遍的、哲学的概念。媒介批评作为具有鲜活开放性、包容性的批判范式,适时构建起与之相匹配的批评模式和相关范畴,是必须面对的新选择。媒介批评必须在继承原有媒介批评相关模式及范畴基础上实现增容,因为批评对象本身已经出现新变化及新趋势,原有的模式及范畴也不能有效地发挥阐释与

---

① 参见魏义霞:《梁启超论趣味与趣味教育》,载《江苏社会科学》2015年第2期。
② 蒋原伦:《媒介批评的功能和范畴》,载《文艺研究》2008年第2期。

分析作用。特别是在其复杂文化现象背后有着更为深层次动因，这不是依靠几种或者几个批评模式和范畴就能阐释清楚的。

　　阐释与分析的内在驱动力促使媒介批评自身寻找范畴上的多元拓展路径。这决定了媒介批评自身不排斥、不拒绝其他学科、其他类型的批评立场和批评模式、批评范畴。人们熟知的历史的和社会学的批评、美学批评、结构主义批评等，都可以被引入媒介批评的领域之内来开展批评实践。此种具有开放包容性的胸怀让媒介批评始终保持鲜活的律动，不断更新自身的批评方式与批评范畴。此种做法的目的很明显，就是借助相关学科的批评模式与范畴来提升媒介批评的阐释能力，在今日时代的社会语境下，媒介技术发展迅猛，呈现出来的新媒介文化样态日新月异，这就需要媒介批评在聚焦当代大众文化批评对象的同时，密切结合媒介技术发展历史及整体社会环境的实际，从更为宽广的视野来整体地、系统地观照纷繁复杂的文化现象。

　　此外，艺术和技术的缠绕交错是当前文化艺术和媒介技术密切融合的内在逻辑。正是由于新媒介技术的支撑，当代文化艺术得以更加绚丽地展示自身风采与气质，过去无法实现的、遥不可及的想法和观念在今天都有了一显身手、纵身一跃的展现机会。这也为恰当阐释和分析说明相关文化现象提供更高的要求和挑战，在这里如何来具体操作就成为紧要的关键问题。此时适时引入现代文化工业的商品生产机制和资本运作就是必然的选择。完全依靠二维空间的视角已经不能够穷尽阐释的功用，因此有必要更新视角，以一种多维立体化的脉络来重新认识和理解人们生活中的新文化现象。

　　如何将阐释和分析说明延续下去也催生了这里的媒介批评不断主动拓展自身的阐释范围，媒介批评应该将人文、社会科学相关学科领域、学科范畴，诸如经济学、管理学、社会学、心理学、哲学、历史学等纳入自身可以建构与具体实践操作的链条上来。这里也能够联想到为何初期媒介批评这样的"套路""招数"还会引起大多数学者、研究者以及批判者的质疑了。

　　媒介批评者需要有清醒的头脑、敏锐的感觉，发现问题和解决问题的激情，更要有信心在众多喧嚣的、碎片化的批评声浪中保持自身的主体性与独立性，在此还要特别说明的是，作为文化批评的媒介批评同时具备媒介批评的本质属性和文化批评的聚焦效应。此种媒介批评并不是面对所有事物的批评，而是对当下社会文化的阐释与分析，更多地从时下新近出现的新兴媒体具体功能和具体路径出发，诸如目前对包括微博、微信在内的新兴媒体的媒介批评方兴未艾，当然根据现有及未来主要媒介技术的发展趋势，包括二维码媒介技术、可穿戴媒介技术、生物芯片媒介技术等在内的广泛使用，一系列移动互联网智能媒体带来的新路径仍需要从事媒介批评的相关人士给予充分的、密切的关注并尽全力提供及时的阐释与分析。

## 核心概念

媒介批评　媒介阐释　阐释学　媒介环境学派　法兰克福学派
伯明翰学派　社会批判理论　文化研究思潮　大众文化
大众文化特征　趣味　批评模式　批评范畴

## 思考与讨论

1. 怎样理解媒介批评的由来及发展？
2. 怎样理解媒介文化批评是一种文化研究方式？
3. 怎样理解"作为文化批评的媒介批评"的功能与范畴？
4. 结合你感兴趣的话题，谈谈如何开展作为文化批评的媒介批评？

# 下编

# 第七讲　奇观电影与景观社会

## 一、奇观现象及其学术话语

20世纪60年代,法国学者德波(Guy Debord)就已指出,我们的社会已经进入到以"景观"为中心的社会。时隔半个世纪,如今的社会已经不再是"景观"一词所能描述的了,随着视觉技术的发展和媒体的高度普及,我们生活的这个世界已经成为一个"奇观"社会了。无论是琳琅满目的商品广告、具有神奇视觉效果的好莱坞大片,还是场面宏大的仪式和演唱会、参与人数众多的电视选秀节目、好莱坞化的政治竞选、层出不穷的选美大赛、随处可见的网络艳照……奇观都在视觉艺术和社会仪式方面全面渗入我们的生活。正如凯尔纳所说:"媒体奇观组织和推动了当代经济生活、政治冲突、社会交往、文化和日常生活。"[①]显然,媒体奇观已成为我们时代的重要特征。

### (一)奇观与媒体奇观

奇观作为一种视觉经验并不是在现代社会才出现的,在未有影像技术之前,人类也时常会制造出具有视觉冲击力的奇观景象。无论是古代埃及、希腊罗马还是古代的中国,都遗留了不少古代的建筑奇观,如古埃及的金字塔,古希腊的神庙,古罗马的剧院和角斗场,古代中国的皇宫、皇陵和兵马俑、巨型佛像等,站在这些人工创造的视觉奇观面前,我们仍然能感受到古代社会生活中的宏大场面,感受到那超越历史时空的视觉冲击力和灵魂震撼。这些古代奇观显示:自古以来奇观就被制造出来产生视觉美学经验的震撼性,并借此展示权力的合法性、神秘性和威慑力;奇观制造从来都不是单纯的视觉艺术活动,它与权力、金钱、技术资本、宗教信仰之间存在着密切的联系。在古代社会中,建筑和仪式的奇观被运用于彰显皇权或宗教权威的合法性、神圣性。不过,由于技术上的限制,这些

---

① 〔美〕道格拉斯·凯尔纳:《媒体奇观——当代美国社会文化透视》,史安斌译,清华大学出版社2003年版,第iii页。

奇观被局限在一时一地,其传播效果和影响力都是很有限的。

1895年,卢米埃尔的电影《火车进站》上映,当巨大的火车从荧幕上向观众驶来时,观众被这逼真的视觉奇观吓得面无血色,纷纷呼喊尖叫着从座位上逃离。也就是从这时起,影像奇观的魅力随着影像技术的发展得到了前所未有的展现,影像技术使奇观不再被局限于固定的时间和空间范围,而是获得了时空"脱域"的能力;影像不像建筑奇观那样局限于空间限制,它可以被携带到世界各地展现给观众;影像也不像宏大的仪式场面,具有非常严格的时间限制,它可以被长期保存并反复使用。更重要的是,影像技术不是专属于帝王或贵族等特权阶层的技术,普通人也可以利用它来制造奇观。因此,影像技术的发明,使得各种奇观获得了保存和传播的机会,极大地延展了奇观的范围和影响力。不仅如此,随着影像和符号生产技术的不断改进和发展娱乐产业的需要,奇观不断与娱乐相结合,成为社会权力运行和资本增值运作过程中所倚重的工具或手段。尤其是在进入20世纪后,数字化影像技术和多媒体技术的发展使得人类制造奇观符号的能力得到空前的提高,人们不仅能复制高清晰度的现实景象,而且可以创造出现实生活中并不实际存在的各种奇观,如外星生命、魔法世界、银河系的战争、天堂和地狱里的生活场景等。拥有如此高超的奇观生产技术,人们便将其融入社会生活的方方面面,运用它为平凡的日常生活增添色彩、消遣娱乐并制造幻想和欲望,从而成为推动物质丰裕时代的消费型社会经济不断升级的动力。

当代社会中的奇观已经不再局限于纪念性建筑或者政治、宗教仪式领域,而是贯穿于人们社会生活的各个层面,上至全球性或全国性政治、体育、经济活动(如名目繁多的国际会议、奥林匹克运动会、世界杯足球赛、总统选举、NBA直播、全国性政治会议、国庆庆典与阅兵等),下至普通百姓的娱乐追梦活动(如选秀活动、流行音乐的演唱会等),奇观现象涵盖了社会经济、政治、文化生活的全部领域。不过,与以往的时代不同的是,所有这些奇观都是最直接、最经常、最集中地通过媒体加以中介和组织的。换句话说,媒体成为当代奇观文化现象发生、发展、运作的主要场所,由此,我们将我们所处的时代称为"奇观社会",而将集中展现了这一社会中的各种奇观的媒体现象称为"媒体奇观"。道格拉斯·凯尔纳对"媒体奇观"做了概念上很好的说明。他认为:"媒体奇观是指那些能体现当代社会基本价值观、引导个人适应现代生活方式并将当代社会中的冲突和解决方式戏剧化的媒体现象,它包括媒体制造的各种豪华场面、体育比赛、政治事件。"①可见,媒体奇观是由当代各种媒体共同制造的特殊媒体现象,而其主力则是电影、电视和新兴的网络媒体。在电影、电视和网络新媒体的带动下,奇观化的趋势已经延展到广告和商品推销、装潢与室内设计、会展、教育、节日庆典、仪式活动、政治选举、反恐战争、灾难报道等日常生活的各领域中。可以说,当代社会生活乃是通过媒体奇观而加以组织的,奇观逻辑成为我们政治、经济和文化生活的基本组织原则。

(二) 当代学术话语中的"奇观家族"

如前所述,当代奇观现象既是一个视觉经验与艺术创作的问题,也是一个利用奇观现象组织、推进政治、经济或文化活动的问题。因此,对于当代媒体奇观现象的分析实际上既是对当代文化艺术生活的分析,也是对当代社会生活中的权力、技术、金钱、社会心理和意识形态的分析。这种分析是诊断性的,目的是更好地理解我们时代中社会生活的趋势、特征及其复杂的运行机制,并在此基础上寻求社会改良和进步的方案。因此,媒体奇观现象的研究主要体现在两个主要的研究层面上,即视觉经验与视觉艺术层面和社会批评理论层面;而这两个层面的研究又具体体现在以下三个研究领域:

1. 影视艺术批评领域

电影无疑是最善于展现视觉奇观的媒介,正如凯尔纳所指出的,"长期以来,电影都是奇观的滋生地"②。电影奇观包括电影工业所制造的各种盛大仪式和庆典活动,如奥斯卡、柏林、戛纳、金马等电影奖项的颁奖仪式;名目繁多的各种电影节活动;电影推介和宣传活动;电影工业所衍生的明星文化和商品文化……但也许在各种由电影制造的奇观中居于最基础、最直观地位的恐怕还是那些能够在视觉上产生强大冲击力的"奇观电影"。这些好莱坞视觉大片对电影观众的视觉经验产生的冲击和重构为知识界"奇观"话语的产生提供了直接的背景。

中国导演纷纷效仿好莱坞的奇观策略,将主要精力投入到视觉奇观的展现上。一些导演对视觉奇观的偏爱和强调几乎达到了偏执和滥用的程度,破坏了电影艺术在形式和内容上的平衡。视觉奇观固然使得票房收入一路高歌猛进,但电影放映后也招致激烈质疑和批评。正是在这种纷纷扰扰的争论中,"奇观电影"最终作为描述高科技生产的具有特殊视觉效果的影片的新名词而被社会接

---

① 〔美〕道格拉斯·凯尔纳:《媒体奇观——当代美国社会文化透视》,史安斌译,清华大学出版社2003年版,第2页。
② 同上书,第7页。

受。对于这一新兴的电影创作模式来说,无论赞同者或是反对者都不否认它与传统电影创作模式之间存在着巨大的差别。电影批评研究界在近几年来已经对"奇观电影"概念开展了一些初步的研究,围绕着奇观电影现象的产生、特点、性质、影响及其利弊得失等方面的问题,学术界的争议已经初露端倪,体现出这一话题的时代感和复杂性。有关奇观电影在美学、叙事艺术、技术革新、视觉效果等方面的研究还将会继续深入地进行下去,这些研究在视角和立场上更多的还是属于电影艺术学科研究的范畴而不属于批判性社会理论的范畴。

2. 西方马克思主义社会批判领域

"奇观"研究的另外一个领域是西方马克思主义社会批判理论领域,基本上围绕着法国著名学者德波和鲍德里亚等人的著作而展开,由于德波的批判性著作 *La Societe du Spectacle* 最集中地探讨了现代社会的景观化问题,因而成为人们在思考"奇观"现象时最直接和便利的借鉴资源。不过由于"Spectacle"一词无论在法语还是在英语中均同时具有"景观""景象"和"奇观"的意思(这些词在汉语语境中并不能相互等同),因此导致了国内学者在翻译译名上的差异,有的学者主张译为"景观社会"或"景象的社会"理论,有的则主张翻译为"奇观社会"理论。例如在较早集中探讨当代视觉文化的《文化研究》集刊(2002年)中,肖伟胜最早刊发了对德波同名著作的节译稿,他将德波的著作 *La Societe du Spectacle* 译为"景象的社会"。在同年出版的介绍德波的理论观点的《后现代转向》等书中,陈刚将德波的理论译为"景观社会"。2006年,王昭凤延续"景象""景观"的译法,将德波的著作译为"景观社会",由于王昭凤的《景观社会》为德波著作的全译本,影响较大,到2007年梁虹翻译德波的一些文稿时也沿用了"景观"这一译名。可以说,"景观社会"一词在西方马克思主义社会批判研究领域得到了较为广泛的认可,绝大多数从事该领域研究的学者都使用了"景观社会"的概念。但也有学者将德波的著作和理论与已经在中国出现的"奇观"概念联系起来,将其译为"奇观社会",如2005年出版的《视觉文化的奇观》一书中,吴琼将德波的著作译为"奇观社会",不过这种翻译并不常见。

3. 媒介文化批判领域

奇观现象的第三个研究领域是由当代媒介研究、文化研究、批判理论、传播理论等学术资源中交叉衍生出来的媒介社会批判领域——"媒体奇观"(Media Spectacle)研究。在中国学术语境中,这一理论直接来自2003年12月出版的由美国著名学者道格拉斯·凯尔纳撰写的《媒体奇观:当代美国社会文化透视》(*Media Spectacle*)一书,而凯尔纳在分析当代美国社会文化时使用的"Media Spectacle"这一概念又直接借鉴了德波的理论。在其著作中,凯尔纳明确表明了

## 第七讲 奇观电影与景观社会

"媒体奇观"与德波的"景观社会"理论之间的内在联系与区别,显示了他对于德波理论的继承与发展。不过,由于凯尔纳综合了包括文化研究在内的多种学术资源,因此,他的理论在立场取向和研究方法、视角和理论内涵方面与德波的理论有较大的差异。

可见,"奇观电影""景观社会""媒体奇观"是中国当代学术话语中以视觉经验为核心的"奇观家族"中的主要概念,这三个概念彼此之间显然都存在着密切的关系,也存在着一些差别。

"奇观电影"基本上是对伴随着技术进步而发展起来的视觉新感受和艺术新形式的现象描述及研究,这个概念在内涵上可能与视觉技术革新、视觉艺术创新以及鲍德里亚等人描述西方后现代技术社会的"虚拟""仿真""超真实"等理论密切相关。在中国学术语境中,"奇观电影"并不是一个具有西方马克思主义社会批判理论背景的概念,从这一观念的起源上看,它更多的是一个源于本土学术土壤的话题,从语源和内涵上讲与西方理论的联系都不直接,只是由于学术界随即引入了西方学术界关于视觉文化和奇观社会的理论,奇观电影研究也因此得到了西方理论资源的支持。

与此相比,"景观社会"或者"媒体奇观"则直接来源于西方马克思主义的社会批判理论,尤其是德波的"景观社会"和鲍德里亚等人的后现代理论。它的着眼点是透过技术社会中的"表象"或者"奇观"呈现的霸权,批判性地分析这一现象的社会根源问题,揭示现代资本主义社会中存在的各种形式的"分离"现象,而这些"分离"现象则可被视为是对马克思异化理论的新发展。

德波的基本观点是:随着资本主义物质丰裕时代的到来,炫耀性消费日渐成为维持社会经济再生产的核心动力,人类便进入了"景观社会"阶段。在这一社会阶段中,"生活本身展现为景观(Spectacles)的庞大堆聚。直接存在的一切全都转化为一个表象"①。"符号胜过实物、副本胜过现实、现象胜过本质……真理被认为是亵渎神明的,只有幻想才是神圣的……最高级的幻想也就是最高级的神圣。"②在景观社会的现代生产条件下,表象或影像已经不再仅仅是一个表征而已,它具有了本体论的意义,正是由于它的存在,人们深陷于分离危机之中而不能自拔:"在真实的世界变成纯粹影像之时,纯粹影像就变成真实的存在——为催眠行为提供直接动机和动态虚构事物。为了向我们展示人不再能直接把握这一世界,景观的工作就是利用各种各样专门化的媒介,因此,看的视觉就自然

---

① 〔法〕居伊·德波:《景观社会》,王昭凤译,南京大学出版社 2006 年版,第 3 页。
② 同上书,第 1 页。

被抬高到以前是触觉享有的特别卓越的地位;最抽象、最易于骗人的视觉,也最不费力地适应于今天社会的普遍抽象。"①这种"分离"机制的存在,使人们在景观中被隐性控制,"不得不无意识地臣服于景观制造出来的游戏规则,从而也就遮蔽了现实生活中的真正出现的分离"②。也就是说,一方面景观社会是在分离的基础上产生的;另一方面,景观社会又为掩盖资本主义社会中的现实分离服务。德波的分析开辟了一个重要的研究方向,那就是从资本主义社会中各种媒介表象或影像的视角出发批判性地理解其异化本质。这种新思路给鲍德里亚和凯尔纳等人带来了启发,近年来,中国的西方马克思主义和文化研究学者对德波的理论进行了较多的研究。

在媒体—社会批评领域,美国著名媒介文化和批判理论学者道格拉斯·凯尔纳在直接承接德波理论的基础上开辟了"媒体奇观"的研究主题,并且分别在2003年和2005年连续出版了两本以媒体奇观为主题的著作。凯尔纳在《媒体奇观》的简体中文版序言中指出,他的"奇观"概念取自德波和国际情景主义组织的一些理念。不过,凯尔纳的理论和方法与德波的理论和方法也存在着很大的差异。总体上讲,我们可以将他们之间的差异视为西方文化批判理论在不同发展阶段所呈现的那些差异的一种典型的反映。德波的理论和方法与法兰克福学派具有更多的相通之处,而凯尔纳的理论方法更多地受到了从罗兰·巴特的神话分析到斯图亚特·霍尔编码/解码理论的当代文化研究的影响。对此,凯尔纳自己对这种差异性作了详细解释,他认为自己所使用的"奇观"概念与德波的理论在三个层面上存在着差异。

首先,德波的"景观社会"概念带有鲜明的整体论色彩;而凯尔纳的"奇观"概念则比较具体化,"例如以麦当劳为代表的消费文化奇观,以克林顿性丑闻和弹劾案为代表的政治文化奇观,或者以《X档案》为代表的电视文化奇观等等"③。与此相联系的更重要的区别在于:"德波所采取的是法国激进知识分子的立场和新马克思主义的视角;而我(凯尔纳)采取的是美国公共知识分子的立场——对阶级、种族、性别和区域等具体因素的关注,以及多学科的研究视角——包括新马克思主义、英国文化研究、法国后现代主义理论等等。"④

---

① 〔法〕居伊·德波:《景观社会》,王昭凤译,南京大学出版社2006年版,第6页。
② 张一兵:《文本的深度耕耘:后马克思思潮哲学文本解读》,中国人民大学出版社2008年版,第99页。
③ 〔美〕道格拉斯·凯尔纳:《媒体奇观——当代美国社会文化透视》,史安斌译,清华大学出版社2003年版,第 i 页。
④ 同上书,第 iii—iv 页。

其次,德波的理论延续了法兰克福学派对资本主义进行社会批判时采用的整体性视角,侧重于从宏观上把握资本主义社会中"奇观"与"分离"(异化)之间的矛盾,并由此"对资本主义制度本身进行批判,目的是寻找具有革命性的替代方案"①。而凯尔纳"媒体奇观"概念的重点在于通过运用包括文化研究在内的文化分析方法,"揭示当代美国和全球社会的特征和发展趋势。例如,通过对麦当劳现象的阐释和质疑揭示消费文化、消费社会和全球化的一些本质特征;通过乔丹/耐克奇观的阐释和质疑来透视当代体育文化,以及当代社会中体育、娱乐、广告和商业化日渐合流的趋势;通过对辛普森案的阐释和质疑来透视当代美国社会中存在的种族、阶级、性别矛盾,名人文化、媒体文化以及警察和司法制度中存在的问题,以及媒体对这一事件长达数月之久的近乎疯狂的关注究竟如何体现了以集团媒体和消费文化为主导的美国社会的本质特征。简而言之,我在对媒体奇观的研究中,将文化研究作为进行诊断式批评的主要手段,对当代社会中的各种奇观现象进行解读和阐释"②。

再次,正如法兰克福学派学者从整体上将文化工业视为推行资本主义意识形态统治无往而不胜的工具那样,德波也将社会景观化或奇观化视为维系当代资本主义社会经济、政治和文化模式无往而不胜的法宝,凡是景观/奇观所到之处,人们必然会屈从于它的力量和诱惑,成为接受奇观社会现实的被动的主体。凯尔纳显然延续了文化研究的文化分析方法与策略,他将自己的研究方法称为"诊断式批评",并且借鉴了文化研究中商谈和抵抗的观念。这一视角使得他在研究中"着重分析了媒体奇观中的矛盾和逆转现象"。如在分析麦当劳文化时,他一方面注意到麦当劳在全球化时代综合运用多种手段进行全球性扩张并大获成功的事实,同时,他也注意到了在资本主义全球扩张的同时也存在着强大的反全球化运动,这些抵抗力量的存在使得麦当劳的全球化扩张受到了确实的阻碍。"全球性的和地方性的针对麦当劳的抗议运动不断出现——哪里有反全球化运动,哪里就有反麦当劳的抗议活动。几乎在每一处准备新开麦当劳快餐店的地方都会出现这类抗议活动。因此,麦当劳在全球的扩张速度大大减缓,集团历史上首次出现了利润率的大幅下跌。"③

不过,面对资本主义全球扩张的强大趋势,这些局部的抵抗取得的胜利显得多少有些微不足道了,因此,凯尔纳对于这种微观抵抗的效果抱有怀疑和矛盾的

---

① 〔美〕道格拉斯·凯尔纳:《媒体奇观——当代美国社会文化透视》,史安斌译,清华大学出版社2003年版,第 iv 页。
② 同上。
③ 同上书,第 v 页。

态度。他一方面承认德波的"景观社会"的整体性概念比他自己对奇观现象中存在的矛盾、逆转甚至翻转趋势的分析更具有说服力,因为这种理论揭示了资本主义的征服趋势,但另一方面,他又认为运用文化研究的微观分析方法对媒体奇观中的矛盾和冲突进行分析是很必要的。因为如果运用德波和国际境遇组织理论解释一些充满矛盾的现象是显得过于乐观而简单化了,前面谈到的麦当劳文化中呈现出来的逆转现象便是一例。此外,按照德波的理论分析,人们在政治奇观面前很难进行有效抵抗,他们会屈服于奇观的力量而接受奇观制造者的诉求;然而奇观的这种无往而不胜的能力显然是被夸大了。例如在克林顿性丑闻和弹劾克林顿一案中,美国共和党中的保守派通过大肆炒作克林顿的性丑闻来达到弹劾他的目的,他们不断在媒体上掀起弹劾克林顿的高潮,但是这些炒作和媒体奇观的效果却没有达到目的,克林顿并没有被弹劾下台,并且"在经历了这场具有负面效应的媒体奇观后,克林顿的声望不降反升"[①]。由此可见,受众在媒体奇观面前并非无所作为,而奇观也不像德波所主张的那样具有无往而不胜的能力;文化研究中的经典受众研究理论显示,受众在接受媒体信息时具有服从、抵制、妥协等多种意义解读态度。因此,与其说奇观是一种意识形态和权力、资本征服世界的工具,毋宁说它是具有不同政治、经济和文化背景的人群进行文化战争的"角力场"。权力和资本制造种种媒体奇观以操控大众的事实固然无可争议,但受众通过微观层面的意义解读活动对其加以抵制和利用也是事实,况且,在很多情况下,大众也针对权力和资本制造奇观事件,以此向权力和资本施加压力。我们在观看一场迈克尔·杰克逊的演唱会时,看到的不仅仅是商业力量制造的盛大的娱乐奇观和巨额票房收入,我们也会看到大众利用演唱会进行情绪宣泄和释放。并且,在这些演唱会中,嘲讽权威、蔑视权力、桀骜不羁、张扬叛逆个性,甚至鼓吹敌视现存秩序等都往往成为其魅力和卖点所在,而这些在流行文化中所逐渐积聚的抵抗性的文化力量会反过来对现存资本主义社会的权力和经济秩序造成强大冲击力,迫使现状发生改变,只不过这种微观影响的效果是渐进式的,很容易被忽视。

综合以上所述,我们看到:奇观现象的研究包括视觉经验和社会批判两个层面。一方面,奇观所涉及的最基本和最直接的经验是视觉层面上的,因此,由技术进步所导致的视觉经验革新是一切奇观现象的基础。无论是摄影、电影、电视还是视频网络,都会因其在视觉技术方面的变迁而成为奇观现象的主要发源地,

---

[①] 〔美〕道格拉斯·凯尔纳:《媒体奇观——当代美国社会文化透视》,史安斌译,清华大学出版社2003年版,第 v 页。

可以说视觉艺术或视觉文化是奇观的基本形式和基础。因此,对视觉奇观及其技术基础和艺术革新进行研究对理解我们时代的奇观经验是至关重要的,而奇观电影为研究这一层面的媒体奇观现象提供了绝佳的资源。另一方面,奇观的社会文化意义绝不仅限于视觉经验或视觉效果层面,我们必须看到社会的奇观化趋势并非孤立的技术问题,也非孤立的视觉艺术问题。它与当代社会生活的方方面面都具有密切关系,正如凯尔纳所说:"媒体奇观已经侵入人类生活体验的各个领域之中——从经济、文化、日常生活到政治战争。它还进一步侵入了虚拟空间,制造出属于未来世界的多媒体奇观和一个网络化的信息娱乐社会。"[1]事实上,就奇观现象的社会文化意义层面来说,它的背后往往纠结着社会权力、商业利益、大众娱乐、文化霸权、意识形态斗争等纷繁芜杂的社会问题。因此,从总体上讲,奇观现象看似一个纯粹的技术和媒体视觉效果问题,但事实上,技术和视觉效果都只不过是一种中介性的因素。这一中介的一端连接着形形色色的媒体——社会奇观现象;而另一端则连接着看不见的社会权力与资本的扩张、控制、增值欲望和诉求。因此,我们也可以认为:奇观社会的奇观逻辑取决于技术进化的逻辑,而技术的进化逻辑却又取决于权力和资本的欲望逻辑。正因为这样的原因,理解和解释奇观现象其实也是在理解和解释我们的生活,通过对奇观现象进行文化分析和研究,将有助于理解当代社会文化和日常生活领域中的新的特征与发展趋势。

## 二、视觉奇观:从传统电影到奇观电影

### (一) 数字技术的革命与奇观电影模式的盛行

20世纪70年代末期以来,全球电影产业始终笼罩在由信息技术革命所带来的压力与机遇的双重挑战中,数字图像处理技术的发展与应用已经在很大程度上变革了旧有的电影创作模式,并深刻地改变了电影工业的整个生产、流通和消费过程。数字技术制作的种种影像奇观不仅让观众们随着镜头上天入地,进入各种匪夷所思的虚幻世界中,享受一场场视觉盛宴;也不断掀起票房收入的阵阵狂潮,近年来电影产业的实践经验表明:制造奇观影像已成为电影票房收入的重要保证。如今,高科技的数字电影制作技术以其高效、便利、快捷、高回报率等优势得到了世界范围内电影行业的认可,并逐步成为世界电影行业竞相模仿的

---

[1] 〔美〕道格拉斯·凯尔纳:《媒体奇观——当代美国社会文化透视》,史安斌译,清华大学出版社2003年版,第13页。

标准和模式,这一趋势实际上已经宣告一个新的电影创作时代的到来。对此,美国著名导演詹姆斯·卡梅隆曾评论说:"视觉娱乐影像制作的艺术和技术正在发生着一场革命,这场革命给我们制作电影和其他视觉媒体节目的方式带来了如此深刻的变化,以至于我们只能用出现了一场数字化的文艺复兴运动来描述它。"①

无疑,这场"数字化文艺复兴运动"的直接产物和结果就是那些精美绝伦的"奇观电影"。中国人的"奇观"视觉经验最直接和最强烈的体验就来自好莱坞制作的奇观电影。20世纪90年代中后期,每年引进的屈指可数的几部好莱坞大片都会在中国电影票房收入上刮起阵阵旋风。人们发现,这些大片总是能够给人带来观影的惊喜,它们精彩动人的故事情节和美轮美奂、令人震颤的视觉效果总是让人欲罢不能。《终结者》系列、《拯救大兵瑞恩》《真实的谎言》《泰坦尼克号》《侏罗纪公园》《阿甘正传》等一批运用数字电影技术制作的好莱坞电影成了观众心目中的最爱,因为这些影片为我们展示了数字化技术制作的奇观电影的神奇魔力。对于好莱坞大片的制作者来说,电影的局限性似乎已经不在技术表现手段的限制上了,而是在于他们想象力的局限性;换句话说,数字技术的发展已经使得电影成为"只有想不到,没有做不到"的艺术创作。

投资巨大的高科技电影所获得的回报实在是物超所值的,它们不仅能够在全球票房收入上赚个盆满钵满,而且在各种电影大奖的评选中总能赢得喝彩。以曾经轰动中国和世界影坛的《泰坦尼克号》为例,为了获得最佳视觉效果,制造出最动人心魄的影像奇观,制片人在金钱的投入方面达到了近乎疯狂的地步,动用了高达2亿5000万美元的资金,其中用于制作视觉特效的开支就占了将近一半。正当所有的人都为这种疯狂举动捏着一把汗的时候,《泰坦尼克号》在全球票房收入上的极大成功证实卡梅隆的投入是物超所值的。《泰坦尼克号》使得观众们流连于奇幻瑰丽的影像奇观之中,一次又一次地走进影院去享受那些亦真亦幻的豪华视觉奇观,品味在这些华丽影像中演绎的浪漫而凄美的爱情故事。无论是故事情节、画面效果还是人物塑造、电影歌曲……《泰坦尼克号》的一切都是那么完美无缺,最终它在全球的票房收入达到了13亿美元,成为电影史上最赚钱的电影之一。不仅如此,它还追平了《宾虚》的记录,荣获11项奥斯卡奖提名,成为电影史上获奖项最多的电影之一。事实上,《泰坦尼克号》的成功还只是数字电影技术的一个典范,从20世纪七八十年代开始,到21世纪的第一个10

---

① 转引自刘戈三、王春水主编:《技术成就梦想:现代电影制作工艺探讨与实践》,中国电影出版社2007年版,第4页。

年这段时间,在世界影坛上大放异彩、大赚票房的电影大多是那些将奇幻的视觉效果与精美的故事情节完美结合的高科技的奇观电影。

西方电影创作的奇观化趋势及其所获得的巨大成功使得中国电影导演开始思考电影拍摄风格的转向问题,一批才华横溢的导演放弃了曾经使他们成名的西部片、民俗片或文艺片的创作,转而投入对于画面和视觉奇观的追求。张艺谋、陈凯歌、冯小刚和徐克、周星驰等中国一线名导们相继在自己的创作中引入了视觉奇观的因素,注重视觉冲击力和视觉效果逐渐成为电影获得成功的必备要素,奇观美学也成为当代导演在创作商业电影时必须考虑的因素。从2001年开始,徐克的《蜀山传》、周星驰的《少林足球》和张艺谋的《英雄》等大量运用特效技术制作的影片陆续上映,初步展现了中国电影导演力争在电影技术和视觉效果上跟进国际电影创作潮流的趋势。此后,《天地英雄》《无极》《功夫》《长江七号》《十面埋伏》《夜宴》《集结号》《画皮》等不同程度地运用特技效果、制造影像奇观的电影相继面世,中国电影创作正式步入了所谓的奇观电影时代。奇观电影的重点是通过新技术展现那些超越真实世界的电影奇观,将电影的吸引力放在影像制作和视觉诉求方面,而在传统电影创作中居于核心地位的故事情节、人物刻画、叙事结构等元素都因此而发生了一些变化:它们要么都变成了视觉表现的附庸,围绕着视觉图像的展现而进行安排;要么与视觉奇观的展现相互配合、相得益彰。前一种情况较多地见于奇观电影创作的早期,后一种趋势目前已成为奇观电影发展的目标。但不管哪一种情况下的奇观电影都必须以展现影像奇观为中心,并且只有在这一前提下,电影传统叙事的模式才有可能在奇观电影中得以保存和发扬。毋庸置疑,奇观电影模式和传统电影模式是存在明显差异的,这种差异是由媒体技术更替所导致的,新技术的引入,不仅改变了电影本身的创作模式,而且使得整个电影产业的生产和消费链都发生了变化。

**(二) 从传统电影到奇观电影:电影叙事模式变化及其前景**

国产高科技制作的奇观大片凭借其视觉冲击力和不遗余力的宣传推广,在票房收入上展现出不俗的成绩,但是在艺术成就上却是良莠不齐,争议颇大。其中最大的争议在于:技术上的视觉狂欢是否造成了对电影中语言和故事情节的压制?这些画面精美的奇观电影只能给视觉感官带来愉悦,而在故事情节上几乎都很肤浅、薄弱。张艺谋、陈凯歌等大腕过去都以讲述精彩的故事见长,而一旦涉足高科技的奇观电影拍摄便仿佛换了一个人似的,失去了对故事情节的驾驭能力,技术上的视觉狂欢似乎已经造成了对电影中文学叙事性和故事情节的严重压抑。鉴于这种"奇观"与"叙事"两者之间的矛盾紧张关系,一些学者索性根据电影叙事特征将电影划分为"叙事电影"和"奇观电影"两类。所谓"叙事电影"就是指以文学叙事为主导来进行电影创作,故事情节饱满而厚实;而"奇观电影"则放弃了文学叙事的主导地位,变成了以华丽图像的生产为主导进行电影创作。① 换句话说,叙事电影是讲述故事的电影艺术大师,而奇观电影却仿佛变成了摆弄新奇玩意和障眼法的魔术师。然而,用"叙事电影"和"奇观电影"指称传统电影和数字化制作的高科技电影固然有助于我们认识两种不同电影创作模式之间的区别,但也容易造成认识和观念上的混淆和错误,仿佛"叙事"与"奇观"两者是相互对立的。但事实上,除了一些实验性电影之外,电影就其本性而言,都是叙事性的,只是不同的电影创作理念会有不同的叙事策略、风格与模式。奇观电影无疑也是叙事电影,只是它的叙事特征有别于传统电影。为了展现影像奇观的魅力,奇观电影的图像叙事功能在一定程度上得到了放大和增强,并由此而导致其整体叙事模式上的变化。奇观电影是技术发展的产物,也是电影技术未来发展的一个方向,如何认识这一技术所带来的挑战,如何在实践中弥合技术与艺术之间的矛盾关系,这些都是中国电影界要面对的问题。

1. 图像叙事及其功能

众所周知,叙事这一概念虽然起源于文学分析,但是它在当代的发展早已经超越了文学叙事的范围。对此,戴维·赫尔曼在《叙述学:叙事分析的新视野》中认为,"过去单一的叙述学出现了诸如电影叙述学、音乐叙述学、女性叙述学、社会叙述学,以及在一个因特网盛行的时代的电子叙述学或电子网络叙述学等等"②。

一般来说,当代理论家在定义叙事或叙述的时候也很少将它局限在以语言文字为基础的文学叙事的范围里。叙事学家米克·巴尔在论述视觉叙事问题时也指出:"正如我在对阿普提卡尔的绘画以及其他与之相关的视觉形象所做的分析中所提出来的,不存在将叙事分析仅仅限于文本(texts)的理由,尽管最适宜于对其进行分析的方式尚未出现,电影的叙述性仍是十分明显的。"③这里,米克·巴尔强调的是语言文字文本和视觉图像的叙事问题,叙事并非语言文字的专利,视觉图像也具有叙事功能。安德烈·戈德罗和弗朗索瓦·诺斯特在专门论述电影叙事的著作中探讨了画面的叙事功能,他们引用著名电影理论家克里

---

① 关于"叙事电影"和"奇观电影"的论述可见周宪先生撰写的《论奇观电影与视觉文化》一文,载于《文艺研究》2005年第3期,第18—26页。
② 谭君强:《译者前言》,载〔荷〕米克·巴尔:《叙述学:叙事理论导论》,谭君强译,中国社会科学出版社2003年版,第6页。
③ 同上书,第192页。

斯蒂安·麦茨的论述指出：任何画面都具有叙事的功能，或者说"任何画面都至少包含了一句陈述：一座房屋的画面不是表示'房屋'，而是表示'这里是一座房屋'"[1]。并且，画面陈述远比语言陈述具有更加多样、模糊的含义，也就是说"任何镜头都包含多个潜在的叙事陈述"[2]。比如，如果主人公在沙漠长途跋涉后，看见远处有一座房屋，这样的画面确实可以表示"这里有一座房屋"。但换一个环境，例如一个男人和一个女人驾车经过长途旅行，其中一人用手指向一座房屋，人们更倾向于理解为"这里是我的家"，或者，"这里是我们的家"。[3]

可见，影像画面本身就具有丰富而复杂的叙事功能，尽管图像本身的这种叙事功能不能与语言文字的叙事能力相提并论，但图像的叙事功能以及图像的视觉效果的确会对一部电影的整体叙事节奏、效果、风格产生很大的影响。正如电影理论家大卫·波德维尔和克里斯汀·汤普森所指出的，电影叙事是一个复杂的形式系统，它几乎和所有的电影构成元素，如布景、灯光、动作、摄影镜头以至于类型、风格等都有密切的相互作用关系，而这些电影元素大多又在电影中呈现为可视性的"视觉图像"，成为构成电影整体叙事结构的重要一环。[4] 比如，《超人》第一部开头的一段戏中出现了装载着小超人的外星飞船朝着地球飞行的壮观画面：高速行驶的飞船在深邃浩渺的茫茫宇宙中朝着一个蔚蓝色的星球飞去。这一奇观画面在电影中的叙事功能表现在两个方面：一方面讲述了奇观画面本身的含义，即小超人经过漫长旅行终于到达了地球附近的外太空，很快他就会进入地球的大气层；另一方面，这一奇观画面推动着整个电影叙事的发展，成为整体电影叙事中不可或缺的组成部分——它提醒观众接下来的故事将会是飞船穿越地球，降落在地表上。这意味着电影开头的背景介绍部分即将结束，接下来的故事会在地球这一场景中展开。

事实上，图像在电影叙事中的这些作用是无处不在的，只不过其在电影叙事过程中所展现的重要性会因电影的题材、风格和类型的不同而有所不同。对于现实主义叙事电影来说，影像的作用主要是提供故事情节推演的"自然"背景，图像运用需要依据电影文学剧本的语言叙事要求来进行安排；但是对形式主义电影来说，情况则有所不同，形式主义电影往往带有创作者的个性特征，为融入纯

---

[1] 〔加〕安德烈·戈德罗、〔法〕弗朗索瓦·诺斯特：《什么是电影叙事学》，刘云舟译，商务印书馆2005年版，第25页。
[2] 同上书，第24页。
[3] 同上书，第25页。
[4] 〔美〕大卫·波德维尔、克里斯汀·汤普森：《电影艺术：形式与风格》，曾伟祯译，世界图书出版公司2008年版，第180—184页。

然风格化的影像叙事或者抒情片段提供了空间,"歌舞片、科幻片、幻想片这种风格化的类型电影都赋予风格和华丽效果最丰富的园地"①。可见,图像叙事以及它在电影叙事整体中的功能都是不能忽视的。

由上述可知,如果将传统的电影创作模式称为"叙事电影"而将其与奇观电影相区别的话,其实并没有把握住两者之间的实质性区别。毋庸置疑,当代奇观电影仍然也是叙事电影,不仅在画面叙事方面,而且在电影的整体叙事结构层面上,奇观电影都还没有脱离"叙事电影"的范畴。

2. 图像与话语:从一元叙事到双重叙事

或许,我们对电影创作模式的思考应当考虑到媒介技术在电影创作模式变迁中所产生的决定性作用。作为一种典型的"技术性艺术",电影最充分地体现了麦克卢汉关于"媒介即讯息"的论断,即有什么样的媒介表现技术,就会产生什么样的电影创作范式,因为在电影技术本性中潜藏了电影艺术发展变化的所有密码。有鉴于此,我们最好将传统电影技术条件下的电影创作模式笼统地称为传统电影,而将数字技术基础上的电影称为奇观电影(数字化电影)。传统电影与奇观电影的最重要的区别并不在于二者是否属于叙事电影,而在于影像技术及其视觉效果所引发的叙事结构的偏向与变化。

如果我们将电影的历史回溯到1927年第一部有声电影诞生之前的时代,我们会发现,默片时代的电影叙事由于其技术上的局限性,完全是依靠图像来进行叙事的,而如今奇观电影时代的图像叙事只不过是对早期电影中的图像叙事的一种改头换面的复兴而已。历史总是如此相似,以至于我们不得不叹服于麦克卢汉关于媒介演化的定律所揭示的那种过程,也即任何技术的运用都可以被视为对人的感官功能的延伸,不过,这种延伸总是片面的和不平衡的。一种新的技术的发明往往在导致某种功能得以延伸放大的同时,也会压制或使得曾经出现的另一些功能过时。比如,广播放大了听觉的功能却压制了视觉的功能,使得报纸和书籍这些主要依靠阅读来获取信息的媒介过时;而电影的发明则放大了视觉功能,但是却导致了对听觉的压制。然而,媒介发展的规律总是在朝着"全功能"的目标进化,以达到实现功能平衡的目的。因此,曾经过时的媒介功能往往会以改头换面的新形式重新得到复活,这样广播补充视觉功能而得以发展为电视,而电视补充阅读文字功能而发展为功能更加全面的电脑。对于电影来说,巴赞早在20世纪50年代就提出过与此类似的"完整电影"概念,指出电影由无声

---

① 〔美〕路易斯·贾内梯、英格玛·伯格曼:《认识电影》,焦雄屏译,世界图书出版公司2007年版,第306页。

发展成有声、由模糊发展到精确、由简单发展到复杂的进化过程,其目的也是要实现"再现一个声音、色彩和立体感等一应俱全的外在世界的幻景"①。对于电影的叙事结构而言,图像和话语这两种最基本的叙事工具也经历了麦克卢汉意义上的演化过程,逐步完成了巴赞意义上"完整电影"的神话。

正像大卫·波德维尔和克里斯汀·汤普森所说,电影叙事首先是从图像叙事这种一元化叙事模式开始的,"虽然大部分影片到1903年左右仍旧是拍些风景或著名事件,但叙事形式却是打一开始就存在的。……大概从1904年起,叙事形式(剧情片)开始成为主要的电影形式"②。并且,在第一批出现的电影创作热潮中,就已经产生了像乔治·梅里爱那样运用影像拍摄和场面调度的手段制造"特技效果"以展现电影的奇观视效的大师,他在电影诞生的早期就向世人展现了电影的奇观本性,而这一本性在后来长时间的现实主义电影创作史中被严重压抑了。到1915年后,随着格里菲斯的《一个国家的诞生》和《党同伐异》等作品的诞生,图像叙事型电影的成就达到了它的高峰,成为一种成熟的电影故事的叙事手段。

不过,面对无声的影片,无论是电影人还是观众都感受到深深的遗憾。很明显的事实是,在没有声音(语言、音乐)的情况下,电影的叙事力度很多时候是不够的,难以讲述深刻的含义。这一方面是由于画面所表达的意思时常会有模糊性,观众难以在短时间内精确地加以理解;另一方面,图像叙事主要是一种空间性叙事,不能在时间演进的层面上刻画人物的内心世界和性格。无声电影的缺憾在20世纪20年代末期得到了弥补,声音最终被引入电影创作中,有声电影的时代就此开始。

有声电影的出现改变了电影仅能靠图像进行叙事的一元叙事模式,声音的运用使得电影叙事出现了几个至关重要的变化。一是使电影叙事手段从仅仅依靠画面的一元叙事模式变成了由话语(声音)和图像共同推动电影叙事的双重叙事模式。二是画面陈述的模糊性得到了克服,在话语在场的情况下,画面的含义得以精确化。三是电影叙事的深度得到极大的提升。话语叙事具有线性延伸的特点,通过运用人物对白、音乐表现等方法,电影可以将故事的情节层层推进,复制出日常生活在时间坐标上的复杂性。这样,借助于对白与字母,电影可以更好地演绎文学文本中的精彩故事,于是电影成了图像、声音与文学剧本结合的综合

---

① 巴赞:《电影是什么?》,崔君衍译,文化艺术出版社2008年版,第17页。
② 〔美〕大卫·波德维尔、克里斯汀·汤普森:《电影艺术:形式与风格》,曾伟祯译,世界图书出版公司2008年版,第528页。

性艺术。在这种结合中,话语(语言、对白音乐和字幕)占据主导性地位,我们可以称其为"话语支配图像"的叙事模式。这种模式的优点是不言而喻的,对白、音乐和画面的安排被用来表现电影声画之外文学文本叙事的要求,文学叙事使得电影中的不同要素被置于一个完整的结构体之中,从而避免了零散化和碎片化,使电影在结构的完整性中构建出文学文本的叙事逻辑力量。也许正是由于这个模式的历史由来已久,优势又格外明显,因此它一直都支配着我们的电影观念,以至于使我们几乎忘记了默片时代的图像叙事模式,而将话语叙事模式视为唯一重要的叙事模式。也就是说,"大多数情况下,对话,更一般地说是声音,用于减少视觉陈述的模糊性,以至于我们感觉不到有声电影所具有的这种二元性"①。

3. 客观记录与虚拟仿真:影像技术特性与叙事模式的偏向

其实,声音技术的引入只是传统电影叙事模式发生话语偏向的一个原因,还不足以解释图像叙事手段为何在长时间里仅仅扮演配合话语叙事的角色。因为在奇观电影兴起后,图像主导电影叙事的情况重新出现,但其逆转机制却不是声音的消失,而是图像本身的技术性质发生的变化。因此,影像技术的状况对于电影叙事模式中的图像和话语偏向也具有决定性的影响。

那么传统电影技术的特性是什么呢?在电影理论家克拉考尔看来,传统电影的本性就在于它是对"物质现实"的还原,并且这不仅是电影技术的特性,也是电影实践所要追求的目标。巴赞虽然并不抹杀电影具有追求艺术理想的目标,但他也认为电影技术的特性就在于它能忠实地保存现实。为此,巴赞提出了所谓"摄影影像的本体论"理论,即电影的本性就是对生活进行客观记录,并在此基础之上完成电影故事的艺术性建构活动。"一切艺术都以人的参与为基础,唯独在摄影中,我们享有不让人介入的特权。"他把这种技术特性比喻为"给时间涂上香料,使时间免于自身的腐朽"②,也即运用影像实现长时间保存现实生活的目的。传统电影的这一技术特性使得它非常适合用于表现那些写实性小说中的主题和故事,因此,也更便于借鉴这些文学作品的叙事手法。因为写实主义风格的故事具有其现实依据,它们往往是以现实生活中所发生的事件为基础进行的艺术创作。这些故事中的环境、角色和时空关系都是与现实世界同构的,因此,用影像的方式讲述这些现实主义的文学作品并不存在技术上的难题。正是由于这

---

① 〔加〕安德烈·戈德罗、〔法〕弗朗索瓦·诺斯特:《什么是电影叙事学》,刘云舟译,商务印书馆2005年版,第33页。
② 巴赞:《电影是什么?》,崔君衍译,文化艺术出版社2008年版,第10页。

个原因,巴赞断言:"从有声电影问世以来,可以说,电影一直向现实主义趋近。电影希望在既符合电影叙事的逻辑要求,又适应电影技术目前局限的条件下,为观众创造出尽可能完美的现实幻景。鉴于此,电影与诗歌、绘画和戏剧明显对立,而日益接近小说。"①电影学家杰·马斯特也对此做出了类似的表述,他认为传统电影中的真实感是由影像的视觉写实性与小说的心理写实性综合构成的,这种综合使得文学叙事与影像叙事之间保持了高度的协调性,因此,"电影或许须被视为十九世纪晚期结构丰富多彩的现实主义与自然主义小说的逻辑的发展和顶点;在它从实际的生活之流本身编制出复杂式样的作品时,它延伸了小说的必然发展"②。这也就是说,传统电影的叙事结构是完全按照现实主义文学叙事的内在逻辑进行的,而影像所提供的只是故事所需要的"生活之流",当然,这种"生活之流"对于影片的成败很重要,但是它的目的是服从于现实主义的文学性叙事要求。因此,传统电影的主流叙事模式是一种以话语叙事支配图像叙事的现实主义的叙事模式。

相比之下,奇观电影的叙事模式对于传统电影的叙事模式来说是一种颠覆。数字化时代的影像技术使得克拉考尔的"物质现实论"以及巴赞的"影像摄影的本体论"都显得过时了,对于奇观电影来说,其影像的特性已经不再单纯是客观地再现现实的问题,而是如何根据想象力创造一个现实中并不存在的虚拟的形象的问题。换句话说,影像技术的性质已经从"客观记录"转向"虚拟仿真",不仅人物角色,而且故事场景都可以通过"虚拟仿真"的方式完成。并且,这个虚拟的形象看起来完全符合我们的视觉真实性逻辑,它虽然并不实际存在,但是却能使我们的所有感官和知觉都察觉不出它有任何虚假性;或者说,它虽是虚拟的形象,但是从视觉效果上来说,它与真实世界的影像具有相同的质感、相同的"感官—心理"真实性。对于坐在电影院中的观众来说,《指环王》中的主角弗罗多是对现实中"人"的形象的客观记录,其摹本和原型之间存在着记录或模仿的关系;然而,对于数字虚拟角色"咕噜"(Gollum)来说,它是没有现实原型的,完全是一个无中生有的形象,但是我们并不会在观看电影的时候感觉到它和弗罗多是完全处于不同世界的物种。而张艺谋的《英雄》和《十面埋伏》中那些在水面和空中的打斗动作或者《黑客帝国》的子弹时间都是完全不可能在现实生活中找到原型的。事实上,奇观电影在影像技术上的特殊的价值就在于它能产生比现实更为

---

① 巴赞:《电影是什么?》,崔君衍译,文化艺术出版社 2008 年版,第 248 页。
② 杰·马斯特:《克拉考尔的两种倾向说与电影叙事的早期历史》,载《世界电影》2005 年第 2 期,第 24 页。

真实的虚拟形象和虚拟世界,如果仅仅是为了模仿生活、对现实世界的"生活之流"进行记录和艺术上的升华,那是完全不需要调动数字化高科技手段就能做到的事情。

由于奇观电影引发的视觉感官愉悦显然比现实景观更加具有冲击力和诱惑力,因此,当奇观电影诞生之后,其视觉上的优势和表现模式必定会逐渐成为电影创作过程中普遍遵循的原则,因为一项新技术的发明扩散过程往往是不可逆的。当然更重要的原因还在于:在当今消费型社会中,奇观技术一旦产生,便执着地寻求自身的霸权,这种霸权其实正是我们时代中的技术霸权逻辑和资本霸权逻辑的反映,是技术和资本垄断文化、统治社会的反映。当代社会的运行逻辑就是不断制造和升级奇观影像的逻辑,也就是德波所说的:奇观"覆盖世界的整个表面并永远沐浴在自身的光辉之中……是关于其自身统治秩序的不间断的演讲,是永不停滞的自我赞美的独白"①。可见,奇观电影是消费社会中电影发展的一种必然趋势,体现了消费社会的要求。

当奇观技术越来越多地成为电影中着力表现的重点时,传统的电影叙事模式受到了冲击。奇观影像的一大特点在于:它遵循奇观展现的逻辑,竭尽所能地展示那些去常识化和去生活化的虚拟的奇异景观,这种奇观展示的逻辑通常会破坏电影剧本中语言叙事逻辑的结构性和完整性。也就是说,在奇观电影中,原先由话语主导电影叙事的模式变成了奇观叙事和声音(语言)叙事争夺主导权的模式。很多时候,这两者之间的矛盾不容易调和好,尤其是对于那些将奇观展现视为衡量电影成功与否的标准的电影导演,他们最终会为了奇观展示而牺牲语言叙事的完整性和深度。奇观叙事的兴起实际上是默片时代的图像叙事的复兴,它意味着电影的图像叙事在受到话语叙事长久压抑之后造反,这必然会导致对传统电影观念的冲击。当然,奇观电影毕竟不是默片而是有声电影,因此,这种图像对于话语的造反并不会以消除话语为目的,而是要在图像叙事与话语叙事的双重叙事模式中寻找新的平衡点,以改变过去两者力量失衡的状态。但在两者之间达到平衡与和谐并非易事,在近年来我国的实践性探索中,确实也出现了由电影的奇观叙事偏向所导致的一些问题。

在着力表现奇观的电影中,奇观展现的逻辑和电影整体叙事要求之间的矛盾会非常突出,中国导演近年创作的《蜀山传》《英雄》《十面埋伏》《无极》《满城尽带黄金甲》等很多奇观电影都存在着这样的问题。这些电影遭人诟病之处就在于其"形式"大于"内容",影像效果视觉冲击力强,但故事情节单薄肤浅。所谓

---

① 〔法〕居伊·德波:《景观社会》,王昭凤译,南京大学出版社2006年版,第5—7页。

"奇观支配叙事"的趋势十分明显,对于张艺谋、陈凯歌等著名导演来说,文学性叙事电影的拍摄经验非常丰富,为什么在追求视觉效果的影片中一下子便不会讲故事了呢?张艺谋导演的一席话也许说明了他们对于电影的新理解。"过两年以后,说你想起哪一部电影,你肯定把整个电影的故事都忘了。但是你永远记住的,可能就是几秒钟的那个画面。……但是我在想,过几年以后,跟你说《英雄》,你会记住那些颜色:比如说你会记住在漫天黄叶中,有两个红衣女子在飞舞;在水平如镜的湖面上,有两个男子在以武功交流,在水面上像鸟儿一样的,像蜻蜓一样的。像这些画面,肯定会给观众留下这样的印象。所以这是我觉得自豪的地方。"① 从这段话中,可以明显感觉出第五代导演在转型拍摄奇观电影初期对奇观展示的一边倒态度,即画面视觉效果比故事情节更让人印象深刻,更能吸引人。但这种割裂视觉效果与故事情节的有机联系的判断并没有得到观众的认可,这些花费巨资拍摄的奇观电影,除了在奇观视觉效果和由此带来的票房收入上表现不俗之外,其艺术成就的社会认可程度并不高。在各类电影节评奖活动中,也没能再现第五代导演执导西部片、文艺片时期的辉煌,有的奇观电影如《无极》甚至引发观众和影评界的强烈不满。

4. 从玩具到艺术:媒介演化定律与奇观电影的未来

奇观技术的神奇魅力让电影人感到兴奋,急切地想要把它表现出来,然而这种摆弄和炫耀视觉技术的急迫心理又导致技术成了展示新奇性的"玩具"。在《电影简史》中,杰·马斯特描述道:早期的电影人并不是艺术家,"他们的目标不是创造美,而是展示科学奇观。最早的摄影机和放映机启动的一个趋势是自我重复,每一个新发明做一番自我重复:这个发明本身就被当作新奇的玩意"②。事实上,任何新的媒介技术形式产生之初都会让人们为它的新奇性所倾倒,于是"新技术像初生牛犊一样急忙亮相、炫耀力量和新的手法,具有超越的力量,技术本身实际上就成为内容"③。这种把技术作为"玩具"的心理往往导致技术的滥用,前些年轰动一时的《英雄》《无极》等大片都具有明显的纯粹炫耀技术的成分,因而受到较多的批评。然而,如果就此而对奇观电影的未来产生怀疑和悲观情绪也是大可不必的,任何技术性艺术都有它自身的媒介演化定律,经过演化,它们最终都会走向成熟。情况也许正如美学家苏珊·朗格所指出的那样:"每一个新发明,无论是蒙太奇、音轨还是染印法问世时,电影迷都惊呼,电影'艺术'完蛋

---

① 转引自周宪:《视觉文化的转向》,北京大学出版社 2008 年版,第 245 页。
② 〔美〕保罗·莱文森:《莱文森精粹》,何道宽译,中国人民大学出版社 2007 年版,第 4 页。
③ 同上。

了。当然,新奇的发明还来不及完善就迫不及待地开始探索时,它就以粗糙的状态招摇过市,并引起轰动……一般地说,每一次这样的进步总是伴随着一股特别坏的垃圾狂潮。然而,艺术还是阔步前进。"[1]

在从炫耀技术的"玩具"阶段向成熟的艺术创作阶段演化的过程中,新旧媒介之间的交替创新与融合起到了至关重要的作用。显然,任何新的媒介形式都不能单单依靠它的新奇性获得认可,相反,新媒介技术只有在和旧媒介相互结合的情况下才能够体现出它的真正价值,这也就是麦克卢汉所强调的"技术作为技术内容"[2]的观念,即旧媒介往往会作为新媒介的内容而得以继续存在,并且也只有以这种融合旧媒介形式的方式,新媒介才能补救自身的不足从而充分展示自己的魅力。根据前述麦克卢汉的媒介演化定律,当新媒介的新功能放大到极端时,那些旧有的媒介功能又会以全新的面貌得以重生,并作为一种补救性的措施融入进来,进而使得该媒介形式逆转为一种全新的媒介形式,从而焕发勃勃生机。比如,电影影像技术的发明就放大和提升了图像的叙事功能,从而使得小说和戏剧的话语叙事艺术显得过时。但是,当视觉愉悦和图像叙事的功能达到其潜力的顶峰时,它不能讲述深刻复杂故事的缺点就暴露无遗了;于是传统的戏剧和小说的叙事艺术作为一种补救的形式重新得到启用,借助声音技术的帮助而以电影媒介的内容的形式融入进来,并使电影成为融合声音和图像叙事方式的综合性艺术。奇观电影的兴起也不过是这种媒介演化定律的一次复演,它最终会重新启用被它的视觉效果所压制的文学叙事模式,并将其纳入自己的创作过程,而这种新的启用和融合必然会将奇观电影的艺术审美价值带入一个新的境界。

我们看到,媒介定律所揭示的技术演化模式正在得到奇观电影创作实践经验的印证。就国内的奇观大片的发展历程来看,经过一段时间的摸索实践,不少影视导演也已经意识到单靠展现奇观画面并不能使得一部感官猎奇性电影变成一部伟大的艺术作品。电影毕竟是一种声音和画面、感性与理性互相补充平衡的综合性艺术。奇观所引发的感官享受固然是极为重要的,但传统电影中理性地讲故事的能力也绝不会随着奇观电影时代的到来而变得不重要;相反,奇观电影中的视觉叙事效果与电影剧本的理性叙事性效果犹车之两轮、如鸟之两翼,相互协调配合才能产生最佳效果。也就是说,传统电影中的理性叙事原则应该作

---

[1] 〔美〕苏珊·朗格:《情感与形式》,转引自〔美〕保罗·莱文森:《莱文森精粹》,何道宽译,中国人民大学出版社2007年版,第14页。

[2] 〔美〕保罗·莱文森:《莱文森精粹》,何道宽译,中国人民大学出版社2007年版,第5页。

为奇观电影的一个重要的内容被引入到奇观电影中来;不仅如此,传统电影中形成的那些成熟的讲述故事的技巧、刻画人物心理和塑造人物性格等方面的成熟经验也应该在奇观电影这一新的电影形式中得到保留和发扬。总之,尽管电影影像技术"客观记录"的时代已经成为过去,但是"剧作时代"却并没有终结,"剧本乃一剧之本"的箴言对于奇观电影来说同样是颠扑不破的真理。因此,文学与剧本创作的贫乏将成为真正限制奇观电影发展的瓶颈,这一点倒是与传统电影的历程完全一致。

就奇观电影的叙事结构安排来说,或许正像爱森斯坦所说,应该像撰写音乐总谱那样综合运用电影"表现材料"及其叙事方式,以寻求多声部的协调与配合。我们可以将这种"音乐总谱"称为"叙事总谱",这种"叙事总谱"是超越于图像叙事或者话语叙事之上,需要通过综合协调图像叙事或者话语叙事来加以实现的电影叙事逻辑,使得电影中的图像和话语的双重叙事"通过一系列多线条的同时性进展,既保存其独立的结构秩序,又与整个段落组成的总体秩序不可分离"[①]。当然,这种协调配合并不是说要回归传统意义上的电影叙事的老路子,而是要在新的技术偏向的基础上探索传统技术形式与新技术形式之间的结合点。毕竟两者之间的影像技术基础不同,因此,应当特别重视奇观影像的性质,在把握这种性质的前提下来加以运用,以避免技术滥用。

为了吸取"技术作为玩具"阶段的经验教训,近年来拍摄的《集结号》《投名状》《画皮》《赤壁》等影片已经开始在探索如何协调奇观影像与经典叙事模式之间的关系问题上做出了不少努力。一方面,导演对奇观炫耀的心理加以合理限制与克服,使之在电影中的运用趋于合理,不该使用奇观影像的地方就不用,以免破坏电影叙事整体的完整性和流畅性。比如《集结号》一片就采取压制奇观冲动的策略。电影中仅在战争场面上使用了大量的精彩特技,营造惨烈壮观的战争奇观,而未将这些特技过多地运用于电影中其他不需要展示奇观的场景中;也就是说,在这部电影的叙事总谱中,奇观展示的场景是被严格限定的。这种奇观与总体叙事逻辑之间的协调既能使人们享受奇观的视觉冲击,又不会因为滥用奇观而破坏电影故事和情节的完整性。而在《投名状》《赤壁》等影片中,导演更多地注重人物心理和性格的描写和刻画,这使得影片既享受了奇观场景和奇观叙事带来的感官层面的愉悦,又能从成功的电影人物形象刻画和心理开掘中收获理性层面的快乐。另一方面,为了适应展示奇观电影魅力的要求,导演们致力

---

[①] 〔苏〕爱森斯坦:《影片:形式/意义》,转引自〔加〕安德烈·戈德罗、〔法〕弗朗索瓦·诺斯特:《什么是电影叙事学》,刘云舟译,商务印书馆2005年版,第33页。

于发展与奇观电影相应的电影类型。正像传统电影的"客观记录"性质适合于表现现实生活题材和现实主义风格的创作一样,奇观电影的"虚拟仿真"性质也非常适合一些特定的电影类型的创作,比如战争片、史诗片、武侠片、灾难片、科幻片、魔幻片等。相比于有意限制奇观影像的第一种趋势,发展与奇观电影相适应的类型电影是一个更有前途和可行性的方向。事实上,它早已成为当代奇观电影创作的主流趋势,《纳尼亚传奇》《指环王》《哈利·波特》《加勒比海盗》《金刚》等一大批魔幻电影精品的产生正是电影技术影响类型电影发展趋向的证明。特殊的类型片一方面为奇观影像的展现提供了巨大的空间,另一方面又能保证故事情节和叙事深度不会因为奇观展示而受到损害,相反,在魔幻片等新类型电影中,话语叙事与图像叙事之间很容易达成相得益彰的效果。不过,由于在中国的文学创作传统中,魔幻、科幻、灾难类的题材并不发达,很难找到像《指环王》《哈利·波特》这样的精品,因此,中国奇观电影的发展归根结底是受到电影文学和剧本创作能力的制约的,只有这方面的能力提高了,奇观电影中话语和影像两者之间的紧张关系才能转变为相辅相成的关系。

总之,和西方历史悠久的奇观电影创作经历相比,中国的奇观电影创作还只是处在刚刚起步不久的阶段。当1968年好莱坞推出使用大量特技镜头展现奇观场景的《2001空间奥德赛》时,中国电影人甚至还处于"文艺为政治服务"的环境中;而卢卡斯的《星球大战》上映的时候,中国电影才刚刚迎来天边的曙光。只是到了21世纪以后,奇观电影才逐渐登场并很快成为电影市场上的主流,然而,我们并不能跨越从"玩具"到艺术的成长历程。或许,我们还要探索很长一段时间才能生产出《黑客帝国》《哈利·波特》《指环王》《金刚》那样成熟的奇观电影,然而,对于奇观电影的特征及其演化定律的分析,也许会使我们在摸索道路的过程中少费些周折,这恐怕也正是枯燥的理论研究工作的一点意义所在。

### 三、媒体—社会奇观

前面谈到,奇观现象并不单纯是视觉经验问题,而且也是社会、政治和文化问题,传统的视觉艺术研究与教育比较侧重于"视觉艺术作品或视觉文化产品的探讨,多以生产者(画家、建筑家、设计家、摄影家、电影摄影导演或摄影师)的观点着手……然而,当代视觉艺术教育的发展趋势已逐渐强调'社会中心'的重要性,并加入有关视觉文化研究的内涵"[①]。因此,对于奇观电影,我们除了注意到

---

① 陈龙:《传媒文化研究》,中国人民大学出版社2009年版,第162—163页。

它在技术和艺术创新方面的特点和影响,注意到它对我们的视觉经验和习惯的重构之外,还应该注意到它与当代整个社会的权力、技术资本、意识形态、全球化等问题存在着紧密的关系。

(一) 媒体奇观及其社会化

由奇观电影所直接引发的电影奇观现象包括各种名目繁多的电影节、电影首映式、颁奖典礼、明星文化……几乎涉及整个电影产业。这些电影奇观又与电视、网络、广告等行业不断制造出的奇观共同构成了我们生活的环境,直接影响了我们对于外部世界的感知,从而主导我们的思想和行为,使我们的生活完全由奇观社会的奇观逻辑所支配。对此,文化理论家尼尔·盖博勒指出:"在媒体奇观时代,生活本身已经被电影化了,我们像制作影视作品那样来建构我们的生活。在这场规模宏大的无休止的演出中,我们既是演员,又是观众。我们是有关我们自己的这场'生活秀'的主角,将生活变成了娱乐,按照媒体文化事先编好的剧本和它灌输给我们的角色模型、时尚风格甚至外形设计来为与我们同时代的观众演出。我们习惯用电影术语来解读生活,娱乐成为'我们时代最具有影响的一股势力——像癌细胞那样扩散和转移到我们生活的各个领域中',最终使我们无法将两者严格区分开来。……在这个媒体奇观时代,拉尔夫·劳伦成为我们的服装师,玛莎·斯图尔特为我们设计家居用品,简·方达为我们设计体型,欧芙拉·温弗里帮我们解决个人生活中碰到的问题。"[①]因此,对于以德波或者凯尔纳为代表的批判理论家和文化理论家来说,奇观现象并不仅仅是一个视觉经验和艺术生活的问题,而是透视当代社会趋势与特点、揭示其隐蔽的压制和异化机制、解读其社会意义、分析其意识形态争斗的窗口。正像罗兰·巴特运用符号学理论分析当代资本主义中的各种神话一样,奇观研究的重要目标也是对当代社会中的种种奇观神话进行剖析,从那些被自然化了的奇观现象中找回历史和人文价值,以寻求社会改进的途径和方案。

从媒体—社会奇观的层面上看,奇观电影只是奇观社会推行其奇观逻辑的马前卒和急先锋,除了电影之外,电视和网络也是当代社会中各种奇观现象最为集中的展示场所。事实上,它们在制造媒体—社会奇观以影响我们的日常生活方面甚至要超过电影,因为虽然在视觉经验的冲击方面,电视和网络不及电影来得直接,但电视和网络是渗透到人们日常生活中的媒介,对于人们的日常思维和

---

① 〔美〕道格拉斯·凯尔纳:《媒体奇观——当代美国社会文化透视》,史安斌译,清华大学出版社2003年版,第6页。

行动具有更强烈的影响。

在电影奇观化模式的带动下，在近年的电视艺术创作中，奇观化的倾向也开始日趋明显。和奇观电影所产生的问题一样，很多电视剧在拍摄过程中大量使用特技效果，却罔顾电视剧剧情的要求，破坏了作品在图像、故事和叙事整体方面的平衡，严重影响了其艺术性。除了奇观电视，商品广告和购物节目成了电视消费奇观的集中展示台。凯尔纳指出：电视自诞生之日起"就一直充当推广消费文化奇观的工具。电视媒体不仅被用来推销汽车、时装、家用电器等商品，而且还被用来传播中产阶级的生活方式和价值观"①。如今，电视利用最新媒体技术不断改善广告的视觉效果，而且不断突破相关法律法规的限制，大量播出品质低劣、充满视觉和听觉暴力的商品广告和电视购物片，甚至不惜因此而扮演形形色色的商业欺骗活动的帮凶，坑害包括电视观众在内的广大消费者。

然而，奇观电视、广告、电视购物等都还远不能概括电视所制造的奇观文化。作为人们日常接触和使用较多的媒体，为了提高收视率，谋求自身经济效益，电视一方面积极搜罗那些具有奇观展示价值的社会事件和人物，另一方面不惜利用娱乐化、低俗化的方式迎合观众的收视趣味，或者利用其在制造明星等方面的优势想方设法地制造大量的媒介事件以吸引观众眼球。从狂欢节一般的电视体育赛事转播、电视情节剧般的台湾政治选举活动到规模巨大、旷日持久的全民选秀造星现象，以及融合了表演、说书和课堂教学等形式的电视讲学……电视奇观的逻辑就是：在保证"政治正确"的前提下，一切都按照收视率指标的要求进行策划和评价，一切都为了电视台经济效益最大化。为此，近年来电视业开始走出自身能力范围，通过联合社会上可以合作的商家共同联手制造更大规模的媒体奇观，通过强强联手的方式打造巨型奇观事件，将更多的观众、更多的商家、更多的媒体卷入其中，并由此产生巨大的经济收益，2005年的《超级女声》便是这方面的典型案例。

与电视喋喋不休的说教和操纵控制不同，网络是一种较为民主的媒介。网络是具有强大兼容功能的媒体，它几乎融合了电影、电视、图片、文字、广播的全部功能，是一个相当全能的媒介平台。随着网络在人们日常生活中的广泛普及，网络日益成为制造、展现社会奇观的媒体平台，并且其影响力与日俱增，大有超越传统媒体的趋势。诚如凯尔纳所言："互联网站成为技术文化制造炫目景观的

---

① 〔美〕道格拉斯·凯尔纳：《媒体奇观——当代美国社会文化透视》，史安斌译，清华大学出版社2003年版，第8页。

场所,这就使信息和娱乐相结合的领域逐渐扩大,也使媒体文化效应得以加强。"① 艳照门事件、周正龙虎照事件、名目繁多的网络监督事件(周久耕案、温州官员买房案等)、层出不穷的人肉搜索事件和各种不同类型的网络文化现象从整体上构成了网络媒体奇观,网络的开放性和广泛参与性为集中呈现社会事件,使之成为具有影响力的媒体奇观提供了得天独厚的优势,也使得网络媒体奇观具有了比传统媒体更加复杂的性质。和其他媒体不同的是,网络奇观现象是更加多元、复杂的现象,其中同时存在着奇观化与反奇观化的斗争,存在着为特定政治与经济目的而进行的奇观操纵,也存在着为反对权力压制和经济奴役而进行的反向的奇观化策略。

总之,我们社会生活中的奇观现象可谓层出不穷,涉及社会生活的各个领域。这些奇观中的一部分是由媒体组织制造的,如奇观电影、奇观电视和平民选秀节目所制造的选秀奇观等;不过,也有很多奇观的制作者并非媒体,但是却经由媒体集中、放大而形成媒体—社会奇观,如政治选举奇观、消费文化奇观、反恐奇观等。无论何种社会奇观,如果未经过媒体的报道和展示是很难成为具有重要影响力的奇观事件的。可见奇观总是与媒体相关的,因此,当今社会中的奇观现象都可以称为媒体—社会奇观现象。在凯尔纳的《媒体奇观》中,他通过对麦当劳与全球化、乔丹和耐克、辛普森杀人案和庭审、《X档案》中的异形生物、阴谋和生化技术、美国总统选举、"9·11"事件等一系列个案的文化分析,分别探讨了"消费文化奇观""体育文化奇观""电视文化奇观""政治选举奇观"和"恐怖奇观"等不同领域的奇观现象。类似的研究主题可以说是数不胜数的,我们可以结合中国近年来出现的平民选秀奇观,尤其是《超级女声》现象作为个案,来分析媒体—社会奇观的特征。

**(二) 平民选秀:当代文化中的媒体—社会奇观**

从 2004 到 2007 年的短短几年时间中,电视真人秀节目在中国的各大电视台风靡一时,这些真人秀节目大多模仿和移植的是英美的电视节目,并结合中国的国情加以改动。真人秀节目是 20 世纪 90 年代以来流行于西方的电视娱乐节目形式,这种节目形式的共同特点是由普通人来担当节目的主角,并且存在着优胜劣汰的竞争机制。所谓"真人秀"还只是一个笼统的称呼,可根据不同的视角加以分类,一般来说比较常见的有生存挑战类(如美国的《幸存者》)、表演选秀类

---

① 〔美〕道格拉斯·凯尔纳:《媒体奇观——当代美国社会文化透视》,史安斌译,清华大学出版社 2003 年版,第 1 页。

（如美国的《美国偶像》、英国的《流行偶像》和《英国达人》、中国的《超级女声》等）、智力应试类、专业技能竞赛类（如中国中央电视台的《状元360》）等。这些节目中有的具有很高的参赛门槛，如《状元360》必须是掌握高超专业技能的高手才能参赛，而《电视国学》之类的节目显然也不是毫无相关知识背景的普通人群所能参与的。

门槛最低、参与人数最广泛的莫过于表演选秀类节目，这类节目鼓励几乎所有能够唱歌跳舞的人都积极参与进来，"想唱就唱，要唱得响亮，就算没有人为我鼓掌，至少我还能够勇敢地自我欣赏……"类似的一些激发参赛勇气的广告歌曲不仅激励着年轻人积极参赛，而且把比赛气氛营造得像狂欢节一样热烈而欢快。更重要的是，主办者还把民主投票决定参赛者前途的"权力"交给普通观众，让电视观众们体味到"我的地盘我做主"的快乐。可以说，平民选秀是对传统电视节目制作模式的一种颠覆：它改变了电视观众被动娱乐的形式，使电视娱乐由明星娱乐大众的模式转变为由大众娱乐大众的模式，明星和电视台的专业人员不再占据娱乐节目的主角的位置，而是统统变成了为群众娱乐提供优质服务的节目组织者和服务者。电视台及其合作者们（通常是唱片或娱乐业公司）制定游戏规则，然后便把舞台交给公众。凡是愿意报名参加电视娱乐选秀节目的公众，凡是愿意在电视上展示自己一技之长的公众都可以自由地、免费地使用电视媒介平台。除此之外，选秀节目还赠送这样的大礼：一旦在选秀节目中脱颖而出，埋没于人群中的草根就能在一夜之间名满天下，名利双收。面对这样一个低门槛、高回报的诱惑，怀抱明星梦想或者希望展示自己风采的那些观众自然趋之若鹜，积极参与。这种由电视台搭台，而由普通人唱戏的娱乐形式最大限度地适应了当代青年主动参与的心理，从而充分调动了观众的积极性，吸引了观众的注意力。广泛的群众参与性保障了这类选秀节目的高收视率，选秀节目迅速在中国各地流行开来。短短三四年时间里，中央电视台的《梦想中国》《星光大道》，北京卫视的《红楼梦中人》，湖南卫视的《超级女声》《快乐男声》《闪亮新主播》，东方卫视的《我型我SHOW》《加油！好男儿》，江苏卫视的《绝对唱响》，山东卫视的《天使任务》等选秀造星节目如雨后春笋般涌现出来，蔚为大观。

（三）《超级女声》："庶民的胜利"还是资本的胜利

2005年前后湖南卫视的《超级女声》选秀活动将这类节目的特点展现得淋漓尽致，其影响力早已超越了电视娱乐圈的范围，引发了公众和媒体的持续关注以及热烈讨论，狂欢节般的海选场面、疯狂的粉丝、搞怪的评委、千奇百怪的选手、新颖的比赛规则和评价方式、热闹非凡的学界争议、庞大的经济盈利……这

## 第七讲 奇观电影与景观社会

一切都最大限度地体现为一个典型的媒体—社会奇观事件，成为"近年来社会文化领域最值得关注的一个标志性现象。……相关数据表明：2005年《超级女声》参赛人数多达15万，至少54万人参与票决，2亿多人收看。同时，2005年央视索福瑞7月份的调查统计显示，《超级女声》白天时段收视率份额最高值突破10%，居31个城市同时段播出节目收视份额第一，收视率首次超过了央视春节联欢晚会，堪称电视史上的'奇迹'"①。高收视率所带来的是庞大的经济收益，《超级女声》的广告价格一路陡增，最高报价达每15秒11.2万元，甚至超过中央电视台黄金时段广告播出的最高报价。而整个"2005年《超级女声》产业链条中各环节的直接参与者所获得的直接经济回报累计已超过7.6亿元"②，而由这一节目间接产生的经济收益，则无法具体算清，庞大的产业链条和经济收益充分体现了文化创意产业的神奇威力。

需要注意的是，《超级女声》的空前成功不能被简单地视为仅仅只是电视创意与营销的经典案例，实际上，它是由多个商业利益主体为了共同的经济利益联手合作，围绕着电视这一媒介平台共同制造的一场波及全国的大型媒体—社会奇观。参与《超级女声》策划和投资的商业合作群体包括湖南卫视、蒙牛乳业、掌上灵通、天娱公司、中国电信、新浪、搜狐、网易、神舟电脑、TCL电脑及其他唱片公司和广告公司，直接涉及的行业包括媒体—互联网行业、通信行业、信息科技行业、演艺行业等多种行业。以媒体和互联网行业为例，《超级女声》热播期间，各大媒体机构不约而同地争相参与到这一盛大的媒体—社会奇观的制造中来，就像它们积极报道"9·11"事件、奥运会、世界杯和其他大型社会事件一样，这样做的目的自然是为了能从中分得一杯羹。

电视自不待言，它是这场媒体—社会奇观的最直接制造者，海选的原生态展示、赛场上的笑料、煽情、PK、足以让人晕倒的评委言论、精心设计的比赛训练花絮、选手晋级时的激动与欣喜、淘汰出局时的落寞与伤心、粉丝团的激情与疯狂……一场全民选秀节目中的众生相一一展现在观众的眼前。面对一场由电视和商业机构共同制造的商业性媒体事件，几乎没有任何媒体从批判的立场上加以抵制，而是纷纷加入这场娱乐狂欢之中，为这场选秀奇观推波助澜。报纸积极跟进，"在选秀总决赛前一周内，全国超过一千家日报、晨报、晚报都以罕见的版面大篇幅报道赛事分析和预测，比赛当日，全国超过一百家主流大报的记者云集赛场，记者人数之多，超过了张艺谋大片《英雄》首映礼。……本地报纸直击比赛

---

① 郑欣等：《平民偶像崇拜》，中国传媒大学出版社2008年版，第16页。
② 同上书，第282页。

全过程,从幕后花絮到选手的衣食住行,还把各选秀选手的童年往事挖出来大肆报道。于是报纸就充当了人们进一步了解平民偶像的'窗口'。这股热潮中纸质媒体的作用可想而知"①。至于网络,除了主办方创办的官方宣传网站外,国内各大门户网站都及时报道比赛消息,并且充分发挥其信息量大的优势,尽可能地提供有关选手的个人资料、特点、比赛成绩甚至家庭和履历材料等。更重要的是网络是互动交流性媒体,各主要网站均建立起超女论坛,而网友们则在论坛上积极讨论比赛、揭露黑幕、爆料、发表看法、发泄不满、互相打口水仗,也是热闹非凡。不过,《超级女声》中最引人注目的是短信投票环节,手机作为新兴的第五媒体充分展示了它在制造媒体—社会奇观事件中的重要性。短信投票直接关系到两个方面的问题:一方面,短信数量直接与节目的经济效益相关,一般短信的发送费用是每条几毛钱,比较便宜,而超级女声的拉票短信则为每条1元或更多。如果能调动起观众的积极性,那么由短信发送而产生的收益将是十分庞大的。于是,我们看到,主办方将短信与选手的成绩和晋级资格直接挂钩,如果观众希望自己喜欢的选手留在舞台上,就必须在台下与其他选手的粉丝进行短信PK。另一方面,用短信投票方式决定或影响一个重大比赛的比赛结果,这对中国人来说还是相当新鲜的事情。一般而言,除了参加基层政权选举,中国普通百姓对投票选举的积极性并不高,但《超级女声》将决定选手命运的权力直接交给了观众,这对于调动观众的投票积极性产生了极大的影响。为了将自己的偶像留在舞台上,掌握决定权的粉丝们打响了"偶像保卫战"。一时间,狂热的粉丝们紧握手中的手机,近乎疯狂地发送短信,比赛决出的三甲,其短信支持票数均在百万条以上。

在主办方大赚金钱的同时,全民参与、短信投票的热潮也掀起了人们对于《超级女声》中所谓"娱乐民主""拇指风暴"甚至是"人民的选择"等问题的热议,一场以商业策划营销为目的的媒体—社会奇观逐渐超越了电视娱乐的范围,成了民间出现娱乐民主和投票热情的娱乐—政治事件。美国《时代》周刊甚至在其亚洲版上将李宇春的照片刊登在当年10月3日的当期封面上,并将其列为该周刊评出的25位年度亚洲英雄人物代表之一,因为超女们挑战了中国传统的"规范"。不过,娱乐民主和短信投票虽然暗含着中国民间对于民主实践的要求与热情,但所谓的娱乐民主只不过是由组办机构制造出来为其商业目的服务的一种手段,不过是民主的幻象而已。所谓"短信投票"的民主,其实只是"投钱"让自己喜欢的选手留在舞台上,很多粉丝疯狂砸钱发送短信,一个人的投票花费居然可

---

① 郑欣等:《平民偶像崇拜》,中国传媒大学出版社2008年版,第75页。

达到数十万元之多。那些因为短信支持而胜出的选手，背后是少数砸钱投票的粉丝和亲友在疯狂发送短信，短信数量的多少与投票人数不成比例。在排除黑幕操纵的情况下，真正能够决定选手成绩的，只能是金钱。不过，金钱决定选手成绩的结论也还不是事情的本质，其实真正决定选手成绩的，最终还是主办方资本增值的最大化要求。

从某种程度上说，公众面对这种畸形的商业娱乐民主仍能极力称赞、寄予厚望本身就是一种悲哀，因为这种作为商业手段的"娱乐民主"并不是任何意义上的真实民主。对于西方发达国家观众而言，这些选秀娱乐活动只与商业操纵和大众娱乐相关，最多也只是意味着电视节目一贯的单向传播模式得到了改变，和政治民主根本扯不上关系。当然，大众文化的魅力也许就在这里。一方面，商业集团不惜开发包括"民主"在内的各种手段吸引受众，甚至让变了形的"民主"成为节目的最大卖点。另一方面，公众则在享受商业机构的"民主"愚弄的同时，又总是聪明智慧地超越商业集团为他们设定的理解和解释范围，将这些本属于商业和娱乐卖点的"民主"上升到政治层面。然而，如果一场大规模的群众娱乐事件越出娱乐的范围而涉及包括政治领域在内的广泛社会领域的话，它的命运将是可想而知的了。从2005年以后，大型选秀节目在政府管理部门的各种限制性措施下急速瘦身，日益衰微，这倒不是因为观众不喜欢这种娱乐形式，而是因为它必须保持适度的规模与社会影响，始于娱乐且止于娱乐，这样才能避免社会上广泛存在的忧虑和批评。

当然，《超级女声》等选秀节目发展受限的原因是相当复杂的，除了存在政治和社会影响方面潜在的失控和误导公众的危险之外，该节目还对青少年群体的心理健康与成长产生了相当多的负面影响，并且已经引发了一些极端性事件。相关研究数据表明，《超级女声》以及大多数的表演性选秀节目的观众群体虽然涉及各个年龄层次，但核心的受众群体则是18岁上下的青少年群体，这与节目开发者的受众定位目标是一致的。在国家明令禁止18岁以下的人群参加选秀报名之前，《超级女声》报名参赛的选手竟然包括儿童在内。青少年群体之所以被定位为电视台的目标受众群体是由这一群体的特点所决定的。

首先，该群体的思想意识尚在形成之中，理性控制自身行为和情感的能力较差，特别容易受到媒体信息的暗示和操纵，也特别容易陷入一场精心设计的游戏和娱乐事件，因此，对于节目收视来说他们具有非常理想的忠诚度。其次，青少年群体对于传统老套的东西具有天然的叛逆心理，同时正在形成自我意识的青少年最喜欢张扬个性，他们的表演欲望和自我展示、自我实现的欲望特别强烈，只要加以引导，他们必定会为电视荧屏上短时间的展示而竭尽所能。他们的年龄也还处于贪念玩乐和游戏的阶段,电视台组织的免费卡拉OK游戏,无疑是他们喜欢的,因此,节目海选阶段,大量学生逃课参加报名,参与热情相当高。再次,青少年正好处在爱做梦、爱幻想的年龄,媒体信息暗示的一夜成名、名利双收的比赛结果对他们来说具有强大的吸引力。对每天都沉浸在电视节目之中的很多青少年来说,电视上的歌舞、表演明星就是他们所能想象得到的人生最有价值的追求目标,是自己努力学习、模仿的榜样,也是自己未来奋斗的目标。另有一些家长望子成龙,对于成功捷径存在投机心理,对子女的选秀星梦不仅不能正确引导,还推波助澜,积极支持。

### (四)奇观逻辑与消费社会

为了正确理解我们时代中的奇观化趋势,德波特别提醒说:奇观"不能被理解为一种由大众传播技术制造的视觉欺骗,事实上,它是已经物化了的世界观"①。也就是说,奇观的制造其实是现时代的社会经济结构基础之上的一种普遍的意识形态,或者说是居于统治地位的社会总体意识,这种奇观意识形态"发出的唯一信息是:呈现的东西都是好的,好的东西才呈现出来"②。由此,表象的视觉性观看取代现实的触觉性体验而成为我们思维和行动的指南,这本身是自然而然、合情合理的事实,因为表象的视觉呈现与观看最大限度地满足我们的娱乐天性,使生活变得更为轻松并富有浪漫的色彩,这是人类文化的进步。这种奇观意识形态事实上是对"表象的肯定和将全部社会生活认同为纯粹表象的肯定"③。于是我们看到,在视觉技术高度发达的今天,社会生活中的方方面面都具有奇观化的趋势,无论是政治选举、电视娱乐、网络舆论、网络炒作,还是商品广告和商品推销、体育赛事、反恐战争,似乎一切都只有以奇观的形式出现才能引起广泛的关注和重视,而那些不能以奇观形式呈现于媒体的社会生活中存在的矛盾或问题,则没有人加以重视和关注,就好像它们都不存在一样。在这种多少有点畸形的奇观意识形态流行的背后,是消费社会的社会经济基础的支撑。

在消费社会中,社会生活的组织、运行都遵循着制造奇观、生产奇观、消费奇观的逻辑进行,奇观逻辑成为社会生活所要遵循的逻辑。所谓奇观逻辑,也就是不断生产、复制具有视觉冲击力、戏剧性、吸引力或轰动效应的奇观形象,并通过制造奇观形象引导娱乐和消费行为,组织建构社会经济、政治、文化生活的逻辑。

---

① 〔法〕居伊·德波:《景观社会》,王昭凤译,南京大学出版社2006年版,第3页。
② 同上书,第5页。
③ 同上书,第4页。

它的特点就是不断地追求自身的再生产和消费,用德波的话讲:"奇观(景观)同义反复的特征在于这样一个简单的事实,即它的手段同时就是它的目的……在奇观(景观)——统治经济秩序的视觉映像中,目标是不存在的,发展就是一切。奇观(景观)的目标就在于它自身。"[1]当代社会的一个重要特征就在于,似乎只有在奇观逻辑的支配下,消费社会才能维持其存在与繁荣,如果没有奇观展示就没有了幻想和欲望,消费社会的经济运转也就无法进行下去,并且,建立在这一经济基础之上的政治权力和文化秩序也就难以维系了。

西方学者早在20世纪60年代就已经意识到了资本主义社会从商品生产型社会向商品消费型社会的转变。随着这种转变的形成,西方社会逐渐进入了"景观社会"(德波,20世纪60年代)、"符号社会"(鲍德里亚,20世纪七八十年代)和"奇观社会"(凯尔纳,20世纪八九十年代以来)。德波和鲍德里亚等人的分析指出,20世纪60年代后的资本主义已经进入了物质丰裕的时代,炫耀性消费日渐成为维持社会经济再生产的核心动力,景观/奇观/符号经济已经取得了决定性的胜利,人类于是进入了景观/奇观/符号的社会阶段。在这一阶段中,社会经济基础的核心已不再是传统的工业社会中物质商品生产与消费之间真实的一阶关系,而是转化为表象/符号及其消费之间的二阶关系。以实物商品消费为主导的社会经济运行模式也转变为以形象/符号消费为主导的社会经济运行模式。形象、符号或景观(奇观)制造欲望,欲望又决定了生产的组织和消费重复。在消费社会中,商品使用价值的消费让位于对其交换价值的消费的重要性,消费的内涵彻底地发生了改变。过去的商品消费重点是对于实际物品的实际使用价值的消费,而在消费社会中,消费的重点不再是商品的实际效用,而是对于商品所呈现出来的整体意义的消费。例如对于一瓶茅台的消费,传统工业社会中的消费重点是它的口味和对于食欲的满足,但在消费社会中,口味和食欲的满足并不是重点,相反,茅台这一商品形象所包含的整体意义,如"国宴用酒""品质高贵""权力阶层""富贵""稀缺""国酒"等,这些意义与消费者对社会地位、经济、权力的认同意识具有密切相关的关系。更有甚者,同样的商品如果是在普通商店出售,其价格要远远低于在品牌店铺中购买该商品的价格,因为出售商品的店铺具有不同的附加意义,对这些意义的消费往往成为消费者消费行为的重点。而商品广告利用各种奇观形式所着力展现的也正是商品的符号意义,但事实上,奇观所提示和唤起的消费欲望与意义和我们真实生活中的需要是没有太大关系的,更与我们实际生活中面临的实际问题没有关系。

---

[1] 〔法〕居伊·德波:《景观社会》,王昭凤译,南京大学出版社2006年版,第5页。

可见，对于我们生活于其中的整个消费社会来说，其社会运行逻辑也就是不断升级制造奇观，以唤起公众对于商品、服务或者娱乐事件的意义消费欲望，也就是奇观的逻辑。我们前面重点提到的《超级女声》便是精心策划的奇观事件，它的所有手段和目的都服从于娱乐意义的生产和消费原则，而实现这一原则的最为有效的途径和方法就是不断生产、制造奇观，最直接地从视觉感官上引起消费者的消费欲望。这一要求也规定了技术进步的方向，那些最能与消费社会的奇观制造相适应的技术领域也得到了最充分和快速的发展。

显然，就经济领域来说，如果没有奇观形象及其神话，消费社会的经济活力将会受到影响，每一个媒体奇观事件的诞生都意味着一系列生产和消费链条的产生，而这个"生产—消费"链条所涉及的社会经济环节绝不仅限于媒体或影视明星，而是直接关涉包括娱乐演出公司、网络、电视、电影、报纸、杂志、广播、广告、电信、音像制作、图书出版、服装、化妆品、美容美发与形象设计、会展、酒店、旅游……在内的诸多社会经济部门。围绕着一位有影响的影视明星或者一场电视选秀奇观都会产生巨大的产业市场。人们对于这种特殊的经济现象已经有所关注，称其为"娱乐经济"或"文化创意产业"。"娱乐经济"概念的倡导者，美国人迈克尔·J.沃尔夫认为：娱乐业已经成为发达国家经济发展的重要产业，娱乐休闲的花费在发达国家的支出比例越来越高。并且，根据美国学者的研究，人类的经济形式经历农业、工业、服务业的发展历程，目前出现"体验经济"的新概念，体验经济注重的不是产品的实用价值、功能价值或者舒适度，而是"注重情感层面的感官体验和心理认同。消费者现在问的不是'你能为我做什么'，而是'你怎样让我开心'"。"社会已从'我要更多的家当'过渡到'我渴望更好的感觉、更加感性、更多信息，我希望吃得更精致、活得更轻松的时代'。"[①] 在这种社会经济环境下，媒体奇观成为发展"娱乐经济"或者"体验经济"最有力的媒介，通过奇观的制造，社会中的各经济部门都能在公众的娱乐消费中获取巨额利润。前面谈到的《超级女声》无疑就是一个最好的例子，正如学者们指出的："《超级女声》以电视选秀节目为起点和中心，众多增值产品、衍生产品相继跟进，环环相扣、相得益彰，从而使得一档选秀电视节目的利润突破了广告的单点模式，形成了多点利益的一条基本完整的传媒产业链。其中，节目制作商、节目品牌运营商、冠名赞助企业、广告代理商、电信运营商、短信增值服务提供商、娱乐包装公司、网络公司之间默契配合、联动运作，与卷入这场互动娱乐节目的'超女'们、各类新闻媒体、

---

① 郑欣等：《平民偶像崇拜》，中国传媒大学出版社 2008 年版，第 265 页。

粉丝以及上亿的普通观众们一起创造了一个市场价值巨大的'超级女声'商业品牌。"① 根据中国社会科学院《2005年度中国文化蓝皮书》的数据,《超级女声》直接创造的经济效益是7.66亿元,间接社会经济效益达20亿元左右。在这场由多种商品生产行业共同策划合作的商业性媒体——社会奇观中,各参与方都能从观众对节目的消费活动中获得巨大的经济效益。

可见,社会商品生产的重点如今已经转变为以消费为推动力的对于符号和奇观的生产,奇观生产的逻辑逐渐取代了商品生产的逻辑。在德波看来,奇观已经取代了商品的地位,成为奇观社会的经济运行的中心。"作为当今物品生产不可缺少的背景,作为制度基本原理的陈述,作为一个直接塑造不断增长的影像客体的发达经济部门,景观(奇观)成为当今社会的主要生产。"②

正如鲍德里亚所说,"原始社会有面具,资产阶级社会有镜子,而我们有影像"③,"看"和"表征"的奇观呈现主导了社会运行的法则,这已经是不争的事实。然而,对于奇观社会所产生的后果,学者们却存在着不同的认识。德波认为,奇观社会的结果是导致人与其真实需求、社会生产与其真实目标之间出现了分离。这种分离的严重程度与宗教幻觉和世俗现实生活之间的分离相类似,或者干脆说奇观"是宗教幻觉的具体重构。……是一种将人类力量放逐到'现世之外',并使人们的内在分离达到顶点的技术样式"④。消费社会中所展现的情况正像费尔巴哈在《基督教的本质》第二版序言中对于宗教社会的本质所进行的诊断:"对于符号胜过实物、副本胜过现实、现象胜过本质的现在这个时代……真理被认为是亵渎神明的,只有幻想才是神圣的。事实上,神圣性正依真理之减少和幻想之增加的程度而增加,所以,最高级的幻想也就是最高级的神圣。"⑤ 由各种媒介呈现的景观/奇观总体究其本性而言都不过是虚拟的影像,但在消费社会中,这些影像已经不再仅仅是一个表征或形象了,它具有了本体论的意义。正是由于它的存在,人们深陷于分离危机之中而不能自拔。景观/奇观不仅仅是一个视觉经验问题,其实质是对人类活动的逃避,是对人类实践的重新考虑和修正的躲避。奇观也是民主对话的反面,哪里有独立的表象,奇观就会在哪里重构自己的法则。奇观逻辑使得人们的消费活动只能处于被动状态,从而丧失了人积极主动的创新意识,妨碍了人们进行创造性活动。

---

① 郑欣等:《平民偶像崇拜》,中国传媒大学出版社2008年版,第277页。
② 〔法〕居伊·德波:《景观社会》,王昭凤译,南京大学出版社2006年版,第5页。
③ 罗岗、顾铮主编:《视觉文化读本》,广西师范大学出版社2003年版,第76页。
④ 〔法〕居伊·德波:《景观社会》,王昭凤译,南京大学出版社2006年版,第7页。
⑤ 同上书,第1页。

然而,在凯尔纳等文化研究学者看来,奇观现象中蕴含的意义远比德波所分析的要更加复杂。从《超级女声》的个案研究中,我们也可以看出,超女粉丝、参赛者、商业联盟、行政管理者和普通公众对于超级女声的意见都是不相同的。商业联盟中的各方只是将这一节目视为文化创意产业的典范,或者媒体营销的成功案例。他们对于节目的兴趣只是在于能不能使得产业资本得到增值,能不能从节目制作和播放环节获得经济回报。而电视台除了需要回报之外,还会将这一节目形式视为电视艺术的平民化革新或者媒体策划营销的成功范例。对于参赛者和"民星"的"粉丝"们来说,节目提供的舞台充分娱乐,展现自我,张扬个性,虽然是被主办方牵着鼻子走,但是他们也有自己的意义生产,毕竟在这个免费的舞台上尽情挥洒要强过花钱去看别人演出。在他们看来,高雅艺术门槛太高,青少年无力支付高昂的票价,而选秀节目门槛很低,大家都可参与,免费观看。那些指责选秀节目毒害青少年的长辈们,应该思考如何降低高雅艺术的门槛,使青少年能有更多的机会接近高雅艺术,而不是一味指责选秀节目毒害青少年。对于行政管理者来说,节目的好处是有利于国家文化创意产业的发展和文化市场的培育,缺点是难以控制其影响,并限制其向低俗化方向坠落……可以说,不同社会背景的人对该文化现象的文化解读都极其不同。因此,很难从整体上对它的性质进行概括,而是应该从不同的角度来理解其中蕴含的复杂文化意义,并从这些具体的分析中演绎出当代社会文化的一些趋势和特征。

不仅如此,我们还必须看到,在网络时代,奇观制造已经不再是权力阶层和财富精英们借以达到自己目的的专利,网络媒体的兴起打破了社会话语权力控制在少数人手里的局面,网民们会就共同关注的问题达成舆论上的一致性,并就同一公共事件开展调查、取证、核实活动。为了达到最佳的舆论效果,网民们往往会自发围绕某一事件制造网络媒体奇观,营造强大的舆论压力,对实际生活中的当事者和事件发展产生影响。例如,在2007年发生的"虎照"事件中,广大网民将这一已经湮没于传统媒体海量信息中的事件突出出来,并自发地在网络上上传照片、提供资料、发表分析言论,在一段时间内形成了一个网络媒体奇观事件。在这一事件中,挺虎派与打虎派针锋相对,激烈的辩论引发全民性的积极参与,一时间这一网络奇观形成了强大的舆论压力,最终促使相关管理部门对案件高度重视,开展专门调查并在掌握证据的基础上进行严肃处理,极大地推动了网络民意对于政府行为的监督。

总之,媒体奇观已经成为我们时代的一大特色,奇观逻辑主宰着社会政治、经济和文化生活的运转,我们的经济基础已经从生产型经济转向了以表象显现为核心的消费型经济,"直接存在的一切全都转化为一个表象"①。与此同时,奇观也因此成了权力、资本和意识形态斗争的战场,各种力量都在这一领域汇聚和较量,并由此演化出我们社会生活的全部形态和内容,无论什么事物,似乎都只有借助奇观化的转化中介才能成为真正存在的东西以及能够影响社会运行的事物。无论是权倾一时的总统和国家元首,还是大红大紫的影视明星,只要缺少了媒体的关注、缺乏了影像的展现,都将很快退出公众视线。如今,奇观不仅主导着消费社会的生产方式,而且决定着技术进步方向,此外,奇观也是组织人和人之间的关系的决定因素。正像德波所说:"奇观是关于其自身统治秩序的不间断的演讲,是永不停止的自我赞美的独白,是其自身生活所有方面集权管理阶段的自画像。""它覆盖世界的整个表面并永恒沐浴在自身的光辉之中。"②

## 核心概念

媒体奇观　图像(影像)叙事　摄影影像的本体论　叙事总谱
奇观意识形态　奇观逻辑

## 思考与讨论

1. 当代社会奇观与媒体之间有什么关系?
2. 当代"奇观话语"(或"奇观家族")主要反映在哪些学术领域?它们之间在概念和理论内涵上有何异同?
3. 电影叙事模式从传统电影到奇观电影发生了怎样的变化?
4. 在《超级女声》这样的媒体奇观中,媒体、商家和超女们各自都有自己不同的诉求,试加以分析。
5. 奇观逻辑与消费社会之间存在怎样的关系?

---

① 〔法〕居伊·德波:《景观社会》,王昭凤译,南京大学出版社2006年版,第12页。
② 同上书,第5—8页。

# 第八讲　新媒体艺术与技术

当代艺术与技术之间的关系非常密切,以至于在考虑当代艺术的观念与形态时,必须关注技术对其产生的影响。在当代艺术领域,依赖科技"增值"的现象屡见不鲜,如依据宋徽宗的《芙蓉锦鸡图》、林椿的《果熟来禽图》改编成的动画《美丽的森林》冲击奥斯卡,依据张择端的《清明上河图》制作的视频在网络上热播。"科技"在其他文化领域中的生产成果也令人咋舌,如新闻界也出现了机器人写稿事件,2015年9月10日,腾讯财经栏目上的文章《8月CPI涨2%创12个月新高》,是名叫Dreamwriter的机器人写的。Dreamwriter是腾讯财经开发的自动化新闻写作机器人,根据算法在第一时间自动生成稿件,瞬时输出分析和研判,一分钟内将重要资讯和解读送达用户。机器人Dreamwriter写作无论内容的精准,还是出手的迅疾,都让业界人士惊讶。如果机器人取代记者的职位成为事实,那么在技术的"倒逼"下,媒体从业者必须改变自己的角色定位。

技术的"倒逼"绝不只发生在新闻界,事实上,电影、绘画、舞蹈、动漫甚至舞台剧,这些艺术类型的制作与传播,现在都已经离不开新媒体技术了,而运用新媒体技术创造与传播艺术也已成为必然趋势。显然,不管之前艺术脱离技术的历程有多艰辛,现如今新媒体技术所向披靡,昂首挺进艺术界,在改变了既有的艺术形态的同时,也改变了既有的艺术观念。

## 一、新媒体艺术的发展

对艺术而言,新媒体技术的出现,绝不仅仅是增加了新的传播渠道那么简单。且不说新媒体技术使当代艺术在全球传播成为可能,也不说新媒体技术使得我们与"老"艺术的互动成为可能,单说那些利用新媒体技术创作的艺术形态,如激光舞、光影画、数字影视、数字音乐、数字游戏等,就迫使我们必须慎重思考新媒体技术与当代艺术形态变化的关联。

## 第八讲　新媒体艺术与技术

### (一) 新媒体艺术的界定

#### 1. 何谓新媒体艺术

新媒体艺术的发展日新月异,因为它还在发展着,所以不能给它明确的界定。通常把创作者利用新媒体技术(包括数字技术、多媒体技术、互联网技术等)制作与传播的艺术品,统称为新媒体艺术,它的主要特征是多媒体性、交互性、沉浸性。常见的新媒体艺术形式有数字影视、数字音乐、数字游戏、各类虚拟展演等。新媒体艺术的制作与传播都依赖技术,因此,技术在很大程度上已经成为这些新媒体艺术的"硬件"组成部分,而数字化将成为未来新媒体艺术的发展趋势。

其实,艺术(art)这个词最初是用来描述手工技术品的,据雷蒙·威廉斯考察,"自从17世纪末,art(艺术)专门意指之前不被认为是艺术领域的绘画、素描、雕刻与雕塑的用法越来越常见,但一直到19世纪,这种用法才被确立,且一直延续至今"[①]。这就是说,19世纪之后,"美的艺术"的观念才确立,同时"美的艺术"成为"艺术"的核心内涵。20世纪初,现代艺术史之父沃尔夫林主张艺术史就是"美的艺术"(非实用的艺术)的历史,并认为在艺术中存在着一个抽象的"纯艺术"(视觉形式)发展的历史,艺术的"每一个形式都将继续存在并产生着新的形式,而且每一种风格都呼唤着一种新的风格"[②]。像连环画、漫画、摄影、广告、电影以及各类装饰工艺,这种实用性、技术性较强的艺术形式,都不被纳入艺术史的体系。

20世纪80年代,"艺术终结论"终结了过去那种线性的、形式主义的艺术史观念,认可了艺术与自然、人的生活、人的生存之间的种种关联。此外,摄影、广告、电影等都已被纳入当代艺术领域了,当然,这与电子技术、互联网技术改变了艺术的生态环境是分不开的。电子技术、互联网技术几乎彻底摧毁了传统艺术赖以立足的基础,即在手工创作基础上形成的艺术传统。

#### 2. 新媒体艺术产生的背景

从时间节点上看,新媒体艺术的发展与计算机技术带来的信息革命几乎同步。可以说,正是计算机信息技术的革命推动了艺术形态的变革,催生了新媒体艺术的出现。现在,艺术与技术融合的时代已经来临,技术已成为新媒体艺术产生的"硬件",特别是当数字技术出现之后,"艺术家们能够毫不费力地复活整合

---

[①] 〔英〕雷蒙·威廉斯:《关键词:文化与社会的词汇》,刘建基译,生活·读书·新知三联书店2005年版,第18页。

[②] 〔瑞士〕沃尔夫林:《美术史的基本概念——后期艺术中的风格发展问题》,潘耀昌译,北京大学出版社2011年版,第288页。

后的图像、过滤器和颜色,无摩擦、无重力的计算机内存空间,赋予它们以从未想象过的形象和创作上的自由"[①]。可以说,世界文化和艺术走向数字化的趋势已经不可逆转,而且数字摄影、数字电影、数字音乐、虚拟数字展演等,都有优秀的艺术家及艺术作品问世。另外,从艺术传播的角度看,新媒体(这里的新媒体是指互联网、移动媒体等,"新"是相对于报纸、杂志、广播、电视等传统媒体而言的)也已成为观众接受艺术最常用的方式。新媒体使观众由过去的被动接受者,变成了主动的参与者。在新媒体艺术接受中,观众不仅是体验与建构作品的主体,同时也是与作品能进行适时交互的主体。

此外,视觉文化的流行也是推动新媒体艺术繁荣的动力。美国学者托马斯·米歇尔发现,20世纪后半叶,"图像转向"在人文科学与文化公共领域全面发生,以读、写为主的言说方式被以视、听为主的言说方式所取代。人类的确已被"图像"合围,尤其是那些来自互联网、手机、影视传媒、街头的LED显示屏中的各色图像。在人们通过互联网、移动终端、数字媒体等接触到的艺术品中,各种视频影像的比例明显居高,这也说明大众的艺术需求,多通过视频影像获得满足。同理,这些采用"图像"叙事的作品,也参与塑造大众的审美趣味并影响大众的读图习惯。而这几年正处于研发阶段的3D全息投影技术,还有望将来把图像直接投射到人的视网膜上。试想一下,电影中的世界真实地出现在人的面前,人就像在现场一样,再不用通过屏幕来观看了!读屏时代消失,无屏幕时代来临!如果这种全息影像将来能实现,那么虚拟世界就有了更强烈的现实感。

总之,伴随着计算机数字技术与互联网技术的发展,艺术的制作方式、传播方式、接受方式都有了变化,这归根究底是媒体技术的变化所致。显然,只有结合媒体技术的发展,才能理解当代艺术的变化。

### (二) 艺术史与技术史

1. 手工技术制作的艺术

人类早期的艺术品与手工艺品之间并没有清晰的界限。今天陈列在博物馆或美术馆中的大多数早期艺术品见证着生产技术的发展与变革。那些艺术品最初的功能并不是"审美鉴赏",而是发挥其他的文化功能,诸如教育、政治、道德、宗教等。就像殷商时期的青铜器具,是在青铜冶炼技术的基础上形成的,而且它们大多数是礼器,主要为祭祀服务。同理,器具上绘制的图案也承载着礼文化的意义。再往前追溯,我们今天奉为原始艺术的那些玉制品、陶器制品,也承载着

---

[①] 转引自:〔美〕迈克尔·拉什:《新媒体艺术》,俞青译,上海人民美术出版社2015年版,第180页。

一定的文化意义。在北京周口店发现的山顶洞人遗址中,那些装饰身体用的兽骨、兽牙、蚌壳、石珠、石坠等,是当时磨制、穿孔、对钻技术发展的产物,佩戴这些装饰品,是贵族身份的一种标志。

英国艺术史家贡布里希也认为,艺术的进步,有时候是一种技术的进步。当他谈到模仿艺术时曾经这样概括:"在古代,借助艺术征服幻觉,是不可避免地以模仿或模拟为中心论题的有关绘画、雕塑的讨论取得的新成就,甚至可以说,对古代世界而言艺术走向其目标的进步,就是今人所谓技巧的进步,此即是进步的评价模式。所以普利尼把绘画和雕塑的历史当成发明史来讲……"[①]看来,东西方艺术在这方面都差不多,它最早的成就是随着手工技术的发展而形成的。而且,艺术最早的功能也不是为艺术而艺术的,而是承载着早期人类更现实的意图。就像青铜艺术,它被用来作为祭祀中沟通人与神、人与鬼、人与人之间的媒介。即便是青铜器中的食器,也多是礼器,在神圣的祭祀仪式中,奉上最先进的青铜冶炼技术产品,更能表现出祭祀者的诚意、财富与力量。

2. 艺术与手工技术的分离

人类有意识地在艺术与手工技术之间划出界线,是人类审美意识自觉的结果。这绝不是说,自此之后,艺术的创作再不用手工技术了。而是强调,职业艺术家创作的艺术品跟手工制作的产品之间应有所区别,而且艺术品的原创性应高于手工制作的产品。在理论上系统探讨这一问题的是 18 世纪德国哲学家康德,他围绕审美判断何以可能这一问题,对艺术品与手工艺品进行了对比分析。康德规定了审美艺术的无目的性、无功利性,而且把手工艺品与艺术品进行了比较,认为手工艺品除了有实用的功利性之外,还往往是类型化、缺乏独创性的匠人之作。康德之后,纯艺术的呼声更高了。"为艺术而艺术"一派,追求艺术活动的自觉、自主,并在艺术与经济、政治、宗教以及其他文化活动之间划定界限。围绕纯艺术观念发展起的艺术流派、艺术运动,把艺术创作推向了唯美的极致。与此相应的审美理论体系,把艺术的形式、风格、情感、创作者的天才、灵感等都纳入了艺术阐释。

由于纯艺术的观念趋向于退回自身,以自身为媒介,规避了众多其他的问题。20 世纪的先锋艺术对这种观念进行了审视与批判。虽然先锋艺术家强调艺术介入生活,但是他们并不看好美国艺术批评家艺术与现代工业和电子媒体的结盟,也反对以任何商业的意图介入艺术活动。格林伯格把流行的、商业的艺

---

① 〔英〕冈布里奇:《艺术与幻觉——绘画再现的心理研究》,周彦译,湖南人民出版社 1987 年版,第三版序言,第 10 页。

术包括电影,称为庸俗艺术。他认为:"庸俗艺术以庸俗化和学院化了的真正文化的模拟物为原料,大肆欢迎并培育这种麻木,这正是它的利润的来源。庸俗艺术是机械的,可以根据公式操作。……庸俗艺术是我们时代的生活中一切虚伪之物的缩影。除了钱,庸俗艺术宣称它不会向其消费者索取任何东西,甚至不需要他们的时间。"① 媒介环境学派的学者尼尔·波兹曼也对文化艺术受技术控制的现状进行了批判,他在《技术垄断:文化向技术投降》一书中,曾用"技术垄断"形容媒介生态对文化艺术的影响,他认为当技术被神化以后,人类的文化存在方式、思想存在方式都被技术所垄断,文化要在技术中寻求认可和满足,并且听命于技术。虽然学界对艺术与工业技术和电子媒体的结盟,做出了颇为严厉的批判,但还是无法阻挡技术对艺术和人类文化的控制,特别是当数字技术、互联网技术出现之后。

3. 科技宰制艺术

在当代艺术中,技术宰制艺术已经成为事实。"宰制"的意思是就是控制、操控。这里用宰制描述新媒体艺术对技术的依附,以及计算机数字技术、互联网技术对新媒体艺术的控制。

艺术与技术之间从分离到融合,产生于19世纪40年代诞生的摄影,以及20世纪早期迅速崛起的电影中。这是摄影技术、机械技术、电子媒体技术运用到艺术中的结果。早期代表性的媒体艺术品有麦布里奇的摄影作品,爱迪生、卢米埃尔兄弟的电影,梅里美、爱森斯坦等的电影。在理论上,对技术介入艺术最早表示赞赏的是未来主义者,他们看好机械技术、电子媒体技术的潜力,并对艺术利用技术拓展的新路径充满期待。未来主义者认为,近代的科技与机械工业改变了人们的生活方式,与此相应人类的精神生活也应随之改变。当科技改变了人的生活环境时,人类的时空观念发生了变化,过去的文化没有价值了,与此相应人的美学观念也应发生改变。未来主义者致力于表现现代机器的活力,他们用颤动的线条、块面创造出动力运动的效果,营造画面内部的张力。他们自认为探索的这条路径,是现代艺术脱困的方式。

现代艺术与技术的融合,很快就产生了广泛的影响力,尤其是庞大的受众群让其前景变得更明朗。德国哲学家、社会批评家沃尔特·本雅明在他的文章《机械复制时代的艺术作品》中就表明了他对大众艺术的积极认可,在本雅明看来,机械时代的艺术,如摄影带来了更新的、更民主的艺术形式。机械大规模复制的艺术品能为更多人提供艺术感知的机会,这就能提高普通民众的感知水平,最终

---

① 〔美〕克莱门特·格林伯格:《艺术与文化》,沈语冰译,广西师范大学出版社2009年版,第9页。

解放人的艺术感知。"他还主张:艺术应该通过对技术媒体的运用,来克服手工制造的原作的品质局限,由此抵达新的观众,并社会性地动员这些观众。本雅明的这些基本思想在1960年被马歇尔·麦克卢汉及汉斯·恩岑斯贝格尔的媒体理论论文所传播并被重新激活,大大影响了媒体艺术的发展。它们是录像艺术、实验电影和声音艺术的先驱年代里的主旋律。"①

不管是未来主义者还是本雅明,他们都对现代技术抱有期待,希望现代技术能让艺术活动变得公平、民主,给更多普通大众提供艺术接受的机会。他们的鼓励最终成为录像艺术、影视艺术先驱者的理论支撑。

20世纪末,以计算机为基础的数字技术、多媒体技术、互联网技术迅速发展并被广泛运用到艺术领域中。艺术的交互性成为新理念,技术创新、材料创新、媒体创新成为实验艺术的宗旨。当下流行的各种虚拟展演、灯光秀、数字影视、数字音乐等都以技术制胜,也就是说,当新媒体已经成为艺术家手中创新的工具时,技术已经在某种程度上控制了艺术。正因此,当代新媒体艺术有时被批因太过依赖媒体技术而思想浅薄、矫揉造作。

## 二、新媒体艺术观念

### (一) 虚拟现实(Virtual Reality, VR)

艺术与生活之间存在着复杂的关系。从界限清晰到模糊,甚至混同不可分,象征着艺术史发展的几个进程。② 目前流行的虚拟现实技术、增强现实技术、混合现实技术,是制造虚拟现实最前卫的技能。利用这些技术,新媒体艺术能营造"真实的"情境,像雪山之巅、浩渺宇宙等,当人面对这些虚拟情境时,凭借必要的硬件设备,像VR眼镜、VR头盔等,会产生身临其境的幻觉。

1. 虚拟现实的出现与发展

虚拟现实是指以计算机技术为核心构建的高度仿真的虚拟环境,虚拟环境带给人视觉、听觉、触觉等方面的体验都极其接近真实环境的体验,受众凭借必要的设备,如VR头盔(代表性的有Oculus公司生产的虚拟现实头盔Oculus Rift)、VR眼镜或其他操作设备,可以与虚拟环境中的对象进行实时交互。据说,早在20世纪60年代,计算机图形学方面的研究者已经开始设想制造一种能

---

① 〔德〕鲁道夫·弗里林、迪特尔·丹尼尔斯编:《媒体艺术网络》,潘自意、陈韵译,上海世纪出版集团、上海人民出版社2014年版,第8页。

② 大致可以分为再现艺术、表现艺术、象征艺术、虚拟艺术等几个阶段。

让观众沉浸其中的虚拟环境,这种虚拟环境由计算机控制,受众置身其中就如同设身处地处于日常生活中的真实世界,同时,受众还能感知与操纵虚拟现实中的对象。20世纪80年代,美国军方和国防部实施了虚拟现实技术的研究与运用工作,据说:"美国军方有成千上万的研究人员在高度真实的虚拟现实模拟环境中进行工作。"[①]20世纪90年代以后,随着计算机图形技术、计算机仿真技术、传感技术、显示技术、计算机网络与通信技术等的高速发展,以及航天、军事、建筑等领域对虚拟现实技术的需求,虚拟现实技术得以快速发展。在1994年,布尔代亚(Burdea)等出版了《虚拟现实技术》(*Virtual Reality Technology*),在书中他用3I(immersion,interaction,imagination)概括了VR的基本特征[②],即沉浸性、交互性与想象性。

虚拟现实技术的需求一直都非常旺盛,医学、航空、天文学、军事、工业生产、楼宇规划、影视娱乐以及各种虚拟展演等都在不同程度地使用虚拟现实技术,而影视娱乐业最早把虚拟现实推向大众市场。一些前卫的艺术家和艺术机构也积极利用并研究虚拟现实技术,他们"参与研究虚拟空间和遥在模式的交互及界面等形式,这些机构正在为互联网的未来——一个带领人们走向具有深度沉浸感的幻想空间的网络——而不懈努力"[③]。其实,早在1995年,加拿大艺术家夏洛特·戴维斯(Charlotte Davies)设计了《渗透》(*Osmose*),这部作品利用虚拟现实技术营造了一个可让人沉浸其中的交互式数字空间,配套装置有头盔显示器、三维计算机图形、可交互的声音、带有黑色屏幕的观众席。体验者身处这个空间,就能看到屏幕上变化的三维图像世界,而且图像的变化跟体验者对它的操作有关。在整个交互过程中,体验者的感官被声音、图像驱动,会产生与虚拟现实相应的幻觉体验,包括恐惧、紧张、愉悦等。尽管《渗透》的制作被批评略显粗糙,但是它在虚拟现实艺术发展中起到了奠基作用。由于虚拟现实艺术的本质是营造真实的幻觉氛围,因此它必然拒绝反思、拒绝距离,是沉浸的。

2. 虚拟现实的媒介批判

影视娱乐业最早消费了虚拟现实技术。数字影视、3D投影、3D环绕立体声、大型电子游戏、数字博物馆、各类虚拟展演等都是为大众定制的虚拟现实消费品。这类产品的卖点就是虚拟现实技术,这些能让人们大开眼界的技术有相当不错的商业前景。如2010年的影片《阿凡达》,全球票房竟高达27亿美元。

---

[①] 〔德〕奥利弗·格劳:《虚拟艺术》,陈玲主译,清华大学出版社2007年版,第128页。
[②] 赵沁平:《虚拟现实综述》,载《中国科学》2009年第1期,第1页。
[③] 〔德〕奥利弗·格劳:《虚拟艺术》,陈玲主译,清华大学出版社2007年版,第129页。

在当时,这部影片带给观众的视听体验是前所未有的,影片利用虚拟现实技术制作了美丽梦幻的潘多拉星球,观众在影院里,戴上 3D 眼镜,就仿佛置身于巨树林立、群山漂浮、雨林茂密的神奇环境中,置身于纳美族人那个斑斓的星球。《阿凡达》最具里程碑意义的就是运用 CG 技术,把真人表演与虚拟场景无缝对接在一起,使影片呈现出高度拟真的效果。

　　是否够逼真是衡量新媒体艺术视觉效果的标准之一。在这里,逼真并不是从艺术对现实的再现或模仿来谈的,而是就其能否让人产生沉浸其中的幻觉而言的。因为虚拟现实与实体世界之间是没有必然关联的,虚拟现实是完全由技术制造的图像现实或影像现实,像《阿凡达》中的潘多拉星球。尽管观众都知道宇宙中没有潘多拉星球,但是当它"逼真"地呈现在大荧幕时,还是能俘获全球观众。

　　对于虚拟现实的思考,法国学者让·鲍德里亚的观点值得借鉴。早在 20 世纪 70 年代,让·鲍德里亚就用"仿真"描述后现代的"社会现实",他宣称人类进入了仿真的时代,"在仿真的'超现实'中,形象、景观和符号的作用代替了生产和阶级冲突的逻辑,而成为当代社会的主要组成部分"[①]。鲍德里亚认为现代社会那种围绕商品的生产与消费逻辑进行的政治经济生产,已经发生了转向,这种转向也是后现代社会同现代社会断裂的所在。后现代社会是"围绕着仿真以及形象与符号的运用组织起来的,这标志着一种情况,在这种情况下,编码、模型和符号成为由仿真控制的新社会秩序的组织原则。……政治、经济、社会生活和文化都受到了仿真的逻辑的控制,而编码和模型决定了商品是如何被消费和使用的,政治是如何被解释的,文化是如何生产并被消费的,以及日常生活是如何度过的"[②]。由于"仿真"的"超现实"性,因此,它们能塑造并控制着个体的观念和行为。同理,对于个体来说,他们在仿真的世界中体验着快感、狂热与激情,必然减弱同现实之间的联系。而当现实世界被仿真世界替代,符号过去指称外部世界的意义也不复存在,因此,符号的能指完全脱离了现实,指向了一个虚幻的仿真世界。如此一来,现实世界已经被取代,想要揭示现实世界也变得不再可能。最终,过去那种社会的、政治的、宗教的甚至艺术的概念看起来已经没有意义了(波德里亚用"内爆"来形容社会政治、宗教、文化、艺术之间边界与差异的消失)。"身处在一个仿真的世界,'大众','沉默的大多数',都被沉浸在没有信息和意义

---

[①] 〔美〕道格拉斯·凯尔纳编:《波德里亚:批判性的读本》,陈维振等译,江苏人民出版社 2005 年版,第 10 页。

[②] 同上书,第 11 页。

的媒介信息之中,沉浸在这样一个大众时代,阶级消失了,政治死亡了,同化、解放和进化的宏伟梦想也随之灭亡了。鲍德里亚声称,因此大众寻求的不是意义,而是景观。"①

鲍德里亚从媒介批判的角度,把媒介描述成生产与复制影像、符号等仿真"超现实"的机器。屏幕中的仿真世界取代了真实的生活世界,影像符号与意义之间的界限内爆了,影像与现实之间的界限内爆了,媒介与大众之间的界限内爆了。因此,影像并不为大众提供任何实际生活的信息,大众也不再反馈信息,而变成了冷漠、惰性的"沉默的大多数"。鲍德里亚深刻地批判了资本主义通过媒介掩盖现实,并对大众进行控制与塑造的事实。

鲍德里亚的批判对思考新媒体艺术是有启发的。虚拟现实技术的目标就是控制观众的幻觉,让其感受"真实",不去区分虚拟现实与物理现实。从二维成像到三维成像、再到360度全息投影,媒体技术在虚拟现实方面,不断突破过去的局限,走向"更加真实"的未来。就像德国学者奥利弗·格劳所言:"即使六岁的孩子也能够分辨现实和'虚拟世界',然而在西方艺术和媒介史中,有一个趋势:即通过最新的成像技术,来模糊、否定或消除二者之间的差异。"②对观众来说,旧的技术已经过时,新技术的魔力才值得膜拜与消费,至于作品与现实之间的反思距离及其应有的社会文化意义,都被技术掩盖了!

(二) 沉浸

1. 沉浸的概念与沉浸艺术的历史

沉浸,是指精神的全神贯注,即从一种精神状态到另一种精神状态的发展、变化和过渡过程。其特点是减少与被展示物体的审视距离,而增加对当前事件的情感投入。③ 沉浸用在艺术活动中,特指艺术体验时的一种状态,即观众面对艺术品时,全神贯注于作品中的世界,产生身临其境的幻觉,并由此获得情感的愉悦和满足。

沉浸艺术拥有漫长的历史,迄今为止,幸存下来最早的作品是罗马庞贝城米斯特里别墅5号房间的壁画,5号房间墙面的背景是360度全景写实图像,墙上"镶嵌着29个高度写实的、真人大小的画像,聚焦在5米×7米大的oecus上。这幅壮观的绘画几乎占据了观众的全部视野。……来到这个房间的参观者被集

---

① 〔美〕道格拉斯·凯尔纳编:《波德里亚:批判性的读本》,陈维振等译,江苏人民出版社2005年版,第13页。
② 〔德〕奥利弗·格劳:《虚拟艺术》,陈玲主译,清华大学出版社2007年版,第12页。
③ 同上书,第9页。

时间和空间于一体的360度视线所包围。总体的效果是为了消除观众和图像之间的障碍。具体的做法是利用幻觉技法使观众获得全方位的感官体验"[①]。所谓幻觉技法,就是吸引参观者进入虚拟空间的方式,最早的幻觉技法就是制作360度全景写实图像,使观者产生身临其境之感。

文艺复兴时期,意大利艺术家布鲁内莱斯发明的透视法,革新了幻觉技法。利用透视法作画,画面的立体感能产生更逼真的视觉效果。如马萨乔的"三位一体"(1425—1428),作品中人像大小的比例以及空间安排,都符合透视原理。画中耶稣被钉在十字架上,圣母、圣约翰在十字架下,供养人跪在外面,画面空间错落有致,有极强的立体感。可以想象,当时人们在教堂中初见这幅画时,会恍惚觉得耶稣就在那里,当然他们事后也必定为自己产生的错觉而困惑,继而为画作赞叹。

沉浸艺术中有大量的宗教题材作品。这类作品能制造幻觉,进而辅助教会控制教民。据说在16世纪天主教的宗教改革运动中,"虚像和沉浸图像空间有强大的暗示力量,它们不仅被运用于政治领域,还作为一种视觉传播工具被教会用来增强其影响力……当时,意大利北部建立起一堵模拟圣经中圣地的形象墙(圣山),通过建立如梦似真的透视图状模拟物让成千上万的朝圣者每天都能沉浸其中,顶礼膜拜"[②]。那些全景布局的环形壁画,四周围在一起,形成了一个封闭空间。置身在这个封闭空间中的人们,会对环形壁画产生幻想,而与外在的物理现实暂时隔绝。宗教活动、战时的宣传正是利用沉浸艺术的这个功能,传播思想,控制人们。当然,有些时候沉浸体验来自观者自身的积极进入,他们主动放弃反思虚拟世界与现实世界的差异。

由于欣赏习惯与认识能力的变化,当代人很难理解过去人们对静态视觉艺术的沉浸体验。不过,说起电影、虚拟展演、各种虚拟体验馆的沉浸式体验,人们必定是不陌生的。电影的沉浸历史正是随着影视技术的发展而变化的。从二维投影到三维投影,就是一场革命。最初坐在大荧幕前的观众,看到3D影片中扑面而来的影像时会惊恐躲闪就证实了这点。3D电影的三维动态画面,配上立体声音效渲染,更容易让观众沉浸其中。《阿凡达》就是这方面很好的范例,影片出色地利用了3D技术制造了纳美族人生活的潘多拉星球,正因此它成为票房神话。当然,这部影片在某种程度上推动了影视制作的技术化变革。相比较,传统

---

① 〔德〕奥利弗·格劳:《虚拟艺术》,陈玲主译,清华大学出版社2007年版,第18页。
② 〔德〕鲁道夫·弗里林、迪特尔·丹尼尔斯编:《媒体艺术网络》,潘自意、陈韵译,上海世纪出版集团、上海人民出版社2014年版,第171页。

的 2D 影片,其与观众的物理和心理距离似乎都变大了。也就是说,技术的变革会影响沉浸式体验的效果。当观众体验过 360 度全息动态虚拟影像之后,再去观看二维静态透视画,即使作品的写实手法效果再好,画框与现实的边界似乎都横梗在观者面前,阻碍其沉浸体验。

2. 新媒体艺术的沉浸

近几年的新媒体艺术策展,多数主打"沉浸性""交互性"的主题,把新媒体技术作为艺术创意的生长点。数字模拟声学技术、4K 超高分辨率投影技术、3D 全息投影技术、3D 环绕立体声技术、3D 立体照明技术、浸入式多面穹顶等科技成果已悉数亮相各类新媒体艺术展览中。如中国美术馆举办的"国际新媒体艺术展",展馆仿佛科技馆,引入了传感器、LED 显示屏、VR 头盔等最新科技产品,而展品多以"未来""艺术""科技""社会"来命名,表现艺术家们对技术的把控以及对未来世界的理解。

新媒体艺术家通常把有形的装置与无形的科技作为艺术语言,创作沉浸性的虚拟场景。这与早在古罗马的庞贝城发现的早期沉浸艺术所运用的艺术语言、叙事方式是完全不同的。如邵志飞(Jeffrey Shaw)的《易读的城市(1988—1991)》在 ZKM(德国西南部卡尔斯鲁厄互动艺术博物馆)展映。《易读的城市》

《易读的城市》(1988—1991)

是由立体字母形成的影像城市,城市街道两侧是不断变换的立体字母影像。展览现场为参观者提供自行车,当人们骑着自行车穿行于城市街道时,街道两侧的影像会向人们叙述城市的历史。而自行车手把上的城市地图,还会给参观提供适时的空间定位。这里城市的历史时空通过动态的文字、建筑等影像生成。这些动态的三维影像很容易让人产生置身其中的错觉,当然这种错觉是适时的,也是瞬间的,它会随着影像的消失而消逝。显然,《易读的城市》带给观众的是一次感官旅行,它并不承载宏大的历史叙事。

可见,新媒体艺术的"沉浸性"是感官性、适时性与瞬间性的。对观众来说,这种沉浸是被迫的,也是容易的。在声、光、电的动态演绎中,有"错位"感的虚拟时空会自动生成。而当影像消失时,感官刺激不复存在,虚拟时空也瞬间坍塌。而传统绘画的体验就不同了,它的沉浸是以理解为基础的。换句话说,如果我们想要沉浸于环形壁画中时,必须从心理上认同作品,并积极调动情感、想象,进入作品描绘的世界。当然,如果我们不具备作品的背景知识以及对作品的认知能力,那么沉浸体验就不可能发生。如果要求15世纪的中国人参观15世纪意大利文艺复兴时期教堂的天顶画,那么中国观众便不能理解画作的宗教意义,沉浸体验不会发生,相反,那时的意大利人却对教堂的天顶画顶礼膜拜。

技术无国界,而人类的感官又具有共通性的特点,因此,新媒体艺术会的沉浸性是跨文化、跨地域的,就像一些好莱坞3D影片能赚取全球票房一样。所以,增强虚拟现实、强化沉浸式幻觉体验必然是新媒体艺术未来的发展趋向。其实,目前多数实验剧场、数字展览馆、虚拟展演是娱乐大众的,有很强的商业性。它们把新媒体技术与艺术一起打包出售给消费者,消费者通过付费消费技术与艺术。像大型情境体验剧《又见平遥》(2013年年初公演)就是一个利用新媒体艺术的沉浸性打造的文化旅游类项目,沉浸式情景体验就是它的卖点。这个项目的设计与传统舞台剧不同,剧场没有舞台与观众席,也没有传统剧院的统一入口,观众可以从不同的门进入剧场,直接融入演出的情境。剧场被分割成不同的主题空间,每个空间都在模拟真实的古城平遥,观众需要花费90分钟步行穿过这些空间,边走边观看表演者演绎古老平遥的故事。这种游走式的参与很容易让人产生身临其境的幻觉,仿佛穿越到了一百年前清末的平遥城,漫无目的地走过镖局、赵家大院、街市、南门广场……亲历了平遥城票号东家赵易硕抵尽家产,从沙俄保回了分号王掌柜的血脉的故事。沉浸其中的参与者,会觉得平遥城内这些故事仿佛就发生在身边,感人至深、催人泪下。为了达到真实的效果,项目的主创技术团队采用移动扩音箱构建了移动式的多声道效果,营造了古城大街空灵的氛围;在南门广场区域,多声道扩声系统与裸眼3D技术为观众呈现了失去生命的魂魄与现代人的情感交流;"镖师死浴"的一幕则采用强光束灯突出了镖师们上路前的豪迈与柔情;"面秀"环节更是采用了裸眼 3D 和多声道系统,来带动观众的情绪。① 在声、光、电营造的氛围中,这种室内多场景沉浸式行进表演方式,很容易让参与其中的观众产生真实的情景体验。这部戏已经上演了 2000 多场,有很不错的商业前景。今后类似的沉浸式情景体验剧,会成为文化旅游发展的一个方向。

未来几年,媒介"隐形"可能会成为事实,屏幕可能会消失,无屏幕时代会来临。一位德国学者谈道:"在艺术和媒体史上,虽然媒体技术不断变化,但是 360 度图像的理念是始终不变的主题。在其发展过程中,360 度图像的主要特征包括两个方面:一个是多个大幅面沉浸空间的交互影响,它与参与者的物理存在空间完全融合(包括覆盖 360 度壁画的房间、全景画、立体感幻灯机、立体电影、IMAX 电影和诸如 CAVE 这样的现代数码艺术沉浸方式);二是直接放置在眼前的装置(西洋镜、立体镜、立体电视、传感影院和最近的 HMD)……当艺术作品和先进图像装置、当信息和媒介都聚合成一个几乎不可分割的整体时,沉浸的核心现象产生了——媒介成为隐形。"②

据说美国的 Magic Leap 公司正在研发裸眼 3D 技术,该技术的目标就是把图像直接投射到人的眼睛或视网膜,这种技术也被称为增强现实技术。图像直接被投射到人的眼睛或视网膜,睁开眼睛,就能看到虚拟的立体图像。试想一下,天气预报在空中显示,生物课上需要分析的动植物就摆在孩子们的面前。再试想一下,一场音乐会在观众的面前演出,或者是一场篮球比赛,球员们就在观众面前传球、投篮。如果 3D 全息投影真的在生活中无处不在,那么媒介"隐形"之后,虚拟现实就成为人们能真切感受到的现实。而且,人与虚拟现实之间的交互也将成为最寻常的活动方式。

## (三) 交互

### 1. 交互的概念及发展

交互(interactive),即互动、彼此的意思。在计算机中,交互用来形容计算机具有的一种执行指令的功能。最早的人机交互是指人通过鼠标、键盘发出指令,计算机执行指令并把结果反馈给使用者的过程。随着智能计算机的出现,人与

---

① 参见 http://www.leafun.com/cn。
② 〔德〕鲁道夫·弗里林、迪特尔·丹尼尔斯编:《媒体艺术网络》,潘自意、陈韵译,上海世纪出版集团、上海人民出版社 2014 年版,第 175 页。

机器、机器与机器、人与人之间的交互更为便捷了。特别是有了互联网以后，地域的界限消失了，适时交互变成了现实。

从技术的层面看，计算机、互联网的性能还在开发之中。信息技术发展的新形态，如物联网、云计算、大数据等等，都在强化相关产业的交互性能，进而提升经济效益。从互联网到互联网＋，就是提倡互联网信息技术带动其他产业发展，如金融、医药、农业、教育、艺术、电子游戏等，增强其产品的生产、经营、创新能力。在互联网"连接一切"的基础上，用户之间，用户与产品、生产商之间，用户与生产商之间，甚至产品与产品之间都能适时交互，这就为用户、产品、生产商之间创立了数据交流平台。信息技术对数据的开发与使用，改变了人类的生产、工作与生活方式，航空、天文、医学、航海、军事、工业生产等，都借助人工智能发展交互性进而提升行业性能。比如，在军事演练中，战士们通过交互界面中的指令，利用手中的鼠标、键盘或者其他操作装置，能进行虚拟作战，美国军方很早就用这种方式操练士兵。此外，即便真实的战争也需通过与智能设备的交互来完成，而且未来人类只会更加依赖智能机器。

从媒体发展的角度看，纸媒、广播、电视等传统媒体是单向传播，面向受众发布信息，受众只能被动接受信息，无法形成交互。互联网产生后，计算机或手机、平板等手持终端，都成为双向的信息传播平台，大众既能利用其接收信息，也能利用其发布信息。而且传统媒体也正与新媒体进行融合，通过融合，各种媒体之间进行资源的整合与共享，同时利用自媒体，形成所有人向所有人传播的格局，推动传播向民主化与大众化发展。显然，适时交互、鼓励大众参与传播已经改变了过去的媒介生态环境。而让大众成为传播的主体，是适应当前媒介生态环境的方式，当然，这也是新媒体艺术适应当前媒介生态环境的方式。

2. 艺术的交互史与新媒体艺术的交互性

艺术的交互史应该从观众参与艺术创作过程、完成艺术活动说起。这里包括两种类型的交互艺术，第一种类型是以颠覆"创作者中心"为理念的后现代交互艺术，第二种类型是在互联网以及新媒体交互技术产生之后，以凸显交互技术为主的交互艺术。

就第一种类型而言，一个主动参与艺术活动的观众，会把艺术品理解为开放式作品，并去补充空白，丰富其意义。德国哲学家伽达默尔的阐释学理论就秉持这样的理念，伽达默尔认为阐释者是文本意义的建构者。受伽达默尔影响，伊瑟尔、姚斯等接受美学学者认为文本是一个召唤结构，文本的最终完成需要读者的丰富与补充。而就在伽达默尔写作《真理与方法》的那个时期，偶发艺术与激浪艺术，就提倡观众参与艺术创作过程，它们是最早的交互艺术形式。德国学者因克·阿恩斯说:"1950 至 1960 年代,与偶发艺术和激浪派运动相关的约翰·凯奇、艾伦·卡普罗、乔治·布莱希特等艺术家迈出了通往主动参与和交互的第一步。"①他分析了约翰·凯奇的两部音乐作品《4 分 33 秒》和《想象风暴 4 号》,这是两部"开放式的绝佳作品"。《4 分 33 秒》就是演出开始后,台上 4 分 33 秒寂静无声,但是在这个过程中,剧场的观众、其他声源的各种噪音形成了 4 分 33 秒的完整效果,正是作品的静默,成就了观众的创造性接受行为。偶发艺术与激浪派让观众变成了参与者,缩短了观众与艺术品之间的距离,促进了观众与艺术品之间的交互。偶发艺术、激浪派以及之后兴起的行为艺术把观众作为参与者拉入艺术创作过程,这是对以"创作者为中心"的艺术观念的颠覆,也正因此,它们被划入了后现代主义艺术中。

　　第二种类型的交互艺术是在交互技术的支持下形成的艺术理念。从 20 世纪 70 年代远程通信和卫星项目到 90 年代互联网的兴起,开放性和参与性就是实验艺术项目的目标,这类实验艺术项目就是后来交互艺术的先驱。20 世纪 80 年代末,"彼得·魏贝尔撰文强调了'交互艺术'的概念,他认为艺术家们的作品可以(据此)被划分为两类:一类是使用收音机这一(旧)媒体创作而成的作品,另一类则是'已经与远程信息处理技术相联系并拥有新艺术身份'的作品"②。后一类作品使用远程通信技术(包括使用电话同电视、广播等进行的交互)为参与者提供交互条件。彼得·魏尔贝是从传播方式的角度界定"交互艺术"的。有了互联网以后,人类与网络艺术能零距离交流,互联网为彼得·魏尔贝强调的交互艺术提供了更加便捷的条件。

　　此外,20 世纪八九十年代以后,基于"交互式"设计的理念被运用到多种行业的产品生产中,其中包括媒体、艺术、文学、网游等。这一时期出现的新媒体艺术,通过交互式界面为观众与艺术品之间建立联系,重在调动参观者的视、听、触、嗅等感官参与作品。2008 年中国美术馆主办了"合成时代:媒体中国 2008——国际新媒体艺术展",展览中的一些作品需要观众通过震动的声效、"闻墙"的嗅觉效应、感光留影的触觉效应与其交互。观众的震动、"闻墙"等也是一种游戏行为,他的震惊与快感更多是来自对技术的体验。

　　艺术与技术的双重魔力,使新媒体艺术有不错的商业前景。像基于交互式理念设计的新媒体艺术品,有相当大一部分作品被用于商业活动中。比如大都

---

① 〔德〕鲁道夫·弗里林、迪特尔·丹尼尔斯编:《媒体艺术网络》,潘自意、陈韵译,上海世纪出版集团、上海人民出版社 2014 年版,第 175 页。
② 同上书,第 208 页。

市的墙幕、地幕,这些用于广告宣传的黄金地带,也开始投放交互式广告。这些交互式广告游戏性很强,需要人们利用手机扫描二维码,按照游戏规则参与完成。这种广告兼具游戏性、艺术性、技术性与商业性,参与者的快感是多重的。当然,把产品信息植入消费者的生活中,才是它的最终目的。

## 三、资本与技术交汇中的艺术文化

### (一) 艺术的资本化

艺术资本化,就是艺术的商业化过程,即大量资本流入艺术市场,并从艺术市场中获取高额利润的过程。在艺术市场中,随着资本的流入,又衍生出一系列艺术投资的金融产品,即把艺术品视作金融产品。过去,中国的艺术品市场由收藏者群体主导,市场相对稳定。这几年,金融资本流入艺术市场,投资性的购买越来越多,推动了艺术市场的资本化趋势。例如,2007 年 6 月 18 日,民生银行推出了"非凡理财"艺术品投资计划 1 号产品,这是一款面向个人发售的艺术品投资基金,投资者通过购买这一款理财产品,获取艺术品价值上升的收益。2009 年,"国投信托·盛世宝藏 1 号保利艺术品投资集合资金信托计划"推出,此外,还有邦文与中融信托渤海银行的集合信托基金,以及与华西集团合作的私募股权基金、泰瑞艺术基金、德美艺嘉基金,等等。最近几年,艺术品信托市场、艺术品证券化市场渐趋兴盛,国内市场公开发行的艺术品基金品目繁多,这足以说明,未来艺术基金将成为推动艺术市场发展的重要资本。

从艺术生产的角度来看,20 世纪初大量资本流入大众艺术市场,当时的资本家热衷投资影视业,获取巨额利润。好莱坞影业在这方面拔得头筹,迄今为止,其霸主地位已持续了一个多世纪,回想当年,也正是华尔街的大财团插足影视业,才成就了好莱坞。当然,华尔街的财团早已赚得钵满盆满。今天,即便在我国,一部电影投资过亿或票房过亿都已经不是稀奇事,我国影视业丰厚的利润空间也吸引了越来越多的投资者。市场的高额回报推动影视艺术生产,而"市场的逻辑"也会左右影视艺术的价值取向。关于这一点,德国法兰克福学派的学者曾经做过颇为严厉的批判,批判资本主义整齐划一、批量化的文化工业生产方式,最终成为巩固资本主义意识形态的"社会水泥"。此外,大众作为一个庞大的消费群体,也是投资者最看重的。正因此,大众艺术也会刻意迎合大众的趣味,以保障收益。美国学者格林伯格把大众艺术称为"庸俗艺术"并严厉批判了它"媚俗"的特征。他说:"由于它(庸俗艺术)可以被机械地生产出来,庸俗艺术业已成为我们生产体系的一个组成部分,而真正的文化从来不可能如此,除了在某些极为罕见的偶然情形中。巨额投资必须看得到同等的回报,因而庸俗艺术已被资本化了;它被迫拓展并保持市场份额。"①

　　学者的批判未能阻止资本与艺术的结盟。文化产业化现如今也已成为文化艺术谋求发展的基本策略。2003年,中国文化部制定下发了《关于支持和促进文化产业发展的若干意见》,把文化产业界定为"从事文化产品生产和提供文化服务的经营性行业。文化产业是与文化事业相对应的概念,两者都是社会主义文化建设的重要组成部分。文化产业是社会生产力发展的必然产物,是随着中国社会主义市场经济的逐步完善和现代生产方式的不断进步而发展起来的新兴产业"。之后又出台了《文化部关于加快文化产业发展的指导意见》,政府政策的倾斜为文化产业的发展提供保障。政府力主发展文化产业,原因之一就是文化产业巨大的经济效益能拉动国民生产总值的提升。近几年影视娱乐、游戏、动漫、文化旅游、创意设计、数字艺术等项目的市场份额都在逐年增长。开放文化市场,倡导文化产业,就是要吸引更多的投资者生产文化商品,刺激文化消费。其中,艺术品市场的份额也在增加,艺术市场为消费者提供的艺术商品种类也在增加。文化产业大行其道,大量的国内资本和国际艺术市场大鳄纷纷选中中国艺术市场,文交所和艺术股票也应运而生,新的艺术资本运作方式和新的艺术市场格局也正在形成。艺术市场的存在巩固了资本对艺术的支配性地位,市场的需求反过来作用于艺术品的生产与制作,这些最终都顺应了消费的逻辑,正因此,当代大众艺术更倾向于"娱乐"大众。

　　新媒体艺术一开始就扎根在市场上,它的市场价值一方面来自艺术,另一方面来自技术,其中,艺术的份额究竟占了多少?这也是值得探讨的。还有一个不容忽视的事实是,生产新媒体艺术,需要巨额资本的资助,因此,新媒体艺术制作与生产的背后往往存在着大型投资机构和利益集团。像虚拟艺术的发展最初就是从北美和欧洲的少数几家拥有昂贵的科技装备的研究机构开始的。资本的注入必定会牵制新媒体艺术生产与制作的走向,换句话说,资本的来源机构有时候正是新媒体艺术的服务机构,像传播公司、房地产公司、影视公司、演艺公司、网络公司等,它们目前是运用与投资新媒体艺术的主要机构。这也是跨界融合思路的体现,即把新媒体艺术运用到其他行业中,形成双赢的局面。融合后的新媒体艺术拥有多种功能,它不仅向观众传递行业信息、与观众进行情感互动,还激发观众的想象、娱乐观众,与观众进行时间或金钱的交易,为投资人创收。在公

---

① 〔美〕克莱门特·格林伯格:《艺术与文化》,沈语冰译,广西师范大学出版社2009年版,第10页。

司开业、产品宣传、人文旅游、各类虚拟展演中,新媒体艺术有时会被作为广告宣传、文化展示、辅助表演的手段。上述产业利用新媒体艺术,一方面能增加其科技含量,另一方面又能提升其文化形象。对于新媒体艺术家来说,他们必须身兼双技,既要有技术创新的能力,又要有艺术创新的能力。而新媒体技术的研发与运用都需要资本作为后盾,也就是说,只有大额资本的注入才能保障技术研发的顺利进行。既然新媒体技术生产受资本的控制,那么新媒体艺术向实用性与功能性倾斜也是情理之中的了。

需要警惕的是,随着金融资本注入艺术市场,资本那种利润至上的理念会伤害艺术,甚至支配艺术,把艺术变成追名逐利的手段。这样一来,艺术就变成了纯粹的商品,艺术家也成为标准化的生产者,而非拥有独特风格的艺术创造者了。在资本打造的商业帝国中,艺术品会被削平深度,以形式化、标准化的方式被大批量生产。在看似光怪陆离的新媒体艺术世界中,就充斥着大批量空洞的、标准化的产品,它们只是赚钱的工具,并不具有艺术应有的价值和意义。

**(二) 艺术的技术性发展**

长期以来,传统艺术的发展进程被人们按照某种"模式"进行概括与描述。常见的观念有:按照艺术形式的变化概括风格史;按照艺术社会背景的变化概括社会史;还有按照艺术"语言"的发展概括艺术语言史。上述艺术史的发展观念,一方面呈现了自律的艺术发展史,另一方面也反映了艺术对社会历史的介入情况。而自一百多年前摄影、电影诞生之后,艺术发展沿技术的变化呈现出新的轨迹,这就是艺术的媒介技术史。

自摄影、电影诞生以来,艺术的形态随媒体技术的发展发生了变化。有些艺术理论家们捕捉到了这种变化,并认为当代艺术史应该改变过去的描述方式。德国艺术史家汉斯贝尔廷谈道:"一种具有内在逻辑且喜欢描述时代风格及其变化的艺术史的主导形象失灵了:一种被理解为享有自治权的艺术史的内在统一越是崩溃,它就越发化为文化和社会的整个周围的环境。"[1] 而且"我们今天所理解的艺术是某些文化和社会的一种虚构,也就是说,一种我们不可能会随时随地遇到的现象,所以它也不会在未来继续存在。"[2] 在汉斯·贝尔廷看来,过去那种按照线性的、进化的历史意识概括艺术史的方式,在当下是行不通的,因为技术改变了艺术以及文化的呈现方式。换句话说,艺术的最终目的不是艺术自身,而

---

[1] 〔德〕汉斯·贝尔廷:《现代主义之后的艺术史》,洪天富译,南京大学出版社2014年版,第13页。
[2] 同上书,第322页。

是社会的整体文化环境,或者说艺术本身变成了社会的整体文化环境。

过去那种谱写艺术史的方式不再有效,根源在于艺术自身出现了变化,即"自主性"的艺术不再是艺术界的主导。当代艺术多是技术与艺术融合的产物,艺术对技术的依赖,减弱了它的"自主性"。同样,艺术变化受技术变化的影响,计算机智能技术、数字多媒体技术、3D 投影技术、3D 全息投影技术等成为艺术创造的手段。当技术的创新,而非内容或意义的创新主导新媒体艺术时,艺术的发展进程在某种程度上已经改变为技术的发展进程了。

因此,对新媒体艺术而言,技术似乎就是生产力,是艺术家创作灵感的爆发点。例如,日本电子音乐"初音未来",在它的发展史中,技术就是进步的阶梯。"初音未来"的取名就是象征音乐将来的可能性,它是 CRYPTON FUTURE MEDIA(简称"CRYPTON")以 Yamaha 的 VOCALOID 2 语音合成软件系统为基础开发贩售的虚拟女性歌手的软件,最早采集了日本声优藤田咲子的声源合成电子音乐,2007 年 8 月 31 日定价发售。据说,初音 Apeend 的音乐有六种声调不同的版本,这款软件原本只能运用于微软的操作系统,后来又开发了其他的操作系统。在 2010 年,公司采用德国 Sax 3D 公司的 3D 全息透明屏举办了一场虚拟演唱会,演唱会上的歌手,是一位长着葱色头发、身着蓝色衣服的虚拟动漫少女。那次演唱会举办得非常成功,演唱会上诞生了人类世界第一个利用全息投影技术举办演唱会的虚拟偶像。之后,这位虚拟的"人气歌手"在全球很多地方都举办过演唱会,已经拥有无数粉丝。其实,虚拟偶像本身仅仅是个载体,她没有人生、没有经历,公司只是给她设定了身高、年龄、体重和装扮。要说她的故事,就得从制造她的技术谈起了,从合成声音的软件到制造虚拟影像、举办演唱会,都是技术的功劳。从初音未来这个成功案例来看,电子音乐形态的变化以及用户的普及,都受益于技术的革新,跟内容没有直接的联系。由此可见,技术的未来决定了电子音乐的未来。

新媒体艺术与传统艺术的制作方式、传播方式都不相同。传统艺术主要是个人创作,创作者需具备相关的艺术能力。而新媒体艺术多是团队创作,创作者起码应掌握相关的计算机技术,此外,还需具备音乐、美术、摄影等多种艺术才能。因为新媒体艺术不单纯凭借图像、声音或文字进行意义表述,而是采用集视、听、说于一体的多媒体形式。另外,还有些作品完全利用数字技术制作完成,制作者利用相关计算机软件,像图形图像制作软件、音频音响制作软件等制作兼具视听效果、有艺术特质的作品。这类作品的制作过程非常复杂,难度也很大,非个人能力能完成,这就需要庞大的制作团队,团队成员按照专业特长分工协作完成。这类靠分工协作制作的作品,是群策群力的结果,很难显现创作者独特的个体性。另外,创作者强烈的主观性或意图性,在团队协作中,也已经被规避了。就像德国艺术世家汉斯·贝尔廷谈到的:"艺术从今以后不必一再地被艺术家们虚构出来,因为它在制度上和商业上已经得到了实现。"①

现代博物馆的数字化转型也启发我们思考新媒体艺术存在的问题。如美国史密森设计的数字博物馆,就是一个用技术打造的互动场所,他设计了数字笔、互动桌、壁纸房、姿势匹配、加工实验室这些交互方式,让观看者参与到整个参观过程中。博物馆主任塞巴斯订·陈(Sebastian Chan)说,艺术是看,设计是要做,在他的博物馆中,看与做被融合在一起了。这里,传统艺术在创作与鉴赏、技术与艺术、游戏与审美之间划定的界限被彻底打破了。显然,新媒体艺术兼有看与做的双重性,它既是技术又是艺术,既是游戏又是审美。

### (三) 技术的想象与艺术的消费

新媒体艺术是技术与艺术融合的产物,用技术制作的图像、声音、影像对艺术的形态与发展都产生了影响。在当代新媒体艺术的制作环节中,技术起到了至关重要的作用。如果说,传统艺术的创造更重视图像语言(英国艺术史家贡布里希称为图式)的因袭,那么新媒体艺术的制作更重视技术的把控。与此相应,技术的含量也成为评价新媒体艺术的重要标尺。比如,2015年获好评的影片《大圣归来》《捉妖记》主要赢在制作技术上。这两部作品在朋友圈里刷屏,推荐理由之一就是影片的特技起码还过得去。看得出来,由于我国动画制作技术相对落后,观众对国产动画片的制作技术期望值低,这两部影片除了让观众重拾信心之外,或许还增加了他们观影时萌生的"民族"自豪感。

这说明在新媒体艺术领域中,存在技术崇拜。事实上,媒体技术早就介入影视制作领域了。只不过影视过去被划入娱乐业,归入媒介行业那一极。由于新媒体艺术把新媒体技术与艺术融合在了一起,或者说当代艺术与新媒体技术共存的局面已经形成,这就使得技术成为艺术的根本问题了。同时,新媒体艺术也被纳入了艺术科学中。

把新媒体艺术研究纳入艺术科学,就等于认同了新媒体技术的审美创造性,认同了数字影像中的"星际世界""史前世界"等虚拟现实的艺术价值。当然,传统艺术践行的那套规范、标准对新媒体艺术并不完全适用。也就是说,如果我们用分析传统艺术品的技巧、价值标准来衡量新媒体艺术,那么我们会失望的。因为传统艺术所看重的情节、环境、性格,以及作品介入现实的情况等,都不是新媒

---

① 〔德〕汉斯·贝尔廷:《现代主义之后的艺术史》,洪天富译,南京大学出版社2014年版,第13页。

体艺术所谋求的。对新媒体艺术而言，技术是其制胜的法宝。新媒体艺术通过技术刺激观众的想象与情感，吸引观众。反过来，崇尚技术的环境，也在潜移默化引导观众的艺术趣味。可以说，新媒体艺术活动就是一种技术活动，它践行"技术"的法则，创造技术的"神话"。当代艺术的"创意"常常通过技术来实现，像光影画、激光舞，就是现代科技与绘画、舞蹈结合的成果。光影画是一种新型的绘画演出形式，表演者用LED高亮手电筒在荧光板上作画，并利用光的强弱差别、遮光技术等创造出唯美的、梦幻般的画作；而激光舞的舞者根据编排好的声光程序发出的激光，在舞台上与激光的变化进行互动表演，呈现出类似激光魔术般的舞蹈演出。这些艺术形式，无法用传统的艺术观念去衡量。它们通过荧幕中的表演，展示了人对技术的控制与运用的能力。如果用传统的艺术观念去衡量，那么它们似乎都算不上是绘画和舞蹈。但是，今天的公共空间中到处都充斥着类似的艺术形态。只能说，当下艺术与技术之间的界限已经消弭了，当代艺术创作者利用新媒体技术，拓展了新的艺术形式，并成就一种新的技术审美形态。

再如翻拍武侠剧，就是践行技术美学的典型。近几年武侠类影视剧迎来了"技术时代"，各色武侠剧都堪称武侠景观剧，在剧中那"超现实"的世界里，人、事、物随时都会摆脱各种物理定律，形成空谷传音、上天入地、飞檐走壁、丛林穿梭等景观。可以说，无论编剧的想象有多异乎寻常，技术都能把它转化为视像，这样的作品就是通过"技术的震惊"来填满观众对武侠的想象。像近几年翻拍的《天龙八部》《神雕侠侣》莫不如此。这里有必要提一下2014年那部已经第八次翻拍的《神雕侠侣》，如果用视觉的震惊体验来测评这部作品，那么，剧中各色人物出场的方式、交手的场面甚至起居的场所，都能达标。如剧作开始时，林朝英自尽的片段：白雪皑皑的山谷中，红衣女子林朝英雪中独舞，割腕自尽。林朝英身轻如燕，在洁白的山谷中翩跹飞舞，宛若仙子。在红白相映间，死亡被塑造得宛如一幅唯美主义的画卷，色彩明艳且形式优美。死亡能如此凄美，让人动容，这既不是源于自杀者的真实表现，也不是源于演员对自杀行为的惟妙模仿，而是数字影视技术制作的结果，换句话说，正是特技制作出来的虚拟死亡场景，才如此唯美动人。对观众来说，这部剧中的武侠想象在某种程度上被技术的想象所置换，而观影的震惊也来自这种技术的震撼。

其实，运用技术激发观众的想象，满足观众的艺术需求，说到底也是对技术的消费。在当代"泛娱乐化"的文化语境中，"一切坚固的东西都烟消云散了"。新媒体艺术在消解了意义的深度与高度后，打"技术"牌增加认可度，效果反而更好。因为，这是适应这个时代的方式。这里，技术的神话足以让那些在新媒体环境下成长起来的观众膜拜。反过来说，他们也更能适应新技术带给艺术的变革，因为对他们来说，技术就是艺术。当然，新媒体艺术本来就是技术含量较高的艺术。它的制作、呈现都既是技术活，又是艺术活。传统艺术与生活之间有密切的联系，常常把生活作为摹本，并尽可能接近生活。而新媒体艺术就是要把生活中的不可能变为可能，打造一个拟像世界、一个景观世界。只要观众觉得"好玩"，观众能接受，那就可行。几乎没有人从"现实主义"的角度质疑"技术的神话"。这里可以看出，"娱乐"的确具有一种强大的收编能力，无论作品逻辑有多不合情理，场景有多虚幻神奇，只要具备震撼的视听效果就有了接受的保障。美国传播学者尼尔·波兹曼在《娱乐至死》中曾断言："娱乐是电视上所有话语的超意识形态。"事实上，娱乐也是新媒体艺术的超意识形态！

## 核心概念

新媒体艺术　新媒体技术　虚拟现实　沉浸　交互　艺术的资本化　艺术消费

## 思考与讨论

1. 谈谈艺术与技术之间关系的演变。
2. 谈谈资本对新媒体艺术的影响。
3. 谈谈沉浸艺术的历史。
4. 与传统艺术相比，新媒体艺术的沉浸性发生了什么变化？
5. 谈谈新媒体艺术的交互特征。
6. 如何描述新媒体艺术的发展史？

# 第九讲　闪客:新媒介技术文化

"闪客"是指那些在网络上使用 Flash 等网络动画软件从事动画创作的网络艺术家。中国的网络动画繁荣始于 20 世纪 90 年代末,经过十余年的发展,闪客动画如今已经成为动画发烧友们借以表达对生活的理解、感悟的工具,成为一种日常性的图像叙事媒介。闪客们通过这一媒介手段将闪客群体的思想、意识和情感融入他们的作品之中,并在此基础上形成了一种特殊的网络青年亚文化,即闪客文化。

## 一、作为生活方式的亚文化

当我们谈论网络青年亚文化的时候,我们事实上是在谈论一种通俗文化,并且,我们并不将通俗文化作品作为抽象孤立的东西看待,而是将它与产生作品的社会结构性因素结合起来看待,也即将它与特定人群的"整体生活方式"密切结合起来。文化理论家雷蒙·威廉斯认为"文化"应该包含三个层面的意思:第一种含义指的是人类思想、精神和美学发展的一般过程,"根据这个定义,就某些绝对或普遍价值而言,文化是人类完善的一种状态或过程。如果这个定义能被接受,文化分析在本质上就是对生活或作品中被认为构成一种永恒秩序或与普遍的人类状况有永久关联的价值的发现和描写"①。这个定义被称为"理想的"文化定义。一般所谓"精英文化"或者"高雅文化"指的也就是这一意义上的文化。第二种含义与第一种含义关系密切,只是并不强调永恒秩序、永恒价值,也不强调普遍性,即所谓"文化"是人们知性和艺术活动的作品和实践,这个定义主要强调文化是一种表意实践活动,通过这种活动人们将自己的经验与情感记载下来,并通过这一实践形成相互之间的社会关系,这种文化定义也被称为"文献"式定义。如果说第一种文化定义指的是《诗经》《尚书》《史记》《哈姆雷特》《薄伽梵歌》《圣经》等经典作品的话,那么第二种文化定义就是指通过各种媒体呈现和传播

---

① 罗钢、刘象愚主编:《文化研究读本》,社会科学出版社 2000 年版,第 125 页。

的音乐、小说、绘画、动漫、新闻、肥皂剧等当代通俗文化作品。不过这两种文化定义并不能完整表述"文化"的内涵,有很多人类文化现象,尤其是日常生活中的文化现象还没有被纳入文化的定义之中。这就需要一个更加宽泛的定义来描述日常生活中的文化现象,如果缺少了这种文化定义,那么文化与人们当下的日常生活的关系就不会十分密切,也就是说,文化分析将难以与社会中"活的文化"联系起来。为此,威廉斯提出文化的第三个定义——文化的社会定义,即文化"表示一种特殊生活方式(关于一个民族、一个时期、一个群体或全体人类)";这个意涵是由19世纪的人类学家泰勒引入的。泰勒指出:文化是一个"复杂的整体,包括知识、信仰、艺术、道德、法律、风俗以及作为一个社会成员的人所获得的任何其他能力和习惯"[①]。根据这个定义,文化研究应该阐明某种特殊生活方式的意义和价值,表现其制度和日常行为中的意义和价值。文化的"社会"定义包括了被前两种定义排斥的、在很长时间里没有受到重视的文化现象。威廉斯要求我们把文化当作一种生活方式看待,因此,对表意作品的文本分析应当和它们诞生时的技术、经济、社会制度等方面的情况具体地结合起来。

对于社会中的人群来说,他们会因为在年龄、财富、权力、宗教、教育、性别、职业等方面的差异而拥有各不相同的生活方式,并由此而导致他们在文化表意活动方面产生差异,出现众多的亚文化现象,如老年文化、青年文化、女性文化、男性文化、官场文化、草根文化等。所谓网络青年亚文化,就是指以年轻网民为主体而形成的亚文化。当然,这里所谓"亚文化"的名称也是相对于更大规模的青年文化和网络文化而言的,如果将它置于与闪客文化形成的相互关系中,那么亚文化指的就是闪客文化而非网络青年文化。网络青年文化是在特定的生活方式基础上形成的文化现象,而这种特定的生活方式就是所谓"网络化生存"的生活方式。互联网作为一个媒体平台,为人们提供了全新的生活空间;在这一空间中,人们像在现实生活中那样交朋友、做买卖、学习、工作、娱乐、讨论问题……并且兴趣爱好相同的人还可以建立起自己的社区,形成一个个小型的文化群体,如闪客文化、博客文化、播客文化等。可见,闪客文化只是众多网络文化现象中的一种,这种文化最基本的特征在于:它是以网络动画制作软件为技术基础的技术文化,并且,其文化主体主要是那些喜爱网络动画的青年网民。如果我们将文化视为雷蒙·威廉斯所说的"特殊生活方式"的话,那么我们对闪客文化的研究实际上就包含着两个密切联系的方面:一是通过考察这一群体的"特殊生活方式"来探究该群体文化在技术表现、艺术形式和商业前景方面的状况;同时通过对闪

---

[①] 〔英〕阿雷恩·鲍德温等:《文化研究导论》,陶东风等译,高等教育出版社2004年版,第6页。

客文化作品的分析来透视"闪客"这一特定人群在价值观念、意识形态、艺术审美等方面的状况,强调其作为一个特殊文化场域在内部价值观念、性别意识、艺术趣味等方面的特性。

## 二、作为技术、艺术与商品的闪客动画

闪客文化是基于一种新媒介技术而产生的,主要流行于青少年群体中的互联网亚文化现象,总体上讲属于通俗文化的范畴。在我们这个时代的生活背景下,Flash 动画同时具有技术的、艺术的和商品的属性,不过这三种基本的属性之间的主次关系并不均衡,归根结底,Flash 是一种技术文化,是一种新媒体艺术。

### (一)作为新媒体技术文化的网络动画

正像麦克卢汉等媒介技术论者所论述的,技术决定着我们的文化生产与日常生活的面貌。"媒介即讯息"的说法听起来有些骇人听闻,以至于在 20 世纪 80 年代前它受到了广泛的批评。不过技术社会史向我们证明这一论断具有非凡的预见性,当互联网时代和数字化生存时代顷刻间就改变了这个世界的人类生活的方方面面的时候,连最顽固的反对派也得承认,麦克卢汉的预言具有毋庸置疑的合理性。日新月异的信息技术已经改变了我们的生活,也改变了我们的文化格局。对于闪客文化来说,没有互联网和 Flash 软件之前,我们根本无从想象会有一种"闪客"新文化形式的产生。没有信息技术的支持,就不会有互联网文化,自然也就不会有闪客和闪客文化。总之,正像麦克卢汉所说的:"任何媒介对个人或社会的影响,都是由于新的尺度产生的;我们的任何一种延伸(或曰任何一种新的技术),都要在我们的事物中引进一种新的尺度。"①技术通过使人的各种感官得以延伸的奇特方式深刻地改变了人的整个生活方式及其文化。

从媒介研究的观点看,技术属性是闪客文化最基础的属性,就算是在艺术性已经成为闪客文化的灵魂与生命的今天,技术的重要性和基础地位仍然没有丝毫的改变。如果说艺术性是闪客文化的灵魂,那么技术就应该是它的肉身,没有了肉身,灵魂自然也就没有了依托。这种论述应该是容易理解的,它在传统艺术和文化那里已经得到很好的例证。比如中国的水墨画与西洋的油画是极为不同

---

① 〔加〕埃里克·麦克卢汉、弗兰克·秦格龙编:《麦克卢汉精粹》,何道宽译,南京大学出版社 2000 年版,第 227 页。

的两种视觉艺术体系。它们的不同可以表现在众多方面,不仅外部的表现方式、手法和画面效果等方面存在很大的不同,它们在艺术精神和艺术哲学的层面上也存在着巨大的差异。我们可以从多种视角解释这些不同,并且可以写出几本论述它们之所以不同的书籍。不过按照麦克卢汉的看法,这些方面的差异也许还不是根本原因,造成差异的最根本原因在于它们所赖以完成的物质技术基础不同:油彩和中国墨汁的不同、油画笔和毛笔的不同、画布和宣纸的不同,也就是"媒介技术"的不同。在《理解媒介:论人的延伸》一书中,麦克卢汉举了铁路这一技术媒介来作为这种观点的论据,他指出:"铁路的作用并不是将运动、运输、车轮或道路引入人类社会,而是提高与扩张了以往人类活动的尺度,由此创造出全新的城市、全新的工作与全新的闲暇。无论铁路是在热带或是寒带地区运行,这样的变化都会发生,而且这样的变化与铁路运送的货物(或者说内容)是毫无关系的。"[①]

  Flash 动画技术作为一种新的媒介技术,同样也为我们引进了行动的"新的尺度",并由此而产生了新的文化艺术形式。很明显的一点是,艺术家的创作不再依赖笔墨纸张这些传统的绘画工具,许多艺术家意识到了这种变化,并且感觉到这两种创作方式事实上已经划分了两种不同的艺术形式和两种不同的生活方式。著名闪客卜桦在接受中央电视台《人物》栏目采访的时候回忆她刚听说无须纸笔与油墨就可以进行艺术创作时的第一反应:这绝对不是艺术,用这种方式进行艺术创作的艺术家肯定不会有美好的艺术前途。然而,世事难料,不久以后她自己也加入了没有纸笔的新艺术创作中来,并且凭借作品《猫》一炮打响,成了中国影响力最大的闪客艺术家之一,卜桦的人生因此而发生了转变。传统的艺术创作方式没有使她成为名人,当她在这条道路上艰难跋涉,几乎对自己的艺术生命绝望的时候,一个小小的动画制作软件彻底改变了她的艺术生命。

  卜桦的经历印证了新媒介技术的神奇力量,不过我们也要看到,卜桦的成功是在艺术与技术的结合模式下产生的,不管技术具有怎样的魔力,它都只是一个技术的基础,而如果缺少了艺术的成分,技术的效果就会完全不同了。卜桦并不是精通技术的技术派闪客,就技术层面讲,无法同许多在技术上要超过她很多的技术派闪客相提并论,然而最后成功的是她,而不是那些技术高超却缺乏艺术元素的技术闪客,这恰好说明了艺术作为闪客文化的生命和灵魂的重要性。这里丝毫没有贬低技术闪客的意思,事实上,技术闪客中的佼佼者之所以能够成功,同样因为他的作品中包含了卓越的艺术成分,不过这种艺术和卜桦的艺术略有

---

[①] 张国良主编:《20 世纪传播学经典文本》,复旦大学出版社 2003 年版,第 375 页。

不同,在很多情况下,卓越不凡的技术本身也是一种令人惊叹的艺术。

技术的这种基础性的决定作用毋庸置疑地也为它未来的延续发展埋下了否定性的种子:技术的变迁决定着一种文化的未来命运,"因为在正常使用技术即人的延伸的情况下,人不断受到技术的修正。反过来他又不断找到新的方法来改造技术"①。这种改造的结果使技术不断更新,从而使得文化艺术形式也会不断地随着技术变迁而变迁。我们可以很容易地设想,在不久的将来,会有更加强大的网络动画制作软件整合、取代 Flash 的功能,这种新技术也许会是对 Flash 技术的修正、改良,也可能会是对这种软件技术的彻底否定,即宣告网络动画艺术的 Flash 时代的终结。那时候,闪客文化是否会消失呢?可想而知,答案是肯定的。闪客文化会成为历史而只能保留在文化词典里,它将被随着新技术的扩散而产生的新的命名方式所取代。即便这一命名得到延续,它的内涵与外延也将不再是现在这样了,这也就意味着作为一种现实的文化形式的闪客文化已经结束。

还有一点需要注意的是,对于闪客文化来说,Flash 软件在使用过程中体现出的技术限制也说明了技术对于文化艺术的基础性作用。技术瓶颈往往是艺术创作中无法摆脱的"上限",同时,技术的性质也往往是艺术创作发展不能突破的"下限"。我们不能指望 Flash 动画或者其他软件及新媒介技术生产出在质感和视觉效果方面能够与在油墨纸笔技术基础上完成的作品完全相同的艺术作品来。新技术对传统艺术的复制永远都只是一种模仿,或者用一种更有说服力的解释来讲,传统艺术的内容、形式都只能在新媒介技术那里以新媒介艺术的"内容"的形式出现,新媒介艺术绝不会成为传统艺术形式本身。新媒介及其艺术形式必然会带有与生俱来的某些不可超越和克服的局限性,在这一点上和传统的媒介技术及艺术形式是一样的,只不过人们更习惯于用乐观的观点来看待技术的这种局限性,或者说人们很容易被新技术制造的某些假象所蒙蔽。

技术始终深刻地影响文化的内容与表现形式。在当代社会中,新技术已经完全植入了传统艺术的生产领域,深刻地改变着这些古老艺术的生产面貌和消费活动。不仅如此,新的技术尤其是媒体技术已经派生出众多的新兴文化形式,相对于传统文化,对这些新的文化形式的性质和价值判定还是一个争论不休的问题,但不管怎样,新的艺术和文化因为技术发展而得以出现。伴随着新媒介技术出现的新的文化艺术形式 Flash 就在其各个方面都有别于传统的动画影像。

---

① 〔加〕埃里克·麦克卢汉、弗兰克·秦格龙编:《麦克卢汉精粹》,何道宽译,南京大学出版社 2000 年版,第 422 页。

### （二）作为通俗艺术的网络动画

Flash 具有与其他艺术活动相类似的共同特点，创作的过程同样讲求生活经验的积累，既有倾诉内心的欲求或者自娱自乐的心情，也有框架的构思和意象的设计选择，在创作的过程中同样也有辛苦细致的思索和灵感爆发的瞬间。但是也有很多评论者站在传统美学观念上反对这种判定，他们认为 Flash 只是一种流行文化现象，这些作品是难登艺术殿堂的涂鸦之作。那么，它们真的可以被视为艺术吗？

1. 艺术与通俗艺术

其实，"艺术"在当代社会的含义已经与过去很不相同了。传统艺术属于精英艺术，只有少数掌握艺术技能并且训练有素的天才才会被视为艺术家。在 20 世纪的上半叶，艺术的世俗化问题成了法兰克福学派理论家讨论的主题，他们怀着对传统艺术和审美经验的无比怀念无情地抨击艺术的世俗化现象。不过批判并不能阻止艺术的世俗化进程，艺术最终摆脱了知识精英的评判标准而出现了所谓的"通俗艺术"。本雅明指出，古典艺术是诉诸上帝的带有神圣仪式特征的活动，而机械复制时代的艺术品则是诉诸大众的。由于受到商业因素的影响，艺术家与美学沉思之间的关系还不如与画商之间的关系来得重要，精英艺术开始世俗化并逐渐丧失其独立性，文化工业生产的艺术品只能是另一种意义上的艺术，要将它视为艺术的话，那么它们应该是通俗艺术。

按照美学的一般解释，艺术应该是人类的一种审美活动，艺术的真谛就在于美，艺术活动就是一种审美的活动，艺术作品就是审美基础上的创造。那么，究竟什么是"美"呢？什么样的东西能够被界定为"美"？也就是说，能够将艺术与其他东西相区别的标准究竟是什么？在现代艺术史上，这种问题一度成了困扰人们的核心问题。因为确实很难解释，为什么当一些废弃的轮胎和杂物被先锋艺术家有意图地堆放在一起并放进博物馆展示时，它们就成了艺术品；而当它们以自然状态存在于街头巷尾或工厂的某个角落时，则只是一堆需要清扫的垃圾。诚然，对于什么是艺术、什么是美，我们在认识上始终处于模糊状态，因为作为感觉和体验的美确实是仁者见仁、智者见智的问题，人类至今没有在这一问题上取得共识。不过这并不是说在美和艺术的问题上我们就陷入了"混沌"的状态，事实上，艺术作品与非艺术作品的差别最根本的地方并不在于它表现的内容，也不在于它表现的形式，"最终使一件艺术品与其他物件相区别的也许是对其建构性(constructed status)的突出，正是在这个意义上，我们才得以把一堆工地上的砖瓦和泰特美术馆中的砖瓦作品卡尔·安德雷的《等价之八》(*Equiva* lent Ⅷ)区别开来"①。对于艺术的这种解释可以说是最为宽泛的一种理解了,比较符合现代和后现代时期的艺术实践,不过在大多数情况下,艺术品的认定还需要从包括艺术技巧和美学效果等方面的因素综合来考虑。我们可以将Flash视为一种艺术,是因为它无论在技术特征上(在传统的艺术观念中,艺术技巧与形式是重要的),还是在文化意义和建构性上,都具符合艺术观念的特征。

2. 闪客动画的后现代主义艺术特征

总体来说,Flash艺术是新媒介技术的产物,属于通俗文化范畴。从艺术风格上讲,网络动画艺术是很难用一种风格加以概括的多元复合体。我们看到的往往是多种艺术风格和创作主张的并存,闪客们一方面创作了像《大话三国》那样的无厘头经典作品,另一方面也创作了像《猫》那样歌颂真善美的传统主题的作品。有时候,不同的艺术风格甚至可能在同一位闪客的同一个作品中并存。这种多元风格的杂糅体现了后工业时代艺术的特征。在后工业时代或者后现代时期的艺术中,既有来自当代世界和过去的传统的因素,又有来自精英文化和大众文化的影响,既有来自跨民族和种族的外来文化的开放性,又有本土文化和群体文化的狭隘性,这一切使得网络动画文本呈现出非同寻常的复调性。

可能更为重要的特点还在于这种文化和艺术的非精英化和平民化(草根)。后工业时期的艺术消弭了日常生活与艺术(传统意义上的)之间的界限。当代社会是一个日常生活审美化的世界,艺术已经渗透到了人们的日常生活中,它不再是专属于艺术精英的事业,而是普通人日常生活中的内容之一。在数字化时代的今天,人们借助于新兴的媒介技术可以绕开古典时期和现代时期的艺术家们所遇到的各种艺术技巧方面的困难,轻易地建构自己的艺术作品。新媒介使艺术的世俗化进程达到了无以复加的程度,尽管数字时代的艺术仍然存在着区别判定作品良莠的标准,但是从技术的层面上讲,"人人都是艺术家"已经是一定程度上的现实。新媒介技术当然会需要精英的专业人员来进行研发,但这种研发始终是诉诸大众需求的,复杂的媒介技术到了普通民众手上会变得非常简单,非常便于使用。Flash软件技术的出现及其在使用上较低的技术门槛已经充分证实了这一点,这使得从事艺术创作所需要的许多技巧变得容易掌握了,只要有兴趣,就可以从事艺术创作而无须经过长时间的专门训练。

多元并存、对话竞争的关系使得"闪客江湖"成了一个不折不扣的文化或意识形态商谈的"文化场域"(文化研究者更喜欢将其视为"文化战场")。"闪客江

---

① 〔英〕丹尼·卡瓦拉罗:《文化理论关键词》,张卫东等译,凤凰出版传媒集团、江苏人民出版社2005年版,第167页。

## 第九讲 闪客：新媒介技术文化

湖"中的竞争关系其实并不明显，但也不是说各种价值倾向的作品呈现均衡的分布和存在。闪客界不乏卜桦那样的现代叙事者，但更多的是大量游走于时尚、解构、嘲讽、搞笑中的后现代风格的作品。一般情况下，这些作品直接的功能是使人得到快乐，其次才是启发思考。对于很多年轻的闪客们来说，他们并不想探讨世界的深奥道理，也不想建构什么宏大的叙事，他们只想通过后现代的艺术手段使自己得到快乐，得到别人的赞赏。对于这些处于社会权力边缘的普通人来说，他们有自己生产快乐的文化艺术策略：有时候他们会在创作中表现出不遵循这个世界既有的秩序和法则，不关心也不相信那些完善的美学传统，摒弃那些有关终极救赎和真理的宏大叙事的后现代艺术特征；有时候他们又会因为日本首相参拜靖国神社而义愤填膺，急于通过创作来表达他们的爱国主义和民族主义情绪。但不管是解构秩序还是建构意义，他们都不追求永恒，也不追求稳定的主题。即便是对于爱国主义和民族主义，他们也往往是与时俱进，追随时尚潮流。

显然，作为一个整体，闪客动画艺术符合后现代艺术的一些基本的特点。对于这些特点，我们虽然难以在总体上加以说明或者定义，但是我们可以把握其基本的一些特征，包括碎片化、异质性、去中心化、平民化、断裂性……针对这些特点，苏珊·桑塔格将后现代主义文化描述为一种"新感性"文化，这种"新感性"文化与马修·阿诺德关于文化是"世界上最好的思想和言论"的定义是格格不入的。"新感性"文化认为，马修·阿诺德的文化观念不论是从历史角度看还是从人类发展的角度来看都已经过时了。这种"新感性"实质上就是反对现代主义文化杰出人物统治论的感性，因此，有时它也被保守人士称为"反文化"的。约翰·费斯克描述了后现代文化的一些特征：拒绝传统理论体系中的"总体化"或"本质论"倾向，"特别是经典马克思主义以及这些体系所声言的有关真理、科学性和进步的信仰。与之相对，后现代所致力的思考与表述模式，则强调从思想体系到建筑设计的某个特定对象所具有的片断化、断裂化与不可比内容"。后现代艺术青睐的是"蒙太奇而非透视法，是互文性而非指称性，是'片段复片段'而非统一化总体。它兴高采烈地沉浸于放纵、嬉戏、狂欢、不对称，甚或混乱，沉浸于将意义从其束缚中解放出来"[1]。后现代艺术的这些特征在"闪客江湖"（场域）中是作为一种流行时尚而位居主流地位的，但在影响力方面，这些作品并没有体现出它们的优势。

---

[1] 〔美〕约翰·费斯克等：《关键概念：传播与文化研究辞典》，李彬译，新华出版社2004年版，第214页。

### （三）作为文化商品的闪客动画

无论是技术还是艺术，它们在当今的市场经济环境中无疑具有商品的属性，互联网本身就是一个生来就具有无穷财富神话的新事物，从它摆脱军方垄断走向民用的那一天起，互联网世界始终在掀起一波一波的财富浪潮。Flash动画的商业传奇也是众多财富传奇中的一个组成部分。流氓兔和阿贵的发迹史极大地推动中国闪客界对Flash动画的商业价值的重新思考，短短几年时间，商业化运作的理念使众多闪客意识到，好玩的Flash动画还有赚钱谋生的功能，于是他们纷纷放弃单兵作战的方式走向联合，成立公司，宣传自己，构建品牌。一时间，"闪客经济"似乎从一种构想的理念变成了实践。不过这种经济实践的未来如何却难以预料，从目前的情况看，闪客经济最可能的前景是既不可能出现盛传一时的财富神话，也不会全无商业价值，完全无利可图。和许多在互联网泡沫经济时代产生的神话一样，闪客经济不能逾越一般的经济规律出现超常的发展，因此，致力于Flash商业化的闪客最应当做的就是去脚踏实地地艰苦创业，并且还得有足够的韧性和耐心去做出精品。当然，还有很重要的一点是应该意识到闪客经济属于一种文化经济，而文化商品在当今市场经济中具有其不同于普通商品的性质和经济规律。

正如约翰·费斯克所说的，文化商品的市场就是它们在人群中流行的市场，一种文化商品要流行既必须满足使它流行的那些人群的利益，同时也要满足它们的生产者的利益。也就是说，文化商品不同于一般商品的一点就在于它必须同时在一般商品经济和文化商品经济中流通。商品交换的目的是取得物的有用性，而文化商品的有用性在于它能再生产出文化意义和快感。这种特殊性使得文化商品在一般商品经济和文化经济的两种流通中表现出自己独特的流通过程。

首先，作为一般商品，Flash动画的生产者将这种商品出售给节目销售者（比如电视台、音像制作商等），然后在这些销售商家那里，Flash的角色从商品变成了生产者，它们生产出的新商品就是观众。之后，这些由Flash生产出来的观众会被卖给广告商和网站经营者。文化商品同时在一般商品经济和文化商品经济的领域中完成流通；在这一过程中，Flash从商品转变为商品的生产者，生产出受众，这是一个很关键的环节。这个环节能够实现的一个重要前提条件在于：Flash动画对于观众必须具有文化上的生产功能。也就是说，它必须有能力使观众的角色也发生变化，使他们能够从Flash动画节目中得到意义和快感，不过观众的这种意义和快感的获得并不会再次产生用于流通的商品，意义和快感最终被受众所消费,成为文化商品流通过程的终点。如果 Flash 不能使观众成为意义和快感的获得者,那么它就不会为商家带来销售利润,文化商品在两种经济领域的流通过程不能顺利进行,那么 Flash 作为商品的价值就无法实现。

可见,一个很重要的关键问题就在于:既然文化商品最终的关键是受众在消费过程中必须得到意义和快乐,那么 Flash 动画生产者就必须在制作过程中将文化和快乐的信息凝结在 Flash 商品中,当然,不是所有的文化和快乐信息都可以激发观众获得文化意义和快感。具有激发受众获得文化意义的信息被凝结在文化商品中,并使它具有商业潜力的是"文化资本"。按照法国著名社会学家布尔迪厄的说法,文化商品是物质资本和文化资本的综合体,正是由于这种"综合",文化商品具有与其他普通商品不一样的特征。文化资本的一种重要形态是指具体的或者说个人化的文化资本,这种文化资本存在于个人的身上,是在个人的教育、家庭、事业、性情等因素影响下形成的综合体,"是转化为个人习性的外来财富"。这种资本形成的关键是个人的学习与教育背景,而它的功能在于给个体带来超常的价值,能为拥有文化资本的人"提供物质利益和符号利益方面的庇护,任何特定的文化能力都会依靠它在文化资本的分布中所在的位置,获得一种超常的价值,并为它的拥有者带来可见的利益"[1]。具体一点讲,文化资本不同的人所生产的文化产品的价值是不同的,文化商品是客观化了的个体文化资本,是个人文化资本的外化。显然,文化商品如果要获得受众的认可就必须依赖创作者的文化资本,因为文化资本具有执行区隔社会阶级与阶层的职能,比如各种各样的专家和普通大众的区别就在于专家在某些专门领域里面拥有特别的文化资本。专家凭借这些专门知识在社会中获得现实的物质利益和权力。同样,艺术家的社会地位和现实利益同样也取决于他们占有多少文化资本,他们所拥有的文化资本越多,在艺术创作中就越发表现出独特的品位和吸引力。Flash 技术或艺术创意就是这样的具有执行社会区隔功能并能带来经济效益的文化资本。当大众还没有掌握 Flash 技术的时候,那些最先掌握这种技术的闪客就会成为"闪客英雄",一旦这种技术被大多数人掌握,这些技术就不再具有执行区隔社会阶层的功能了。这样,想要在"闪客江湖"上出人头地的闪客就必须想办法获得其他的稀缺文化资本,以保持自己的优势竞争地位。这些文化资本可以是更加完善的技术,也可以是让人耳目一新的艺术创意,或者是某种能给人启发或感动、快乐的东西。因此,作为商品的 Flash 动画的创作者必须在技术和艺术方

---

[1] 〔法〕布尔迪厄:《资本的形式》,载薛晓源、曹荣湘主编:《全球化与文化资本》,社会科学文献出版社 2005 年版,第 10 页。

面不断完善自己，精益求精，才能拥有市场和受众，才能让自己的作品更有效地发挥使受众产生意义和快乐的职能。我们在前面已经讲到，Flash 技术的门槛较低，而在技术上能做到精益求精的也不多见，因此在普及化的今天，Flash 作为技术经济的发展前景并不乐观，只有那些精于技术、能够掌握更加专业化的技术甚至能够发展出新的 Flash 技术功能的专业人士才会在技术经济的层面上赢取利益。对于大多数没有专业技术背景的闪客玩家来说，技术恰恰是他们最无利可图的地方。于是，艺术上的突破也许是比较可行的一种选择。在故事的创意方面、在剧本创作方面，或者甚至在 Flash 商品的流通领域努力寻找稀缺资源，使之成为自己的文化资本，也许是一个希望在商业上有所作为的闪客明智的选择。

对 Flash 动画的三种形态的归纳虽然只是一种粗略的概括，但是这种归纳大体上囊括了当前闪客文化发展过程中出现的各种各样的现象。它给我们提供了观察闪客文化的三种角度，也总结了闪客文化的三种性质。三条纬线的搭建构成了闪客文化的全景，也可以说是构成了闪客动画这一文化场域。在这一场域之中，三条纬线又代表了不同的发展动力，相互之间既有补充，同时更各自代表了一种不同的内在逻辑。因此，当前的闪客文化既表现为各种形态的矛盾纠结，最终又在三种逻辑的合力之下不断获得更广阔的发展空间。这三种属性的相互交织构成了闪客文化生存的语境，对它的发展分别发挥着不同的作用。三种力量所构成的不同对比关系决定了闪客文化发展过程中的不同时期的阶段性特征。闪客文化的技术形态和艺术形态既具有自身的个性，又无法摆脱事实上的对商业化力量的依附关系。我们可以把这种矛盾处境读解为一种新兴媒体在商业化过程中的必经阶段，也可以将其看作一种新兴的艺术种类在商品经济的语境中为了获得生存和发展的空间而经历的必然磨合。在这种磨合的过程中，各种力量的此消彼长给当前的闪客文化带来了众多的不和谐，诸如媒介技术与艺术创作的冲突、创作者群体化和体制化的需求与闪客各自为战的创作习惯之间的矛盾，以及技术发展超前和内容发展滞后的困境、网络动画在跨媒体传播过程中所产生的版权纠纷等，构成了当前闪客文化的现实图景。

### 三、闪客动画中的意识形态：多元并存与竞争对话

闪客动画作为一种网络青年亚文化，蕴含了该文化群体的价值观念和意识形态。从某种意义上讲，Flash 动画是当代中国网络青年的精神世界的展示台。通过这些作品，我们可以对中国网络青年在权力、娱乐、国家、民族、性别等诸多

方面的意识状况进行分析。分析这些通过作品体现出来的意识和观念,可以让我们更好地认识这一群体的精神层面。

(一) 对意识形态的一般理解

对于文化分析和文化研究来说,意识形态是一个至关重要的概念。英国文化学者格拉姆·特纳指出:"意识形态是文化研究中最为重要的观念范畴,正如詹姆斯·凯瑞所说,'英国文化研究或许可以简单地但却又或许是更为精确地被描述为意识形态的研究,因为它们以各种复杂的方式,把文化归结为意识形态'。这种'归结'的机制是如此的复杂,以至于文化和意识形态两者之间的区别有时候看上去更像是某种策略的(故意)结果而不表明两者是各不相同的独立实体。"意识形态理论是马克思对异化的认识中一个不可或缺的重要组成部分,也是马克思主义对文化分析最有独创性的贡献之一。由于马克思和恩格斯的杰出论述,意识形态成为分析资本主义社会文化领域的异化现象的批判性理论。经过列宁、卢卡契、科尔斯、法兰克福学派、葛兰西、阿尔都塞、霍尔等西方马克思主义思想家的论述,意识形态理论最终成为含义复杂不定而又始终贯穿于西方哲学与文化研究中的关键理论范畴。事实上,我们看到,在许多文化分析研究中,"意识形态"与"文化"可以相互替换使用。如果用一种麦克卢汉式的表达方式来强调意识形态对于文化研究的重要性的话,我们不妨以略显夸张的口吻来表达,那就是"文化即意识形态"。当然,这个说法只是一个比喻,在"文化"与"意识形态"两者之间,还存在一些不同,就像霍尔所说的,"当某人说'意识形态'时,有些东西被遗漏了,而当某人说'文化'时,又缺少了些什么"[1],但是两者的核心领域却是一致的。

如同文化的观念一样,意识形态的观念也极其复杂,正如大卫·麦克里兰所指出的,"意识形态在整个社会科学中是最难以把握的概念。因为它探究的是我们最基本的基础和正确性"[2]。文化学学者约翰·斯道雷在《文化理论与通俗文化导论》中将意识形态的理论含义归纳为五种:(1) 意识形态指与某一特定人群相结合的思想体系。例如,我们可以用"专业意识形态"来指渗透于某一特定专业群体实践的思想。(2) 指某种颠倒的、歪曲的、虚幻的意识,这是马克思经典论述中最常见的意识形态含义,它具有欺骗性,是统治阶级用来维护统治利益的

---

[1] 〔美〕约翰·斯道雷:《文化理论与通俗文化导论》,杨竹山等译,南京大学出版社2001年版,第3页。

[2] 〔英〕大卫·麦克里兰:《意识形态》,孔兆政、蒋龙祥译,吉林人民出版社2005年版。

工具,是社会中占据支配地位的意识。"资本主义意识形态"就是这样的意识形态。(3) 与第二个含义密切联系并依赖于第二个定义,指的是"意识形态模式"。这个含义的目的是使人们注意各种作品(电视、流行歌曲、小说、故事片等)表现世界特定表象的方式。(4) 第四个含义是阿尔都塞的马克思主义的结构主义意识形态理论。在阿尔都塞那里,意识形态是一种物质实践。某些惯例和实践把我们束缚在某种结构性的秩序中。这种秩序是以财富、地位、权力方面的极不平等来界定的。(5) 第五个含义来自法国文化理论家罗兰·巴特。在他看来,意识形态指争夺领导权的斗争,目的在于限制、固定和派生新的内涵。这种内涵通常把无意识意义赋予其他文本和实践。换句话讲,意识形态的作用就在于将个别的、片面的意思变成放之四海皆准的和合法的真理,将原本是文化的东西变成自然的东西。①

由于对意识形态语义的理解存在极大的复杂性,因此,就其功能和性质来说也是"仁者见仁、智者见智"的。从我们中国普通人的角度看,意识形态似乎是一个极为敏感而又难以对其性质作出判断的概念。当我们用意识形态分析社会主义文化和政治的时候,意识形态并不含有贬义,基本上是从肯定的方面来阐述的;但是当讲到资本主义意识形态时,我们往往会延续经典马克思主义的论述,指出它欺骗和颠倒的性质,对其作批判性的否定。事实上,在一些人类学家、社会学家以及文化学者中间也存在对意识形态的不褒不贬的中性解释,在这种中性的理解中,意识形态相当于"世界观、价值观、信仰系统、宗教仪式等,而且还指一切精神现象、心理现象、语言现象、文化现象的综合。在他们那里,意识形态只是描述性的,可以以之分析一定的社会结构与功能,它不论真假是非,不作价值判断"②。我们在这里所使用的意识形态基本上就是这样一种中性的概念,在这里进行意识形态分析的最大优点就在于它能够通过闪客的创作窥视中国青年群体在娱乐上展现出来的精神面貌,以及他们在面对社会政治、文化、性别、传统等问题时所持有的价值取向。

**(二) 多元价值取向和风格中的几种基本倾向**

价值观念可以说是意识形态的核心,在最能体现网络动画制作者的原创精神 Flash 短片中,我们可以很容易看到,闪客文化是一个价值多元化的文化场

---

① 〔美〕约翰·斯道雷:《文化理论与通俗文化导论》,杨竹山等译,南京大学出版社 2001 年版,第 3 页。
② 季广茂:《意识形态视域中的现代话语转型》,北京大学出版社 2005 年版,第 9 页。

## 第九讲 闪客：新媒介技术文化

所，不同的意识形态和价值观念在这里交汇，相互之间处于多元并存的格局中。这种情况也反映了中国闪客精神世界的复杂性：传统的意识形态、现代主义的意识形态、后现代主义的意识形态、民族主义的意识形态、女权主义的意识形态在这一文化领域交汇并存，它们之间存在着或明或暗的竞争关系，但彼此之间并没有尖锐的矛盾斗争。闪客江湖更像是一个展示各种意识形态的作品相互对话的公共场所或公共领域，在这个领域中，不同意识形态和价值观念之间的竞争更像是在作品展示中进行着对话交流，它们相互影响而很少激烈对抗，很有几分像是穆勒所谓的"意见的自由市场"：各种观念自由流行，最终正确的意见会战胜错误的。

占据优势地位的一方会以一种时尚流行的趋势领导相关领域的创作，并在此基础上形成闪客文化的主导文化特征。比如以恶搞、狂欢、嘲讽权威、反传统为主要表现形式的后现代主义风格就是闪客江湖中的流行风格，尽管传统的和现代的价值观念、意识形态也能在江湖上占有重要的地位，但是很多时候它们并不占据主导性地位。再比如在民族主义意识形态问题上，在爱国主义与极端民族主义的竞争格局中，极端民族主义往往会占据强势的地位。在女性叙事和男性叙事的竞争格局中，女性叙事和女性主义的意识形态处于相对低下的地位。

在网络动画创作中，多元价值倾向的故事短片和系列动画是各个动画内容制作者的品牌形象所在，是他们用力最多、制作最精良的作品，自然也是最能反映网络动画创作者的创作理念和价值取向的作品。

目前来看，尽管网络动画作品的价值倾向多种多样，但归类起来有两种价值倾向或者说制作风格是比较明显的。一是在经济主导的物质消费时代里，怀疑一切的价值和权威，凡事总要采取嘲弄、挖苦、颠覆、解构的态度戏弄一番的后现代主义风格，他们往往反映的是一个商业化社会里的时尚青年的人生态度和乐趣。"我一看到这些词就心烦"，王朔在《三联生活周刊》的随笔上列举了一串名词——"崇高、精神、凡·高、莫扎特……"这样的表白表达了这个社会的一部分人对于文化和娱乐的一种心态，也符合年轻的闪客们的心理。不过，他们用Flash叙事的方式释放这种"心烦"。解构一切权威、打破一切现有秩序、更新一切现有的观念、挑战一切常识性的知识和理性是这种意识形态共同的特点。

对传统价值理性进行颠覆的作品最典型的莫过于大话经典或者大话文艺作品。它们对经典作品进行解构、嘲弄、戏拟或者是戏仿，分两种情况。一是保留经典的基本框架结构和基本的叙事结局，甚至保留人物基本的性格特征，而将细节部分加以改编，细节上的故事与经典无关，如《大话三国》。另一种则是将经典作为文化的资源和文化记忆的基因库，作品与经典的相关性仅仅表现在框架和人物的符号层面，人物性格特征、故事情节以及所叙述的故事的方方面面都与经典作品无关，或者处处与经典不同并表现出强烈的嘲弄解构特征，这种作品数量比较多，如《鹿鼎记》《大话李白》等。受到以周星驰为代表的一批大话作品的影响，它们具有比较明显的后现代无厘头风格。这种大话经典的作品大都倾向于将作品中的经典人物描绘成打通时空界限、穿着古代服饰而享受当代最新时尚和通俗文化的消费者，他们往往会是沉溺于网络而不可自拔的网民，网民身份是他们最常见的一种身份，几乎所有的大话经典作品的人物都具备这个E时代的特点。与他们在传统经典作品中英明神武的形象相反，他们往往呆傻、不拘小节，而且是非常容易遭遇尴尬、出丑的搞笑形象。这种结构性的经典文化颠覆具有其深刻的社会文化背景，是当代社会结构特征在文化上的表现。

从另一方面看，Flash作品中也不乏认同和再诠释传统价值观念的作品。这些作品并不倾向于采取后现代的文化策略，而是更多地把创作的焦点集中于对于人性的真、善、美的追求和对于人生、艺术、哲学、社会等方面的矛盾现象的思考与追问，用新的艺术手法、艺术观念和技术来表达自己对人生诸问题的严肃的思考。它的目的并不在于展现自己的机智，而是展现自身的智慧；不是为了炫耀所掌握的技术，而是用技术来传达对人生的艺术化的思考；不是为了轻松幽默的无厘头效果，而是为了以艺术的形式打动人心，引发人们的思索，帮助人们得到真善美的体验。事实上，必须指出的一个问题是，在对传统价值观念进行颠覆的那些作品中，也不乏通过曲折的或者说扭曲的方式来进行严肃思考的作品，但相比以严肃风格面貌出现的作品，数量不占多数，并且在表达的方式上是比较隐晦的。当然，两种截然不同的风格的并存也反映了Flash创作的多元价值取向，可以说闪客的天空确实是一个充满着各种互不干扰的"意见的自由市场"。还要指出的是，还有许多Flash作品我们很难将它们按照价值取向的标准来进行分类，因为作者只不过是想表达自己的情绪或者一点点想法、一点点感受。在很大程度上讲，他们创作的出发点是自己，终点同样是自己；也就是说，他们的创作完全是为自己而进行的，属于私人性图像叙事，尽管在很多情况下这些作品也会引起不少受众的情感共鸣。

### （三）《大话三国》与《猫》——早期作品的两个典型

网络动画在意识形态和价值观念方面表现出来的多元共存特点可以从《大话三国》和《猫》这两个完全异质的具有代表性的作品中体现出来，它们各自的典型性分别代表了传统与时尚、现代与后现代、男性与女性的二元对立。这种完全异质和对立风格的作品在闪客江湖中和平共存，对话竞争，各自都具有自己牢固的领地。

《大话三国》是这样的一种典型:它是由周星驰的《大话西游》开创的后现代无厘头风格的延续。它的出现为中国闪客的创作提供了一种模式,那就是在动画创作中把 E 时代青年的无厘头搞笑、恶搞的风格贯彻到底,在解构经典和搞笑搞恶中"娱乐至死"。大约从《大话三国》之后,搞笑、恶搞成了 Flash 动画的文化招牌,很多人是听说了这种彻底的无厘头后现代艺术的大名之后开始接触 Flash 动画的,对于那些正值读书求学时代的青年来说,欣赏这种多少有点"坏"的 Flash 作品是他们在闲暇时候最好的娱乐与放松,也是他们调侃、对抗那些权威和传统意识形态的最好方式和渠道。

《大话三国》由一系列的三国故事改编制作而成,每集都不长,只选择三国故事中最为人熟知的一些故事进行改编,如《凤仪亭》《桃园结义》《草船借箭》《三英战吕布》等,由较早的闪客团队 SHOWGOOD 公司制作。《大话三国》系列 Flash 主题鲜明,表达方式十分另类,各种人物的表演妙趣横生、令人捧腹。

《大话三国》是在《大话西游》的直接影响下诞生的 Flash 动画系列,它为 Flash 动画玩家们探索出一条如何将后现代无厘头移植到网络动画创作中来的典范。所不同的是,《大话三国》由于是一系列动画片,因此在影像符号方面的游戏色彩要远远超过受到真人拍摄的许多限制的《大话西游》,但是在叙事创意和后现代主义色彩方面,却不及《大话西游》来得深刻。在《大话西游》中,主创人员几乎尝试着解构一切,包括爱情。如至尊宝对紫霞的那段经典爱情对白就是对爱情誓言的彻底嘲讽:"曾经有一份真挚的爱情放在我面前,我没有珍惜,等我失去的时候我才后悔莫及,人世间最痛苦的事莫过于此。你的剑在我的咽喉上割下去吧!不用再犹豫了!如果上天能够给我一个再来一次的机会,我会对那个女孩子说三个字:我爱你。如果非要在这份爱上加上一个期限,我希望是……一万年!"这句听起来感人至深又非常煽情的爱情表白居然是至尊宝为了在紫霞的剑锋之下求生而编织的谎言,是花心的孙悟空说出来骗紫霞以达到逃命的目的的鬼话。爱情的誓言在这里以极其荒谬的面貌出现。然而,在笑过之后,观众发现,在经历了艰难痛苦的感情折磨之后,至尊宝和紫霞的爱情故事也像传统的经典爱情悲剧一样感人至深,催人泪下,笑声与泪水始终交织在一起。悲剧因为搞笑而不那么阴暗了,同时,喜剧却因为悲剧而获得了一种深沉。这种游戏与悲喜无常中的搞笑至少说明后现代无厘头并不是单纯的胡闹,并不是粗鄙浅薄甚至下作的文化垃圾,在欢乐与痛苦之间永存的是解构权威、解放被束缚的艺术创作的追求和对于人类基本价值观念的尊重。正因为如此,人们常常说后现代主义是反传统文化形式和传统社会规则的,但绝不会说后现代主义是反人性或反文明的。

《大话三国》就是把无厘头文化嫁接到三国故事中,恶搞和搞笑的事情比比皆是。比如王允家墙上贴着"王家行为守则":不准随地大小便,不准随地吐痰,不准……曹操最喜欢对着镜子说自己是个大帅哥……在《凤仪亭》里,王允让貂蝉设"美人计"挑拨董卓和吕布之间的感情的原因竟被修改为是王允害怕董卓发现他脚臭。更有甚者,著名的《三英战吕布》这场戏,也被改得面目全非。他们的第一局比赛是比体重,较重者胜;第二局是比胡子长;第三局竟然是刘皇叔与吕布比下智力棋。"无厘头"风格的再创作就这样使经典的三国故事被彻底颠覆了。《大话三国》借着古典名著中的故事和人物来表达在大城市中拼命挣扎的人们的那种无奈、无聊、泄愤的心情,一时间成了最流行的娱乐方式。

就在人们开始对网络动画形成了"无厘头"后现代恶搞风格的刻板印象的时候,卜桦的《猫》的出现改变了这种刻板印象。《猫》《无常》《木偶戏》等卜桦作品的诞生使得以传统的真善美的价值观念为表现主旨的 Flash 创作让闪客们重新开始思考一些过去被有意或无意地忽略了的问题。

由于这些富有哲理又具有相当高的艺术专业水准的短片出现,使得人们对网络 Flash 动画世界以搞笑、恶搞的后现代无厘头风格占绝对统治地位的局面有了新的认识。Flash 并不仅仅是后现代无厘头风格的王国,它的价值取向是多元化的。这些作品所表达的主题和唤起的艺术感动很难和"后现代无厘头"这一网络时代的招牌联系起来。用 Flash 动画搞笑搞怪固然可以十分惬意,而用它表现传统的或者现代的价值观念也未尝不可。正是这样的一种多元化的风格使我们看到了闪客文化在意识形态上的多元并存的局面。一方面,年轻一代利用新的媒介技术创造《大话三国》这类仅属于他们自己的文化,尽情地解构经典,嘲笑、挑战传统观念,通过这种挑战来回应他们在日常生活中承受的来自权威和传统规范的约束;另一方面,正统观念(占优势地位的意识形态)也在这一代人身上打下了深深的烙印,它们牢牢地占据着年轻人的意识结构的一部分,使他们也能认同、接受并传承这些人类历史文化中的优秀遗产。

《猫》的故事并不复杂,但是它却能在简单的故事中用新艺术的形式展现"爱"和因爱而生的"勇气"这一传统的主题。猫妈妈和猫孩子到处流浪,相依为命。猫妈妈白天去给人家干活,讨得一点食物,马上就跑回家给猫孩子吃。它们享受着天伦之乐。突然,有一天,灾难降临了。一群歹徒欺负猫孩子,猫妈妈奋力保护自己的孩子。后来,歹徒们找个机会暗算了猫妈妈。猫妈妈死去了,猫孩子为了挽救妈妈的生命,毅然冲进了地狱。它不断与死神较量,最后打动了上苍,让猫妈妈复活,母子团聚。很多看过这部作品的网友都表达了他们共同的感受:"看了这个 Flash,好难受哦,害得我现在好想好想回家,好感人!""打开这个 Flash 默默地听着、看着,第一遍是新奇,第二遍是心动,看到第三遍的时候,是泪流满面……"感人至深,这是《猫》给人的最直接的艺术感动,《南方周末》为此登了一篇文章,名字就叫《让人哭了八遍的 Flash〈猫〉》。正是凭借这部让网友们感动得一塌糊涂的《猫》,卜桦的名字迅速为人们所熟悉,仿佛一夜之间,卜桦成了横空出世、叱咤风云的闪客女侠。在以后的一段时间里,她又陆续创作了几部在思想和艺术上都让国内闪客界耳目一新的作品,人们开始意识到她和一般闪客的不同,最终,她被认为是中国"艺术家型"的闪客。

  《猫》改变了人们对于 Flash 的娱乐性质的流行观念,它其实还可以是一种纯粹艺术的表达,可以用来传达人们对于世界与生活的严肃思考。《猫》所宣扬的是一种全然不同于《大话三国》的价值观念,一种高尚的、传统的但是确是永恒的价值观——平淡真实的爱和真、善、美。

  可见,卜桦的作品中没有解构颠覆、没有玩世不恭的调侃,也没有嘲讽和挪揄;相反,它坚持表现人类传统价值理性中为爱而努力、为爱而坚持的勇气与精神,是为人类文明历史长河中遗留下来的真、善、美的价值观念做出新的艺术形式的再现。如果说《大话三国》代表了后现代文化的反传统风格,力图通过难以置信和极端对抗的姿态彻底地对传统文化观念中的秩序、等级、规则、有序进行反叛的话,那么《猫》则是一部在解构风盛行的 Flash 界重新建构传统和现代秩序观念的作品,它的成功使得闪客文化不再只是"搞笑"与"恶搞"的娱乐方式的代名词,而变成了具有传统观念中的"艺术"品质的严肃美学形式。一旦 Flash 重新被审视为严肃艺术,它就变成了一个文化意识形态的杂合体,这里面既有居于统治地位的传统和现代的意识形态,也有反传统和反现代的"后现代"意识形态,两者共存于一种文化形式中。当然,除了这两种截然不同的意识形态倾向之外,还存在着另一种策略,那就是"去意识形态"的作品,小小的作品就是这样的代表。

### (四) 网络动画的性别叙事特征

  西方女性主义学者认为:总体上看,我们的社会意识受到历史上形成的性别偏见的影响,从而在研究和表述中忽视了女性体验的表达,掩盖了女性体验的特殊价值。传统大众媒介机构往往会通过"不在场、谴责或者浅薄化而把妇女们象征性地歼灭了"①。然而,在新的媒介技术条件下、新的媒介环境中,女性的媒介表达状况发生了比较大的变化,女性闪客可以比较自由地在网络上通过动画艺术的形式表达自己对于生活的体验与思考,表达自己的要求和意愿,这对于纠正人类社会文化在性属上的悬殊差异具有巨大的积极作用。

1. 女性闪客群体及其创作特点

传统媒体一般是以机构的形式存在的,而其中的媒介产品往往是集体创作的产物,"集体意识"中包含了女性媒介工作者的意识,但是这种处于弱势的女性意识在强大的男性意识的压制下往往并不能合理有效地传达女性的声音,更难以改变媒介产品中男性中心意识的现实。另一方面,这些媒介机构的媒介文化生产必须要与社会政治、经济层面形成某种特殊的互动关系,而在这些社会经济和政治的领域中,男权主义意识形态占据着绝对的主导地位。因此,尽管女性已经加入了这些媒介,但是她们在创制媒介产品的时候很难摆脱在社会中占据主流地位的性属意识形态的影响。通常情况下,女性的声音由于受到压制或者由于女性转向沉默而难以得到传达,即使媒体表达出女性的声音,但这样的声音很多时候都只不过是男性意识形态的复制性的表达,女性的要求和欲望并不能得到真正有效的表达。

考察一下人类的动画艺术发展的历史,我们不难发现:作为一种与商业性产业相伴生的艺术形式,动画艺术作品中几乎没有为女性表达留出任何空间,女性声音的缺席状态甚至要比普通的影视艺术更加严重。在那些拍摄给成年人看的动画片中,男性意识形态牢固地占据着从审美趣味到价值观念的方方面面,即便是像《白雪公主》这样以女性形象为主角的动画电影也概不例外。因此,对于女性表达来说,动画艺术基本上一直是一个从未涉足的领地。不过,在网络动画制作兴起之后,这种状况有了颠覆性的变化。由于网络媒介具有的特殊媒介性质和传播方式,女性表达得以部分地摆脱传统媒体中一直存在的那些压迫形式。在动画创作和生产方面,现代的Flash等动画制作软件小巧而灵活,靠一个人的力量就足以完成一部完全由自己导演的动画作品,这样,过去必须依靠集体合作才能生产动画作品的生产模式被打破了。网络动画的创作也可以变得像私人书写那样不受约束,女性动画爱好者完全可以像女性作家那样进行独立自主的创作,这在过去的动画生产模式下几乎是无法想象的。然而,最关键的问题也许还不在于创作上的自由,而在于网络条件下女性表达的传播模式。在传统的创作模式下,尽管女性意识、体验可以通过文字或者图像等方式得到自由表达,但是

---

① 〔英〕多米尼克·斯特里纳第:《通俗文化理论导论》,阎嘉译,商务印书馆2001年版。

## 第九讲 闪客：新媒介技术文化

在传播或流通的领域,这些女性作品却没有任何自由传播的可能性。社会传播与流通的整个系统基本上是由男性主导的,传统的电视、电影、报纸或图书出版业的"把关人"系统在总体上是由男性社会意识形态支配的。在这种情况下,女性创作进入流通和传播领域的自由度是十分有限的。但在网络环境下,作品的传播与流通系统却几乎不受到社会性属意识形态的干扰,因为互联网上的传播活动是以个人传播行为而不是社会性机构的传播行为为基本单位的。女性创作者可以避开那些男性意识形态支配的社会机构"把关人"的把关行为,将自己的创作在网上自由地传播。如此看来,尽管女性作者还会在创作过程中受到来自社会主导性性属意识形态的影响,不过在网络环境下,她们毕竟还是拥有了自由运用动画艺术形式进行自由表达的条件。最近几年来中国的网络动画发展实践证明,通过网络动画的叙事方式,那些运用网络动画制作软件的女性闪客们在网络世界中自由地表达了她们对于世界、对于人生的想法和体验,她们的作品展现了一个较为特殊的女性群体的思想和艺术特征。

中国的女性闪客相比于男性闪客来说数量要少很多,但是女性闪客所取得的艺术成就和影响力却毫不逊色于男性闪客,甚至可以说在某些方面还超过了男性闪客。卜桦就是最有说服力的例子,她的作品几乎超越了男性或者女性闪客的分野,为整个闪客界树立了典范。至于豆批和何熠所代表的女性闪客,她们的作品不论是题材还是画面方面显然都体现出完全不同于男性闪客的女性特质。这些优秀的女性动画作品极大地丰富了中国闪客动画艺术的宝库,也推动着中国闪客动画艺术的进步和繁荣。

2. 网络动画中的女性闪客群体及其创作特点

女性闪客动画艺术在创作方式、叙事风格和叙事主题等方面,都体现出独特的女性亚文化特征。这种亚文化不仅不同于男性动画叙事的文化特征,甚至也不同于运用其他媒介形式进行女性表达的女性创作群体的特征。

首先,从创作群体上看,女性闪客群体的人口学分布主要集中于受过良好教育、年轻未婚、有艺术教育背景又掌握一定程度的动画制作技术的那些女性。人数上相比较男性闪客而言要少得多,不过她们作品的分量却不轻。男性闪客也大都集中于受过高等教育、有计算机或艺术教育背景的未婚青年人群,不过已婚男士在闪客中占的比例要远远高于已婚的女性闪客。从年龄上讲,男性闪客的分布范围要比女性闪客更广一些。这可能与已婚女性在生活中既要承担社会工作,又要承担家务劳动,因而没有更多自由支配的时间从事自己喜欢的动画创作有关。

由于女性闪客在人口学的分布上基本集中于年轻的未婚女性,因此,她们的创作风格既不同于男性闪客,也有别于运用其他媒介表达方式进行创作的女性群体。比如女性文学创作群体的年龄分布要比女性闪客群体的年龄分布范围大得多,几乎每个年龄层次的女性都有文学创作者;同时,前者在婚姻和职业状况方面也比后者更加多元化。这种人口学上的构成特征的差异也导致了女性闪客与其他女性创作群体所展现的女性文化特征具有较大的差别。

最为明显的差异在于女性闪客的创作所展现出的对社会权力关系的表达具有其特殊之处。女性闪客叙事与本质论女性主义者主张的观点相接近,而与非本质论女性主义的观点并不相吻合。本质论女性主义者认为"女性特质"在很大程度上是由女性的生理和心理特征所决定的;而非本质论的女性主义认为"女性"是由社会所建构出来的,它是社会主导性别意识的产物而不是自然进化的产物。因此,他们不赞成把女性特征绝对地归纳为感性的、温柔的、母性的、依赖的、感情型的、主观的、缺乏抽象思维能力的,也反对将男性特征归纳为精神的、理性的、勇猛的、富于攻击性的、独立的、理智型的、客观的、擅长抽象分析思辨的。女人不比男人更重感情,男人也不比女人更强大。然而,从闪客作品的实际情况看,女性和男性作品的差异性是比较大的。女性闪客作品的特征正好体现了感性的、温柔的、母性的、依赖的、感情型的、主观的、缺乏抽象思维能力的特点;而男性闪客作品的特征恰好体现了精神的、理性的、勇猛的、富于攻击性的、独立的、理智型的、客观的、擅长抽象分析思辨的特点。

其次,女性闪客在人口学分布方面的特征和"女性特质"方面的特点使得她们在叙事主题与风格方面表现出与男性闪客的差别。男性闪客的风格和价值取向比较多样化,既有以表现玩世不恭的后现代无厘头姿态来解构权威、解构经典、寻求快乐的作品;也有忧国忧民、关注时事发展的严肃作品;同时在艺术风格的追求上也是多种多样,趋向多元化并存的。相比之下,女性闪客的叙事主题范围就没有男性闪客那么宽广,女性闪客一般比较集中在创作情感性题材上,她们比较偏爱与亲情、爱情、童趣相关的主题。她们的动画叙事自我倾诉的特征非常明显,许多作品似乎只是为自己而创作的,是内敛性的叙事。这方面表现最为突出的是豆批的《西凉闲赋》系列,作品几乎全是一个女子在轻声诉说她对世界的感受和思考,没有故事情节,也没有戏剧性的矛盾冲突。可以说,对于女性闪客来说,Flash动画的创作在很大程度上讲有些类似于她们的私人日记写作,所不同的是这种心情的纪录是通过多媒体艺术的方式完成并用于网络展现的。这与男性闪客表现自我,为取悦别人、彰显自我而创作的创作意图有很大的不同。尽管后现代无厘头风格是闪客文化的一个重要的文化标签,但我们很难看到由女性闪客创作的后现代无厘头风格的搞笑、恶搞性质的作品,女性闪客显然并不喜欢或者说并不擅长于这类题材的创作。

再次,对于社会中存在的男性对于女性造成压迫的那些男权意识形态,主要是通过男性作品表现出来,而女性闪客的作品中表现争取女性权利和主张女性解放的话题的作品很少见。在女性的作品中,我们很难感受到女性主义者们所谈论的那些女性对于男性压迫的抗争,更多的时候是对于这种状况表现出同情,寄希望于男性的道德良心而不是女性的积极抗争。究其原因,女性闪客一般是有较好的教育背景的未婚年轻女子,这一人群似乎并没有受到社会上男权意识形态的太大压迫,她们的生活与已婚的或长期处于男权压制工作环境之中的女性有很大的不同,她们所感受的男权压迫并不突出,很多时候我们几乎看不到她们创作的带有极端女权主义观点的作品。当然,也有一些作品多少曲折地表达了男权社会中女性在容貌、爱情和工作等方方面面所面对的无奈,不过女性闪客在这些困境中所作的选择往往是沉默和忍受。可见,在女性权力表达方面的缺失鲜明地体现了女性闪客创作不同于其他女性主义创作形式的特点。

3. 男性动画创作中的女性想象

西方女权主义者们关于社会性别压制的论点在男性闪客的动画叙事中倒是得到了比较充分的支持。在男性闪客的动画作品中,男权中心主义的话语霸权特征非常明显。男性闪客总是将理想中的女性想象成性感十足、婀娜多姿的美女,并且这些美女一般都不太聪明,较容易上当受骗,成为男人们的猎物。另一种倾向是将女性想象为弱不禁风的娇贵小姐,多愁善感,需要依靠男人的保护。

在男性叙事中,女英雄的形象和女强人的形象并不多见,尤其是当代女性形象。男性闪客作品中的女性往往缺乏积极健康的形象,具有健康形象的女性角色一般仅仅出现在一些Flash MV中,以配合流行歌曲传播。在故事性的动画作品中,女性形象往往是有偏见的,或者是符合男性意识形态的。我们可以以《大话李白》中的女性形象为例进行分析。从动画形象上看,剧中女性角色无论是杨玉环还是雨烟均具有女性突出性征,性感的嘴唇、丰腴的身体……这些都是男性对于理想中的女性的形象要求。不仅如此,雨烟这一形象还寄托了男性对于美丽女性的众多想象。在第三集中,王维在岸上看到雨烟时觉得她很美,于是他通过歌声来吸引泛舟湖上的雨烟。雨烟也通过歌声来回应王维。雨烟这样的大美女看到王维一见钟情,几乎是毫无条件地喜欢上了王维。王维长相的缺点成了雨烟一见钟情的原因:王维的小眼睛成了"迷人的双眼",而那张被李白耻笑为"香肠嘴"的厚厚的嘴唇在雨烟眼里也成了"性感的嘴唇"。接着,雨烟在知道王维的名字之后更是彻底地爱上了他,她对王维说:"喜欢你很久了,想不到能这么近看着你。"她主动邀请王维泛舟庆兴湖,此后雨烟就一直陪伴在王维身边了。

这一段内容可以说是典型的"做梦娶媳妇",寄托了男性对于女性的角色期待。这种期待从古至今一直存在于男性的想象之中:在不经意的某个时间里遇到一位才貌双全的美女,美女无条件地喜欢这个男人并愿意为他做任何事情。这样的男性想象让人想起蒲松龄《聊斋志异》中各种可爱的狐仙妖女。她们通常会在不经意间与穷秀才相遇并很快就爱上穷秀才,她们不图钱财也不图地位,只是因为感恩或者别的一些原因而爱上男主角,她们对于男主角的爱是无私无畏的,为了自己心爱的人她们可以上刀山下油锅,粉身碎骨也在所不惜。这种男性想象在当代男性叙事作品中也是普遍存在的。

**核心概念**

闪客文化　网络青年亚文化　女性媒介表达　意识形态

**思考与讨论**

1. 为什么说闪客动画是后现代风格明显的通俗艺术?
2. 文化商品具有哪些不同于一般商品的特点?
3. 闪客的个人文化资本与其作品价值之间存在着怎样的关系?
4. 为什么说网络动画界是一个价值观念(意识形态)多元并存、竞争对话的场所或领域?
5. 网络动画作为一种媒介形式对于女性的媒介表达产生了什么样的影响?

# 第十讲　微媒介与微文化

微博和微信这两种新媒介,从开始出现到如此充分地"入侵"人们的生活还不到十年的时间,却已在人们从事社会交往活动、参与社会公共事务、建立新的生活习惯等方面产生了深刻的影响。一种新兴媒介的出现开启了种种新型关系的建立,并且在"我们的事务中引进一种新的尺度"[①]。微博、微信这两种媒介,虽然对其分属名称存在差别,比如社交媒介、新新媒介、自媒体等,但是作为新的媒介方式,无疑影响甚至改变了人们的生活,其所引入的"新的尺度",在人们思考时间和空间、语言和行为、生活和世界、文化与政治等问题时提供了新的参照系,而由其引发的生活方式,社交方式以及语言经验的更新,都在提醒着人们:一种新的文化形态出现了,这就是所谓的"微文化"。关于媒介与文化的关系,除了以媒介来命名某种文化形态,比如口传文化、印刷文化、电子文化等,重点还在于研究媒介如何构造了人们的日常生活和意识形态、自我和他者的观念,如何影响人们对世界的认知、理解和判断,以及其所形塑的生活方式以何种方式呈现,等等。本讲意在对微博和微信引入的"新尺度"问题进行分析,并在此基础上对"微文化"这种新的文化形态和生活构成方式予以说明,进一步反思其所带来的新问题。

## 一、微媒介的"新尺度"及其影响

### (一) 微媒介的"内爆"与人的时空感迭变

如果说生产力和生产关系是人类社会演进过程的一条轨迹,那么媒介的演化过程则是人类社会生活改变的另一条轨迹,媒介以其自有的方式或是显明或是隐晦地介入社会的诸多方面。当我们谈及微媒介的时候,实际上是在谈其如何重构了人们的生活经验,其中最直接和鲜明的部分就是微媒介如何形成了人

---

① 〔加〕麦克卢汉:《理解媒介》,何道宽译,商务印书馆 2000 年版,第 33 页。

们新的时空感,基于时空感的变化,人们也开始重新认识自我与他人的关系、生活和世界的关系以及文化与政治的关系等。

1. 媒介与时空关系

"时间和空间,以及时间和空间的产物,构成了我们思维的框架。"[①] 微媒介引入的新的尺度,首先表现为人对时空的心理感知的变化。媒介—人—时空的三者关系,既表现为外部的媒介与时空的关系,也表现为人对时空的感知。就外部的媒介与时空的关系而言,可以表现为以下几个方面:

**媒介的时空偏向**。关于媒介和时空的关系,伊尼斯曾在《传播的偏向》一书中认为,传播和传播媒介都有偏向,或者偏向于时间,或者偏向于空间。偏向于时间的,可能并不有利于空间的传播,但是有利于时间上的延续,比如石刻文字或者泥板文字,具有近乎永恒的时间的性质;偏向于空间的,可能并不利于时间的延伸,但是可以远距离地传播,比如莎草纸和纸张等。倚重时间传播和倚重空间传播的媒介都会对文化产生重要的影响,比如印刷媒介的发展,导致了宗教权威的衰落,也促使民族国家这样一种"想象的共同体"得以建立,"18 世纪初兴起的两种想象形式——小说和报纸——为'重现'民族这种想象的共同体提供了技术手段"[②],借助于印刷媒介的发展,人们在获得"共时"的经验,并以"想象"的形式,与"彼空间"的人形成了共同的经验。受制于媒介自身的发展和演变历史,以及作者的经验,伊尼斯关于传播的时间偏向和空间偏向的论述停留在印刷媒介及其之前的媒介方式演变的历史中,对于电子媒介并没有涉及。

**电子媒介的"内爆"**。"内爆"是麦克卢汉在他的《理解媒介》一书中提出来的概念。麦克卢汉认为,凭借分解切割的、机械的技术,西方世界取得了三千年的爆炸性增长,现在它正在经历内向的爆炸,"今天,经过了一个世纪的电力技术发展之后,我们的中枢神经系统又得到了延伸,以至于能拥抱全球。就我们这个行星而言,时间差异和空间差异已不复存在"[③]。从"身体的延伸"进入到人的"中枢神经系统的延伸"阶段,"内爆"使心理上对地理距离的感知变近,甚至消失。麦克卢汉的"内爆"理论解释了电子媒介如何打破时空的界限,信息的瞬间抵达把空间压缩成为一个点,空间的距离在电子信息流中已经失去了意义,地球成为

---

① 转引自〔加〕哈罗德·伊尼斯:《传播的偏向》,何道宽译,中国人民大学出版社 2003 年版,第 77 页。

② 〔美〕本尼迪克特·安德森:《想象的共同体——民族主义的起源与散布》,吴叡人译,上海人民出版社 2005 年版,第 9 页。

③ 〔加〕麦克卢汉:《理解媒介》,何道宽译,商务印书馆 2000 年版,第 20 页。

一个"村落"。电子媒介的发展对人类社会的影响无疑是前几个阶段无法比拟的,也超越了伊尼斯对于不同媒介传播偏向的划分,电子媒介无所谓偏重时间和空间,电子媒介将整个世界重新部落化(村落化)。随着媒介技术的发展,电子媒介也不断地进行迭代,美国学者马克·波斯特将电子书写和互联网视为"第二媒介时代"的代表,人们对互联网的依赖还处于 PC 机时代,个体还是一个个固定的"人体坐标",微博和微信则进入了保罗·莱文森所说"新新媒介"时代。

**微媒介的"去时空化"**。借助移动互联网的发展,微媒介的即时性和在场性,直接"去时空化",将"部落"和"村落"升级为"客厅"。这隐喻了一个事实,即实际的"时空"和感知的"时空"已经完全不同了,人们已经超越了实际的"时空",更多的是按照感知的"时空"来建立自我与世界、社会和他人的关系。比如,依靠即时的信息传播,无论是"近地"还是"远地"发生的事件,都会得到人们的关注,并且影响着人们对事件的理解和判断。移动互联网与手机的绝妙配合,使微媒介用户成为一个个"移动的信息源",他们可以即时地获取信息、参与讨论和发布信息,提供生活的"现场直播",即"目之所见、心之所感"的时时变化。微博和微信使信息处在一个实时传播阶段,"实时更新"的信息,使人处在"永恒的当下";"多点同场"的"共在性",使人们的空间距离感消失,地理界线形同虚设。此外,信息的传递更加便捷、迅速和及时,以往信息的发布要通过专门的媒体,比如报纸、电视、广播或者互联网,公众获取的信息相对滞后。微博使每个人都有可能在新闻现场,"随手拍、随手发、随手写",呈现"此时、此地、此场","千里之外"和"近在咫尺"是一样的。时间的延时性和空间的阻隔性以及由此带来的"语境"差异,在微媒介时代已经不复存在,人们的视野和经验已经超越了身体的局限。对于媒介和时空的感知变化,成为社会一个明确的共识。

2. "用时间消灭空间"——人的时空感变化

媒介改变了人的时空感。如果用麦克卢汉的"泛媒介"的表述,像交通工具这样的媒介也改变了人们对时空的感知,比如从传统绿皮火车到白色高铁的变迁,人们直接体验到了乘车时间的缩短,比如,从此处到彼地,乘坐绿皮火车要 10 个小时,乘坐高铁可能只需要两个小时。同样的距离,抵达的时间不同,心理感知的距离也不一样。人们选择工作和居住的城市,通常依从心理感知的"空间"距离。这里的心理感知与"心"的想象不一样,人的"心"能够超越身体的限制游"万仞"之高,让想象力纵横驰骋,这是由心"所造之境",是人关于空间的"想象",并不是对具体实存空间的"感知"。媒介方式的发展,使人"身在此空间",却可以时刻成为"彼空间"的在场者,人的时空感知也随之发生变化。

在口头传播阶段，人在讲述和聆听的过程中实现了信息和情感的沟通，感知到时间的存在及其流动性，"子在川上曰，逝者如斯夫"；人对生命的感悟也是通过时间加以区分，比如"吾十有五而有志于学，三十而立，四十而不惑，五十而知天命，六十而耳顺，七十而从心所欲，不逾矩"(《论语·为政篇》)。由于技术发展还处在一个较低的阶段，从此处去往彼处，通常依靠脚力或者马力，因此，人无法实现远距离的游走，人对空间的感知通常是稳定不变的，处在一个"部落化"的阶段，所谓"天下"在今天看来也只不过是某一个区域。世界处在一个缓慢的历史行进过程之中，"从文化的角度看，时间意味着神圣、道德和历史"[1]，人对时间的感知要胜于空间。

在印刷媒介发展阶段，信息的传播受到空间的限制，人们对空间的感知范围广阔了，世界以具象和真实的方式而不仅仅是想象的方式被人所认知，比如晚清时期，人们对西方国家的认识和了解是通过一些人的旅欧游记或者西行笔记，形成了对西方"文明"和"自由"的想象。印刷工业的发展促进了报刊的日益繁盛，人们通过阅读建立了"时间的同一性"，报纸上的日期，使"这些多半互不相识的行为者，在由时钟与日历所界定的同一时间，做所有这些动作，而这一事实则显示了这个由作者在读者心中唤起想象的世界的新颖与史无前例"[2]，世界通过横向的关系加以连接。人们对空间的感知增强了，并在全新的时空坐标系中定义自身的位置。

在电子媒介时代，高速的信息传播减少了所需时间，虽然空间距离依然很大，但是人们感知的空间距离缩短了，形成了"实际空间"和"概念空间"的反差。第一封中国电子邮件"越过长城，走向世界"，以几秒钟的时间从中国传到了德国，令人兴奋不已，据说当时从中国到德国的信件要走八天的时间。时间的缩短也将空间距离拉近，电子媒介使"远方"走向"眼前"。不同地域之间人与人的交流更为直接、快速和充分，人们可以设身处地地去经验"彼地"的生活，而不必再依靠"想象"建立共同的经验。

微媒介借助移动互联网，将 PC 机时代一个个固定的"点"，解放为无数个移动的"信息源"，这种解放带来的直接影响就是人们以即时的方式与其构成"关注"关系的人实现了"多点同场"和"实时与共"，"微信不仅意味着移动功能，更主

---

[1] 转引自〔英〕尼克·史蒂文森：《认识媒介文化——社会理论与大众传播》，王文斌译，商务印书馆 2001 年版，第 183 页。

[2] 〔美〕本尼迪克特·安德森：《想象的共同体——民族主义的起源与散布》，吴叡人译，上海人民出版社 2005 年版，第 24 页。

要的是它随时随地发挥着影响力,潜移默化地撼动着人们的时间感"①。时间的同步性导致空间距离的消逝,信息传播打破了时空的限制,人们的社会交往也不再受时空的局限,"此地没有了,一切都是此刻"②。微媒介传播实现了"用时间消灭空间",人对远方世界的"想象性"的理解,被微媒介以"有图有真相"的方式将"远方"放置到"眼前"。

3. 时空"新尺度"的影响

**"在场"与"缺席"的背反**。"在场"和"缺席"本来是对立的,一个人在场的同时不能缺席,一个人缺席的情况下也不能在场。微媒介"新尺度"导致了两种背反的情况:人在"缺席"的时候可能是"在场"的,在"在场"的情况下,也可能是"缺席"的。这是因为人们通过微媒介实现了世界与"我"的虚拟的关联和感觉上的"共通",比如人们通过微媒介实时关注事件的发展,参与事件的讨论,通过点赞、转发和评论的方式表达态度和想法,这就是以身体"缺席"的方式实现了观念的"在场"。同时微媒介用户又实现了身体对所在"现场"的逃离,以"开小窗"的方式,进入别处生活,比如我们会看到一些聚会的图片,图片中的人各自都在低头"玩手机",所有的参与者都在聚会"现场",但是彼此之间没有交流,处于"在场"的"缺席"状态。人们通过微媒介跨越了"身体的在场",以"观念的在场"建立了许多的"新型关系",可同时穿越不同"社群"的生活,弱化了人们对真实的"此间"生活的感知的重要性。不过,这种自由切换和进出不同的"语境",容易使人模糊真实和虚拟的界限,造成对现实的疏离以及对"当下"专注力的难以聚焦。

**时间的"碎片化"**。微媒介使人获得了以前任何一个媒介无可比拟的信息接收的数量和频率。这是一个悖论式的结果:一方面,人们对世界的认识达到了前所未有的深广,并且这种认识不是来自权威的解释,而是自我对信息选择加工的结果,掌握充分的有价值的信息总是易于使人做出相对合理和准确的判断;另一方面,这种"实时在场"的状态,使人进入"信息过剩"的状态,有价值的信息散落在大量的无用信息之中,人们从最初的新奇、喜悦和便捷逐渐被应接不暇的疲倦和花费大量时间进行信息过滤所取代,信息过剩导致时间稀缺。快速传播带来的"时间富余"和由无限多的碎片化信息带来的"时间紧张"成为微媒介时代人们的共同经验。新的媒介方式打开了人对世界认识的眼界,也促使人从内向性思考转向外向性体验,其结果是人对时间的整体性和连续性的认知被碎片化和断裂化替代,生活被分割成一个一个碎裂的"点"。随着微媒介对人们日常生活的

---

① 蒋原伦:《微信与时间感》,载《中国图书评论》2015年第5期,第19页。
② 〔法〕保罗·维利里奥:《解放的速度》,陆元昶译,江苏人民出版社2004年版,第183页。

嵌入,工作时间与个人休闲时间发生了混淆,整体时间和碎片时间出现了错位,黄金时间和"垃圾时间"的区分也已经模糊。人们被裹挟进入了实时在场的"语境",不由自主也身不由己,"全神贯注"已然艰难。离开了"语境"又意味着对信息的拒绝,使人们在进入某个社交群体时有可能面临"失语"的危险,对待新媒介,人们忧心忡忡也矛盾重重。

  **走向"虚实合一"的生活**。这样一种对时空的经验和理解,也使真实和虚拟问题凸显出来。互联网初期,人们虽然对互联网带来的奇妙体验感到着迷,但也清楚二者之间的界限,人们会自动自发地区分虚拟的网络世界和真实世界的不同。随着互联网的进一步发展,从虚拟生活和现实生活的明确区分过渡到一种"虚实间"生活,互联网生活对现实生活有了明确的介入。除了网络购物这样的日常经济行为,人们开始积极参与社会公共事务,"网络公民"成了第N个人大代表。互联网的声音在社会生活中的影响也越来越大,非理性的网络行为和态度也交织在其中,"虚实间"生活,勾连着现实和虚拟两个空间,人们在进入和退出的时候存在身份、情绪、情感上的转换,这使真诚和伪善、善良和邪恶、赞扬和贬抑存在着模糊地带。及至微信时代,线上生活和真实生活高度契合,微信上的生活就是真实生活的"现场直播",人与人之间在互联网上建立的关系也由"我不知道你是谁"(陌生人)到"我可能知道你是谁"(熟悉的陌生人)再到"我知道你是谁"(熟人)的转变,这种转变带来的是网上生活与现实生活的区隔越来越小,已经从最初的虚拟—现实的二分世界,走入"虚实间"世界,再到"虚实合一"世界。根据弗洛伊德的理论,人在互联网和移动互联网上的呈现也经历着"本我"—"自我"—"超我"的转变过程:"本我"可以将人在现实生活中不能表露的一部分在网络上呈现出来;"自我"则有了"意识"看管,表露出符合社会的一般要求,但是偶尔也会因为看管"不严"而僭越,呈现出非理性的状态;"超我"则是对自己理想化状态的显现。在微信的朋友圈和微博上发布的个人"生活秀",虽然可以被视为生活的同步直播,但是这种直播不是未经"修剪"和"选择"的"原型",人们以更加理想的对自我塑造的意图来呈现自身,这个"我"形象比生活中实际的"自己"更优秀更完美。可见,"虚实合一"的微信生活中的个人更像是一个"超我",是个人理想化的设计与呈现,充满着想象的光晕。

### (二)公共性与私人性的"模糊"

  微媒介带来的第二个"新变化",就是公共性和私人性的"模糊"。
  媒介建构的公共空间是与私人领域完全不同的"空间"。但是微媒介的出现,使公共空间和私人空间的边界模糊化,并且彼此时时"越界",引发了非常复杂的问题。对公共性和私人性进行历史考察并不是本讲的重点,但是公共性和私人性问题的确是一个交织着历史、政治、哲学、文学和传播学的复杂问题。关于公共性,按照阿伦特的理解,"它首先是指,凡是出现于公共场合的东西都能够为每个人所看见和听见,具有广泛的公开性"①。这就明确了公共性的内在要求:第一是属于公共场合,这就与私人场合(家庭,以及私人聚会等)区别开来;第二是需要人们看见和听见,具有传播的公开性,这就与小范围的私人活动区分开来。哈贝马斯所言的公共性更强调公共意见形成和表达的空间,以及媒介是公共意见的表达的载体,"(公共领域)意指我们的社会生活的一个领域,在这个领域中,像公共意见这样的事物能够形成。公共领域原则上向所有公民开放。公共领域的一部分由各种对话构成,在这些对话中,作为私人的人们来到一起,形成了公众"②。1963年的《皮尔金顿报告》对广电媒体的定义是:"广电媒体的概念就是一种服务,其全部特质,就是一个公共性的组织,负责将社会中发展出来的各种活动和意见,以最完整的范围带给公众,让他们知晓世事。"可见,媒介的公共性有三个显明的条件:第一是公共意见的表达;第二是公开的传播性;第三是共有性特质明显。以广播、电视和报纸为代表的传统媒介被认为是公共媒介,这与私人表达、私人体验和私人生活有明显的区分和界限,公共性可被视为大众媒介的天然属性。从大众媒介到微媒介,一个明显的变化就是媒介的公共性与私人性问题从分属两个不同的领域到二者之间的界限模糊,彼此向对方的领域僭越。微媒介的公共性如何来认知,个人的微博和微信在公共参与和私人表达之间的关系如何,二者之间的边界可否清楚地厘定,都是值得思考的问题。

1. 微媒介的公共性问题

微媒介也是自媒体。2003年7月,美国新闻学会下属的媒体中心出版了由谢因·波曼与克里斯·威理斯联合撰写《自媒体》(We Media)研究报告,指出:"We Media(自媒体)是普通大众经由数字科技强化、与全球知识体系相连之后,一种开始理解普通大众如何提供与分享他们本身的事实、他们本身的新闻的途径。"这是一种全新的媒体方式,实现了点对点的传播。经由体制化的大众媒介发展到个人用户的自媒体,这是媒介方式发展的巨大的变革。自媒体最大的特点就是用户成为生产者和消费者,普通大众在自媒体上提供和分享他们的所见所闻,获得观点、知识和经验等,供其他用户分享,自媒体的个人性、私见性和社交性明显。

---

① 汪晖、陈燕谷主编:《文化与公共性》,生活·读书·新知三联书店2005年版,第81页。
② 同上书,第125页。

比如，微博提供了全新的基于社交的信息分享模式：相互关注和单向关注。相互关注一般熟人之间居多，或者是彼此欣赏、认同的两个人之间；单向关注多是陌生人之间，通常是对明星、名人的关注，出于对他人的生活、趣味、观点的认同，甚至是好奇，都可能开始"关注"，通过关注形成了一个开放式的"互动空间"。如果一个微博主有1000万个粉丝，那么其影响力可能不亚于中央级媒体，对于粉丝量高达千万级的微博博主，其言论、观点和态度，都有可能引发公众的讨论，甚至会成为热点舆情。微媒介的公共传播力是巨大的，所谓的"围观改变中国"就是通过微博关注形成的舆论对事件或者政府决策产生影响。随着一些公共媒体开通了微博官方认证和微信公众号，微媒介与传统公共媒体交相互渗，信息的共享使微媒介很快介入了公共事务。公众使用微媒介参与社会事件的评论、点赞和转发，将私人性的意见和观点发酵为公共性话题，这是私人性向公共性的"介入"。

微博是否建立了一个"公共领域"仍在争论中，但是，微博建立的空间的确具有公共性特征，参与微博互动的用户，更具有"公民"的意义。"微博关注玉树地震、舟曲泥石流、西南大旱、东北洪灾；微博直播上海大火、见证'花祭'；微博围观宜黄自焚、女厕攻防、烧伤营救；微博声援身陷'文字劫'的谢朝平；微博咬住'我爸是李刚'不放；微博帮助'被落榜'的河南考生李盟盟重圆大学梦、举报'官二代'被跨省抓捕的王鹏重获自由身。"① 这些事件，清晰地呈现出了微博的公共性特征：为公共事件发声、进行舆论监督。为公共事务建言等。"微博问政""微博直通两会""微博打拐""微博公益"，每个微博用户都有可能在现场，成为事件的亲历者和见证者，提供最直接的事件报道和直播。微博用户通过关注、转发、评论和点赞，参与到社会的公共事务中来，提供意见、参与监督，并对社会公平、正义和良善有着强烈的认同、追求和呵护，成为微博上的"公民"。"互联网在中国的发展，营造了一个通过公众持续地讨论交往过程而形成的'公共领域'（public sphere）。网络传递的信息和观点速度快、交互性强，让原本分散的民众意见能够迅速汇集成群体性意见，有助于决策的科学化、合理化和公开化。"②

微博形成了一个超大的话语场，这个话语场带有"狂欢化"的性质，非理性的内容较多，各种声音交织在一起，熟人之间、陌生人之间、追随者之间、引领者之间，展开"跨界"对话，讲述者和倾听者之间会发生分歧也会达成一致。在这个话

---

① 何雄飞：《2010年十大关键词——微革命》，载《新周刊》第337期，2010年12月15日。
② 人民网舆情监测室：《2015年互联网舆情分析报告》，http://yuqing.people.com/n1/2015/1224/c401685_27972434.html。

语场中,有"@人民日报"这样的最大的官方媒体每天对几千万人喊话,传递主流声音;也有像"@姚晨"这样的明星拥有几千万人的关注,其对公共事务的参与,也影响着其作为公众人物的形象。这个话语场交织的声音、态度和情绪是复杂的,各种话语交锋、吐槽以及认同都在其中。乐观者认为,技术间接地推动了民主的实现;悲观者认为,共识的达成越来越难。其实,在从葛兰西、霍尔到哈贝马斯的理论中,可以发现,共识的达成绝对不是一种声音,而是多种声音在碰撞、博弈、折中、平衡中最终达成的一致,其中涉及退让、调停甚至是对相异声音的接纳。在微博这个超大"话语场"里,网络谣言、虚假信息频出,恶意中伤混杂在对光明和美好的向往中,沟通的真诚性、真实性也令人存疑,表达的合宜性尚令人焦虑,至少当下的微博话语场距离"沟通理想情境"还很远。不过,它所呈现出来的模样,或许也是这个社会去掉面具之后真正的表情,问题和困难同时出现的时候,也意味着有可能找到理想和有效的解决方式。此外,微媒介的公共性和私人性的边界并不十分清晰,相互僭越也导致了一些新的社会和伦理问题,比如一些私人问题进入公共空间,被网友围观、议论,甚至事件中的个体被"人肉搜索",并遭到人身攻击,遭遇巨大的压力;一些公共性事件,有可能经过媒体或者"推手"的策划,影响舆论的走向,使事件的真相与媒体呈现存在较大的偏差。随着国家网络治理的进一步深入和微博广告的增多,微博用户的活跃度降低,微博"广场"的声音也渐小。

2. 微媒介的私人性

与其他大众媒介的公共性相比,微媒介的私人性显而易见。作为自媒体,首先要满足自身的使用需要,比如社会交往、信息发布等。微博和微信的私人性也有不同。微博好像是自家的"场院",具有开放性,路过的人都可以看到,但是关心不关心、愿意不愿意停下来打个招呼,取决于路人与主人的关系,也受路人的心情和态度的影响,还和路人对"场院"是否感兴趣有关。微信的"朋友圈"则像自己的"房子",一般都是熟人或者好友才可以登门拜访,陌生人是进不来的,如果想拜访或者邀约,也得征得主人同意。因此,微信的私人性、隐秘性和封闭性更为突出,朋友圈里呈现出的通常是个人的日常生活、工作、情感或者心灵旨趣等。微媒介作为社交媒体,私人性是其天然属性,主要表现私人社交、自我呈现、私人意见表达等方面。微信中的一些技术设置,也将这种私人性较好地保护起来,比如在微信"隐私"这一工具栏中,就可以"设置朋友圈权限"——"不让他(她)看我的朋友圈"或者"不看他(她)的朋友圈"。前者是对联系人或者"好友"的亲密度的划分,也是一种安全的考虑;后者是对联系人重要程度的区分。此外,还有添加时的验证,以及是否允许通过搜索查找等,这些都是对个人隐私的一些保护性设置。

传统媒体一般受到科层组织的制约，隶属于国家、政党或商业集团，总有"把关人"的存在，过滤一些不适宜在公共空间传播的，或者与意识形态不符的内容。微信属于个人媒体，发布微信没有传统"把关人"的审核，属于个人行为。"朋友圈"虽然属于私人领域，但是并不是一个封闭十足的圈层，通过用户之间的传播，任何在私人空间里发布的相关内容，都有可能通过"朋友圈"的转发，最终越过"朋友圈"的局限，成为公共空间中的话题。当个人言论、生活和价值观被抽离出特定的语境放置到公共空间，为公众讨论、争议，甚至发酵为舆情，就会带来更为复杂的社会问题。2015年的一个媒介事件，就是"朋友圈"中的私人言论进入到公共空间中，一时间沸沸扬扬，给当事人带来了意想不到的麻烦和困扰，也引发了关于微信公共性和私人性的讨论。事件缘起于某大学历史系一研究生在自己的"朋友圈"中发布一些言论，其导师认为极为不当，于是也在"朋友圈"中发布了一封解除与该生的师生关系的信。两者的言论均是发在各自的朋友圈里，属于"私人领域"的事情，但是最后却进入公共空间，成为公众讨论的一个话题，这是当事人双方始料未及的。该同学在情况说明中强调：

> 我的这些议论是发在哪里呢？是我的微信朋友圈里。"朋友圈"几字就很生动地说明了这个发言平台的性质。大家知道，微信和微博是不同的，微博是公开的任何人都可以看，微信却只有加着的好友可以看。我的朋友圈里没有专家学者……朋友圈里都是亲戚、朋友，而且都是我信得过的朋友，那种只有社会上的联系的朋友我虽然加着，但是是屏蔽他们不让他们看到我的朋友圈的……所以这就是一个内部空间、私人空间。我在私人空间里说话自然随便一些，这些是可以理解的。①

的确，一个人的思绪、感情、道德的良知，以及人与人之间的交往、家庭的伦理……都属于私人领域，在微信"朋友圈"中发表的个人的情绪、思想和感情无可厚非，此同学的说法似乎在理，但是他忽略了朋友圈作为私人空间并非具有十足的封闭性以及具有不安全性的因素，就保护个人隐私而言，也存在着极大的漏洞。其导师也是在自己的"朋友圈"里发布的"公开信"，却在传播中进入到公共空间成了一个公共话题。这凸显了微媒介的私人性的有限和边界不清，尤其需要注意的是，该事件之所以成为"热点"，肇始于一个微信公众号的转发。微信公众号并不是一个私人空间，是有众多关注者的"公共空间"。阅读量10万+的微

---

① 《人大教授宣布与某弟子断绝师生关系 斥其狂徒》，网易教育，http://edu.163.com/15/0922/02/B436J0BA00294MP6.html。

信公众号,就是一个大型的公共传播平台。微信"朋友圈"和公众订阅号之间存在着交叉地带。对于微信来讲,私人性和公共性并没有一个严格的界限,私人的"朋友圈"范围与公共领域的界限可能因为微信的传播方式而被打破。"微信里有不同观点的好友,互联网信息往往'有图有真相',可以快速传播,发言仍应像在公共空间一样,在发言欲望、他人感受和传播后果之间做好权衡。"①微信的"朋友圈"并不是完全封闭式的结构,就像在自家的房间里说话,门窗是开着的,就有可能被其他人听见。"朋友圈"作为一个可以表达个人的私见的领域,这里仍有"公共范围"。

微媒介公共性和私人性的边界的模糊带来了比较复杂的社会和伦理问题,如何保证"朋友圈"的私人信息不被公开,又能保障微媒介参与公共事务,实现有效的监督?如何使微媒介和传统媒体起到相得益彰的作用,并能在一个真诚的、真实的、正确的、可理解的情境之下,实现有效的沟通?恐怕除了个人的自律、媒介素养的提升以及有效的法制监管和约束,探究微媒介的社会交往逻辑也是非常必要的。微媒介公共性和私人性同时存在,既要使公共性能够成为个人"卓异"实现的土壤,实现阿伦特期待的超越人的生命之大限,为先辈和后世所共有;也要确保私人领域表达的安全和可靠,并给予其应有的尊重和良好的保护。这是微媒介引入新的"尺度"带来的变化,也是需要着力思考的方面。

### (三) 生产者与消费者的"同一"

微媒介带来的第三个变化,就是生产者与消费者的"同一"。

按照马克思的生产理论,生产和消费中间还隔了交换和分配两个环节,也就是从生产到消费,是需要在交换的基础上实现分配,最后才是消费。生产决定消费,只有生产了什么,才有可能消费什么。基于这样的逻辑,生产者和消费者之间分属生产流通环节的两个端点,是难以实现同一的。鲍德里亚的消费社会理论,将马克思的"生产理论"倒置过来,认为是消费决定了生产,消费逻辑不仅支配着生产的物质产品,而且支配着整个文化、性欲、人际关系,以至个体的幻象和冲动,人们并不一定是对物本身有实际消费的需要,而是对物的符号有消费的欲望和冲动,从中获得的是"对现实产生的眩晕"。这里的消费和生产之间的关系仍旧是分属于两个端点,只不过消费决定了生产,即商品的符号成为消费者选择的前提,而不是商品的自身的使用价值,因为人们已经不消费物本身,而是消费

---

① 《人大教授孙家洲:微信"朋友圈"危及师生关系》,人民网,http://yuqing.people.com.cn/n/2015/1019/c383249-27714397.html。

物的符号。生产者与消费者的"分割",无论是在生产型社会还是在消费型社会都是如此。将马克思的"生产力论"引入媒体内容的生产,生产者和消费者也是分割的,报纸、杂志和电视,包括早期的互联网,都是内容的生产者,"内容为王"也表明了这些传统大众媒体和新兴媒体对生产者的重视,用户则是消费者,通过阅读、收看和收听等行为,消费了"内容"。微媒介的出现,将生产与消费二分的尺度打破了,生产者和消费者也从二元分立走向了"同一":生产者也是消费者,消费者也是生产者,即用户生产内容。

  微媒介的用户不仅可以享用其他用户发布的信息、资料等内容,也可以生产内容供其他用户分享。微媒介用户每发一条微博或者微信,都是在进行内容生产;每一次浏览、点赞、转发或者评论,都是一次消费的过程。大多数微媒介的内容,都是用户的自娱自乐,也是自我生产和消费的过程。生产者和消费者的同一,促使微媒介重要的精神旨趣"共享"的实现,微媒介用户实现了信息发布者、经验提供者、见解分享者和事件追踪者的多重身份。移动互联网使微媒介用户实现了每时每刻信息的发布,这些经验的分享、见解的表达和对事件的追踪,都是微媒介用户生产的内容。"随手拍、随手摄、随手写",然后将这些内容在微媒介上共享,用户就是微媒介内容的生产者和提供者,并分享和消费其他用户的生产成果。这种生产和消费的新模式与生产型社会和消费型社会完全不同,形成了一个"生产—消费"型社会,这也是微媒介"新的尺度"带来的变化。生产型社会,商品的价格由价值决定;消费型社会,符号决定了商品的价格;生产—消费型社会,微媒介用户生产的产品是免费的,以"分享"为核心,即使"打赏"也凭其他用户的心情,买单的不是消费者,而是一个"第三方"。比如微信公众号"六神磊磊"和被认为最好玩的艺术科普作家微信公众号"顾爷"等,其粉丝甚众,为其内容"买单"的并不是读者和用户,而是投放广告的商家。

  微媒介促使生产者和消费者身份的"同一",也有一些需要注意的问题。比如生产的专业性是否能够保证?在新闻生产这一领域,微媒介用户身处"第一现场",在"第一时间"发布了相关的新闻,但是其专业性是否能与传统新闻媒体的提供者相比?新闻的专业素养、新闻的伦理和法规等要求新闻生产要符合专业性要求;还有一些微文的创作,是很难与专业作家相比的;大多数微媒介内容的生产者,并不能产出新的知识和思想,而是扮演着"知识的搬运工"的角色。他们在微媒介时代横空出世,"一出世就风华正茂"。他们准确地把握了新媒体时代的"脉搏",谙熟人们的阅读和兴趣点,将那些严肃、深刻、经典的内容做了轻松化、浅易化、流行化、趣味化以及微小化的处理,重新加以分装和包装。他们用"狡黠而好玩"的方式将历史、文化、艺术、政治、经济、社会等经典加以碎片化、可视化和轻浅化处理,让很多用户乐此不疲地阅读和"打赏"。公众倾心微阅读,使其在整体性、深入性和连续性阅读方面,越来越艰难。生产者和消费者身份的"同一",概括地说,带来的第一个问题就是专业性薄弱;第二个问题就是芜杂的信息太多,消耗掉了时间;第三个问题就是在某种程度上降低了文化整体的成色和质量。

二、微文化:一种新的"文化形态"的崛起

毫无疑问,微媒介正在重构人们的生活方式和生活习惯,对传统媒体日益疏离,对微媒介深层嵌入,人们已经不知不觉地按照媒介带来的"新尺度"去安置自己和社会、他人乃至世界的关系。传统媒体时代带来的"仪式感",无论是收看电视还是阅读报纸,或者聚集在一起聆听广播,都已经渐行渐远了,人们在微媒介建构的"可移动"的私人空间里,按照自己的旨趣或者自顾自地生活,或者热心参与公共事务。微媒介造就了一个"微生活时代",微媒介以"微"的形式侵入人们的生活时空,并且带有极大的黏性,吸附着人们的热情和精力,并使之逐渐习惯,人们更容易接受内容的微小且细碎,而无力于宏大和深刻。微媒介制造的新的文化语境与传统媒介主导的社会生活方式和话语表达的矛盾,使个体呈现出了沉浸和拔出的某种矛盾的状态。

### (一) 微文化及其特征

微文化大体上是基于互联网和移动互联网的发展,以微信、微博等新媒介为传播方式,以趣缘为核心,生产和创造以期满足个体以及社群需要的文化产品,并在沟通、交流和分享的过程中,体验情感愉悦和归属愉快的一种文化形态。其中,微信、微博以及其他新媒体方式影响着微文化的生产和消费。微文化崛起的前提就是新媒体技术带来的社会结构、人缘关系、情感模式以及审美趣味发生的诸多变化,从微艺术(微小说、微电影等)到微社会(微公益、微金融等)再到微政治(微博问政等),相同的社会生活经验使人们能够彼此熟悉话语表达的方式、行为方式和生活趣味,没有微生活经验的人将与此相区隔。

微文化作为新的文化形态,突出表现出异质相生、趣缘关联以及平民狂欢化等特点。

**微文化的活力来自异质相生。** 如今,那种"万人空巷"追捧一部电视剧、"洛阳纸贵"般对一部小说的热衷,以及"众口一词"的交相称赞很难看到了,不同内容、不同态度、多元声音交织在一起,微细庞杂,在互动相生中保持着活力。这些

"异质"元素彼此之间并不构成"你死我活"的争夺,虽然观点上的对立和冲突一直"不消停",但不是要"毁灭"对方,而是经过博弈和论证,最终还能做到对各自趣味的尊重。因此,微文化也是一种"混同"的文化,"混同"不是淹没和殖民,而是尊重彼此的存在。比如对2015年度的热门电影《老炮儿》的评论,在"微信场"就存在着激烈的"交锋"。《管虎:致我们终将逝去的老炮儿》一文表达的是"老炮儿是文化,是精神,是一种原本拥有却被高速发展的社会环境逼退蚕食的人性本真。只是,他努力想致敬的老炮儿,最终还是败给了时代。"①这种评论带有极强的个人的经验,同时精英味道浓郁。《在回忆中老去 我所认识的真实的"老炮儿"》②则说"'老炮儿'指的就是老进'炮局'的人。20世纪60年代到80年代,北京胡同里有不少这样的老炮儿,他们还有另外一个名字,叫作'失足青年',再通俗一点就是小流氓,小混混。……可见,和老炮儿相关的记忆有些是非常残酷血腥的,并不是什么光辉的印记。"这篇评论似乎重现了当年"老炮儿"的身份,将精英主义怀旧式的礼赞拉回平民化的立场。《老炮儿不老 江湖不死》③一文则拥有10万＋的阅读量,也是在礼赞"老炮儿精神"。一部电影引发了各种讨论,一时间各种观点都得到了"发酵"。不同的声音在"微信场"中争鸣和交锋,这或许是一件好事,至少通过"异质"的声响可以对一个问题有了多个角度的审视,总比千篇一律的"点赞"要来得生动和深刻得多。"共存"和"各自安好"体现了微文化的包容性和吸纳性,或者可以类比一下,相对于一片被修剪过的整齐划一的标准的草坪,这是一个杂草丛生的园子,各种野草、花朵和树木共生其中,形成了一个"自在"的生态圈,虽然彼此之间也会抢占和挤压,但又同时构成相互的制约,因此,也就可以各自繁茂、各自芳香。

**微文化的稳定性是基于趣缘关联的。**趣缘关系建立在共同的兴趣爱好、价值取向之上,由趣缘构成的社群,微小而具体、微观且深入。"趣味"是带有强烈个体性的表达,基于趣味而结缘的群体,并不追求普遍认同,但要标示身份,因此坚持趣味的纯正性,更易形成风格化,风格就是标签,就是差异性的表现。大数据对趣缘相近的人进行区分,并在相关信息推送的过程中不断壮大趣缘社群。微媒介上的"趣味共同体"不计其数,个体在微媒介上的浏览轨迹就是其精神轨迹和趣味选择的路径,微媒介会推荐你所感兴趣的圈子,尽管这些推荐具有一定的模糊性,但是个体可以通过自己的判断来选择和过滤一些圈子,自主选择"同

---

① 徐雯:《管虎:致我们终将逝去的老炮儿》,微信公众号:博客天下,2015-12-24。
② 张鹏:《在回忆中老去 我所认识的真实的"老炮儿"》,微信公众号:京范儿,2015-12-28。
③ 猫君:《老炮儿不老 江湖不死》,微信公众号:电影头条,2015-12-27。

路人"。此外,由微媒介建立起来的即时互动的社交关系,在很大程度上规避了以往趣缘社群的偶发性和不稳定性等局限。这种趣缘关联可以主动加入也可能是被动邀约。关注微信公众号,也是个人趣味、爱好和立场的彰显。比如微信公众号《为你读诗》,每天的阅读人数都在 10 万＋左右,形成了一个稳定而执着的趣缘群体。基于趣缘关联结成的文化社群,有鲜明的个人特征、强烈的自我确认以及坚挺的独特品质,不追求将自己的趣味普泛化和大众化,但是拒绝任何同化和指导。借助微信和微博平台,有了召唤"趣缘同路人"的条件,同时也有了趣味的"演练场"。达成"趣味共识"的个体,不再是作壁上观的姿态,而是真正的参与、体验和共享。

**微文化中平民"狂欢化"的特质。**微媒介最大的优势就是解放了个体,给平民发声的机会,成就了一个"人人都是麦克风"的时代。传统媒体的议程设置决定了大众可以看到什么、什么会成为热点,并且引导舆论的走向。大众的主动性是有限的,如果像菲斯克说的那样只是青年人在牛仔裤上弄几个洞洞或者把宽大裤腿弄窄了,就是一种"抵抗",那么这种主动性影响还是微弱的,不在公共媒体上发出声音,大众仍旧是"沉默的大多数"。微媒介跨越了传统大众媒体建立起来的门槛,使个体的声音、思想、智慧和创意都有表达的平台,平民得到最大限度的"解放"。平民声音进入主流话语场,颇受关注。"'微'文化是一种草根参与的文化,一种祛魅的平民文化,一个去精英化时代的草根文化。'微'文化的重要特征之一就是低门槛(微投资),'想拍就拍','想唱就唱'。"[1]微文化的崛起使社会的总体文化呈现出"下沉"的趋势,这里的"下沉"意味着文化走出精英主导,但并不意味着精英被平民挤压到一隅,而是精英和草根同台共舞,一起狂欢。这就是新的媒介方式带来的开放性和民主性,彼此在接纳中对话交锋、交流互动、相辅相生。精英和平民之间的这种二元立场,并不会因为微媒介的存在就发生了根本性弥合与交融,也不必去追问精英群体对平民的邀约是否真诚,但是微媒介已经释放了草根(平民)蕴含的巨大的活力,也推动了微文化的崛起。微文化的主体,除了青年,越来越多的中老年人也形成了各自的部落,他们代表着另一个年代的声音和立场,与青年群体交声相和。代际的碰撞与交流、历史与现实之间的互询与解释、对事实与价值的追问,在不断的博弈、对抗、让渡和接纳之中实现了共识的达成。部落的属性虽然相异,但又混同在一起,该参与的时候参与,大多数时间是自娱自乐、相互取暖。

---

[1] 陶东风:《理解微时代的微文化》,http://blog.ifeng.com/article/30879658.html。

(二) 关于微文化的反思

微文化只是社会总体文化构成的一部分,任何一种新媒介的出现并不是简单地取代旧媒介,而是新旧共生的一种状态。新的媒介可能会成就一种新的文化类型,不过,既有文化带有巨大的整合力量,将新兴文化吸附、吞噬、反刍和释放,最终实现文化的融合。在新的文化形态崛起的过程中,任何带有结论性的判断都显得过于匆遽,因为所有的现象、感觉和经验都处在一种漂浮的状态,还没有经过稀释和沉淀,因此,本讲只能在特征和经验的描述上加以说明,尽可能对微媒介引发的人与自我、人与他人的关系变化,人的存在以及人与社会的关系作出说明。

1. 强制的"在场"

人们已经意识到了自己被深深地嵌入微媒介的生活方式中。这是因为微媒介有一个其他媒介方式无法比拟的功能,就是借助于移动互联网,人们随时随地可以"在线、在场"。这里的"在场",有两个维度:第一是真实的在场,人处在实际的地理空间当中;第二种是虚拟的"在场",即人并不一定真实的"在场",是基于"在线"而实现的"在场",甚至是被想象为"在场"的状态。

前文在论述时空感的问题时已经提到"在场"和"缺席"问题,这里则偏重文化的阐释。"在场"的人是拥有权力的、可参与规则的制定、表达自己的想法、拥有信息的知情权;"缺席"则会"失语""失声",甚至被边缘化。无论是人们日常的社会交往,还是政治生活,"在场"是人对自身存在感的"情景化"想象。人们热衷于微媒介的社交生活,无论是参与公共事务,还是私人"朋友圈"的活动,都是人的潜意识对"在场"的需求。微媒介也确实帮助人们成为一个"在场者",比如一个人很可能无意间就亲历了一个"大事件",甚至是成为"大事件"的"现场直播者"。人们无论穿行在城市,还是游走在乡村,无论是固守一张办公桌,还是浪迹天涯,微媒介都呈现出一个个"在场"的人,"我在哪","我在做什么","我在想什么","我遇到了什么"。这里的"在场性"有了双重的含义:一方面是真实的"我在现场"的空间呈现;一方面是"我的存在感",通过发微博、发微信"朋友圈",不断刷新自己的信息,通过文字、图片和视频等方式,告知"我在这里",呈现出一个人在社会群体中的"在场"。"在场"除了能为社交提供话题和信息,还能够形成集体"注意"。比如"围观改变中国",强调的就是"在场"构成的群体性压力,试图影响一些事件,推动一些社会问题的解决。这种"在场"实际上既可以身心合一,即一个人真实的"在场",也可以身心分离,身体可能并不"在场",但是通过"在线"的方式实现了"在场"。

不过，随着人们对于"在场"经验的认知已经超越了最初的新奇和好玩，进入到一个熟悉和疲惫的阶段，人们发现这种"在场"实际上构成了对人诸多的限制。个人以一种牺牲自由和时间的方式，被动地嵌入了一个巨大的社会网络，并且微媒介对生活的影响也不再是外部的，而是从内部重构了人们的生活习惯和生活方式。这种"在场"，已经由一种主动的介入转向被动的嵌入。这个问题，实际上也是人与技术之间形成的经久不衰的矛盾关系，技术对于人来讲是一把"双刃剑"。在真实的时空和微媒介的时空相互转换中，人们越来越疲惫，微媒介上的信息和社交都会不时地闯入人们真实的时空之中，构成相互的打扰或者中断。

这种强制的"在场"，实际上是微媒介对人的控制，构成对人的异化。有人曾写过一篇文章《微博控》①，这篇文章描述了一个人起床、刷牙、吃饭、坐地铁、工作、聚会、晚上回家、上床睡觉甚至做梦都在刷微博。"玩微博本来是一种生活方式，现在成了生活。"虽然这只是用调侃和打趣的方式讲述了一个人一天的微博生活，但是其中却隐藏着人与微博之间的"异化"关系。人之于微媒介，是控制、掌握、支配、使用的关系；但是，类似于微博控、微信控，已经将这个人与物之间的关系颠倒，人被微博、微信所控制、支配甚至是驱使。人创造出了微博、微信，本来是为人所用、服务于人，但是却成了支配性力量，人被微媒介绑架。这就是微媒介造成的人的"异化"，即人生产出了其对立面，并且被对立面所支配。比如，微博占据的不但是人的碎片化的时间，而且将人的时间碎片化。微博本来是一种生活方式，最初叫"玩微博"，以微博为乐，现在叫"微博控"，不是人控制了微博，而是人被微博控制。看别人的微博，是一种窥视；他人做了什么、想了什么、玩了什么、过着怎样的生活；在微博上晒自己，是一种炫耀，想告诉别人自己做了什么、想了什么、喜好什么、去过哪里；微博被转发和点赞，是他人对自己的观点、品味、趣味的肯定；微博被热议，说明自己被关注、有话题性、存在感十足。总之，微博在控制人的时候，实际上也是人在社群中显现的和隐秘的想法通过微博呈现的过程。

有人认为微博用户的"在场"并不是强制性的，可以选择"围观"，也可以选择"不关注"，而微信对人的"在场"是带有强制性的，带有"不得不"的意味。马克思说，人的本质是"一切社会关系的总和"，人存在于社会之中，与不同的人构成各种各样的关系，整个社会也是一个巨大的社交网络。微信将这个巨大的社交网络即时地连接起来，随时进行交流和互动。因此，一些松散的社会关系，也变得

---

① @琢磨先生：《微博控》，http://blog.sina.com.cn/s/blog_634392670101cf6e.html。

紧密起来。微信成为座机/手机电话、电邮、短信等的替代者,虽然这种替代还不是全面的,但是就信息的沟通和社交的需要来讲,人们已经被绑缚在微信上。如果一个人想摆脱这种被动的"实时在场"状态,就意味着"去语境化",对社交群体的疏离,这样的结果将是一个人的话语权被"含蓄"地剥夺,这也是一个人被边缘化的开始。

微信群是黏住用户的一种非常有效的方式,每个微信群都是一种社会关系构成。人们加入微信群,是为了建立某种关系;人们不能离开微信群,是因为人们难以割断某种社会关系。"群居相切磋",这也是中国自有的传统,人的价值需要在群体中实现。微信群种类繁多,朋友群、生活群、工作群等,这实际上是个人在真实生活中的关系,从"线下"进入"线上"。个人社交的多个方面,都是通过微信群实现的,一旦疏离或者拒绝,生活和工作将会受到很大的影响,因为信息的发布者假定所有人都在"微信群"中,不必考虑对方是否接收得到。人已经进入微信所编制的结构,个人已经被假定处在一个"在场"的语境之下。这是一种强制的"绑定",想保持不被外界打扰,拥有一点儿"自由自在"的闲暇,是很困难的。因此,微信带来的影响就是人的不得不"在场",从最开始好奇地进入到如今无法摆脱的依附,与其说是微信的巨大的社交黏性,不如说是微信已经重构了人们的生活方式。

麦克卢汉说:"新媒介不仅是机械性小玩意,为我们创造了幻觉世界;它们还是新的语言,具有崭新而独特的表现力量。"[①]微媒介时时更新讯息,永不停歇地流动,如果人不能控制自己的行为,被裹挟到巨大的信息涡流中,信息的无边界以及人的自控力的匮乏,将导致人们很容易被技术所控制。因此,一些人不想被微媒介控制,强制与微媒介断裂。微媒介就像电视刚刚出现一样,电视对人的闲暇的占据,使人际关系、人与自我的关系、人与社会的关系都发生了变化。如今,人们并不认为电视是可怕的"洪水猛兽",对于微媒介,人最终能不能逃离这种控制,取决于人的理性,抑或出现一种新的替代性的媒介形式。

2. 自我的"假面"

媒介建构了人们对于世界的想象,人们会根据这种想象调整自身,使自己更好地适应与外在世界的对话与交流。微媒介出现后,人们热衷于让"世界"看到"自我"的模样。微媒介的私人属性,使人们习惯地将微媒介视为"自留地",抒发感慨、介绍经历、表达观点、彰显趣味等;微媒介的社交属性,使其成为个人社交

---

[①] 〔加〕埃里克·麦克卢汉、弗兰克·秦格龙编:《麦克卢汉精粹》,何道宽译,南京大学出版社2000年版,第408页。

平台，自娱性和分享性突出。通过个人的微信或者微博可以找出其隐藏的精神和情感脉络，即使这样，微媒介中人的自我呈现，仍带有某种"假面"性。也就是说，人们并不以真实的状态呈现于微媒介中，而是提供一个经由美饰的"想象化"的呈现，以自我满足的心态供他人点赞和评论，供自己欣赏。人们沉浸在自我陶醉中，正如前文所言是建立了一个"超我"的形象。正如人们给自己申请的微博账号或者微信名字一样，很多人并不是以实名的方式呈现的，而是以自己的兴趣、喜好为自己创造一个名字。人们迷恋社交媒介，也是因为这种社交方式，以"亦假亦真"的方式呈现自己，这个被呈现的"我"，是通过微媒介实现的自我形象的再生产，是想象化的表现。这里所说的"假面"是一个中性词，并不带有褒义或者贬义，只是为了说明微媒介中私人化的表述的现实状态。人们在一般的社会生活中，不可能充分显现自己的全部，总是具有片面性，因此微媒介提供了一个平台，可以通过微媒介呈现自身的丰富性，这理应是个人存在的充分性表现。但是，随着人们对微媒介使用的深入，人们慢慢地发现这种以分享、交流为目的的微媒介，越来越多的是个人在微媒介上以各种美饰的状态呈现，在刷自我存在感的同时，也是对想象性自我的迷恋。

微信上的各种"晒"，就是人的自我理想化的"再现"。在自娱的同时也供他人欣赏和分享。"晒"的本意是把东西放在阳光之下，接受阳光的照射，使其干燥，引申为公开展示、毫无遮掩之意。晒也是英文"share"的音译，与人分享，炫一炫的意思。"晒"就是一种"秀"（show），一种自我展示："我在哪""我是谁""我的长相""我的趣味""我的喜好""我的生活方式"等，是个人生活的"直播现场"。微信用户在自娱自乐中世俗地生活着，日常生活是微信内容最稳定的主题。斯坦福大学心理学教授埃丽亚斯认为，人们在互联网上的活动让我们变得更加自恋——过强的自我表现欲望和自认理所应当的特权感，所以，这种"晒"也遭遇吐槽，但是人们仍旧乐此不疲。晒也好，秀也罢，人们乐意将自己的生活随时随地地分享给"朋友圈"中的人，在某种程度上也存在着"夸耀式"的心理：初级的晒美颜，各种45度角仰拍以及美图秀秀修饰而成的童颜美脸；中级的晒旅行，各种高山大海晨曦微明斜阳落山，坚信人生需要在路上；高级的晒趣味，越小众就越高冷，不动声色中使自己秀异出众。阿尔都塞对意识形态的界定就是人与世界的想象性的关系的再现，其实微媒介中的人，通过私人化的表述和呈现，一方面实现了自我与现实的想象性关系的构建，另一方面，也在他人那里获得了自己所认可和期待的那种"形象"。

微信中的个人自娱带有强烈的对他人观赏和评论的要求，并在他人的点赞和评论中获得存在感和满足感，显现出另一种"自我中心化"的特征。比如"你看我看你"①这个微信公众号的名字很值得玩味。"你在看我是如何看你",这种视点的转换,实际上包含了他人在自我心中的模样,以及自我在他人心中的模样,即"你看我,我看你"。自我的尺度是在他人的尺度中得到确定的。一方面是我要知道你是如何看的、如何想的,然后借由"你"的想法来满足"我"对于"你"观看的心理需要:点赞的越多,评论得越给力,会使"我"获得更大的满足;另一方面,"我"也要让"你"知道,"我"是如何看"你"的,"我"给予了"你"怎样的回应和互动,以此来表明"你"在"我""朋友圈"中的位置和分量。人们乐此不疲地在点赞和被点赞的互动往来中,将"朋友圈"演变成一个巨大的直播室,"你方唱罢我登场",互相鼓掌、互相喝彩,并因此感到愉悦和满足。人与人之间是否有深度的情感交流、是否有深度的心灵互慰已经不重要,微信的自娱性使人与人之间的往来成为一种"蜻蜓点水式"的互相捧场。这也是个人衡量自身是否在"朋友圈"中有"视野"和"见识"的一个"尺度",人们在"他者"的尺度中调整、修正和改变自我的呈现方式,这种呈现带有极强的"表演性"和自我美化性,人们以想象的方式再现自己并以此作为他人认识自己的方式。

3. 隐含的"区分"

微媒介制造了一个"人人都是麦克风"的年代。人们可以表达自己的声音、想法和态度,其构建的"超大话语场"似乎是一场"全民性的狂欢",狂欢的本质就是打破了等级和秩序,抹平了人与人之间基于阶层、趣味、身份的界限,微媒介似乎给了每个人平等的机会。实际上,不同阶层之间分隔的界限不但没有模糊,反而更加分明,只不过这种"区分"是通过隐蔽和不经意的方式实现的,即"以用为先"。这种"以用为先"的功能设计,以实用、效率和便捷为目的,据此对微媒介的界面、内容、形式和用法等方面进行设计,用户体验成为首要考虑的内容。技术实现了用户对媒介的功能需求,但是技术也暗含着某种"赋权",即根据实名认证或者用户在微媒介上的"痕迹",判定用户的趣味、偏好,并对使用者身份进行了"区分",将个人镶嵌在他所属的"圈层"之内。

以新浪微博"微博找人"划分为例:

第一个层级就是"名人"。名人微博主要有娱乐明星、企业名流、艺术家、政府官员、媒体精英等。就关注量而言,名人微博拥有庞大体量的粉丝,动辄千万级别的粉丝数量,其影响力不亚于中央级媒体,这也就是常说的"大V"。大V和新浪微博之间是相互依存的关系,微博需要大V来增加用户,大V需要粉丝,现在流行的粉丝经济、粉丝电影,微博的崛起成为其重要的推动力。

---

① 微信公众号"你看我看你"是青年学者许苗苗的个人微信公众号。

## 第十讲 微媒介与微文化

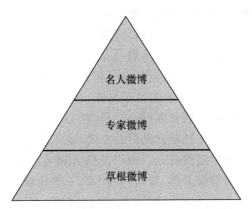

第二层级就是"专家"。在一个"专家型"社会,专家是问题的提出者、解释者和解决者。一般来讲,专家是经过系统的知识学习和专业的学术训练,能够对问题给予有效分析和解释的人,因此,专家在社会阶层中无疑属于能够主导话语权的一类人,也有较大的粉丝量。

第三个层级是"草根"。虽然新浪"微博找人"的划分有些含混,后面的"兴趣"和"机构"已经有些偏离"找人"的范畴,但是有一点是很清楚的,就是在"名人""专家"之后,微博中最庞大的使用群体,就是"草根"阶层。

如果按照金字塔形状来划分的话,居于塔尖的是"名人微博",人数最少,但是影响力最大;居于中间的是"专家微博",人数较多,他们也拥有大量的粉丝,并且因为其专业的观点和看法,往往对公众影响也较大;"草根微博"从数量上看属于正金字塔的底座,人数最多,但是从被关注的角度而言,他们又属于倒金字塔的底座,被关注少,且并无多大的个人影响力。关注格局呈"倒金字塔"式,塔尖的人拥有最多的关注者,因此也是最有话语权的。通过微博用户体验和使用角度来划分,已经隐含着"区分";在这个"场域"中存在着不同身份的人,谁来发声,谁有话语权和影响力,就决定了"谁"与众不同。显然,拥有较多经济资本、社会资本和文化资本的人,拥有更多的话语权。虽然微博制造了一个"人人都是麦克风的时代",但是麦克风的音量是不一样的。名人、明星、专家是拥有话语权力的人,成了意见领袖。虽然人人都有话语权,但是传播依然通过意见领袖发生作用,并引导舆论走向。微博对于用户的划分,隐含了对社会阶层划分的事实。技术的发展与文化之间构成的互文关系从来就不是简单的,当人们热情拥抱微博,传统媒体也在为微博的积极作用背书的时候,也应该意识到它的优势和局限是并存的。

与微博的"广场化"不同,微信建构的是一个"圈子化"的空间。"朋友圈"实际上就是一个人的社交网络。首先,"朋友圈"对一个人所处的"社会场"做出了区分:你能够成为谁的朋友,以及谁可以成为你的朋友;其次,"朋友圈"是私人属地,"不是你想进就能进的",需要筛选和考量,这也是对一个人的社会阶层的划分,个体的价值很容易在"圈子"里得到确认和实现。"朋友圈"属于一个熟人、半熟人关系建立的线上社群,这个社群基于品味、旨趣、习惯、社会影响而结成。相对于微博的分级和标签化,"朋友圈"更加"任性":对于趣味、观点和态度不相同的,可以屏蔽对方,不让对方观看自己的朋友圈,或者自己不看对方的朋友圈,这是自我进行的"圈层"的划定和区分。由于是熟人和半熟人的关系,微信用户认为这个平台能够给予自身安全感,所以,也会"晒"一些比较私人化的内容,

假如《红楼梦》中的人物也有朋友圈

比如个人的生活、爱好、品位、信仰、行为方式以及社会立场等。通过其"朋友圈"中发布的信息,可以了解或者判断一个人的性格特点、兴趣爱好以及生活方式等。实际上,这也是一个人"文化资本"的显现,别人也会据此来选择是观看还是"屏蔽"。"观看"或者"屏蔽"这两个简单的技术操作隐匿了社会的"区隔",即是否同属一个"圈层",这是一个人在社会中的"位置"的确认。

## 结　语

微媒介带来的"新尺度",影响了人的时空感知,形成了对媒介公共性和私人性新的经验和理解,也建立了媒介内容生产和消费的新的思考维度。或许微媒介的"新尺度"还不仅局限于这些,因为任何一种媒介方式的演变,对于社会的影响都是缓慢而长久的。正如媒介文化研究学者所言:"媒介手段的变化会改变文化的形态,新媒介带来新文化,但是传统文化的内容会浓缩成某种形式(我们有时称之为精神),保留下来。"① 当下,我们生活在新的媒介方式——微博、微信——构筑的现实生活中,感受着一种新的文化形态崛起,身处其中,既欣欣然拥抱,也应对此保持适当的警醒。人们在对当下文化呈现出的新问题和新情况"归功"的同时,也在"归咎"于微媒介。但是,改变是不可逆转的历史趋势,只是在改变中,如何能够让世界变得更好,恐怕是今天和以后的人们需要思索的吧。

---

① 蒋原伦:《儒学的去势与信仰》,载《读书》2008年第11期。

## 核心概念

内爆　媒介的新尺度　时空感　公共性　私人性　自我　在场　区隔

## 思考与讨论

1. 微媒介带来了怎样的"新尺度"?
2. 如何理解微媒介的"公共性"和"私人性"问题?
3. 如何理解微媒介带来的"时空感"变化,以及由此带来的影响?
4. 如何理解朋友圈中的各种"晒"现象?
5. 为什么说微媒介使人处于"强制"的在场状态?
6. 如何理解微媒介隐含了人的社会"区隔"?

# 第十一讲　网络聊天与电子语言

## 一、网络延伸了聊天

网络聊天是当今年轻人的社交工具，也是他们娱乐和消遣的方式。每个时代的年轻人都有自己的不同于前辈的生活方式，但是网络聊天不仅在一些具体的行为上改变着年轻人的交际和处世方式，还以惊人的速度，在许多方面改变着我们的传统和文化，就因为网络是一种新媒体，新媒体生成新的文化。

### （一）聊天——被忽略的传播活动

聊天一般是指三两个人之间的交谈。这种交谈并没有明确的方向，既不是想就某一问题达成共识，也不是交谈的一方要取得某种结果，只是交谈双方或多方的随机交流，可以是家长里短，也可以是海阔天空，但是都没有实用目的，所以聊天也被称作闲谈或闲聊。在电话没有产生之前，聊天是面对面的交谈活动。追溯聊天的历史一直可以到人类的起源，肯定比当年那句著名的语录"凡有人群的地方就有左、中、右"的历史还要早。可惜在人类漫长的历史中，我们几乎找不到这类聊天的记录，原始人之间的聊天当然不可能有什么记录（我们推想他们当初比比划划，一定是留下一些痕迹的，只是雪泥鸿爪经不起时间的磨砺），就是有了文字之后，仍然没有这方面的文献和资料。试想，那时记录一些东西何其难也，又是龟甲，又是青铜，刀刻火攻，还要具备一定的专业技术，即便是摆弄竹简，也颇费事，要劈竹子，找编竹子的皮绳，磨快刀具，等到这些东西全备齐了，聊天的兴致也荡然无存了。而且，那时教育并不普及，大多数人聊的无论是家长里短，还是怪力乱神，都不可能留下任何相关记录，因此人类日常生活中的很重要的一部分内容注定会湮没无闻。

当然，这里并不想给聊天下一个本质论式的定义，例如聊天是交谈双方或各方的无功利、平等的对话，或聊天是专指言不及义的和无聊的交谈，再或者聊天是人类情感宣泄的主要渠道。因为一个简单的定义无法界说人类复杂多变的情感和心理活动，特别是这些活动又是以言谈的方式——人类交往的最基本也是最原始的方式来进行。

不过有一点可以肯定,聊天是最被忽视的日常活动,被忽视的原因是同它的无效性和无意义性相关联的。聊天不产生任何效益,也没有严肃的意义,或者说任何有效益的交谈,有意义的话题都不被划入聊天的范围。无论是会谈、晤面、磋商、讨论、交流、商榷、促膝谈心……都比聊天有价值,讲政治、谈生意、切磋学问等等更是意义重大。另外,所有严肃的、有意义的交谈也都不归聊天管,所以尽管聊天的内容范围最广,上至天文地理,下至鸡毛蒜皮,可是认真落实起来,没有自己独立的领域,因此一旦某人表示自己所谈的话无甚意义时,就自谦为"随便聊聊",也就是说,只有聊聊是无足轻重的,可以被忽略的。

聊天的被忽略还可以从电话传播研究的不被关注得到印证。按照美国著名传播学家罗杰斯的说法,从1945年到1982年,世界范围内电话用户的数量从4100万增加到4.94亿(增加了1200%),而这一媒体的效果却被忽略了。也就是说,聊天或者通过电话聊天,不在传播学研究的范围之中。当初传播学学者所概括的传播模式是单向的,由一方向另一方传播,如拉斯韦尔的五个W(谁、说什么、通过什么渠道、对谁说、产生了何种效果),在传播学界几乎家喻户晓。人们想到了各种传播手段和方式,广播、报纸、电影、广告、演讲、舆论、标语和传单等,然而对于电话这样一个交互性的媒体,居然没有给予必要的重视。罗杰斯给出的解释是,"在传播学开始之前,电话已在美国家庭中广泛地普及,所以有关电话的研究就被忽略了"[①]。这是由于习以为常的缘故,再或者电话只涉及两个人之间的私密性谈话,和"传播学学者的效果模式不相吻合",电话传播就被研究者遗忘了。在美国学者洛厄里和德弗勒于1995年出版的《大众传播学研究的里程碑》一书中,共树立了14座里程碑:20世纪20年代的电影对于少年儿童影响的研究;30年代的"火星人入侵地球"广播所造成的美国人恐慌的社会心理研究;40年代的政治选举中大众媒体的影响以及"意见领袖"作用的研究;对日间广播连续剧听众的调查研究;社会学家对杂交玉米种子推广过程的考察所反映的"创新—采纳"的传播过程研究;第二次世界大战中用电影来鼓舞盟军士气的研究;40至60年代的各种说服效果的系统的心理实验研究;50年代的对传单和标语的传播效果方面的研究;50至60年代的电视对儿童生活影响的研究;70年代的大众媒体(如报刊等)"议程设置功能"研究;60至70年代的媒介中暴力内容与社会犯罪率的关系研究;70至80年代的电视社会化功能及其对各种社会行为影响的效果研究;等等。这14座里程碑涉及了大众媒体的方方面面,就是对

---

[①] E.M.罗杰斯:《传播学史》,殷晓蓉译,上海译文出版社2001年版,第332页。

电话媒体视而不见。电话太普通了,传播方式基本上是一对一的,难有大作为,它只是使得人们交谈方便而已,而日常的交谈和闲聊显然没有什么重要的研究价值。

### (二)聊天史上的里程碑

电话研究不入大众传播学之主流,但是,电话的出现无疑是聊天史上的重大里程碑。自从发明了电话,人们的聊天空间有了很大的拓展,电话使人不受空间条件的限制,跨越距离的障碍,既能隔山相聊越海而谈,也能地对空、空对地或空对空地神侃(当然是借助无线电话)。

电话的发明不是为了聊天的便利,正像留声机的发明当初不是为了听音乐(据说是为了雇员们能更加准确地记录老板的指示而制造)。但是有了电话,首先带来的是聊天的机会,增加了聊天的频率。除了前面提及的跨越空间障碍,在时间上也自由了许多,交谈双方不必一定腾出一段专门的时间来聊天,可以零敲碎打地聊,见缝插针地聊,断断续续地聊,边处理手头的事情边聊,不分昼夜地聊(因此,广播电台也就有了"午夜热线"这类节目)等。当然这种自由,还会扩展到时间以外的方面,如姿态、穿戴等,如既可以正襟危坐在椅子上聊,也可以斜躺在浴缸里聊,既可以穿戴整齐地聊,也可以裹着棉被或毛巾毯聊。

其实电话在传播各种消息上,特别是小道消息方面有神奇的、不可小觑的威力,只是其私密性使之不便进入传媒研究的大雅之堂,而它的日常聊天功能又将其他功能掩盖了(至于电话的其他社会功能,如交换信息和解决各种事务的功能,也很有研究价值;特别是在政治或经济决策及其密谋中的重大作用、军事政变中的关键效能等等应该另案研究。如果把这方面可以搜集到的材料加以排比归类整理,一定很有价值,更有巨大的意义)。但是无论如何,就聊天领域而言,电话媒体的巨大作用是史无前例的,喜欢喝粥又喜欢闲聊的南方人为此专门发明了一个词——"煲电话粥",用来形容这一情形。煲粥需要时间、温度、火候还有作料等,这些在聊天中也是不可或缺的。在日常生活中,每个人在情感上多大程度上依赖电话,可以从喜不喜欢聊天上找到答案。

里程碑当然不会只有孤零零的一块,电话之后,网络聊天是人类聊天史上的又一里程碑,开辟了人类聊天的新天地。这里不能不谈谈网络聊天的技术手段。聊天在短短几年间成为年轻人的乐园,就是因为网络技术带来的便利。

### (三)网络聊天的技术路径

随着网络技术的发展,网络聊天工具不断增加、进步,从早期多人同步聊天室、电子布告牌系统 BBS，到后来比较普遍的在线聊天软件如 ICQ、QQ、MSN，以及一些网站提供的即时短消息服务等，不断更新换代的聊天工具相应展现出新的网络人际交往特色。

  聊天室是网络上较早的聊天交流场所。它向网络公众提供虚拟交流空间。人们可以随时加入，以文字方式进行交流。其中每个人有一个代号，它与我们如今熟悉的网络身份（ID）不同，能够随意更改，并不是相对固定的。聊天室就像一个众声喧哗的公众场合，诸多陌生且易变的代号挤在一个充斥文字的空间里。人们可以随意找自己感兴趣的人（代号）去聊天。由于对用户身份要求不严格，具有很大的开放性和自由度，早期的聊天室人员经常爆满，发布的话语也很容易被淹没，并不能真正达到有效交流的目的。由于环境喧哗嘈杂，在聊天室中人们很难找到特定的人或者让特定的人注意自己，完全像是在自由集市上喊话一般，大多数人都是自说自话，或是随机找人聊上几句。要引起注意，就需要有特色：由于多以文字表达，聊天室里怪异的文字色彩、特殊的代号昵称、飞快的更新速度等成为引人注目之处。热门网络聊天室能使人们以最快的速度接触到最多陌生人，但是否有人注意到你则是个问题。

  "聊天软件"顾名思义是针对网络聊天需求开发的专门软件，它增加了网络聊天的应用便利性和参与人员的广泛程度，因此迅速成为主流聊天工具。目前影响较大的最早的聊天软件 ICQ 诞生于 1996 年，由三个年轻的以色列人开发，原本只是为彼此间即时在网上联系而设计。ICQ 是 I Seek You 的缩写，从名字上就体现出了找朋友的愿望。后来，"美国在线"收购了这款软件，它从私人交流的玩具式程序发展为拥有上亿用户的主流聊天产品。虽然网络技术日新月异，但 ICQ 所开创的聊天软件基本模式到今天仍然为各类聊天软件沿用。1999 年起，中国开发者研制出大批类似的在线即时通信软件，腾讯 QQ 的前身 OICQ 就是这时推出的。如今，它已成为受到国人广泛喜爱、使用范围覆盖面极广的一款聊天软件，与微软研发的 MSN 共同瓜分了大部分国内聊天软件市场的天下。QQ 的特点即在满足基本需求的同时，极大地增加了人性化的情感色彩：个性头像、动漫表情、随心情选择的皮肤（面板颜色）……它有针对性地克服了 ICQ 界面简单、不够生动的缺陷，不仅能够传递文字信息，还存储了大量生动的图释、表情、动漫效果等，在聊天的趣味性方面更胜一筹。

  一般概念中的网络聊天，指即时传输的在线交流，但在网络社区留言板、BBS 系统、站内短消息中的谈话方式和内容其实也具有聊天性质。BBS 系统是网络上又一重要互动领域。由于社区主题限制、版主管理措施等，BBS 话题比较规范有节制，不像聊天软件那样有对象的针对性，但也不像聊天室那样漫无目的。BBS上的帖子是面向一群人的发言,而回复者则是有针对性的。虽然社区主题总体而言就事论事,但各个回帖中依然不乏聊天、灌水、吹捧、打情骂俏、插科打诨的聊天行为。这种聊天既针对发帖人,也针对社区中熟悉的ID,它们共同构成不可或缺的社区人际网络和情感氛围。一些网站提供站内短消息供注册成员私下交流,但它们多半用来交换一些不宜公开的信息,在使用广度和频率上没有在全体社区成员面前的公众言语来得受欢迎。邮件列表是与BBS和站内短信在对象群体上相似的聊天模式,它通过电子邮件向一群加入列表的对象传递消息,目前多半应用于特定网站向用户群的发送,个人之间聊天已经很少采用这种形式。

不同的聊天软件对网络上的人际关系产生影响,呈现出不同的特色。

聊天室里的人际交往是浅层次、浮泛化的,一些管理欠缺的聊天室甚至成为机器人程序发布非法小广告的场所,嘈杂混乱。因此,在经历过最初的新鲜感后,这种聊天方式很快被人们遗忘。早期聊天室虽然也热闹过一阵,如今也已不再是主流聊天形式,但它有两个重要的特点:一是支持多人同时在线,向公众开放;二是即时交流,无法保留痕迹或更改。其中所体现出的平等、公开、即时等特色,是互联网精神的最直观体现,为大多数初次接触网络的公众提供了开放和平等的机会。如今,一些公司内部需要多方成员参与并发言的网络会议仍然采用聊天室的技术模式。

聊天软件不同于以往向公众开放的聊天室,它可以被看作一个私人空间。使用聊天软件,必须注册个人账号,这个账号是个人在聊天软件中的唯一识别码,也是聊天参与者的相对固定的身份。有了固定的身份,人们就可以在网络中建立起自己独特的人际关系。除了聊天账号,人们还可以为自己起一个聊天昵称,用以标识、突出或弥补自己性格中的某一部分。账号和昵称合起来成为网民的标识。有了账号,网络聊天就有了相对固定的对象和针对性,同时它又是隐秘的,与通常的私人交流感觉类似,人们较容易建立起有亲近感的私人关系。聊天软件的隐秘性、专有性使它成为个人固定的网络身份和形象的象征。

聊天室、聊天软件、BBS构成网络聊天的三大阵地。聊天室是一个嘈杂的公共领域;聊天软件是个人之间的私密领域;BBS介乎两者之间,像是一种熟人之间的半公众性展示。不同领域形成不同的人际交往氛围。从邮件列表、公共聊天室,到网站短消息、即时聊天软件,聊天工具的功能日益丰富。人们的交流欲望是不断延伸和发展的,网络聊天中需要传输的信息和人类的想象力一样丰富。现在,网络聊天工具中不仅仅有语言文字,还有图片、影像、资料、链接等的传递和共享,而且随网络技术的发展有不断拓展的趋势。

手机终端的发展使得网络聊天进一步脱离了固定地点的限制,地铁上、排队时、餐厅里……随时能看到拇指不停按键的身影,他们大多都在聊天交流。早期为省话费而不得不使用的短消息,如今有了更多的功能,短信拜年、搞笑短信成为有特色的文化现象。短信写手也成为一个收入不菲的新兴职业。除短信息外,日益强大的智能手机在功能上已经有取代个人电脑的趋势,不少有远见的电脑软件公司也早早进入了手机领域。实现聊天时电脑、手机的平滑过渡。开着电脑时在电脑上聊,关闭电脑后系统自动将信息发送到手机上——不论你在办公室电脑前敲打键盘,还是已经握着手机来到对方窗前,完全不影响感知效果,真正实现了实时互动。

新技术的发展必然带来功能更强大、形式更多样的聊天方式,对于将来网络聊天的形式我们不必预测,但相信它会更深、更广地介入人际领域,社会交往也会随之呈现新的特色。

### (四) 网络催生新语体

网络聊天有两大特点。一是文字输入聊天,聊天的内容记录在案,有点像供堂的证词。文字是相对于口头而言的,其实网络聊天的文字书写相当口语化,随意、跳跃、颠三倒四,句子不一定完整,逻辑也不严谨,一切看当时的语境而定。当然口语化又绝不是口语,说得夸张一些,网络聊天创造了一种特殊的用语,它混杂了英语、数字、字母、图像标志,频繁使用同音借代、谐音、无厘头的表述方式,这在平时的书面语和口语会话中是比较罕见的。与这种用语相关联的是网络聊天的第二大特点,即陌生人之间的聊天。

网络聊天在某种意义上是为交友的聊天,电话聊天基本上发生在熟人之间,而网络聊天往往在陌生人之间风行,在原先看来是完全陌生的人之间展开,不需中间人介绍,不需寒暄,不作其他方面的铺垫,没有高高低低的门槛,连音容笑貌都无缘一瞥,居然聊得十分投机。这种近乎天方夜谭的事情就发生在今天的网络上,而年轻的陌生人之间的最佳联络方式就是网络新语体。既然网聊为他或她开辟了一个新世界,在这个世界中,人们用的是某种新的通行语言,那么只有先在最表层的用语层面上有某种沟通,然后才可能有进一步的交谈,最后成为网友(更深层的交往也由此前进)。

说到网络用语和语体,不能不关注我们的语言传统。有的学者认为人类的语言文化可以划分为两种传统,即口头传统和书面传统。例如加拿大学者伊尼斯,他原本是一个经济史学家,后来对历史过程中各种媒介的作用感兴趣,他的著作《传播的偏向》探讨的就是文明发展过程与特定媒介形态之间的关系。他认为,传播媒介的性质往往导致文明进程的某种偏向:有的媒介适合知识在时间上的纵向传播(如石刻文字和苏美尔文明的泥版,有时间上的持续性),它们产生时间偏向;有的媒介适合文明在空间中横向传播(如埃及的莎草纸,便于远距离运输),有空间偏向。文明的走向是受媒介性质所限制的。提到文明,人们首先想到的是各民族的语言和文字。伊尼斯也是拿它来说事的,但是他提出了一个新概念"偏向",试图来说明文明的演进是与具体的传播媒介特质相关联的,是媒介的某些特性导致了一种文明朝着某一个方向发展。具体说来,口头语言的传播是在流动的人群中扩散,有空间偏向;而文字的传播,在书卷中延续,有时间偏向。并且它们各自会形成口头传统或书面传统,当然就各有偏向。于是,他将语言媒介所形成的传统大致划分为口头传统和书面传统。

尽管不同时期的媒介有不同的特征,但伊尼斯认为取口头传统/书面传统的两分模式来概括,足以说明历史进程中的某些问题。虽说这两种传统各有特点,也各有自身的偏向,但是,口头传统是伊尼斯最为关注的对象,并认为古希腊文化在这一传统中达到了时间观念和空间观念的平衡。

两分模式往往有效,人们也经常使用它来对对象作知性分析,国人也特别能认同这种划分方式,因为汉语的口语和文字之间的差别比西方拼音文字的言文差别更大,所以在20世纪50年代的大规模扫盲运动中,有人提出用拼音来取代汉字,有利于大众学习文化。① 再往前,五四时期,钱玄同等人就有激进的废除汉字的言论,这里且按下不表。

不过即便是象形文字,口头传统和书面传统是否能截然分开,也是大有疑问的。另外,在拼音文字中,古希腊传统是否就只是归于口头传统?再说书面语传统,如果没有口语作为营养,是会逐渐萎缩的。

当然,它们不能截然分开,但还是分开了,就像大罗马帝国的官方语言拉丁文,后来成了知识精英的身份象征,现在没有一个民族和地区在日常生活中使用它。

但是,电子网络的出现改变了这一两分的划分方式,至少网络聊天无法简单归为书面传统或口头传统。

伊尼斯的时代是没有网络聊天的,无法想象他会如何面对这一新兴媒介。被誉为"电子时代的预言家"的麦克卢汉,也没有料到网络聊天的出现,并会如此火爆,包举宇内,席卷全球。在那本20世纪60年代写就的大作《理解媒介》中,他继承伊尼斯的方式,将口语词和书面词作分别讨论。他在"口语词——邪恶之

---

① 参见吴玉章:《关于汉字简化问题》,载《人民日报》1955年4月7日。

## 第十一讲　网络聊天与电子语言

花?"一节中认为,口语词使人的一切感官深深地卷入其间,人们的语气、手势、音调等等都在发挥作用。书面词则分离并延伸词语的视觉功能,它使有文化的人或社会都培养出了一种能力,就是做任何事情都持相当疏离超脱的态度。他还说书面词使"读书识字者的幻想生活、情感生活和感觉生活,经历了很大的分离"。他还引用柏格森的观点,认为人类语言的产生损害并削弱了原始的"集体无意识的价值观念"①。

如果这位媒介学大师活到今天,恐怕会就网络聊天单写一章。

如果说口头语更多倚仗语境,片言只语就能交流,往往传神,书面语则逻辑严正,用词规范,讲究修辞手法,历久弥新。不同的场合和条件下的不同表达语体会自然形成不同的规范。进入某种规范就要受规范的制约,有时踏入越深,钳制就越大。理想的境界是口语的生动和书面语的严谨合二而一,但是兼容并包并不是一件容易的事情。或许在一个文体写作高手和演讲大师那里,两种语体的转换,会产生出神入化的效果;但一般情况下,两种规范相互排斥,调和起来颇费周折。

网络聊天介于电话聊天(或语音聊天)和文字书信的交往之间,网络聊天既不是口头传统,也无法归为书面传统。在网络聊天中没有电话聊天那般啰唆,也不像书面交谈那般规范。在书面表达中,即便是一张便条,也略需斟酌;反过来,在口头聊天中,音调的变化和语速的快慢会不经意间传达出某些信息。但是网络聊天也兼有两者的共同点,即它既是书写的,又是口语的,有书面语的规范,也有口头语的随意。

在网络聊天中,原有的语体规范限制被消解,日常口语和书面语的交替、掺杂使用,形成新的语体。新的语体并不是要建立新的规范,它不需要聊天者服从什么准则,即便有,也是极短暂的。如果说有,就是每隔一段时期会产生一批新的网络流行语,铺天盖地。

例如,"大话西游"式的或"痞子蔡"式的语体一度流行,但很难给"大话西游"式语体归类,特别是从口语和书面语的两分上划界。

例如从排比的使用上看,这样的句式似乎相当书面化:"我们拍一部电影出来,能有观众看完我们的电影还没睡觉,我们已经是很安慰了。如果看完电影,大家还笑了,那我们已经很高兴很高兴了。如果看完电影,大家还笑了,还跑过来跟你握手,说恭喜你啊,那我们就很高兴很高兴很高兴很高兴了。如果观众把

---

① 〔加〕麦克卢汉:《理解媒介》,何道宽译,商务印书馆 2000 年版,第 115 页。

我的电影里的台词都练出来,那你说我会有多高兴?"①

  书面化不等于书面语,书面的表达不会如此饶舌,而书面的饶舌往往又有奇特的口语特征。饶舌是口语的权利,书面语应该是相对简洁的,貌似书面语的饶舌作为另类表达,在某些场合会偶然照面。但是像以下的饶舌经典,只会在网络聊天中衍生,可以看成是网络耍贫嘴:

> 爱情是零度的冰
> 友情是零度的水,
> 也许我们是最好的冰水混合物吧。
> 走到一起后,
> 升温,会束缚,化为友情的水;
> 降温,会想念,生成爱情的冰。
> 不冷不热间,
> 就是爱情与友情的暧昧
>
> 上网了吧,网恋了吧,幼稚思想受骗了吧?
> 网恋了吧,投入了吧,感情走上绝路了吧?
> 投入了吧,见面了吧,没有以前来电了吧?
> 见面了吧,后悔了吧,美眉变成恐龙了吧?
> 后悔了吧,倒霉了吧,感情投资浪费了吧?
> 倒霉了吧,想死了吧,以后不敢上网了吧?

  当然,书面方式的口语化表达,并不是网络聊天的专利,不必四处寻觅。在正宗的中国文学史上就不乏先例,远的如《诗经》中的国风,即采自民间口头文学,只不过古今殊异,今天念起来佶屈聱牙,成了考据的对象,没有专业学问是无法搞定的。但是在其一唱三叹、反复环绕中,仍能领略到口语的神韵;宋代的话本,是说书人的,再近一点,如清末吴语写成的《海上花列传》,按照台湾著名教授作家张大春的说法,这种纯苏白的写法,不是让"读者看到太多、太细、太具体的海上之花,而是为了他心目中的理想读者得以听到那花丛间轻轻的开落之声"。由此,"韩子云所示范的是另一个路子——他让书面语脱卸了标准化(官话化、主体化、大众化、通行化)的要求,而使书写下来的文字可以在特定的对象(通晓吴

---

① 北大在线提供:《同学们,周星星来了——周星驰与北大学子》,载《南方周末》2001年5月10日,第21版。

语苏白的读者)面前还原成只有这'一隅之地'的人能听且懂的'乐曲'"①。

这类纯方言的文学,由于"听"者寥寥,难能远播,不管是胡适的倡导,称之为"吴语文学的第一部杰作"也好,还是张爱玲刻意的国语化翻译也罢,最终没能使这部以"绝好笔墨"著称的小说火爆起来。

这里不是要作什么类比,显然在网络媒体中,情况有所不同,不仅仅是口语的书面化,也不是方言的大众化,更多的是各种语体的融合,凡是适合网络媒体的用语和表达方式就得到发扬,反之就会被冷落。人们现在已经无法简单地用口头传统和书面传统的两分法来看待网络媒体的语言,必须寻找新的认识视角。

(五)网络延伸了聊天

聊天是交际需要也是心理需要,但是,心理和精神生活并不是完全独立于物质生活和技术手段的,心理活动的复杂程度是与社会生活的各种条件相依存的,是同社会的教育、意识形态、信息获得方式互动的。当初心理学家们将心理活动同人类的其他活动区分开来、作为独立的领域来研究时,未必会注意信息的获得方式。心理活动似与媒介手段无关。但是现在,媒介理论使人们认识到不同的媒介方式的产生和发展在重塑着人们的感官的比例并将新的尺度引入到人类的事务之中,从而在根本上改变着人们的社会生活的结构和内容。当然依据媒介理论,心理学专家们还可以分得更细,如视觉心理、听觉心理、味觉心理等,生理器官的不同功能肯定会对心理产生不同的影响,然而媒介方式的变化,不是仅仅依从某一感觉器官特点的,技术发展的可能性与信息获得方式的变化是由多种因素决定的,因此产生的感觉变化也是多方面的。就以车轮媒介为例,由缓慢的、手推的木轮发展到飞速的钢铁轮子是由运载便利、增进效率的欲求和技术进步来推动的,结果它不仅改变了我们腿脚的速度,似乎缩短了距离和时间,也使得人们的视觉和其他的感知发生了相应的变化,有关时空的心理也随之改变。由此,可以说所谓心理活动是在一定的媒介环境中产生的。难怪麦克卢汉在读解俄国神经生理学家巴甫洛夫的反射学说时特地强调了这一说法,认为不是具体的刺激信号产生了条件反射,而是有效的环境控制产生了预定的实验效果,如果把动物从声音受到控制的,并且温度和其他条件都适宜的实验室移到普通的环境中,这一实验就行不通,这里"真正的调节器实际上是环境,而不是刺激和环境的内容"。

网络技术的出现带来了新的媒介环境,这一媒介环境改变了当代人的许多

---

① 见张大春:《小说稗类》,广西师范大学出版社2003年版,第218页。

生活内容,包括刺激了人们的聊天需求,增加了人们的聊天时间,扩大了聊天的人际圈子。这扩大的人际圈子不一定是,或者一定不是周围朝夕相处的亲人和朋友,而是相知的陌生人,这些人全都隐身在屏幕背后,既神秘又寻常。神秘是指他们的性别不详,不知他(她)来自何方、年龄几许。他自己所提供的一切资料可靠吗?仿佛是参加盛大的假面舞会,期待着在假面底下的奇迹:白马王子、窈窕淑女或天外来客。

网络技术的发明就其初衷是用于军事目的,但是一旦它带来了新的媒介环境,就由不得最初的发明者来规定其用途。

聊天功能是在网络媒体短短的历史中相对晚近才开发出来的功能,几年工夫就发展得如火如荼,这是它开拓了新的人生空间的缘故。它不仅符合年轻人的心理和交友的欲求,而且有几分神奇,手指所触,密码所解,一扇无形的大门豁然开启,仿佛是走进一千零一夜的神话故事,既灿烂无比,又充满奇异的憧憬。

当然聊天者最关心的不是聊天工具,而是聊天过程的快感和躲在荧屏背后的那个对话人,但是要延续这样的快感和荧屏背后的神奇,就得利用和发展网络技术,否则,一切就会凝固,就会老套和乏味。正是这内在的动力,促使社会开发出更加便捷的聊天软件,于是聊天手段花样百出,语言更加丰富,表述方式更加多样化,辅助聊天的符号、图像、色彩,乃至音频和视频一齐出动,增添了无限的乐趣。也许可以设想一个网络聊天的高手,混迹在各个聊天室之间如鱼得水,左右逢源,在电话聊天或日常聊天中则显得讷言或腼腆,仿佛换了一个人。这不是性格变异,而是因为媒介环境变了。

### (六) 网络聊天:时尚的生产者

一般认为,只有在大的社会变迁中,社会文化才有大的转变。在这转变中,新的文化对已有文化造成巨大冲击,当下和传统会有大的错位或断裂。在这之前和之后,社会行进在平稳的河道中,前后连贯,绵绵延伸。

其实电子媒体和电子网络的产生就是大的社会变迁,并不只是外族入侵的腥风血雨、政治革命的改朝换代才是大的社会变迁。电子网络移风易俗的力量在某种程度上大于后者,因为不同的社会就是不同的人际交往和人群组合方式,无论从政治组织还是从经济生产方式入手解析社会,最后总是落实到人与人的交往和关系组合上。电子网络媒体的出现,表面上看只是提供了新的人际交往渠道,加快了交往的频率和速度,并没有对人们的思想观念和文化习俗产生多少影响。实际上,新渠道的开通、频率和速度的增加就是文化的演变。

文化不仅仅是观念、文字,不仅仅是器物,它更应该包括人际交往方式。由

## 第十一讲 网络聊天与电子语言

于人际交往方式易时易地而变,器物、文字、观念会留存下来(即使其间发生转换也要缓慢得多),所以,后者构成了一代又一代人关于文化的概念和研究的对象,而对文化中最鲜活的部分——人的交往活动,研究者往往视而不见(如前文提及的电话交谈,在当今社会生活中作用巨大,且不说它在私人情感交往中的作用,即便在重大的社会性事件中,其作用也是难以估量的。许多秘密协议是在电话中达成,许多重大决策也是在电话中作出,但是由于它的私密性和不宜公开,研究起来困难,所以就容易被忽略和淡忘),但是社会的变化就是从这里开始。

现今,网络聊天把日常的人际交往的作用凸现出来,整整一代人生活在网络中,娱乐在网络中,网络聊天是年轻一代人相互间沟通的主要方式之一。

作为社交工具,网络聊天在许多方面改变了日常社交的规则。以往,个人日常社交的圈子是由周围的亲友和社会关系决定的,通过相对熟悉的人群进入到相对陌生的人群中。社交作为个人寻求社会认同的一种方式,以承认已有的文化和习俗为前提,因此社交是一种文化规训,在其间传统通过人际关系发挥作用,得到传承。

网络聊天则完全跨越了亲友和社会关系这一中介,直接面对交往对象。不仅省却了各种繁文缛节,也使聊天者从各种社会关系网络中解脱出来,可以单刀直入。跨越社会关系中介就是跨越传统,跨越已有的文化和习俗。在网络聊天中,反规训的欲望强烈,传统的规范无以施展其约束力。因为,网络中结成的人际关系是临时的、不确定的,并且任何一方都无法将自己的观念和想法强加给另一方,即使是老朋友、老熟人,也可以不回应或以断线来应对。所以在聊天过程中,既成的社会规则难以发挥作用,一切均服从于现实的应对策略和新的游戏规则,在这里随机应变是一大特色。随机应变的过程是消解传统的过程,这也是一个不断地对当下现实做出反应的过程。

当下和传统是一对矛盾,它们之间互相吸引和排斥。当下是传统中的当下,传统在对当下发生作用时才是传统,否则就是化石。既然已有的规范不能约束网络社交,聊天的内容也不会拘于一格,它既不遵循书面传统,也不是来自口头传统,更多的是在情绪的宣泄中表达个人对当下生活的即时反应。

这里,网络聊天中的"时尚"话题显出了其重要性。

由于聊天的对象往往是陌生人,因此聊天过程具有探索意味,探索屏幕背后的神秘交谈者,一个可能带着假面的人。所以网络聊天不同于一般意义的聊天,不是朋友间敞开心扉的交流,它可以被看成是进入未知世界的通路。在流行的网络用语和寒暄之后,进一步的交流有赖于你来我往的"过招"。真诚也好,机敏也罢,有趣味或者有修养,统统要由网络交谈来体现。

交谈需要话题,合适的话题是寻求网络认同的最佳途径。家长里短、事业成败、情场失意、个人苦恼,这些在老朋友、老熟人之间的话题往往不是网络聊天的最佳题材。最佳题材是有关时尚的话题,它们常常是青年人寻求认同的第一选择。时尚基本上是属于年轻人的,在他们眼里,时尚就等同于社会,等同于现实生活。时尚的内容无所不包,不仅是看进口大片,唱流行歌曲,穿当令的服装,喝新时兴的饮料,使用最新款式的电子产品……它还包括对所有的"新鲜事儿"作出迅速的反应,例如对"木子美"、对"芙蓉姐姐"、对"超级女声"最大的反响来自网络。所谓"木子美现象""芙蓉姐姐现象"更主要的是指网络现象、网络事件,而非仅仅指观念现象或个人事件。

　　原本在对文化的理解中,时尚是与经典相对举的,时尚是用来衬托经典的。时尚的不稳定、庞杂、缺乏系统与经典的稳定、严整、系统构成了文化的正反两极。时尚不登大雅之堂,时尚中的精华只有经受时间的考验,千锤百炼,才能慢慢地进入文化传统,成为经典的一部分,修成正果。然而,在网络媒体时代,社会生活发生了剧变,当网络生活成为日常生活的重要组成部分时,人们对文化的理解也有所转变。时尚作为重要的社会现象得到热切的关注,时尚本身就是文化,是当下的文化,而且无系统、非稳定的时尚还构成了当今文化的常态。

　　当然,时尚从来就是大众媒体的宠儿,大众媒体以传播时尚为生存策略。然而,没有一种大众媒体像网络媒体那样使得时尚更像时尚,网络媒体之前的大众媒体基本上都有"把关人"控制,作为把关人的权力精英、知识精英有机会操控时尚的走向。网络聊天中的时尚则无把关人,或者说聊天者本人就是把关人,因此网络聊天中的时尚具有相对普遍的意义,显得更加原生态,更加真实。当网络时尚的这些特质吸引了人们的目光时,网络会以更快的频率生产时尚,只有网络媒体具备生产时尚的速度和上规模的人群。可以这么说,网络聊天和时尚互为语境,构成了当代大众文化的生力军,当然这是一支大可质疑的生力军,或许也只是昙花一现的生力军。

　　网络聊天本身也成为一种颇时尚的生活方式。以 QQ 为例,其发布公司腾讯已形成产业链,QQ 标志"小企鹅""QQ 妹"从线上走到线下,参与各类娱乐活动、时尚集会,时尚玩偶、手机链、钥匙链、书包挂件、鼠标垫、帽子、T 恤等,到处都能看到 QQ 图标;在线聊天时那连串的"滴滴"声也成为 QQ 特有的声音;歌曲《QQ 爱》则将网络聊天话题作为流行歌曲主题。当前的聊天软件早已不局限于网络工具的定位,而成为一个综合的时尚品牌和产业,它提供时尚话题、汇集大批热情的年轻人、参与潮流制造、引领年轻人的生活。

　　短短十余年前,漫画、绘本还只是小儿科,但蔡志忠、朱德庸、畿米的流行预示着人们对轻松易懂的图画书的喜爱。《时尚》《瑞丽》等图片版面大大超出文字的杂志更宣称社会进入了"读图时代"。网络聊天中诞生的有特色的符号语言、配图、表情不仅丰富,还有动画效果,比印刷媒体更胜一筹。作为时尚元素,想要风靡就要简单有趣。仅简单却无趣则没有生命力,仅有趣不简单则曲高和寡,无法流行。网络聊天中的图释正好具备成为时尚 LOGO 的条件:简单有趣、易于辨识,能够在短期内给人深刻的印象。

在网络聊天中,技术上的更新虽然十分重要,但是改换界面颜色、增添简单功能等,对于普通网民来说都不能构成吸引人的焦点。它最重要的部分在于其时尚性——不参与,就落伍。网络聊天的含义永远随着时尚改变:当互联网还是大部分人望而却步的新媒体时,会用网络聊天是对技术领先的展示;当网络概念话题成为热点时,熟悉网络聊天是资源优势的炫耀;当网络成为青年人时尚的一部分时,挂着聊天软件交换信息就像 90 年代初年轻人随身带着 Walkman 一样流行;当网络不再具有新鲜优势时,互换聊天号码又如同留下电话号码一样普通而不可或缺。在公众眼中,网络应用从来不是一个技术概念,所以,当它成为时尚娱乐的一部分时,才焕发出令普通人着迷的魅力。

在当今网络聊天风靡的时代,一个年轻人如果没有一群网友,没有参与几个热点网络话题,没有在流行的网友中成为高手,就仿佛被时代所遗忘。年轻人本来就喜爱交流,生于当代媒体社会中的他们,对于手机、电脑的需求远远大于祖辈。他们大多数都有在线交流的习惯,即便个人能够抵挡网络的诱惑,也难敌完全陷入网聊一族包围的境地。网络聊天随意、随机,不是因事而发,所以电话聊天或见面聊天无法替代,它的出现和流行说明日渐疏远的都市人特有的一种联系需求:琐屑的、零散的、漫不经心的、只言片语又无处不在的。它与时代风格变迁、新人际关系的发展、生活方式的改变都息息相关,相辅相成。

网络聊天使媒介更加深入地渗透生活,传统观念不断随之扩容,除了对虚拟身份、年龄、地位、阶层、情感的认同外,虚拟财产的有价衡量,虚拟社区、虚拟人际关系对传统的补充,符号化、图像化表达方式和由此衍生的特殊的网络文化等都构成新文化形式诞生的动力。

## 二、电子语言——创新与融合

电子语言是指出现在网络论坛、聊天软件、手机短信等电子媒介中的一种表述形式。它由公众参与创造使用,伴随电子媒介的普及,在传受者之间通行、蔓延。电子媒介的出现不过短短数十年,所以电子语言至今还没什么规范的文法、语序,更谈不上经典版本以供人们学习、效仿。以传统语言的眼光来观照,电子词汇中大量存在结构新奇、用法特异、不符合普遍规范的语言现象,但也恰恰就是这样不合逻辑、不守语法规则的语言"改造"和"创新",却能在媒介世界不胫而走,以制造全新的语言视听为特征而风靡日常社会。

一般从起源上说来,口语先于文字,在人际交往中居于第一位,文字应由口语主导。但是,以声音为媒介的口语总是稍纵即逝,文字却能记录保存,反复传播,这使口语和文字的地位逐渐颠倒了位置,文字成为信息权威的象征。文字对媒介有极强的依附关系:埃及的象形文字与莎草纸和软笔的使用有关,巴比伦人用泥版和硬笔开发出硬朗的楔形文。① 汉字的历史发展也如此:龟甲兽骨上神秘莫测的镌刻笔画多硬折;青铜器上的钟鼎文圆转匀称;宣纸上楷行魏隶万变不离其宗;工业时代书报中的小五宋体更是规矩端方、整齐划一……文字跟随媒介变化而变化,媒介对语言文字的影响由此可见一斑。

电子时代诞生了更多的新媒介,互联网、手机成为其中的最为大众化的交流工具,而语言和文字正是借助了这样的工具不断尝试更新人们的日常表达方式,制造新的语言感受和语言体验。电子语言本身的口语化、随意性,使用者的公众性、隐蔽性等特点,使得这一新语言形式以自由跨界、融合的姿态出现在媒介世界——书面语与口语界限的消失,方言、普通话和外语的融合混用,古汉语跨越时空进入现代汉语的疆域,图形、符号对文字的参与和诠释,可以说,正是这自由的跨界和融合,让电子语言具有了兼收并蓄、常常令人耳目一新的感觉,丰富甚至引导了大众日常语言的变化。

### (一) 书面语与口语的交叉

书面语和口语的划分主要在于媒介的不同:一个借助文字,诉诸视觉,需要抽象思维进行理解性转换;一个借助声音,诉诸听觉,比较直观感性。由于口头交流作为语言表达的第一性,声音一度对于理解是第一位的,这一点尤其体现在口头文化盛行的社会人群对文字的理解中。据说有的部落里至今还保留着这样的习俗:识字的人在为他人读信时要堵上耳朵,以防其探知其中的内容。口耳相传的风俗使部落中的人相信,"听"是理解的唯一途径。

在书面文化中,书面语语法规则约束性强,逻辑严谨,标点符号规范,可以反复斟酌修改,因此,基于视觉的文字形成了统一的知识权力,具有普遍效力。而口语则灵活随意,不拘泥语法,接收的即时性和稍纵即逝性使其相对来说不可更

---

① 参见〔加〕伊尼斯:《传播的偏向》,何道宽译,中国人民大学出版社2003年版,第4页。

改。这种区别导致书面表达和口头表达在某种程度上互为掣肘。加拿大学者伊尼斯曾对此表示遗憾:"用简化字母表写作遏止了口头传统的习惯势力,但是它又暗示着表达力的衰退。"①

　　网络聊天和手机短信中的电子语言是一个结合说和写的过程,融合了字面和口头媒介优势,因而,其中的新语言也是书面语和口语的特点兼而有之。一方面,它像口语一样即时交流,双方所思所想实时在聊天工具中呈现,内容多半不具严肃性,也不大会考虑句子完整或语法规范。另一方面,这类交流多半采用文字,以敲击键盘的结果作为中介,应答者在看语言而非听语言,无论多么口语化的句子都落在文字上;在按下发送键之前,发送者有充分的思考时间,可以对语句进行润色和修改。

　　视听双向的电子媒介能到达单一传统媒介所无法触及的领域,书面语和口语的边界部分消失。网络聊天、论坛、短信与传统表达方式都不完全相同,不是简单复制,而是通过多项交叉产生特殊的媒介语境。例如,"造境"本是文字的神奇功力,它能将阅读的此时此刻置换为字里行间的彼时彼地,将阅读者带离现场,引入特殊语境。书面文字是单向的封闭系统,它展现作者预先的构思,时间、地点、角色、行动等都已设定,读者只能被动接受。当人们为"扬娥入宠,再盼倾国"而喜,或因"塞客衣单,孀闺泪尽"而叹时,作者的力量就体现了出来。可以毫无差错地原样复制的书面文字,给不一样的人带去了一样的情境。而口头交谈却不然,它表现为实时互动性,参与者亲历现场,平等参与交流,共同进行语境创造,其加入或退出对语境产生即时影响。口语无法复制,即便是一字不差地背诵,也会因叙述者的情绪、语气等的转换而有差别。

两段有趣的网文

　　电子媒介融合了"书面语的特殊语境"和"口头语的共同语境"。有人将网络称为虚拟空间:参与者共同搭建起了一个平台,既不在此地,也不在彼处;既是口语一样亲历的,又独立于说话者所处空间之外。网络交流的口语特点使其变化多端,但无论多么个性化的网语却都可以像印刷品一样被快速复制,在广泛传播的过程中保持原样。多人网络聊天时,处在一个嘈杂的大环境中,同时,每个参与者又与他人保持着一对一的谈话方式,他们可以选择是否进入公共语境。网络语境是开放的,允许参与者随时加入和退出,但短暂退出并不影响对话继续。因为对其参与者来说,对方始终是空间缺席的。文字表达的持续性保证了参与

---

① 〔加〕伊尼斯:《传播的偏向》,何道宽译,中国人民大学出版社2003年版,第8页。

者在真实的、私人的、公共的多种语境之间自如跳跃。

活用标点是书面语和口语在电子语言中交叉的又一体现。口语将重音放在句子的不同位置,或是断句的微小差异,都能表达不同意思。书面语则不然,标点符号是意思准确的必要工具,使用自有一套完整规则。网络交流这种以书面文字表达的口语活动,同样应用标点,但带有个性情感和语气的标点往往随心所欲,突破固定用法。标点在电子语言中的活用表现为标点叠用、使用创新、符号借用等。

网络上最常见的特殊标点用法是符号叠用。虽然印刷语言中也偶有叠用标点的情况,却较有节制,不像网络上,动辄十余个,甚至几十个"!"或"?"刷过整个屏幕,以触目惊心的符号浪潮表达情感强度的几何级飙升。还有一些原本不能叠用的符号也重叠使用,并生发出本意之外的意义。如"这个,,,,,,呃,,,,,,"以很多个逗号表现张口结舌的情形。在网络上的对话中,当一方发出问话而另一方不做反应时,会被误以为是传输出了问题。因此,当遇到不需要回答的问题或无话可说时,句号的叠用"。。。。。。"就应运而生了,表示静默应对。符号借用是将一些本不属于汉语标点的符号加以利用。如"~"在网络上经常见到。在"嗯~~"、"啦~啦~啦~~~"中,它形象地模拟声音的起伏婉转。"——我是分隔线——"不是几个破折号的叠加,而是网民自创的意义转换分隔,中间的解释随上下文意思更改,可以是情绪的转变,如"——一条哼着歌的分隔线——",也可以是时间的间隔,如"——两个星期的分割线——"等等。网民既是说话者,又是文字编辑,他们创造性地使用符号标示心情的转换。

口语语音、声调对于理解的重要性居首位,而理解文字则需要较高的教育程度和抽象思维能力。标点符号在电子语言中不再是记录的辅助工具,叠加、创新等用法以口语的情绪性扩充了书面语的使用范围和解读方式,它是抽象思维之外的形象表达,最大限度地体现了书面语和口语的交叉趋势。

(二)方言与普通话的融合

世界各国语言的差异,一国同样的文字在各地发音的不同,与媒介传播的局限性相关。传统媒介范围相对狭小,传播的速度缓慢,表达方式有差异在所难免。如今电子媒介在某种程度上跨越了民族的界限,造就了媒介语言的一致性,新媒介的使用者组成了新的族群。

方言和普通话的分化融合与载体的关系特别密切。印刷文字使吴侬软语和白话京腔得以交流,电视、广播则扩大了普通话的传播范围,播音员字正腔圆的发音使国家标准统领了声音领域。在中国南方,许多年长者不会说普通话,而孩子却能自如地在普通话和方言之间转换,这得益于"电视保姆"的谆谆教导。春晚小品曾先后让东北话、陕西话、天津话、四川话充斥全国屏幕;网上还出现过"方言版《大话西游》"音频,电影中"曾经有一段真挚的感情摆在我面前,我没有珍惜,等到失去时才后悔莫及……"诚恳的爱情表白被网友们南腔北调演绎得令人喷饭。2005年热播的电视剧《武林外传》是一次荧屏方言大联展,其中汇集了山东话、陕西话、天津话、东北话、福建话、上海话甚至英语。其编剧宁财神本是网络写手,虽是创作电视剧,却对当今网络受众的"笑点"把握得恰到好处。《武林外传》最大程度上发挥了电视的电子媒介优势,突破以往荧屏普通话一统天下的局面,向多元网络话语靠近。这使其不仅赢得了收视率,也成了热门的网络话题,佟香玉的陕西口音开启了网语陕西话热潮,一时间网人言必称"额滴神呐",如"搜狐女人/情感阵营"中自曝相亲经历的主题:"吐血的相亲经历!2次啊!额滴神呐";"科创论坛/行摄天下"里有人在张贴照片的同时感叹"额滴神呐,真的拍出彩虹了";"我爱游戏社区"里的抱怨"额滴神呐,大过年的股票不涨还跌得更厉害了"……"额滴神呐"代替了司空见惯的"我的天哪",成为网人新宠。

在现实生活中,人们会为偶尔流露的家乡口音感到窘迫,却乐于在网络上演练方言:比如常用"内是谁呀"代替"那是谁",把"找到了"说成"找到类";还有人将"撒""哒""啵"等放在句后以加重地方色彩。网语中称"妹妹"为"美眉"、称"我"为"偶"等是对港台口音的模仿。

连英语都有地方色彩,如果和东南亚人聊天时,在句子末尾打上一个"la"或"lo",他一定会坚持认为你是位同乡。互联网、手机等新型电子媒介都源自英语国度,当前通用的电脑键盘,也从早期的英文打字机演变而来,其字母顺序、符号排列等,都按照英文单词的输入习惯优选布置。因此,英语成了电脑、手机等媒体的通行语言。这种通行语言的词汇、语法等不可避免地影响到各国电子媒介使用者的日常用

用上海方言写成的一段小说

语,进而入侵其母语。在中文里,英语影响的体现之一是外语中译。英文"faint"对应中文"晕",但同样的意思还用"分特"表示,直接的谐音使不熟悉电子语言的人完全摸不着头脑。"PK"经电视"超级女声"节目传播为广大国人熟悉,但欲以汉语解释却需费一番口舌,它成了原样照搬英语的电子词语。"我是你的扇子"并非严夏之中送清凉,反而是狂热的表白。"扇子"——fan在英语里具有"迷、扇子"两重含义;其复数"fans"还音译出"粉丝",成为追星族的标签。英语名词表复数时加"s"的特点体现在"JMS"中,这是一个典型的混血词,"姐妹"的拼音首字母加英文复数"s"表示"姐妹们"。英语中进行时态在动词后加"ing"也被中

文电子语言活学活用,如"吃饭 ing……""发呆 ing……"

电子语言的变化千奇百怪,但若使用者年龄、知识层面类似,语言结构和思维方式也相近,相互容易理解;同时,网络的开放环境打消了知识壁垒,即便有所不解,也可一搜便知,这些新奇的语言得以迅速传播,通行网络。

方言、普通话和外语的融合既是跨界使用多元文化元素的结果,又因知识量的增加使表达力得以增强。普通话规范一律,便于传播和接受,地方话却有鲜明的个性。乡音和土语对个人来说带有难以割舍的感情色彩,但知识交流却抹平了地域差距,当代人不得不在普通话语境中工作,并经常使用外语。

网络媒介为情感找到了出口,使标准、统一的语言趋向分化,方言的独特表达是标明身份、寻找伙伴的线索;又可以在众多发言条目中脱颖而出,打破千篇一律的普通话模式,不失为一种表现自己的方法,其新鲜感也可能引起模仿的潮流。因此,在电子语言中,方言、土语和外语都找到了用武之地。

### (三) 古代汉语与现代汉语的跨界

文言文是如今可考的古汉语之主体,经过"白话文运动"、汉字简化后,现代汉语和古代汉语在形、音、义等方面出现了较大的差距。一些古代文字被弃置不用,一些假借字、异体字以新字代替。古汉语较多单音词,现代汉语里双音词占据主要地位。古汉语词性活用、词语兼类、句式倒装等时有出现,现代汉语受到外来语言的影响,形成了不同于古汉语的较为完善的现代语法。

在网络、手机等新媒介使用的电子语言中,口语表述加视觉接收的特点,使一些单音词重新焕发出活力。比如,在网络上看到精彩的言论想要有所回(呼)应的时候,人们很少会长篇大论地附和,而是会用"赞""强"来表示认可。如果值得注意的帖子在论坛中位置太靠下,也会来个"顶"字,使文章的排序跃居榜首。在不明就里时用"晕",在表示佩服、无奈时用"倒",在不可思议打冷战时用"寒"……这些网络用法去掉双音词中音节的辅助成分或是同义重复的字,所保留的部分能够表示完整的意义,言简意赅,与古汉语多单音词的形式一脉相承。

电子语言使一些原本已经消失的古汉语词汇重新通行,并产生特殊含义。如"梅"的异体字"槑",原本藏在字典的角落里已经被遗忘,但在成为电子词语之后,它却频繁曝光,其读音变成"呆",意思则是"加倍呆",论坛中不时能看到"看我是不是很槑""你也太槑了吧!"之类的说法。"囧"的原意是窗户、光亮,已经没有多少人认识,而在电子语言中,它被看作一张耷拉着眉毛的苦脸而复活,用作感叹词,其读音同"窘",意思也成了"窘迫、受委屈",如"今天看房没看成,囧啊!""好囧的一张脸!""我今天囧呆了!"等。"囧"字是如此可爱,以至于网络上不仅有专门的"囧吧",还出现了"一日一囧"视频站,专门收集各类囧人囧事。

古汉语词常有兼类和活用现象,语法也比较随意,以表达意思为目的;现代汉语中则比较规矩谨慎,尽可能避免一词多义、一词多性,从而导致意义不确定或不明。在具有口语特点的电子语言中,词类活用特别常见。如"汗",单独用在现代汉语中做名词,而在网络上,它既是动词"出汗",又是形容词"汗颜",引申为"尴尬、丢人、难堪",不仅可以单独用,还可以说"很汗""超汗"。网络红人"芙蓉姐姐"出现后,名词"芙蓉"就有了形容词用法。又如在手机短信中常常见到的"速电我""一会儿短信你"等说法,"打电话"缩略为"电","短信"被活用为动词,语序也被颠倒,在词性和语法方面都有所变化。"雷"可以说是因词性变化而广为流行的。在电子语言中,其动词用法复活,意思变成"使人震惊,吓人一跳",如"我被雷倒了!""这个帖子真雷人!"。

假借是汉字造字法之一,古代汉字数量有限,当需要表达新的意思时,会依照其声音在原有的字中"假借"一个同音字来表示。所谓"假借者,本无其字,依声托事,'令'、'长'是也"①。"令"原本是"命令",后用在"县令"中;"长"原本是"长发",后借为时间长久。在当今日趋规范、完善的汉语中,这种使用方式比较少见,但在电子媒介领域中,假借却复苏并风靡了起来。电子语言里许多看似"错别字"的词句,其实是刻意为之的假借。② 如在网络论坛上报到,问候时以"大家嚎"代替"大家好",仿佛说话人大声叫喊,也希望网友们看到有个回应,"嚎"上一声增加人气,类似的还有"大家吼"。网络空间是一个奇妙的地方,虽然多人共处,却是异地在场,如果没有回应,就无法感知对方的存在。电子语言中有煽动性和情绪色彩的假借新词,利用新鲜感和幽默感使寂静的媒介空间活跃了起来。"横横"假借"横"的"蛮横"字意,利用与"哼"相同的声音,表示冷笑。这样的笑法使人脑海中浮现出一张无所顾忌、混不吝的脸,比起"哼哼"来气势更盛;以"捏"代替"呢",开口和发声都较小,有小心翼翼、嗲声嗲气的效果;在"好乐""回来乐"里,以"乐"代替"了",显示出好心情;而用"大吃一斤"代替"大吃一惊"则令人捧腹。因需要文字输入,电子语言多半简短,但人们的情绪又随心所欲,跌宕起伏,远非短短几个字就能表明。故意假借同音字融合多种意思的做法,能够综合情绪,转换语气,引起注意。

### (四)图形与文字的汇集

艺术表达的极致是使受众忘记媒介局限,获得共通的审美享受。具有画面

---

① 许慎:《说文解字》,中华书局1963年版,第314页。
② 参见蒋原伦:《网络聊天的语用和文化》,载《北京师范大学学报》2006年第2期。

感、引人入胜、能使人身临其境就是语言文字表达追求的目标。王维的"明月松间照,清泉石上流",诗中有画、意境悠远;杜甫的"留连戏蝶时时舞,自在娇莺恰恰啼",灵动跳脱、活力四射。这样的句子脱离了文学素养的高低和古今语言的差异,虽借文字却似画笔。电子媒介这种有声有形的载体为提高语言文字的形象性、加强表达力提供了机会,如拆字、换词、符号图形、手写手绘等方式,只有在电子媒介中才能灵活运用。

拆字是电子语言通行做法,如"弓虽""丁页",就是将左右结构的"强""顶"拆开。两字组合表达原意,仿佛马步蹲裆、全力支撑的模样,加宽了的字形显得更加"憨厚"。"月半""月巴"等拆开后,一个字占据两个位置,其肥胖走形之态跃然纸上。拆字法在视觉上有陌生化的效果,受完型心理导向,人们仍惯性地将其看作一个字,一般不会引起误读和歧义。

用新词表达原有的意思,或者采用全新的文字组合也是增加电子语言形象感的方式之一。前者如"沙发",论坛回帖按照时间顺序排列,第一个回复的被称为"沙发",此词来源说法不一。但广大网民不用追踪溯源,它的意思简单明了:最早发现这个帖子的人,可以占据有利位置,坐在宽敞柔软的大沙发上舒舒服服地读帖回帖;跟在后面的人则只能坐"板凳""凉席""蹲地上";再晚的则"站一边看着","踮起脚尖儿从人缝里瞄一眼"……用语言在网络空间排起了队。在这种网络群体集会里,吸引人的不仅是语言内容,还有扎堆儿凑热闹的兴奋,创造出拥挤的画面感。为了加强语言的形象性,使动作惟妙惟肖地体现在文字中,网民自创新词,如"翻迎",虽是欢迎,却有欢呼雀跃、翻着跟头欢迎的意思;而"跪求"则将一般的恳求升了个档次,以虚拟形体动作渲染急切的心情。

电子语言的形象化还源于符号、图形的大量应用。早在1982年,网络文化还远远未被公众认识之前,一些简单的表情符如":-)"":-("等就已被应用于专业技术人员之间的网络对话。2007年,网络上还专门为":-)"笑脸符号组织了25岁生日纪念活动。[①] 电子技术的发展使媒介界面更加活跃生动,一些文字直接替换为图画,文图兼容并列,电子媒介交流成为一种跨越特定语言,兼具形、声、义的多向复合行为。这是一种新的语言形式,它脱离了文字和声音的局限,创造出图画语言。有动漫基础和网络技术的绘画者在网络上进行了一系列的美化,"洋葱头""兔斯基""悠嘻猴"、"小破孩"等系列以图配字或以图代字,非常生动,无法自己创作的普通人也可根据喜好下载各类表情,组合使用,体现个性化心情。

---

① 朱冠楠:《笑脸和怪脸》,载《北京晚报》2007年9月30日。

## 第十一讲 网络聊天与电子语言

电子语言来源驳杂、形式随意,由特定人群的交际习惯决定,被研究者归类为社会方言[①],但从其诞生、形态和使用者等方面看,却与载体联系更为密切,应称为"媒介语言"。电子语言中图形、符号与文字混杂,算是一种"符语"[②],虽然目前大部分还不确定、不规范,却在使用的过程中日益积累、沉淀,逐渐通行而为公众所认识。2007年8月,教育部公布了171个新词[③],其中"博斗""换客""谷歌"等,完全生于网络,却已走出电子媒介,影响到印刷语言,成为日常用语。

### (五) 媒介分化与电子语言时代

不同媒介时代有不同的语言,电子语言的特色正与电子媒介传输便利、复制快捷、呈现方式多样、支持多人共享的技术特性有关。虽说电子语言诞生于电子媒介,但传统的电子媒介——广播、电视中的语言却不在此列,这类语言延续了印刷传统,是印刷语言的入侵,并没有突出电子媒介的特点。印刷媒介在数千年发展过程中树立起的权威地位使其与权力息息相关,在电子媒介出现时仍有强大的威力。早期的电子媒介在权力主导下不断进行"印刷化"的努力。"新闻和报纸摘要"等贴着印刷标签;纪录片学习论文写法,分段、举例、引用专家观点;"电视散文"生硬图解文学作品……这些方式都是电子媒介初期的表现形式。在这些尝试中,电子媒体受到印刷媒介的强大压力,自觉不自觉地使自身致力于变成印刷品:单一叙述、单向传播、权威语气,甚至抹杀即时传输的优势,为的是有一个类似"校对"的审验缓冲期,从而获得它所谓的正确性和完整性。其实,它们完全是既定印刷媒介权力的延伸,其中看不到普通人,看不到民间的力量。印刷媒介的权威地位使得媒介内容"出错"不可容忍,民众倾向于将报纸、电视内容当作事实乃至真理。但是,随着广播、电视节目的多样化,一些转变悄悄显现:"真人秀"把普通人带上荧屏,播音员中出现了港台腔,听众点播、热线等方式成为有益的探索,"XX读报"则诠释了事件跨越媒体边界而获得多种解读的可能。网络和手机的出现、普及制造出一种全新的电子语言,从而提升了电子媒介的影响力。而广播、电视节目也不得不增加互动内容,网络和手机的民众语言直接影响到广播、电视。更重要的是,网络和手机是充分互动的,公众成为电子语言的主要发声者,这无疑有助于从认识上打破固有的话语观念。与其说这使广播、电视节目呈现网络化趋势,不如说它们终于发现了自身作为电子媒介的某种缺陷和

---

① 参见刘乃仲、马连鹏:《网络语言:新兴的网络社会方言》,载《大连理工大学学报(社会科学版)》2003年第3期;赵均:《网络语言概说》,载《现代传播》2005年第2期。
② 宋卫平:《如何看待"网络语言"》,载《光明日报》2006年12月7日。
③ 《国家语委发布171个新词》,载《浙江日报》2007年8月25日。

失落。而向网络、手机等新媒介靠拢，成为它们获取新的生存空间的必由之路。

电子语言在促使诸多新词诞生的同时，也加速了一些旧词语的灭亡。像"不见不散"这样信誓旦旦的承诺就因电子媒介交流的便利性而被"等我电话"替代，逐渐从人们的视野中消失而不见踪影。语言反映了人们的思维方式、生活方式的变化。本雅明曾经感叹工业时代大量复制的过程中，艺术品灵韵的消失。而在电子语言里，在手稿转变为打印稿、E-mail 代替了书信的时代，手写体的重要性也逐渐丧失。据悉，作为业余发明家的加拿大女作家、布克奖得主阿特伍德曾研制出一种远程签售机，以便足不出户就能使世界各地热情的书迷得到其签名"真迹"。可以想象，加密、易识别的电子印鉴有朝一日必将取代亲笔签名，而手机上频繁收到的短信息也会以无孔不入的关怀，让古典浪漫的情书变成橱窗中的手迹展品。

电子语言贯通古今、融合中外，突破了书面和口语局限，是对整齐划一的工业标准的挑战。它以交流和领会为主，外在的标记、符号方面则自由发挥，没有固定的准则，是一种个性化的语言。电子媒介时代的民众主动掌握了新的交流领域，并创造出属于自己的、最适合表达情感和意志的语言。在电子媒介领域内，民众是积极参与而不是经统一标准灌输后墨守成规的驯服者，他们更看重语言的独特性，个性化的发挥带来了电子语言的创新性和多样性。但也正由于电子媒体传受者众多，使电子语言更替频繁，规范难以跟上创新的速度。这些特点与电子媒介传播便利、打消知识壁垒等媒介特性息息相关。

生动、具有口语性质的电子语言成为一种新的语言艺术，它充分尊重每个人的创造力，其中闪现着个性化的不可复制的语言形式和语句组合。电子语言反映着民众的力量，推动文化风格的发展，并在当代文化的嬗变中留下了看得见的痕迹。

## 核心概念

网络聊天　口头传统　书面传统　新语体　电子语言　语境融合

## 思考与讨论

1. 如何理解"网络延伸了聊天"？
2. 网络聊天与以往聊天有什么不同？主要表现在什么方面？
3. 电话在传播史上的作用为什么会被忽略？
4. 网络媒体的语言与口头传统或书面传统各有什么异同？表现在哪些方面？可以通过什么样的视角来看待它？

# 第十二讲　媒介秀文化

"秀"(show)是一个本无褒贬色彩的词,作为音译的外来词,它在英语中的原意是展示、表演。媒介秀文化的具体表现形式,是它们都是以电视为媒介进行传播,具有较高的参与性。可以说,"媒介秀文化"为草根文化的发展提供了广阔的平台,调和了艺术精英化与艺术平民化的矛盾。

## 一、拟态环境里的真实影像:电视真人秀

产生于20世纪三四十年代的肥皂剧、情景剧在为电视媒介培养了一大批忠实的"沙发加土豆"后,正逐渐失去新鲜感和吸引力,于是,为了捕获更多人的眼球,产生更具深度和规模的轰动效应,一种新的节目形态——电视真人秀——应运而生。不同于传统电视节目惯有的神秘性和虚拟性,真人秀凭着其所谓的"真实感"和"现实性",在全球电视界刮起了新一轮的狂欢风暴,成就了一道交织着真实与虚幻、窥视与呈现的媒介奇观。然而,究竟何为真正意义上的电视真人秀?真人秀是如何兴起的?为什么真人秀节目会大行其道?真人秀节目有什么样的形态特征?真人秀的大致类型有哪些?带着这些问题结合有关案例,我们进入本讲内容。

### (一) 认识电视真人秀

1. 真人秀的源起与界定

追溯历史,真人秀作为一种严格意义上的新型电视节目形态源自1999年由荷兰人约翰·德·摩尔发明的娱乐节目《老大哥》。此后,在高收视率和高商业回报率的刺激下,在不到两年的时间里,澳大利亚、德国、丹麦、美国等18个国家相继模仿,推出了与《老大哥》类似的系列节目,掀起了一场真人秀的全球性浪潮。2000年5月,由美国哥伦比亚广播公司(CBS)推出的真人秀节目《幸存者》(*Survivor*)不但为CBS创下了全美收视率第一、单集广告3600万美元的高额效益,而且将电视真人秀带入了更多人的眼界。在此之后,各种形形色色的真人

秀节目,如法国的《阁楼故事》、美国的《诱惑岛》、德国的《硬汉》、英国的《流行偶像》等相继涌现,成就了电视界一幕令人瞩目的文化奇观。

在中国,观众最早开始接触电视真人秀始于2000年8月中央电视台2套《地球故事》栏目中对美国节目《幸存者》的引进;同年,广东电视台推出的节目《生存大挑战》,开创了中国自制真人秀节目的先河;在此后,中央电视台《非常6+1》《欢乐英雄》《赢在中国》,湖南卫视《超级女声》《变形记》,东方卫视《加油好男儿》等系列节目相继涌现,成就了电视真人秀在中国情境下的一幕亮丽景观。近几年,伴随湖南卫视、东方卫视等推出的各类新型表演选秀节目的走红,真人秀正日益成为我国当下电视界一股不可阻挡的新兴潮流。正如有学者评价的,"无论从节目比例还是风行程度上看,真人秀节目目前已经成为一种时髦;而作为一种节目形态,它将一直存在,成为电视节目形态组合中的一部分,成为一道独特的风景"①。

然而,在种类繁多的各类电视节目中,究竟怎样的电视形态才能算得上是真人秀呢?

清华大学教授尹鸿认为:"电视真人秀作为一种电视节目,是对自愿参加者在规定情境中,为了预先给定的目的,按照特定的规则所进行的竞争行为的真实记录和艺术加工。"②广东卫视《生存大挑战》节目制片人阎纯则认为:"真人秀是用全程跟踪的电视纪实手法,按照预先精心制定的规则,如实记录和反映一些经过特别挑选的普通人,在特定环境和情境中的真实反映和表现的大型综合电视游戏节目。"③学者纪辛则将真人秀表述为:"制作上给选手提供了一个封闭的环境,一个刺激的游戏规则,让选手在规定的情境中自行其是,然后对他们进行全天候、全方位的拍摄,真实记录他们的言行、情感、心理及隐私。"④

显然,不同学者从不同的角度出发理解电视"真人秀",难以对这一电视节目形态形成统一、精准的概念界定,但其中有一点是共同的,即真人秀是通过摄像机记录真人命运的一种电视节目类型。不同于传统戏剧节目,真人秀抛弃了虚拟的演员和剧本,转而通过呈现真实的人在现实环境中的自然表现来吸引眼球。简言之,真人秀是一类以真为特色、以人为核心、以秀为手段和最终诉求的电视节目。⑤

---

① 谢耘耕、陈虹:《真人秀节目:理论、形态和创新》,复旦大学出版社2007年版,序。
② 尹鸿、冉儒学、陆虹:《娱乐旋风——认识电视真人秀》,中国广播电视出版社2006年版,第6页。
③ 阎纯:《"真人秀"的本土化实践探索》,载《南方电视学刊》2004年总第45期。
④ 韩青、郑薇:《电视娱乐节目新论》,中国广播电视出版社2005年版,第102页。
⑤ 尹鸿:《解读真人秀》,载《今传媒》2005年第7期。

鉴于真人秀节目概念定义的复杂性和多元性,本讲将立足于真人秀节目的内容和表现手法等,分形态特征、主要类型、现状反思等几方面展开对这类电视节目形态的探讨和分析。

2. 真人秀节目的形态特征

真人秀作为一种新的电视节目形式,是在其他电视节目形态发展较为成熟的背景下产生的,因此在真人秀的节目特征中融合了其他许多电视节目的特点。但是,作为一种独立存在的、已经在全球范围内掀起一阵娱乐旋风的新型节目样式,电视真人秀虽与影视剧、纪录片、娱乐表演等节目均有相似之处,但亦具有自身的独特性要素。这里在吸收尹鸿教授所提出的三要素的基础上,认为将电视真人秀的形态特征解构为内容、形式、传播三个方面的特色,有助于更深入、更全面地认识这类新型的电视节目形态。

(1) 内容特征:真实性与虚拟性的交织

以纪实的拍摄方式展示一群普通人在某一现实语境下寻求生存和发展的真实状态是电视真人秀得以风靡的最关键因素。而其无剧本、无演员、无预定结局、无外力干涉等的外显方式和全程记录、实地跟踪的制作形式,也确乎在以一种无可辩驳的事实向观众昭示着真人秀节目就是对现实事件的本真还原。

然而,更进一步看,其实真人秀的情境是预设的,节目中的"真人"所要自然展现的"真实"行为显然是受节目规则制约的,这两大要素的"人为"性其实就已经从根本上否决了真人秀的真实性存在。在真人秀节目里,选手貌似在真实的世界里生活了一段时间,演绎着一个又一个的精彩故事。但事实上,这就是媒介产品生产者通过虚拟现实和运用先进技术等方式虚拟出来的"人造环境"。在这个"拟态环境"中,所谓的真人和真实都已经发生了异化,"他们只是一群拥有着真实姓名和真实的身份的符号,是媒介挑选出来的目标受众的代表,是被格式化和媒介化了的真人,是形形色色的性格符号"[①]。因而可以说,真人秀在内容上是允斥着真实和虚拟的双重属性的。它是借用了纪录片的拍摄手法,通过巧妙地营造真实假象,提供给了观众一种没有真实性内涵的"真实感"。

(2) 形式特征:故事性与竞争性的结合

真人秀虽然以"真实"为生命,但"秀"却是节目整个的支撑框架和目标诉求,而无论是对搭建这一舞台的参与者来说,还是对为这一产品买单的观看者而言,人们愿意为这场戏保留注意力的首要前提在于动力性目标的存在。因此,真人

---

① 董宝磊、滕单单:《"真人秀"的拟态真实——数字化时代"真实电视"的文化解读》,载《对外大传播》2006年第5期。

秀节目的制作者为了持续拥有收视率，必然会为这场"秀"设立一个足以吸引公众眼球的目标性奖励，而一旦参与者开始形成对该目标的主动性获取行为，这场真人秀引人关注的故事性和竞争性也即随之产生。

戏剧理论告诉我们，冲突是戏剧的要素，所谓故事性就是在冲突中展开的。在真人秀节目中，它的故事性主要是以参与者同其周围的各种要素之间的冲突来呈现的。节目制作组往往将选手置于一个与生活常态相距甚远的情境，在这一拟态环境中，参与者要想达成目标，或者需要克服陌生环境带来的困难，或者需要克服参与者之间的各种性格、理念冲突，或者需要调和利益纷争……总之，在这样的一个过程里，人性的自私、贪婪、固执、懒惰、追求享乐等各种原始天性可以毫无保留地被展现甚至被放大，而与此同时，坐观整台大戏的电视观众也在观望的过程中得到窥私欲、猎奇欲、求真欲的极大满足。

此外，电视真人秀尤其是竞技生存类真人秀还惯用逐层淘汰决出胜出者的晋级机制来吸引观众眼球、打造节目卖点。节目制作组往往设定有关游戏规则，在每一环节实现人员的淘汰和晋级，这样，参与者为了达成目标必须以其最大的努力来展现自我，而观众亦在参与者的淘汰与胜出中，时喜时悲，体验着高强度的情感。可以说，真人秀节目的竞争性设置可谓一举两得，既实现了节目张力的扩充，又收获了客观的收视率。

（3）传播特征：观看主体与参与主体的互动

电视传播过去一直是单向传播，甚至在互动方面，电视与直播广播相比，都显得相当被动，观众很难参与互动。真人秀节目的出现开创了观看者与参与者双向互动的典范。在电视真人秀中，节目的主角不是演员，而是通过一定方式从大众中选拔出来的"普通人"，他们在节目中的命运也不再预定，而是时刻与观看主体的意愿密切相关；同时，传统意义上的受众，在真人秀中演化成为节目的主体，他们与参与者共同进退、同喜同悲，而且在节目进程当中他们也能够通过电话留言、投票选举等方式参与节目，表达自己的意愿、影响节目的走向。

正如有学者所言，"要想将大众吸引到媒介当中，最好的办法就是鼓励大众参与到媒介内容的生产环节"[①]。真人秀节目这种寻求观看主体与参与主体高度互动的传播特征，满足了当下观众的需要，符合当下社会的新型传播理念，同时为节目制作者带来了可观的收视效益和广告金额，可谓真人秀节目的一项传播优势。

---

① 李东晓：《"真人秀"节目的文化范式解读》，《当代传播》2008年第5期。

3. 真人秀蔓延的现实土壤

"电视作为一种重要的大众媒介,其不同时期、不同地域、不同形态的文化表现都不是独立产生和存在的,而是与当时电视文化中占支配地位的范式有着密切的联系,既符合了某种文化范式,又加强或建构了某种文化范式。"① 真人秀作为一种新的节目形态亦非横空出世,从初具雏形到蔚为潮流,电视真人秀的产生与发展都与其所处的现实文化情境密切相关。

(1) 消费文化时代:真人秀节目根植的文化土壤

20世纪末,随着我国市场经济的确立、商品生产的扩张、消费空间的扩大、人们闲暇时间和文化消费活动的显著增长,一个以消费文化为潮流的时代悄然降临。而电视真人秀,作为产生于20世纪末、兴盛于21世纪初的新型节目形态,其产生和发展都难逃当下的消费文化语境,或者甚至可以说,正是真人秀节目与消费文化时代两者互为因果,造就了电视真人秀在全球范围内的狂欢。

所谓消费文化是指"伴随着符号生产、日常体验和实践活动"而被重新组织起来的大众消费运动。② 后工业时代的消费,由于商品生产数量和消费空间的相对饱和,人们为了寻求更加新鲜的消费体验和经济增长点,纷纷将目光投向更为开阔的消费领域——任何原来不属于消费领域和不能消费的资源,包括人的情感、梦想、欲望、生存状态乃至人际关系统统进入消费领域。于是,一种遵循享乐主义、追逐眼前快感、寻求窥视刺激、体验全新生活从而最大限度地实现经济利益的消费文化成为时代主导。正如哈贝马斯所言:"曾经作为理性—批判论争私人场所的公共领域,逐渐褪变为一个文化消费的领域,即当控制商品交换和社会劳动力的市场法则渗入公共领域时,理性—批判论争也就逐渐被消费所取代。而大众媒介由于商业化必然走向非政治化、个人化和煽情,并以此作为促销手段。"③

在这样的文化氛围和受众诉求下,娱乐和游戏成为电视节目流行的标识,寻求新的娱乐空间成为电视节目生产者抢占更高收视率的新营垒。于是,娱乐空间从原来的演艺界发展到老百姓身边的故事,从虚拟的情节发展到对真实生活的记录,这样一种趋势和走向成为必然,电视真人秀遂成狂潮。

(2) 体验经济的时代:真人秀节目兴起的社会环境

与真人秀节目根植的文化土壤相似,体验经济的时代背景,是电视真人秀兴

---

① 李东晓:《"真人秀"节目的文化范式解读》,《当代传播》2008年第5期。
② 〔英〕麦克·费瑟斯通:《消费文化与后现代主义》,刘精明译,译林出版社2000年版,第165页。
③ 尹鸿:《真人秀节目课题研究报告》,中华传媒网,2002年1月,http://www.doc88.com/p-541550601329.html。

起的又一社会因素。早在 1999 年,美国未来学家 B.约瑟夫·派恩和詹姆斯·H.吉尔摩就预言说,继农业经济、工业经济、服务经济发展过后,未来社会将进入体验经济时代。关于体验经济,简单说来,就是生产者依托其所提供的产品或服务,通过消费者的亲身体验来为其提供独特的愉悦享受从而实现经济获益的经济形式。现代社会,随着商品和服务在社会中的相对饱和,人们对个性体验的需求增加,体验式的运营理念已经被商业营销、教育教学等各个领域所广泛使用。可以说,具有差异、新奇、互动等特性的体验文化已是当下备受生产者和消费者青睐的一个强力磁场。

在"体验文化"这一特定语境下兴起的电视真人秀,讲求公众高度的参与性和主体性,通过设置特殊的活动场景,呈现"真实"的语意情境,恰好实现了受众猎奇、窥私、愉悦、表现、猜想等方面立体化的各类身心体验,可谓与体验经济时代的文化氛围相融。就如有学者指出的:"尽管目前的电视真人秀节目有粗俗、低级的嫌疑,将其纳入审美和艺术创作中,又觉得没有目标、没有标准,但它和当今社会大众文化生活是合拍的,它和大众日常生活所需求的意义相关联,因而它必然拥有大量的消费市场。"①

(3) 趋利的媒介与受众需求:真人秀节目兴盛的传播机理

作为一种媒介产品,真人秀从它诞生的那一刻起就被以营利为目的的媒介企业赋予了特别的商品属性;也就是说,真人秀节目的最终诉求是为媒介机构尽可能多地赢得利润。媒介产品的这种趋利性也决定了真人秀节目在策划理念上必须以"受众需要"为最终导向,即要获得最大利润,节目策划者必须去预期和满足消费者的需求。

根据西方传播学的"使用与满足"理论,"受众面对大众传播并不是被动的,实际上受众总是主动地选择自己所偏爱的和所需要的媒介内容,而且不同的受众可以通过同一个媒介讯息来满足不同的需要,并达到不同的目的。因此,不是传播媒介在使用人,而是人在使用媒介;而人使用媒介说到底只是为了满足其需要而已"②。从心理学角度上看,寻求刺激、体验新奇、探求真实、关注接近性事物是人的自然天性,而当前现实社会中各种纷繁复杂的规章制度、约束机制,使得人们不得不循规蹈矩地生活,造成了人的诸多天性被埋没。所以,当真人秀带着精彩跌宕的冒险、毫无矫饰的人际交往和高额的奖项设置等多重刺激在公众眼前亮相时,它注定邂逅一场华丽;另外,正如文化学者约翰·费斯克所言:"电

---

① 周毅:《论中国电视真人秀节目的文化自觉》,《新闻界》2007 年 12 月。
② 邵培仁:《传播学》,高等教育出版社 2000 年版,第 170 页。

视节目中的狂欢因素可以回避日常生活中的种种压抑,并使得权力关系暂时隐退。"[1]当真人秀节目以最直接、浅显的方式为大众提供欢乐,消解公众无时无处不置身于其中的各种虚假屏障,并且为其释放精神压力、缓解生活苦闷提供了发泄平台时,试问又有多少人可以成功逃脱这个贩卖欢乐的穹庐呢?

(二) 电视真人秀的类型分析

真人秀作为近年来才蔚为大观的一种电视节目形态,无论是从节目的数量或者是节目的观众收视反应来看,都已经成为电视节目的一种主流形态。根据粗略统计,在目前美国无线电视和有线电视网络中播出的真人秀节目已经超过100种,在欧洲各国也是难以计算。即便是在中国,陆续在中央电视台和地方频道播出的真人秀节目至少也有数十个之多。可以说,真人秀现象已经成为全球电视屏幕上一道显眼的风景,一个以真人秀节目引领的全民娱乐化时代已经来临。

然而,如此繁多的真人秀节目,应该如何划归分类呢?在欧美国家,经常被人提及的真人秀节目类型有:表演选秀节目,如《全英超级模特新秀大赛》《油子,你正是我想要的》等;婚恋交友节目,有《诱惑岛》《真实婚礼破坏者》《与陌生人约会》等;生存竞技节目,如《幸存者》《人与狂野自然》;室内真人秀,如《老大哥》等;职场真人秀,如《学徒》;教育真人秀,如《保姆911》;娱乐真人秀,如《美国家庭滑稽录像》《阿希里·辛普森秀》等;整容真人秀,如《终极减肥王》;公益真人秀,如《抢救贫穷大作战》;角色互换节目,如《过我自己的生活》;两性问题节目,如《谁想成为性爱亿万富翁》《性检察官》等。

从前文所提及的电视真人秀的相关特征看,所谓"真人秀",就是把电视镜头对准没有受过专业训练的志愿演员,将他们的言行、个性和品质,在规定的环境中,赤裸裸地暴露在电视观众前面,主要着眼于残酷竞争、隐私、博彩等内容的一类电视节目形态。为了更加清晰地了解真人秀节目的核心特征,把握主流真人秀节目类型,本讲将脱离传统欧美真人秀节目的分类标准,化繁为简,从"残酷竞争""隐私""博彩"三个方面切入,着重对竞技生存、情感服务和表演选秀三类真人秀节目进行分析和解读。

1. 竞技生存类

竞技生存类电视真人秀向来是真人秀节目的主打类型之一,典型的如《幸存者》《奇异路程》《峡谷生存营》《走进香格里拉》《生存大挑战》等。这类真人秀往

---

[1] 〔美〕约翰·费斯克:《理解大众文化》,王晓珏、宋伟杰译,中央编译出版社2001年版,第35页。

往采用全程跟踪拍摄的手法，剥夺选手们在文明社会的生活资料，将他们置入条件艰苦的野外，让其展开生存竞技，或者让选手们在户外和其他地点进行具有挑战性的竞技游戏。① 例如：CBS 播出的《幸存者》的节目规则是，将 16 位有着不同社会背景、不同性别和职业的参与者，置于一个相对封闭、恶劣的野外环境里，让他们在极端严酷的生存环境中，经历 42 天充满竞技和淘汰的比赛生活，最后幸存下来的人将获得 100 万美元的奖金。再如，ABC 播出的《让我离开这里》就是让 10 位名人到澳大利亚的热带雨林生活数周，把他们放在极端严酷的生存环境中，不能携带与现代文明有关的奢侈品，在纯自然的状态下接受严酷的生存考验。

概括来说，奇观化的环境设置、形式各异的竞赛项目以及贯穿始终的淘汰晋级机制是竞技生存类真人秀不同于其他游戏娱乐节目的典型特征。

（1）奇观化的环境设置

综观国内外多档竞技生存类真人秀，发现这类真人秀在环境选择上多为远离日常生活的荒岛、森林等原始地域或封闭的内部空间，节目所制造的环境氛围与普通人所处的日常环境往往存在较大的距离，表现出一定的现实性错位。

例如，《走进香格里拉》的比赛区域位于云贵高原与川藏高原的交界处，人迹罕至，两个摄制组全程跟随，如实记录选手们在无人区的各种活动。又如，第六届《生存大挑战》的"战场"设在广东和贵州荒无人烟的孤岛、丛林、山脉，加拿大冰封万里的北极圈极地等环境里，让选手在最特别的地方，体验最经典的生存，在最残酷的环境，挑战最具本色的英雄。再如，广东卫视推出的第二届《生存大挑战》节目，同样也是将 20 名选手放诸山区，让他们从江西瑞金起步，沿着当年中央红军长征行军的路线，翻越五岭、乌蒙山、夹金山、岷山、六盘山等山脉，涉过湘江、乌江、赤水、金沙江、大渡江等河流，在艰难的野外环境中，经历纯自然的生存体验。

可以说，由封闭的环境、自给自足的生存状态、缺位的人类社会关系以及极具异域野性美的背景音乐等要素构成的奇观化环境，为观众提供了一种有别于都市的生活体验——参与者是生活在科技空前发达的时代的现代人，节目地点却选取在充满原始意味的空间——这种"陌生化"的美学体验极大地满足了观众的猎奇欲望和对未知事物的好奇心理。

（2）形式各异的竞赛项目

竞技生存类真人秀在规则设计上很少有核心事件贯穿整个节目，而主要依

---

① 张琪：《"真人秀"的节目形态研究》，郑州大学 2005 年硕士学位论文。

靠形式各异的竞技竞赛项目来充实内容。在节目进行过程中,主办方常常设置许多体力和智力竞赛项目来增加节目的可看性,体现个人生存竞技能力或团队合作精神。

比如,美国经典电视真人秀节目——《幸存者》,在规则设置上,就有吃虫比赛、求救比赛、掘宝比赛、打靶比赛、救援比赛、屏息潜泳比赛、点火比赛、射箭比赛、拣牌子竞赛、出局竞赛、走竹竞赛、荒岛生活有奖竞猜、泥浆包装比赛、女巫布莱尔式的探寻竞赛、怀念同志竞赛等。我国现有的生存类真人秀也包含各种各样的竞技游戏,如:由贵州卫视推出的《峡谷生存营》节目,就是将12名现代"鲁宾孙"带入与世隔绝的贵州南江大峡谷里,真实体验24天野外求生的"另类生存",经历斗智斗勇的游戏,如救援比赛、屏息比赛等。有的生存型真人秀也会被设置成一次寻宝探险的历程,即制作方预先在某地放置某物,选手按照此物提供的线索进行探险,最先找到宝物的选手将获胜。

一般来说,主办方设置的这些竞赛项目都会具有一定的完成难度,因为任务越难,选手的付出就越多,性格和能力的差异性就越明显,同时观众的投入就会越多,关注度就越大。当然,在竞技项目设置上,制作方为了保证节目先易后难的阶梯性、个人完成和团队合作的配搭程度、任务难度不超过参与者最大能力范围等,往往会通过提供不同程度的"条件"来调控难度;使用什么样的条件、设置什么样的项目都可以呈现参与者不同的性格,满足观众的心理关注和期待。

(3) 贯穿始终的淘汰晋级机制

残酷的淘汰晋级机制是竞技生存类电视真人秀的核心元素,通过淘汰晋级,节目得以不断向前推进,观众的注意力也被牢牢抓住。在哥伦比亚广播公司推出的《幸存者》中,整个节目的进行方式就是将参赛选手分为两组,每一集要完成各种为生存与自然环境斗争的任务,胜利方获得淘汰豁免权,失败方由同组同伴投票淘汰1人。选手之间有合作也有冲突,构成人与自然、人与人之间的复杂竞争关系。最后7人将同组竞赛,每周淘汰1人。大结局时,由最后的7名选手从幸存的2人中选择1名成为获得百万美金的幸存者。再比如,中国的《生存大挑战·英雄古道》节目的演进方式也是让选手通过"生存动感训练营"晋级决斗赛,通过降落仪式、一场资格赛、十五场常规赛、两场半决赛之后,才能最终成为最后的"至尊英雄"。

综上所述,竞技生存类真人秀的特点就是将参与者设置在一个特殊的艰苦环境中,借助有限的苛刻条件去完成各种难以完成的使命,在不断的淘汰之后,最后决出胜利者。这类节目形态的出现,反映了现代工业社会中现实生活的枯燥乏味,人们生活在高速运转、平淡无奇而又规则重重的现实中,极度期待一种非常规的生活状态,即以某种富有新鲜感的生活来挑战与颠覆常规秩序。而竞技生存类真人秀节目凭借"残酷的竞争性""生存的艰难性""观众的参与性"等特性,恰恰迎合了大众这种强烈的颠覆心理,给了他们体验另类生活、参与改变别人命运、行使权利表达好恶的方式与途径,所以受到了普遍的追捧。

2. 情感服务类

在竞技生存类真人秀刮起电视娱乐风暴之后,情感倾诉类作为一种新的真人秀节目类型,凭借"真实地记录婚姻、家庭、情感的危机,解决情感矛盾和问题"的特色,迅速跳入观众视野。典型的有:湖南卫视的《真情》,湖南都市频道的《寻情记》,江苏卫视的《人间》,安徽卫视的《第12夜》,浙江卫视的《淘出心里话》,重庆卫视的《情感龙门阵》,陕西卫视的《诉说》《有请当事人》等。这类节目把关注的目光投向人们社会生活中的情感层面,以纪实的手法将普通老百姓的爱恨情仇、家庭纠纷、情感问题等展现出来。一方面它为情感困惑者提供了一个倾诉的平台,另一方面也为公众偷窥他人隐私开辟了公开的途径。

例如:安徽卫视的《第12夜》就是通过12夜真实的电视拍摄,记录3个家庭30天的试离婚过程,努力探求和破解婚姻危机谜题,为参与家庭搭建"让爱重生、心灵修复"的平台,为观看者妥善解决婚姻危机提供参照。再如:中央台的《心理访谈》、江苏卫视的《人间》、湖南卫视的《真情》、上海生活时尚频道的《心灵花园》等,大多通过专家和嘉宾座谈的方式,通过当事人现场的讲述、争论以及相关的图片、拍摄等方式,寻求解决家庭、生活中的情感矛盾和危机。

简单来说,依托婚姻家庭情感矛盾、讲述正在发生的真实故事是情感服务类节目的关键要素。

(1) "小人物"的故事内容

情感是人类永恒的话题,情感服务类真人秀更是将这一主题进行了再次放大和包装。它将镜头聚焦于爱情、婚姻、家庭等交织着众多情感线索的冲突性事件中,通过实景拍摄的方式来展现普通人的爱恨情仇;通过为当事人提供情感宣泄的平台,让嘉宾和观众一起,为当事人分析各种心理成因,寻找情感纠葛出路,同时引领受众探访那些不曾抵达的心灵版图。

例如:江苏卫视《人间》栏目的宗旨是:实况呈现正在发生的人间事件,共同经历正在发生的人间情感,包罗万象、和谐人心,最密集的播出,最意外的结局。在2009年6月播出的7个事件中,有6个的主题分别为:"丈夫成了别人的上门女婿""保姆身份之谜""前夫抢走我女儿""逆境爱相守""妈妈,我要找到你""突如其来的孩子"。再比如,上海东方卫视的《心灵花园》的宗旨是"讲述都市真实的情感故事",以演播室内的访谈和外景穿插讲述相结合的方式,讲述当事人的情感故事,为观众提供现实生活的指导,引导人们面对生活困境和心理疾患做出智慧的选择。

(2) 记录式的再现方式

人物、故事情节的原生态真实性是情感服务类真人秀的另一个关键要素。综观国内多档情感服务类真人秀节目,一个共同的制作理念是:对正在发生的情感事件,以讲故事的方式,通过层层设置悬念,展现矛盾和冲突。

例如:河南卫视《情感密码·阴谋与爱情》这期节目,不仅用镜头真实地记录了整个跌宕起伏、充满悬念冲突的故事,还详细呈现了当事人各时段中情绪的变化,包括各种愤怒、争吵的不和谐场面。

此外,关注小人物、普通人在日常生活中遇到的情感纠纷,寻找具有情节张力的情感故事,聚焦贴近大众生活的民生话题等都是这类节目的重要特征。

总的说来,情感服务类真人秀以"真"为基础,记录了普通老百姓的情感生活;以"情"为支撑,体现了人世间复杂的感情纠葛,让不同层次的人产生共鸣,让人们在欣赏与愉悦中净化心灵,在审丑与破碎中领悟完美,珍惜真情;又以"理"为升华,在"真"与"情"的感衬下,激发了受众对真善美的追求以及对人生、对社会、对生命、对人性的拷问。

然而,情感服务类真人秀大行其道最本质的原因是什么呢?

虽然这类节目与竞技生存类节目有相似之处,都是当代社会语境催生的必然产物,但除此之外,情感服务类真人秀之所以能够风靡全球,还有一个很重要的原因,即它对观众好奇心和窥私欲的满足。

从心理学上讲,每个人都有窥探他人隐私的欲望,但是在通常情况下,满足这种窥探欲望往往会受到他人、自身甚至社会的种种限制。然而,越是禁忌的东西就越有诱惑力。当电视媒体将最隐私、最真实的人物情感呈现于电视荧幕、提供给大众观看时,原来受约束的禁忌被打破,受众进入他人的情感领域,从而获得侵犯扩张的快感,故该类节目的受欢迎程度也就可想而知了。

但是,也正因为这个原因,情感服务类真人秀自其诞生之日起就饱受争议。一方面,少数真人秀夸大参与者对明星与财富的崇拜,赤裸裸地展示选手的隐私、暴力、血腥甚至性爱,放弃了公共电视所应该具有的社会责任感;另一方面,部分真人秀过多、过深地介入人们的日常生活之后,对选手和观众的现实生活关系造成了不同程度的破坏;此外,摄像头全方位地记录人物经历和情感,将过多的人性阴暗面公开呈现,也造成了人类本身应有尊严的丧失,不利于形成良性发展的文化氛围。所以,如何把握娱乐与伦理之间的平衡关系,如何实现真实与健康之间的统一,将是电视真人秀,尤其是情感服务类真人秀节目日后发展所必须思考的关键性问题。

3. 表演选秀类

随着娱乐文化的流行,特别是所谓"美女经济"的泛滥,继"残酷竞争"的生存类真人秀、"窥探隐私"的情感类真人秀之后,以"博彩"为噱头的表演选秀类真人秀节目越来越多,并日渐成为真人秀市场上的主流类型。花样繁多的歌手选拔、主持人选拔、模特儿选拔、亚洲小姐选拔、世界小姐选拔等,都可以被看作表演选秀类真人秀。这类真人秀的主要特点是让具有一定"表演"能力的参与者,按照预先设置的竞赛规则进行才艺表演,而专家和观众则对这些参与者进行淘汰和选拔,最后的优胜者将获得成为"明星"的机会。典型的如:福克斯公司播出的《美国偶像》,中央电视台的《梦想中国》《星光大道》,湖南卫视的《超级女声》《快乐男声》《快乐女声》,东方卫视的《加油!好男儿》《莱卡我型我秀》《舞林大会》以及江苏卫视的《绝对唱响》、浙江卫视的《我爱记歌词》等。

(1) 参与群体的广泛性

表演选秀不是专业表演而是真人秀,它并不是以参与者的专业水平作为节目的核心,而是让许多普通人来参与表演,让观众通过这些普通人产生一种真实感,消除观看专业演出的那种职业距离和神秘感,在视觉和听觉的享受中得到评价的权利。

例如:我国表演选秀节目成功运营的典型——《超级女声》即以不分唱法、不论外形、不问地域的互动性、参与性超强的海选为主要特征,只要喜爱唱歌并年满16周岁的女性,均可报名参加。《超级女声》的海选、拉票,使得娱乐界刮起了一阵海选之风。《超级女声》的报名人数在2004—2005年一年内从6万人增加到近15万人。而浙江卫视2008年打造的"太可乐了"特别节目《我爱记歌词》栏目也以号称"全国首推门槛最低的互动音乐节目,规则简单到只要不比歌喉,不比舞台表现,只要能唱对有限的歌词"而成为广受关注的娱乐节目。

表演选秀节目的海选方式具有很强的心理接近性,能让观众产生一种归属感,达到"全民参与,全国同乐"的收视效应。从受众的角度来说,普通人与参赛者的距离更近,能满足各个阶层观众的需要,同时也增强了对节目的认同感。

(2) 节目内容的表演娱乐性

表演选秀作为真人秀节目的一种类型,关键在于"秀",所以表演是这类节目的核心元素。参与者的形体、歌曲、语言、表情都是这类节目的娱乐内容。它非常注重节目表演内容、方式、环境和效果的设置,会想尽一切方式来展示参与者的魅力,强化表演的娱乐效果和表现力。但同时,这类节目又与选拔赛存在很大的不同,传统的选拔赛重在选出所需人选,而许多表演选秀类真人秀的主要目的并不在于选出最优秀的歌手,而是制作一个好看好玩、收视率高的节目,观众与其说是在关注着这些大大小小的表演选秀类真人秀节目,不如说沉浸在一个充满悬念与刺激的游戏中而无法自拔。

比如,2006年《莱卡我型我秀》节目的选手师洋几乎无唱功可言,可是他的另类舞蹈、自己设计的服装、夸张的道具、令评委捧腹的忘词、走调却使他赢得了大众的支持,成为2006年夏天出现频率最高、人气最旺的名字;又如,2009年《快乐女声》节目的选手曾轶可,同样没有唱功,而是凭借个性化的原创歌曲和独特的"绵羊音"走到快女十强,成为2009年夏天百度、谷歌热词榜搜索率最高的词。

(3)评选方式的专业性与大众性

传统的选拔赛常常是选取专业领域的权威做评委,在评价时评委要给出专业的评语或给出分数;表演选秀类真人秀就不同,节目强调观赏性和娱乐性,注重收视率而非比赛结果,因此在考核方式上专业性相对并不是太强,一些节目中除了保留专业评委以保持专业性外,还设置了观众的选择权,有的节目甚至完全由观众的投票决定比赛的结果。这种对节目互动性和全民参与性的强调,迎合了观众的心理期待,因为观众希望自己"不再是一群面目各异的乌合之众,而能从观众席走向台前,从明星队的仰望者成长为电视台精心塑造的'民'星"[1],从而使节目有了更为广泛的受众基础。

比如,在营造全民娱乐的互动氛围中,《残酷一叮》有一个颇为成功的创举:受异军突起的"美国走音系偶像"孔庆翔启发,《残酷一叮》允许现场观众发出嘘声,直接影响评委抉择。这种重视"民意"的规则令现场气氛更热烈,改变了过往电视媒介仅仅是在做单向度传播的局面,极大地拉近了与电视机前观众的心理距离,同时也拉动了收视率的攀升。

(4)制造大众明星

表演选秀类真人秀节目的创新意义在于它开创了一种应用于电视的互动形式,让观众感觉到是自己在培植、创造自己的明星。因此这类节目在环节设置、手段使用上,都非常注重挖掘观众所喜爱的对象,并着力包装这些形象,不仅要最后选择出观众心中最完美的大众"明星",还要让观众在不得不忍痛割爱地淘汰那些他们同样喜欢但是按照规则必须淘汰的偶像时心痛不已。不求最好,但求最爱,发现和帮助观众塑造出"明星",是这类节目成功的重要前提。如《美国偶像》的首届冠军凯利·克拉克森,原本只是一名酒吧服务生,在节目中脱颖而

---

[1] 孟建、刘华宾:《透视平民化娱乐节目现象》,《现代传播》2005年第2期。

出后,凯利·克拉克森发行首支单曲"A Moment Like This",仅以两周的时间就拿下单曲榜冠军,该单曲最终售出50万张拷贝。2003年4月,凯利获得"格莱美最佳流行女歌手奖",成为美国炙手可热的明星。

总体上来说,表演选秀最核心的要素在于对狂欢化的快感的营造;表演的现场就是狂欢的现场,几乎所有的真人秀节目都将表演的舞台与观众席融合在一起;有的在中心舞台前还有延伸到观众中的小舞台,有的干脆就将舞台放在观众中;表演者也不再是一个人声嘶力竭,而成为观众狂欢的引领者。无论在演播室内还是在演播室外,只要有选手的地方就会有大量的观众;观众的角色也不再仅仅是被动的观看者,而是参与者、决策者、表现者,只要有他们喜欢、拥戴的选手出现,"粉丝"们的热情总是一样的高涨,他们会丝毫不吝惜自己的声音,也丝毫不掩饰自己的情绪、情感,全身心地投入这场娱乐秀,抛弃一切社会陈规,追求感官感受,体验着表现和释放的快感。

## 二、你方唱罢我登场:电视脱口秀

### (一)认识电视脱口秀

1. 脱口秀源起与界定

脱口秀在我国又称为谈话节目,它是"talk show"的中文翻译,这一类型的节目起源于美国。电视史学家一般都把NBC在1954年推出的《今夜》看作是开电视谈话节目先河的栏目。《今夜》的节目模式为:有大量现场观众参加,主持人的幽默独白、与知名嘉宾的轻松对话和穿插的娱乐演出相结合,强调娱乐性和戏剧性色彩。脱口秀节目在诞生之初,凭借新颖的形式在电视传媒领域为自己赢得了立足之地。在这之后的发展历程中,脱口秀更注重树立内容优势。1972年开播的《唐纳休访谈》的主持人菲尔·唐纳休没有延续带有喜剧性和表演色彩的主持风格,他在节目中表现出来的现实主义勇气,使得这档节目变成一种真正意义上的清谈。后来,随着观众鉴赏水平的提高和舆论环境的进一步开放,谈话节目的对抗性、尖锐性日益明显。著名的节目有《奥普拉·温弗瑞秀》(*Oprah Winfrey Show*)。除此之外,更有谈话节目大胆开放地将戏剧性的冲突通过电视屏幕在节目现场表现出来。这类节目的代表有《莉基·蕾克秀》(*Ricki Lake Show*)和《杰尼·琼斯秀》(*Jenny Jones Show*)。

在我国,谈话类节目起步较晚。业内公认的第一档电视谈话类节目是上海东方电视台于1993年推出的《东方直播室》,而大家所熟悉的《实话实说》则将电视谈话节目的概念深深根植入国内广大观众的头脑。观众们亲切地称呼《实话实说》的主持人崔永元为"小崔"。这种心理上的亲近感是脱口秀节目在中国成功登陆的最好见证。

2. 脱口秀节目的三个要素

目前脱口秀节目多选择以电视为传播媒介,所以电视谈话类节目是我们现在探讨的重点。那么,我们如何界定这类节目呢?从此类节目的名称上看,其构成要素有三:电视、谈话、节目。我们不妨从这三个要素的各自内涵及其相互关系入手,来对这类节目进行界定。

第一要素是谈话,即"talk"。在传播学的基本概念中,谈话是人际传播的一种媒介(媒体)。脱口秀节目中所涉及的谈话,其核心内容是声音语言,另外文字、表情、姿态乃至服饰也都可以作为其构成要素,共同服务于这种面对面的信息交流过程。更重要的是,国内既然将"talk show"译为"脱口秀",可见节目中的即兴因素是我们不可忽视的要点,而即兴因素又最直观地体现为主持人和嘉宾在交谈过程中能够"脱口"成章,随机应变——他们时而针锋相对,时而谈笑风生。这种谈话过程不仅仅致力于某个事件的描述或是某种观点的表达。按照尼尔·波兹曼的观点,"我们认识到的自然、智力、人类动机或思想,并不是它们本来的面目,而是它们在语言中的表现形式。我们的语言即媒介,我们的媒介即隐喻,我们的隐喻创造了我们的文化的内容"[①]。所以谈话这一要素在脱口秀节目中是一个以语言交谈为基础,以真实性、即时性、生动性为特征的综合传播媒介。

我们再来关注一下"电视"这一要素。电视作为面向大众的传媒手段,最有力、最直观地体现出脱口秀节目具有的大众传播的本质。首先以电脑编辑、卫星通信、数字化多媒体技术为基础的电视,在传播效果上实现了互动性和参与性,尤其是现场直播技术的运用满足了受众同时接收信息、同时思考的欲望,强化了参与感。更重要的是,以电视为传播媒介的脱口秀节目作为一种大众传播模式,承担着一定的社会作用。

我们最后来看一下第三个构成要素——"节目"。可以说,这一要素是对整个概念在形式上的限定。因为有了这个限定,概念中所涉及的"谈话"就不同于我们日常生活中的谈话。这种需要在特定的节目中展现出来的谈话场景,从选题内容到嘉宾邀请,从主持人设置到观众参与都要遵循电视节目运作的一般规律。另一方面,为了更加符合受众的心理需求,为了与其他形式的节目竞争,脱口秀节目又要在遵循规律的基础上突出特色,如选题要充分调动受众的好奇心

---

[①] 〔美〕尼尔·波兹曼:《娱乐至死》,章艳译,广西师范大学出版社2004年版,第18页。

和窥探欲,所请嘉宾要么知名度较高,要么个性鲜明,主持人更是要具备较高的人文素养和深厚的综合知识储备,并以此为基础对整个节目现场具有较强的把握能力。

那么综合以上三点,我们来给"脱口秀"下一个定义:它是一种面向受众,以电视为媒介,其形式是主持人和嘉宾针对某一主题展开对话,多数情况下伴有现场观众互动的节目形式。

### (二) 我国脱口秀节目的三种类型

中国传媒领域的对外开放不断深入且日益完善,为了适应跨文化传播的新需要,我国开始引进并学习西方国家已有的节目样式。从节目形式而言,脱口秀节目摆脱了传统电视节目对受众进行单向"灌输"的传播模式,节目中主持人在很多时候都是从受众的角度对所请嘉宾进行提问,受众不自觉地就被带入节目所设置的语境之中,成为谈话的参与者。除此之外,西方国家的电视节目都按照商业模式来运作,在吸引受众注意力、提高收视率方面,风行西方半个世纪的脱口秀节目已经积累了相当丰富的经验。

在内部需求和外部经验的共同催生下,我国的脱口秀节目数量和种类日益增多。由于制作成本不高,所以从中央台到地方台基本都设有谈话类节目。目前我国的谈话类节目按内容分,大致有以下几个种类:第一类是聚焦民生的脱口秀节目,如《实话实说》等;第二类是以情感交流贯穿节目始终的脱口秀节目,如凤凰卫视的《鲁豫有约》等;第三类是评论时政、直击新闻人物的,如凤凰卫视的《一虎一席谈》。

#### 1. 平民化语态——民生类脱口秀节目

社会利益的多元化格局要求社会话语的表达有一个兼容并蓄的媒介环境,以受众为中心的传播时代的到来需要一个大众可以参与的平台。处在转型时期的中国百姓日常生活中孕育的大量故事和困惑,为媒体提供了丰富的素材。作为社会话语表达的主渠道的大众媒体在产业化的竞争压力下,更加青睐谈话节目投入少、产出多的产品形态。脱口秀节目的产生以相对开放的舆论环境为基础,通过对人际传播和大众传播的综合运用,满足受众多元化的表达需要。

民生类的电视谈话节目开辟了公共话语空间,这类节目主要关注老百姓衣食住行等方面的社会热门事件,用新闻人的独特视角和深层思辨,带嘉宾与观众讨论社会现象,思考民生问题,从而引导舆论、针砭时弊,弘扬真善美,鞭挞假恶丑。

1996年中央电视台开办的《实话实说》节目就是这类脱口秀的典型代表。

该节目自开播以来,凭借其关注普通人的视角,成为我国电视脱口秀节目里的常青树。《实话实说》出现以后,国内的谈话节目一发而不可收,大大小小的电视台都将各类型的脱口秀节目搬上荧屏,其中也包括不少其他的民生类脱口秀节目,如北京电视台的《荧屏连着你和我》、重庆电视台的《龙门阵》、湖南卫视的《有话好说》以及齐鲁电视台的《开讲天下》(原名《齐鲁开讲》)等。这些节目各有特色:《荧屏连着你和我》选中了我国首都北京这样一个巨大的选题市场,将镜头对准了普通老百姓的生活,从他们的所思所想所惑所盼中寻找话题,多方位反映老百姓生活的酸甜苦辣,成为广大普通百姓展示自己的舞台,使平凡人摇身一变成为电视节目的主角;而创办于1998年的《龙门阵》则以重庆地方方言、巴渝茶馆式的谈话氛围为特色,打造了其不俗的观众缘;《有话好说》以关注社会、关注民生、关注人性为栏目宗旨,在内容的选择上侧重于百姓关心的情感纠纷、家长里短及平民视角中的国计民生;《开讲天下》则是全国第一档电视 call in 直播辩论节目,为中国电视开创了一种全新的电视形态,观众不仅可以在屏幕上看到新闻当事人、名人明星、专家学者针对社会热点话题的精彩辩论,还随时可以通过打电话或者发短信投票与留言,甚至直接将电话接入演播室与现场嘉宾展开对话,观众参与度大大提升。民生类的谈话节目都关注普通百姓的日常生活和困惑,它将平民百姓请进直播室,让昔日隔屏如隔山的观众与主持人面对面谈话、交流,直接参与节目的制作。

  不难发现,形形色色的民生谈话节目都处在长盛不衰的状态。这类节目之所以能够从众多电视节目中脱颖而出,是因为平民意识贯穿于节目策划和制作的始终。关注普通百姓的日常生活首先就解决了一个问题——节目的源头是活的,因为广大群众的生活中有层出不穷的最真实的故事和困惑。其次,这解除了观众和收视率的困扰。电视,作为一个典型的大众媒体,其受众就是广大的平民百姓。侧重于家长里短这种选材的民生类谈话节目,其选题是每一个常人都会遇到的问题,这就与受众有了心理上的接近性。这种谈话节目一方面满足了受众对趣闻轶事的追求,另外一方面也有助于观众为自己的困扰找到解决之道。有一些具有本土化特征的民生谈话节目更在地理上拉近了与受众的距离。而伴随网络传播时代的到来,受众同时扮演传播者角色的趋势日益增强,这种趋势也将曾经默默无闻被动接收信息的普通百姓推到了荧幕上。

  民生类脱口秀节目,其话题应该具有吸引力和对抗性。这类节目的话题一定是取自平常百姓身边的故事或案例,是和老百姓的日常生活息息相关而且受到热切关注的话题。这样,节目对观众自然就形成了强大的吸引力,也让每一个观众都有话可说、有话想说。《实话实说》的选题如"3G来了""打倒奥数""你家旁边住着谁""身边的警察"等都是很好的体现。我们还可以注意到,《实话实说》的主持人经常以这样的句子开始一期节目:"最近我们的论坛里大家都在讨论……"或者"最近有朋友来信说……"除此之外,所选的话题还应该具有对抗性。谈话过程中,嘉宾之间、现场观众之间的话语与思想的针锋相对,把关于所选话题的各种观点都自然地呈现出来,让观众自己去判断。《实话实说》的"恐怖的烟标"和"该不该重罚作假考生"两期节目里面,台上都上演了很激烈的唇枪舌剑之战。

要让一个平头百姓在一个电视节目中拿起麦克并说出真实的想法,甚至与别人展开辩论,这在观众一直以来扮演受众角色的媒介传统下是不容易实现的。所以民生类脱口秀为了打造一个平常、朴素的环境,通常在摄影棚的布置、主持人和嘉宾的装扮上都选择一种简单、随意的风格。《实话实说》通常选择明亮、宽敞、简单而又充满希望色彩的场景,主持人也一改一般电视节目中正襟危坐的形象,以一种平易近人的神态面对观众,而且嘉宾不上妆,身穿平常的服装。这一切符合让人们倾诉自己的故事、说心里话、畅谈理想的话题设计,为人们在镜头前勇敢发表观点做了很好的铺垫。

一个普通人可以行使公共话语权的民生类脱口秀节目,其实渗透其中的是一种个性化的表达方式。在这个节目里,主持人、嘉宾、场内场外观众都是平等的,都可以发表自己不同于别人的见解。在这类节目里,主持人的一个重要作用就是淡化摄影棚的环境,营造一种气氛,让嘉宾和观众都感到放松,从而说出心里真实的想法。在《实话实说》节目中,主持人经常会问:"你同意他/她的观点吗?"这样的问题把在场嘉宾或观众拉到谈话中来。而在"高考奇谭"这一期节目中,高考奇才张非的父母上台后,他们身材稍矮,主持人和晶在跟他们对话时总是前倾弯腰,试图把视线和他们保持在同一水平线。主持人就是时刻用这种细小的动作营造一种平等的氛围,在使谈话顺利进行的同时也体现了一种人文关怀。

而其实《实话实说》的主持人从最初崔永元的"平民化"风格,到阿忆的文人化倾向,再到和晶柔情温良的风格也是节目的个性化表达方式的一个反映。

2. 故事化设计——情感类脱口秀节目

一直以来,萦绕在老百姓心头的话题都是衣食住行方面的困惑。随着生活水平的提高,当这些基本的生存条件被满足后,人们开始追求丰富的精神文化需求。改革开放以后,社会经济条件有了明显改善,踏入小康社会的人们开始寻找亲情、友情、爱情及隶属关系的寄托,寻找人生的信仰。这种现象可以用马斯洛提出的人本主义需求层次理论来解释,该理论将人的需求分为生理需求、安全需求、社交需求、尊重需求和自我实现这由低到高的五个层次,一种需求被满足以后就会开始追求下一层次的需求。

人们的这种需求的变化催生了相对应的媒介文化产品——情感类脱口秀节目。情感类谈话节目作为新闻类、政治题材类节目的补充,满足了受众的精神需求,其社会识别功能反过来又紧紧抓住了观众的视线。人们看情感类的谈话节目,从中找到了感情的寄托,找到了感情宣泄的出口。不仅如此,"他们更希望在节目中找到自己或者周遭生活的影子。这就是栏目的社会识别功能"[①]。随着中国多元化社会格局的生成和新思想、新事物的涌入,形成了观念的频繁碰撞,这导致出现了越来越多的情感问题,为情感类脱口秀这种节目形态提供了丰富的素材和广阔的市场。

情感类脱口秀节目关注的是人们的日常生活、人生经历、情感体验、生命困惑等主题,这是任何一个具有健全情感的人都能感悟的永恒话题。有学者就谈道:"情感节目是纯粹以人为本且以人最私密的感情为观照对象的节目,不管是高雅还是通俗,人性、人的心路历程、人的生存状态应始终是谈话节目所关注的。"[②]而知名的情感类谈话节目《鲁豫有约》的节目定位是:"寻访昔日的英雄和拥有特殊经历的人物,一起见证历史,思索人生,直指人们的生命体验与心灵秘密。"与访谈类节目不同,情感类节目注重的是分享经历或体验,而前者则带有一种明显的寻找真相的倾向。

成功的脱口秀节目往往聚焦于一个传奇的人物、一个矛盾纠结的故事或者是一个大众知其然而不知其所以然的社会事件,其内容本身就具有较强的吸引力。情感类谈话节目也主要有两种风格:一类聚焦传奇人物,如凤凰卫视的《鲁豫有约》、中央电视台的《艺术人生》;一类注重讲故事,如湖南卫视的《真情》、江苏卫视的《人间》、河北台的《真情旋律》、北京卫视的《真情互动》等。前者即在演播室内,通过主持人和嘉宾的聊天展示传奇人物的"生命体验和心灵秘密",主持人往往只是用简短的提问,使嘉宾打开"话匣子",侃侃而谈,走这种路线就是靠嘉宾的知名度和传奇色彩吸引人。后一种风格的节目则以故事为线索,在主持人和嘉宾的谈话中呈现故事的来龙去脉,从而反映当事人的情感纠葛和体验。在这种节目中,编导常常采用设置悬念等手段使故事更具戏剧化和吸引力。

情感类脱口秀节目从 20 世纪末初现荧屏以后,逐渐成为电视谈话节目中最红火的一种,到现在呈遍地开花之势,全国省级卫视几乎都开设了情感类谈话节

---

① 高文娟:《新版〈鲁豫有约〉前景之我见》,《东南传播》2008 年第 3 期。
② 胡雯:《现代媒介新动向:私人化与兴盛》,《青年记者》2008 年第 31 期。

目,如前面提到的《真情》《人间》《真情互动》等。这些节目无一例外都是以情感制胜:《真情》给当事人创造了一个互相沟通的机会,让他们彼此袒露真情;《真情互动》以感受真情、呼唤真情、传递真情、回报真情为节目宗旨;《真情旋律》展示名人独特的人格魅力和成长历程中的人间真情……

下面将以在国内影响力最大的《鲁豫有约》为例谈谈情感类脱口秀节目的特点。

首先,我们可以注意到国内的情感类脱口秀节目的主持人几乎都是女性。之所以会出现这样的现象,就是因为女性平和亲近的形象容易取得嘉宾的信任,从而能坦然地在镜头前谈论个人私密性的情感问题。这一类谈话节目对主持人的素质有特别的要求——真诚、有亲和力、善于倾听。凤凰卫视为鲁豫量身打造的《鲁豫有约》正是利用了她感性、平实、善于倾听的特点。在各种各样的传奇人物面前,鲁豫总是以一个邻家女孩的形象出现,她的招牌微笑很容易让嘉宾放下戒备,同时也拉近了嘉宾和现场观众的距离。在聊天过程中,鲁豫安静地倾听,眼神中流露出专注和认真,偶尔也会有或惊讶、或佩服、或疑惑的表情,也有"真的吗?""呀!真好!"一类的平实性话语,让嘉宾和观众都感觉到舒心和自然。鲁豫也正是从用心的倾听中挖掘线索,不经意间将聊天一步步推进,向观众提供了一个个感人的故事。

从嘉宾的角度来说,情感类脱口秀节目中的嘉宾褪去了社会角色,去掉了荣耀的光环,以一个普通人的身份出现,完成了从公众人物到普通人的转化,这里的"人"指的是情感意义上的人,家庭里的人。《鲁豫有约》以"说出你的故事"为宣传语,在节目中,鲁豫是想让嘉宾自己讲述出他/她光芒背后所经历的磨难、荣耀背后所饱尝的艰辛,从而给人以感动。就拿《面对面》和《鲁豫有约》对易中天的采访作对比:前者是把易中天作为一个新闻人物来解读,充满探寻真相、洞察人性的欲望;而《鲁豫有约》则侧重情感的分享,提出的是诸如易中天对学校授课和电视讲座的不同感受等一类生活化、情感化的问题。脱口秀节目的制作过程,实际上就是现实的人际交流在屏幕上被展示出来的过程,这种交流就直接作为节目的内容和形式,一种面向受众需求的私人化的公共话语平台在此搭建起来。正是如此,情感类脱口秀节目在大众媒体上公开个人的情感体验,将传统上私人领域的文化元素与社会公共领域交织在一起。

情感类脱口秀节目的另一个特点是节目中的视频插播、大屏幕参与对话以及场外连线等手段的运用。对多种方式的综合运用往往使节目显得更真实感人,同时也让节目内容更显丰富饱满。在《鲁豫有约》中,通常是让嘉宾自己讲述故事和经历,但是只是简单的语言描述,很可能嘉宾自己认为很感人的经历在观众看来会平淡得多。这时,演播室的大屏幕就起了很重要的作用。屏幕展示相关的照片,或是播放一段视频,无疑就增强了故事性。在采访潘玮柏的一期节目中,他讲到了自己曾经被传整过容的经历,传言就是以他上学时的一张照片为依据。当屏幕把他这张短发中分的照片展示出来时,全场观众顿时爆发出笑声和热烈的掌声。此外,《鲁豫有约》经常在节目开始的时候播放一个小短片,将嘉宾的背景信息做一个简要的交代。这个细节一方面拉近了观众和嘉宾的距离,起到暖场的作用,同时也使得整个采访过程的信息更加丰满。

正是因为以上特点,情感类脱口秀节目的真实感人、平民化的魅力得以淋漓尽致地散发出来,受到观众的青睐。基于其拥有良好的观众缘、制作过程简单、少投入多产出等优点,情感类脱口秀节目受到大大小小的电视台的追捧。然而,这类节目在全国范围内得到红红火火的发展的同时,也出现了不少的问题,将其带到一个"瓶颈期"。遍地开花的情感类节目逐渐让观众产生了多、假、劣、俗的观感,题材的相似性是情感类谈话节目遭遇的一大挑战。制作单位为了大打情感制胜牌,刻意煽情,甚至通过设计和安排破镜重圆、久散重聚的戏剧性场面,"创造"节目高潮。有的电视台为了博得收视率,一味地展现主人公苦难的生活、悲凉的身世和孤独无助的境地,赚取观众的眼泪,但是节目的介入却没有给当事人带来积极的激励力量,当事人的命运也并不因为节目的介入而改善。这时,本该带着很强的人文关怀色彩的媒介文化产品,就有了利用老百姓的情感纠葛或经历为自己牟利之嫌。针对情感类脱口秀节目中出现的这些问题,国家广电总局曾于2008年底向各地方电视台下发了"整改令",禁止这类节目往低俗化方向发展。对此,情感类脱口秀节目也只有回归到理性和感性的统一,重视创新和突破,才能在众多同类节目中胜出。

3. 精英的崛起——时政类脱口秀节目

民生类、情感类脱口秀节目以其新鲜的形式、新鲜的选题出现在国内并取得良好效果以后,大量同类型节目为博收视率,盲目跟风上马,泛滥于荧屏,并出现不良竞争的现象,使得脱口秀这种节目形态的景况日益暗淡。相似的选题和形式让观众渐渐丧失新鲜感,仅仅聚焦于社会生活中偏"软"性的选题已经不能抓住观众的注意力,脱口秀节目的市场状况让制作单位不得不陷入思考,寻找新的出路。而且在新的历史条件下,人们的价值观、世界观在不知不觉中发生着巨大的变化。随着改革开放日益深入,我国社会经济条件迅速改善。加入世贸组织以后,中国在国际影响力提高的同时,也面临着社会改革和经济发展中不断出现的新问题。开放社会中的人们不得不将国家的发展和自身的发展联系起来,曾经只关心吃饱穿暖或是感情寄托问题的老百姓,渐渐地开始超越"小我",关注

"中国"这个"大我"在成长过程中所取得的成就和正在遭遇的困难。凤凰卫视在21世纪初陆续开设的好几档节目就是顺应观众需求的变化的体现,如《时事开讲》《时事辩论会》《一虎一席谈》《时事亮亮点》等,虽然不全是以脱口秀的形式出现,但其选题都同样关注时事。一方面电视谈话节目寻求自身的突破,另一方面国内电视受众的需求在新的历史条件下发生了变化,两个因素共同作用,使一种新的类别——时政类脱口秀节目出现在脱口秀节目的大潮中。

时政类脱口秀节目,顾名思义,其选题关注时政新闻,集中于社会发展和进步过程中出现的各种问题,注重呈现人们对于经济、文化等领域里出现的问题的见解和看法。典型的时政类脱口秀话题如:《对话》节目的"新能源问号""海外并购'联姻'之暗战",《一虎一席谈》栏目的"中国在南海问题上该不该采取强硬立场?""中国'钱'景该松该紧?""经济适用房该不该叫停?"等。这种思路在重复堆积的脱口秀节目中闪亮起来,为大众化电视谈话节目摆脱现实困境开辟了一条新道路。它不同于民生类脱口秀节目的地方就在于它的选题从百姓身边的细碎琐事上升到了影响百姓生活的大环境,具有一种宏观效果和提纲挈领的作用。时政类脱口秀节目是以主持—嘉宾—观众为模式的、根据话题选择嘉宾的电视谈话节目。时政话题的选择决定了节目的嘉宾应该是在各领域、各行业中比较有权威的人物,他们的观点对观众来说具有可信度,节目也才具有可看性。同时,精英的加入解决了国内电视谈话节目中精英相对失语的问题,使脱口秀节目照顾到日益增加的高素质、高学历人群的需要。因此,精英文化渗透到时政类谈话节目中可以说是大势所趋。

现在国内时政类脱口秀节目的代表主要有中央电视台创立最早的精英电视谈话节目《对话》和凤凰卫视的《一虎一席谈》。《对话》自2000年开播以来,经过摸索调整,已经吸引了一批忠实观众群,树立起了高端谈话节目的品牌。《一虎一席谈》虽然出现时间稍晚,但是该节目活泼的形式、活跃的现场使其迅速蹿红,2006年荣获凤凰卫视最佳创意大奖、最大影响力大奖,2007年又摘得《新周刊》评选的2006年中国电视榜"最佳谈话节目"桂冠。

时政类脱口秀节目不仅在话题选择上与之前国内普遍存在的谈话节目相异,还在形式等方面以其独特之处开启了脱口秀节目的新篇章。

首先,时政类脱口秀节目的一大特点就是以关系国计民生的大话题开启广阔的言论空间,注重观点的呈现。价值的多元和思想的碰撞是时政类脱口秀节目的命脉。这里的观点呈现与民生类谈话节目的不同表现为时政类节目中重视精英的声音,而且在话题讨论的深度和广度上都远远超越原来的脱口秀节目。《对话》节目就以"真诚的开放性、观念的先锋性、交流的争论性、多元的并存性的融合"为宗旨,而《一虎一席谈》以"这里不是一言堂,所有的观点都备受尊重"为宣传语,形式上以正反嘉宾辩论、现场观众挑战的形式突出思想交锋。在时政问题上开启"群口时代"是我国改革开放和民主建设取得成果的表现之一,赢得了观众的普遍认可和喜爱。一期脱口秀节目就好像一个自由的观点市场,观众通过观看节目,从中了解对于热点事件的各种观点的对抗,选择自己的立场。在互联网时代,受众纵然可以在网络上找到海量的信息,但是却难以从中进行取舍,而时政类脱口秀节目正利用精英阶层的智慧碰撞为观众提供一场场不失水准的盛宴。

其次,在时政类脱口秀节目中,现场观众的参与性、介入性大大增强,互动的程度达到前所未有的高度,体现的是精英文化与大众文化的整合。央视的《对话》致力于为新闻人物、企业精英、政府官员、经济专家和投资者提供一个交流和对话的平台,同时精心选择观众,要求观众带着问题入场,将对话的主体从嘉宾与主持人扩大到现场观众。《一虎一席谈》里面,互动的效果更为明显,正反两方嘉宾在激烈的辩论过程中,在场的观众随时可以举起手中的"反对"牌,经过主持人允许后即可加入话题的讨论。在时政类的脱口秀节目里面,现场观众基本上摆脱了过去活跃现场气氛、点缀演播室的角色。这样一来,虽然节目的话题"硬"化了,节目的嘉宾变成了高高在上的精英权威人士,但是观众和嘉宾在节目中都活跃起来,"话题面前,人人平等"的局面同时兼顾了普通大众和精英阶层的话语权。时政类脱口秀节目融入精英元素,但又不放弃普通大众的诉求,这体现了在社会转型时期,我国几大文化潮流——国家主流文化、精英批判文化、平民的大众文化的整合态势。大众文化的崛起渗透于人们的日常生活中,成为时代的强音,作为大众媒体的电视节目不可抗拒大众文化的影响,专走精英路线。

脱口秀在电视节目中占据越来越大的比例,同时也存在着粗制滥造、简单模仿的弊病。对于这个节目形态的整体发展来说,它只有进行更多探索,寻找符合中国特色的选题和形式,避免在激烈的媒介市场竞争中往低俗化方向发展,才能赢得观众的青睐和忠实。

## 核心概念

真人秀　脱口秀　拟态环境　体验消费

## 思考与讨论

1. 结合国内脱口秀节目的现状,谈谈这类节目在国内的发展空间和趋势。
2. 除了现在引进外国优秀脱口秀的节目形态以外,中国本土化之路该如何践行？

3. 真人秀节目在追求"真实性"的过程中存在怎样的社会、道德、法律问题？媒介机构应如何自律，实现真人秀节目娱乐价值和人文价值的统一？

4. 真人秀节目所呈现的"拟态真实"会对大众产生怎样的影响？在真人秀的大众狂欢热潮下，社会各界应如何看待和应对目前大众的这场非理性游戏？

# 第十三讲　网络狂欢与"山寨"文化

## 一、信息时代的网络狂欢

尼古拉斯·尼葛洛庞帝的名言——"计算机不再只和计算机有关,它决定我们的生存"——开启了人们对数字化生存的认识。世纪之交,电脑互联网的迅速发展不仅把人类带入信息网络的时代,更使网络生存方式初见端倪。今天,许多人的工作、学习、交往和休闲娱乐等都在网上进行,更有一些青少年痴迷网络不能自拔,网络生存似乎有一种无法抗拒的魔力。而所谓网络生存,就是"社会高度信息化出现的一种崭新生存方式,顾名思义就是依托电脑互联网而形成的以生产、工作、学习、娱乐、社会交往活动、新的风俗习惯等为内容的生存方式"①。伴随着这种生存方式和生存状态的普及,文化所涉猎的范围更为广泛,网络文化一词逐渐步入人们的视野,成为文明传播之中的又一道媒介奇观。下面,我们将主要从网络世界的狂欢特质、网络狂欢的具体表现以及网络狂欢的文化解读等方面对这一新型媒介现象加以阐释和分析。

### (一) 网络世界的狂欢特质

狂欢化是20世纪最有影响力的思想家之一巴赫金提出的一个带有哲学意味的概念。他本来是借助狂欢化来说明一种文学现象,即尊重笔下人物的主体性,尊重作品中各个人物的独特性逻辑,不要用作家的声音淹没人物的声音,要让人物之间的矛盾和对话以及人物所处时代和地域的特定文化环境对话来推动事件的前进,由此形成了他的对话理论。从哲学的角度看,狂欢提示了一种反抗霸权力量,建立普天同庆的自由、民主的理想世界的文化策略,充满了巴赫金理想化的人文主义精神。今天,随着网络虚拟社区的形成与发展,人们的生存、生活和交往又发生了很大变化,巴赫金笔下的"第二世界"似乎再一次出现。可以说,网络生存的某些特质与巴赫金所说的狂欢世界不谋而合。

---

① 杜明国:《网络生存意义探析》,载《三门峡职业技术学院学报》2002年第2期。

1. 网络提供狂欢化重现空间

巴赫金说过:"狂欢式意指一切狂欢节式的庆贺、仪礼、形态的总和,是仪式性的混合的游艺形式……狂欢式转化为文学的语言,这就是我们所谓的狂欢化。"[①]这种文化在人类发展的最初阶段就存在于诸如诙谐性祭祀活动、诙谐性和辱骂性的神话以及对英雄戏仿性的作品中。在历史的发展过程中,先民从对自然神的懵懂崇拜中逐渐解脱出来,其宗教的意味有所减弱,但节庆仪式中所包含的诙谐成分却以不同的形式保留了下来。此后古希腊罗马祭祀酒神的庆典、农神节等节日,以及中世纪和文艺复兴时期的广场节庆等都是对狂欢文化的传承和延续。而如今以狂欢节为代表的民间文化则在时代的推动下同大众文化走到了一起,将民间文化中的诙谐因素带入到大众文化的一些形式中,如肥皂剧、广告集会等活动。

根据巴赫金的阐述,狂欢文化的特征主要表现为:第一,狂欢节是一种全民参与的活动,它没有边界,无论高低贵贱都可以自由地参与其中。在狂欢节中也不存在演员与观众的区分,因为每个人都既是演员又是观众。狂欢节用笑声消解官方的观念,而采取了非官方的民间立场。第二,狂欢节是与实际的生活相平行、不交融的游戏式的生活,它是人们的"第二世界和第二生活"。在狂欢节日中,这种生活是客观的、真实的,它带给大众的是一种真实的生活感受。第三,在狂欢节中,人们由于摆脱了特权与禁令,关于自由与平等的理想均能得以实现。在狂欢节中,人与人不分彼此,互相平等,自由往来,亲昵地接触,插科打诨,俯就和粗鄙等活动成为正常的交往活动。

作为一种活动和生活观念,狂欢节在现代社会的发展已经式微。但是,伴随网络传播的盛行和风靡,不同虚拟社区的群体大联欢和形式各异的网络表述形式的出现,使得狂欢文化再次进入人们的视野,成为当下社会不可忽视的一股文化潮流。然而,为何狂欢文化能够在网络社会中重现?这是与网络传播独立的技术语言和独特的交往方式密切相关的。具体而言,主要表现在以下几个方面:

第一,网络传播参与人数众多,互动范围广。网络上的交流与沟通不受任何时空的限制,真正实现了人人参与、全民参与。在网络面前,传播者和受众都是平等的文化参与者,作者与读者的界限不再清晰,大家都在平等地参与文化互动,没有身份和地位的高低之分。在网络上,只要愿意,你可以成为任何一件事情的参与者,对所感兴趣的事情发表你的看法和评论;或者,你也可以成为事件主角,通过特立独行的语言文字符号在网络上吸引他人目光,寻求社会关注。可

---

① 〔苏〕巴赫金:《陀思妥耶夫斯基诗学问题》,白春仁、顾亚铃译,三联书店1988年版,第175页。

以说,网络实现了受众和传播者角色的随意转化,促成了人与人之间更为广泛的交流与互动。

第二,网络传播能充分展现网民的个性和创造才能。网络强调网络公民个性的张扬,网络技术的发展将不同的人们置身于一个平等的、民主的平台,为每个人个性的发挥和满足创造了条件,任何人都能在自愿的基础上进行网络文化的创作,并进行自我管理。在网络中,人们更加关注自我,更加重视个人价值的发掘。越来越多的新奇事物、新奇语言如雨后春笋般从网络上冒了出来,各种自创的、充满个人魅力的东西也通过网络传播开来,使网络文化更加丰富多彩。在张扬个性的同时,网民的个性使得他们各自的创造才能被高度激发,总有层出不穷的各种新思维、新信息出现,直接导致了网络上各种各样极富特色的个人用户名和签名档,越来越多的文字、图片和符号不断涌现。

第三,网络促成了虚拟世界的交往。网络世界是一个虚拟的世界,网络的虚拟性把实实在在的实践活动转移到了以网络为基础的电子虚拟空间里。它将真实世界与虚拟世界相混淆,把实在的现实与虚构的现实相铆接,形成了网络社会中人与人之间交往所特有的规则和交往方式,从而改变了人的认识方式。在这个虚拟社会中,网络技术使人们变成了电脑上的一个符号,任何人都可以以任意的名字、任意的性别,构造一个匿名的、虚构的身份,甚至一人担任多重角色参与到网络文化中来,通过想象,借助文字来同其他人进行交流,开展活动,发生各种关系。在现实生活中不敢的"狂欢",在网络这个虚拟世界中却成为可能。

总之,网络传播的这些特征契合了狂欢文化全民性、仪式性、平等对话性等多方面的特质。正是这些特质为狂欢文化在网络社会中的再一次显现提供了条件和可能。

2. 网络世界的狂欢表现

(1) 网络空间:"假面舞会"的狂欢广场

网络狂欢的一个重要特点是互动的匿名性,即人际互动时的身份、地位、年龄、性别等都悄然隐没于网络背后。在匿名性的遮掩下,人们往往会表现出与其身份、地位、年龄、性别、性格、趣味等不相一致、不相符合甚至极为怪异、反常的言行。网络空间的这一特点与巴赫金所说的狂欢世界极为相像。人们可以在狂欢节上进行退隐于面具之下的化装游行、滑稽表演、假面派对,也可以在网络空间里举行别开生面的假面舞会。大家都戴着假面具,只要你不说,谁也不知道你来自何方,不知道你是男是女。因此,网络活动实际上变成了一场场假面舞会,网络交往变成了假面人之间的交往,整个网络空间因而也就成为假面人召开假面舞会的狂欢广场。通过计算机网络,不同的网络空间构成了一个个不同形态的虚拟社区,如网络聊天系统、多人地下游戏、电子布告栏、博客等。这些社区聚集起一群群散落在世界各地的各色人群,他们在特定的虚拟时空中彼此互动、往来游弋、进行联欢。君不见聊天室里的海阔天空、唇枪舌剑,网络游戏中的硝烟弥漫、战火纷飞,BBS上的无所顾忌、激烈争论,其参与人数之多,网民成分之复杂,发言调侃之自由无忌,玩耍游斗之酣畅淋漓,与西方社会广场上的全民狂欢何其形似神似!

(2) 去中心、无等级的设计理念:狂欢精神的网络再现

现实社会是围绕一个个"中心"运转的环状结构,人们按体制安排的既定秩序扮演着他们各自固定的角色,按照体制的要求思考、言说与行动,任何出格的言行都将以个人被社会孤立、遗弃、惩罚为代价。网络媒体则颠倒、反转了这一切,去中心、无等级是互联网最初的设计理念。在网络社区里,人们实现了"双向的、去中心化的、无等级的交流",在其中,每个人都拥有自己的表达权利与自由,每个人都可以按照他的原则说任何话、做任何事,每个人同时既是传播者又是受传者。网络的去中心化特质是对现实社会"一中心"的解构。当然,这并不是说,去中心就是没有中心,而是"多中心",每个人、每台主机都是中心,一切以"我"为中心。互联网没有中心,实质上意味着每个人都可以被视为中心;互联网没有权威,实质上意味着每个人都是权威。这就恰如麦克卢汉所言:"处处皆中心,无处是边缘。"狂欢的一个重要特点就是颠覆传统、解构现实,构筑一个"另类"世界,而去中心、无等级、反权威、反限制的网络正是这样一个传统模式被解构的颠覆的"另类空间"。"处处皆中心,无处是边缘"的网络生存和交往也正是狂欢精神的网络再现。

(二) 网络狂欢的表现形式

正如前文所言,网络文化是一种全新的文化表达形态,它以互联网和手机为载体,依托发达而迅捷的信息传输系统,运用一定的语言符号、声响符号和视觉符号等,传播思想、文化、风俗民情,表达看法观点,宣泄情绪意识,垒筑起一种崭新的思想与文化的表达方式,形成一道崭新的文化风景。推崇颠覆性和自由性、钟爱去中心化和边缘化的网络狂欢文化,最典型的表现形式有大众狂欢之"网络恶搞"、颠覆性驱动下的群聚狂欢之"人肉搜索"以及新型用语营造的狂欢景象之"网络跟帖"。下面我们将主要对这三种网络狂欢形式作一简单介绍。

1. 网络恶搞:众生狂欢

关于网络恶搞,有媒体曾这样定义:"恶搞是当前网络上流行的,以文字、图片和动画为手段表达个人思想的一种方式,完全以颠覆的、滑稽的、莫名其妙的

第十三讲 网络狂欢与"山寨"文化

无厘头表达来解构所谓'正常',说白了,就是不好好说话,是历史虚无主义、文化虚无主义思潮一种新的表现形式。"① 如果仅把来自日本卡通的"Kuso"文化视作恶搞的最初来源或许难免过于狭隘,事实上,具有"恶搞品格"的文化在许多国家都是由来已久的,中国也不例外。周星驰在《大话西游》中的无厘头表演就是对古典名著《西游记》的恶搞,此后出现的《大话三国》《大话红楼》等诸大话系列都可以说是网络恶搞的前身。可以说,恶搞迎合了人们在消费社会中"浅性阅读"的消费心理需求,表达了个人对社会的一种自我认识和自在态度。2006 年胡戈根据电影《无极》改编而成的《一个馒头引发的血案》可以说是网络恶搞的重要开山之作。在该作品风靡之后,网络恶搞版本不断涌现。一时间,嘲讽神圣、戏弄经典、调侃崇高已日渐成为网络传播中快乐审美的主要手段和价值取向;拿经典开涮,在名人身上找乐,或戏仿历史典故,成为网络社会中一道不可忽视的靓丽风景。

总结各种网络恶搞现象来看,恶搞大致有如下五个特点:第一,恶搞文化具有某些后现代性,它是对精英文化、经典话语和宏大叙事的解构和颠覆。2002 年《大史记》三部曲得到网友的热捧,恶搞视频开始在民间规模生产。第二,通过采取戏仿拼贴等手段,恶搞在一定程度上实现了"再创造"。如《一个馒头引发的血案》,运用拼贴、移动等手段对原有的作品进行二次加工,隐藏着对《无极》这个"母本"意义和空间上的多重糅杂。第三,网络恶搞对互联网具有极强的依赖性。从技术上看,"恶搞"文化流行有赖于数字化技术的发展,数码相机、视音频剪辑技术创造出一个纯文字作品所无法比肩的视听空间。从传播渠道看,网络的虚拟性使人与人之间可以匿名交流,个性化得到展示,而网络传播的广泛性则有助于恶搞作品在最大范围内传播。第四,恶搞的根本出发点是娱乐性。处于社会转型时期的中国,人们所承受的心理压力较大,这就需要一些轻松幽默的消遣作为减压阀,而恶搞的娱乐本质契合了大众心理。第五,网络恶搞题材的日常生活化。大多数作品反映的是大众生活经验或耳熟能详的事件,如《春运帝国》把民众在春运中的遭遇和无奈刻画得入木三分,这样的作品拉近了与大众的距离,一定程度上创造了宣泄的心理空间。

由此,我们也就不难解释为何网络恶搞及其恶搞文化会受到人们如此高调的欢迎。其中一个很重要的原因就在于网络恶搞是一种颠覆与解构,即将原作品的能指与所指打碎、撕裂,使原来的语境与寓意消散,进而以一种超乎想象的奇异景象呈现出来,这样的一种方式迎合了受众内心的新奇诉求,给他们带来了

---

① 陈旧:《娱乐至死 恶搞成疯》,载《新周刊》2006 年第 17 期。

一种奇妙的乐趣。在后现代主义思潮不断涌入的今天,"娱乐至上"成为这个时代的典型特征。受众渴望在传媒文化的消遣中获得轻松和愉悦,帮助自己从生活的负累中解脱出来。恶搞文化恰恰迎合了人们追求娱乐的需求,它通过拼贴、反讽、模仿等多种表现手法制造一种反常效果,在颠覆与解构中创造并享受着恶搞的快乐。网络传媒的大众化、娱乐化特质又为恶搞文化的繁衍生息提供了肥沃的土壤和广阔的天地。

恶搞的颠覆与解构是一种对传统的反叛,体现出年轻一代对传统话语方式的对抗。长期以来,中国老一辈受传统文化和思维模式的束缚和规范,话语方式过于严谨、刻板、正统,这与成长在现代社会的年轻人的话语方式是格格不入的。年轻人喜欢新鲜、追求新奇,渴望以一种轻松、娱乐的方式来感受这个世界,因此,他们必然会选择某种方式来打破传统话语方式的一统天下并与之抗衡,从而尽情释放年轻的张狂与恣肆。而恶搞的轻松与搞怪恰恰满足了这种期待与需要,在解构传统、反抗传统的同时也使年轻一代的个性得到充分的张扬。《闪闪的红星之潘冬子参赛记》《疯狂的石头恶搞版——谁拍了我的武侠》等之所以走俏,就在于它们呈现出的极度夸张与搞笑,使传者与受者共同享受到颠覆的畅快淋漓。

今天随着大众传播的发展和文化教育的普及,公众在信息传播方面的素养正在逐步提高。尽管恶搞被冠以"恶",不少作品也备受批评,但客观地说,许多恶搞作品都体现了网民的智慧、幽默,以及日益提高的对传媒世界、传媒文化、传媒商业和诸多社会问题的观察力、理解力。可以说,恶搞是一场民间的狂欢,它体现了大众意识的解放;恶搞是读者审美期待发生转变的一种症候表现,也昭示着传播与受者在某种程度上的精神共鸣。因此,面对网络上形式多样的恶搞作品,我们应当以一种宽容的立场辩证地看待。

首先,它来源于大众对现实生活某种意义上的批判,体现着草根文化对庙堂文化的对抗,也表现出了大众的一种文化自觉,故若合理使用是可以为观众带来新的审美娱乐享受的。但是从网络恶搞仅作为一种个人行为的宣泄的角度上来看,它也是需要适度引导的。其次,某些题材粗俗浅陋的恶搞作品也说明了我们的文艺批评家需要更科学地对网络恶搞行为进行有效的理论引导。恶搞的初衷是使大众在网络上进行快乐消费,而不是任由某些低俗的作品肆意流传。最后,创作者们也应当学会合理使用恶搞,更多地进行经典文化和原创作品的创造。相信在理性看待和合理引导下,网络恶搞会成为一种健康和谐的文化形式。

*2. 人肉搜索:颠覆性驱动下的群聚狂欢*

"如果你爱一个人,把他放到人肉搜索上去,你很快会知道他的一切;如果你恨一个人,把他放到人肉搜索上去,因为那里是地狱。"随着网络社会的发展,人们在网络上的交往方式不断深入、成熟,也暴露出更多的问题。曾经我们百度之,Google之,依靠强大的网络数据库资源获取信息。而今网民已然进入了脱离物理搜索模式的自给自足的搜索时代——有什么问题吗?人肉之。"人肉搜索"的出现深刻地证明了网络集体智慧时代的到来,是一种颠覆性驱动下的群聚狂欢。

关于人肉搜索,至今尚无标准定义。根据"百度百科"所给出的一个较为普遍的说法,所谓人肉搜索,就是利用现代信息科技,变传统的网络信息搜索为人找人、人问人、人碰人、人挤人、人挨人的关系型网络社区活动,变枯燥乏味的查询过程为一人提问、八方回应,一石激起千层浪,一声呼唤惊醒万颗真心的人性化搜索体验。人肉搜索追求的最高目标是:不求最好,但求最肉。从网络狂欢的角度解读"人肉搜索",它其实是网民情感表达和价值判断的一种极端形式。"人肉搜索"借助虚拟空间的广场特征,以道德狂欢的方式侵入现实,是大众颠覆性心理驱动下所构造出的一种群聚性狂欢。

为了更清楚地了解"人肉搜索",我们可以先来看一个例子:

2008年5月20日,世界上最大的视频网站YOUTUBE出现了一段长达4分40秒的视频。在这段视频当中,一名女子身处网吧,用轻蔑和幸灾乐祸的言辞大谈对四川地震和震区灾民的看法,其中充斥着激烈和肮脏的字眼。而导致她抱怨和咒骂的全部原因仅仅在于,在为汶川大地震而设置的全国哀悼日里,她的娱乐生活受到了影响:互联网上无处不有关于地震的报道,几乎所有的网页都变成了黑白两色,尤其是她所钟爱的一款在线游戏也因为全国哀悼日而临时关闭。

一个小时以后,该视频被网友以各种各样的方式链接和介绍到了天涯、猫扑等影响广泛的国内论坛,并以前所未有的速度在全国范围内迅速传播。无以计数的网民被激怒了,各种声讨和反击的帖子潮水般涌现。很快,一个号召"13亿人一起动手把她找出来"的"网络通缉令"在天涯社区发起。人找人、人问人、人碰人、人挤人,由线上到线下,由线下到线上,一场声势浩大的通过网络社区活动寻找视频当事人的"人肉搜索"在整个互联网上迅速蔓延开来。几乎是不费吹灰之力,通过其上网的IP地址,网友发现该女子上网的具体地点是辽宁某地的一个网吧。"辽宁女"这个更加简明易记的代号更加快了"人肉搜索"活动的进程。随即,"辽宁女"的QQ号码以及存储于QQ空间中的该女子的年龄、血型、居住地等资料被网友公开在天涯网上。初战告捷,网友们乘胜追击,又以极快的速度对这些资料的真实性进行了核实,更大范围的搜索得以展开——该女子的出生年月、身份证号码、家庭成员、具体住址、工作地点，甚至父母亲和哥哥的电话也一应俱全地被"挖"了出来。"无耻""脑残""智障""没人性"等讨伐之词以及越来越多的肮脏字眼开始铺天盖地在互联网上蔓延，针对该女子的各种极端言论也频频出现。

通过这个实例，我们可以看到，"人肉搜索"起码具有这样几个主要特征：

第一，来自网民心中的正义感。无论人肉搜索的负面影响有多大，不可否认的是，在很大程度上网友对某些人发动人肉搜索的出发点都是社会公平与正义。他们愿意牺牲时间和精力，投入与自己没有直接利害关系的事件的调查工作。他们在看到社会上的不公平、不道德现象时都会激起心中的正义感，这种正义感促使他们将人肉搜索进行下去。

第二，来自网民追根究底的好奇心态。对于一个有兴奋点的事件，大多数人都想知道得更多：何时，何地，何人，起因，经过，结果；事件背后有没有深层背景，是否另有隐情……由好奇心发展为探秘欲，甚至是窥私欲。亲自参与事件的追根溯源，亲眼看到事件的真相公布，往往能够感受到独特的快感。

第三，来自部分网民发泄私愤的心态。每个人在现实生活中都会积聚一些心中的郁闷、愤恨，在现实中碍于人际关系或其他原因而得不到发泄。而在论坛上，由于匿名、群体性等网络特性，网民可以毫无顾虑地在人肉搜索对象身上发泄自己心中的怨气。

第四，源于人性深处"群聚狂欢"的本能。狂欢最重要的价值在于颠覆等级制，主张平等的对话精神，坚持开放性，强调未完成性、变易性、双重性，崇尚交替与变更的精神，摧毁一切与变更一切的精神，死亡与新生的精神。群聚狂欢是以群聚的方式进行狂欢，更是在群聚掩护下的狂欢。群聚氛围下的个体，心理和心态都发生了变化，因为是从众，因为是跟随潮流，因为是集体担责，参与狂欢的个体就减轻了甚至没有了心理压力。通俗来说，就是法不责众的心态在网民身上的体现。

而无论是正义感驱使还是好奇心使然，或是发泄私愤、群聚从众的本性，所有内在驱动力都难以脱离大众内心的"反叛性"和"颠覆性"。正是大众想要挣脱现实束缚，实现内在所谓理想化的精神道德诉求，才促成了"人肉搜索"的如火如荼。

总之，人肉搜索作为刚刚发展壮大起来的搜索方式，由于其自发性和不规范性极大地颠覆了传统的道德规范而使其至今在社会上饱受争议。但在这样一个声势浩大的网络集群活动中，无论其最终带来的是网络暴政还是网络民主，无论消极还是积极，它都给了参与其中的网民一种"狂欢式的世界感受"，正如马克思所言:"自我异化的扬弃和自我异化走的是一条路。"① 对于人肉搜索,我们既不能对其在民主和主体精神方面所带来的突破寄予过高的期望,也不能简单粗暴地视其为一无是处的洪水猛兽。所谓"存在即合理",此言甚是。

3. 网络跟帖:新型用语营造的狂欢景象

网络跟帖是实现巴赫金对话理想的又一个绝好的实例样板。因为它的最大特点在于让参与者享受了一种"我言故我在"的乐趣,为大众提供了一个畅怀言说的平台。无论是新闻跟帖还是论坛跟帖,帖文语调通常风趣幽默,文本风格亦显新奇个性,加之网友躁动兴奋的心理空间和喧嚣嘈杂、互动开放的网络氛围,网络跟帖中的对话往往生机勃勃、张力十足,可谓是众神狂欢的一大平台。正如有学者提出的,"形形色色的留言板、反馈栏或公告牌遍布网络每一方寸,从而鼓动和召唤每个人的参与欲望和创造潜力。就算你性格内向、沉默寡言,但最终你会说话,会摆出立场,会发表主张,因为你无法拒绝和抵挡自由言说的满足和与人交流的快乐,而这一切的一切都源于'对话'里狂欢的魅力"②。

关于网络跟帖及其文化,学界至今尚无标准定义。通俗地讲,所谓"跟帖文化",其实就是在网上的正文之后的"跟帖"所构成的独特景观,进而所建构的文化潮流。通常来说,网络跟帖主要分为自创跟帖和新闻跟帖。自创跟帖主要指的是在各大论坛中,网民对他人所发表的话题按照自己的需要所发表的意见,内容题材不受限制,语调风格出其不意。新闻跟帖是受众在看完新闻或信息后对其关注之事所发表的看法或感受,这种方式不仅为受众提供了表达情感和理念的舞台,也为网站判断网民关注角度、了解网络民意提供了途径,可谓传者、受者各得其所。例如:在2009年6月27日上海某小区一在建13层住宅楼发生倒塌时,某论坛里的跟帖中就出现了:"房子没有倒,它只是在做俯卧撑而已!""扶起来,洗洗干净继续卖""我国多了两个支柱产业:倒塌楼房预测业、扶楼业"等话语,有时这两种跟帖难以区别。无论是哪种形式的跟帖,在跟帖文化中,我们往往可以看到,网友们针对某一新闻事件,把自己平时积累的情绪,对社会的不满、建议、社会流行语、流行文化等元素都聚集起来,于嬉笑怒骂之中反映社会现实。发帖的人说得酣畅淋漓,看的人也是意犹未尽,可谓是一场完全借由语言文字构造出的大众狂欢。

概括来说,网络跟帖及其文化的特色主要表现为这样几个方面:首先是它的

---

① 马克思:《1844年经济学哲学手稿》,中共中央马克思恩格斯列宁斯大林著作编译局译,人民出版社1985年版,第74页。

② 袁瑾:《从静穆走向狂欢:由网络对话引发的文本思考及断想》,《株洲师范高等专科学校学报》2003年第1期。

瞬间性,即在新闻或者文章发表后的一瞬间,网络帖文就会产生即刻的反应,网民立即就能根据事件作出好恶是非的判断,并进行道德的批判。如果事件本身有"料",当时就会风生水起,变成一个大事件。由于是在互联网上,原来仅仅靠电视和纸媒难以传播的事情,今天完全突破了时空的限制,会迅速变成任何人难以控制的影响。其次是它的直觉性,网民的判断并不是依赖掌握全面资讯的理性分析,而是从感觉和经验出发的推断。直觉的印象的作用不可估量。一旦一件事让他感觉不爽,立即就会爆发激烈的言辞。第三是群体性,如果仅仅是一个人的匿名跟帖谁也不会注意,但一旦来势汹汹,变成"公意",而且被视为"民意",就形成了巨大的影响力。总的说来,最能集中体现网络跟帖及其文化属性的介质主要是各种形式各异的网络语言,正是这些语用方式的丰富性和多样性,才构建了网络跟帖文化的一派狂欢景象。下面,我们来看看网络语言的狂欢表现。

从语言布置场景看:

在真实的广场狂欢中,人们通过采用物质的道具实现加冕、脱冕、易位或换装,而在跟帖文化中,网民们首先通过对自我主体的赋名实现了颇具狂欢意义的倒转、戏仿、嘲弄、夸张和颠倒。在这些网络名字下,网民们恣意扮演着英雄、魔鬼、贤德者、无耻者等各种角色,而在各色的网名背后,显露的是网民或自嘲或他讽的内心状态。

另外,在线性的网络平面上,人们亦通过语言创造性地采用各种符号,有意无意地模拟着狂欢广场中各种感性的动作与身体性接触。例如:一些带有攻击性的动词的转用,"涮""开涮""掐到底"等形象地表示着损人与相互损害的粗鲁;"拍砖""灌水"等则形象地表现出挖空心思创造与高声宣讲无聊浅白之语的恶作剧。

从语言形式和内容上看:

网络跟帖在形式上绝不循规蹈矩,而是力求新奇,反叛规范,颠覆传统,不拘一格。日常口语、方言、职业语言、习惯或简易代码等相互指涉交汇,文字、数字、英文、拼音、图形、标点、运算符号等各种符号相杂糅,怪词、错字、别字、病句自由组合与表意。许多词句不讲究词性搭配和用词次序,漠视传统语言结构,突破常规语法句式,在语法上冒传统语言规范之大不韪。

同时,网络跟帖在内容上则主要表现为:无等级的插科打诨、在自嘲反讽与对骂互损中放纵个性、张扬自我,诸如幽默调侃、嘲弄咒骂、矫情赞美、打情骂俏、无病呻吟、炫耀吹嘘等等无所不有。在网络用语中,粗俗鄙陋的词语比比皆是,但我们可以从中看出说者说得痛快、骂得淋漓,情感得到了最充分的宣泄,真是嬉笑怒骂、不拘一格。

"网络即江湖",网络上那形形色色的论坛以及网上江湖的人物,充满神秘感,真假莫辨。而论坛则像散漫的人闲逛的广场,在这里,谁都可以发表意见,高声谈论,无论如何,都能吸引路人的目光。或许,我们从发帖者的网名就可以看出一二,这种赋名本身就具有狂欢的倒转、戏仿、嘲弄、夸张、颠倒,如:"看一眼就走""开往春天的地铁""不管三七二十一""爱了谁的谁"……网民们在文字做成的面具下恣意扮演他们在现实生活中可能永远成为不了的角色或者性别。

### (三) 网络狂欢的精神与意义指向

"狂欢节的弹冠相庆只是暂时的解放,即从占统治地位的话语与既定的秩序中脱身的解放,它标志着对所有的等级地位、一切特权、规范以及禁律的悬置。"① 尼古拉斯·尼葛洛庞帝在为数字化时代的到来欢欣鼓舞时也曾说过,数字化生存有四个特质,即分散权利、全球化、追求和谐和赋予权力。可以说,这是对网络生存的精神和意义指向最为精辟的概括,具体而言如下:

#### 1. 追求自由与平等

渴望自由与平等是人类的天性。互联网历经数十年的发展,几乎成了现代自由女神的化身,最典型的就是在网上发表言论的平等与自由。在形形色色的 BBS、论坛、新闻组、留言簿、聊天室以及个人博客中,人们可以毫无顾忌地畅所欲言。"电脑生来都是平等的,使用电脑的人也是平等的","尽管我不同意你的观点,但我坚决捍卫你说话的权利",这些话非常贴切地显示了人们对平等话语权的孜孜追求。在现实生活中,个人话语权的获得及话语的分量往往取决于一个人的身份和地位。而在互联网上,人与人之间的门第差异、等级高低、贫富区别等全都丧失了存在的根基。个人身份意识的淡化,使网民能够自由地发表言论、平等地进行交往。

#### 2. 张扬自我与个性

网络一开始就是一个自由、自治、自主的世界,为人的个性化发展提供了广阔的空间。在网络生存中,网民的一切网络活动都是以个人名义进行的,不代表任何群体。网络文化本质上鼓励个性化,它强调个体的价值,"我"是最重要的,"我"得与众不同。这种与众不同化主要表现在个性化的网络语言、创新性的网络文学作品及网上动漫中,而在线音乐的不断翻新、在线游戏的层出不穷也是为了满足网民的个人需求。网络文化注重张扬个性的价值观念使网民更加关注自

---

① 〔苏〕巴赫金:《弗朗索瓦·拉伯雷的创作与中世纪和文艺复兴时期的民间文化》,河北教育出版社 1998 年版,第 10 页。

我，重视自身心灵和精神需求，寻求自我价值的实现。

3. 崇尚开放与兼容

互联网是个开放性、全球化的世界，它消除了"这里"和"那里"的界限，它改变了人们的交流方式。在数字化生存中，只要我们愿意，我们就可以拥有天南地北的数字化邻居或朋友，与之进行信息和情感的交流。在这里，任何因循守旧、保守僵化的狭隘价值取向与行为都是同兼收并蓄的网络化生存的社会生活本质格格不入的。这种超越时空限制的强大的宽容性和包容性，必然不断冲击和洗刷过去人们在单一、封闭的生活环境下所形成的视野狭小的生活体验，从而构筑了现代人开放与包容的社会性格和精神气质。因此，网络开放的天性也使人的行为相应地具有了开放意识、兼容精神和世界胸怀。

4. 享受快乐与创新

追求自由与平等是网络之魂，也是网络狂欢最根本的精神气质。展示自我、个性开放、兼容精神是网络自由与平等精神的两极延伸。但不管怎样延伸，网络狂欢的目的还是为了获得快乐——自主创新性的快乐。人们在网络中生活，总是试图用更新奇的语言来表达，丝毫不顾忌这种表达是否符合语法规范。每个人的思想观念在此处交锋和碰撞，产生出新的思想火花，在享受快乐中得到解脱和放纵，不断创造出更多新的东西。在这里，似乎没有丝毫的禁忌和限制，这正是网民们想要表达的境界。也正是对这种境界的追求，决定了网络生存复调狂欢的特色。

著名学者尼尔·波兹曼曾在其著作《娱乐至死》一书中断言："（当下社会）是一个娱乐之城，在这里，一切公众话语都日渐以娱乐的方式出现，并成为一种文化精神。我们的政治、宗教、新闻、教育和商业都心甘情愿地成为娱乐的附庸，毫无怨言，甚至无声无息，其结果是我们成了一个娱乐至死的物种。"[①] 现如今，网络传播时代的到来，为娱乐大众、制造奇观提供了更为迅捷和有效的方式。网络狂欢是这个信息娱乐时代的特有产物，虽有"娱乐至死"之嫌，但亦为人们获得思想和情感上的自由提供了方式。

## 二、"山寨"文化的媒介意义

作为网络世界的一枝奇葩，"山寨"文化扮演了媒介形式演进中一个鉴镜式的角色：一方面映照出网络媒体对传统媒体——尤其是电视——的依赖、背离，

---

① 〔美〕尼尔·波兹曼：《娱乐至死》，章艳译，广西师范大学出版社2004年版，第4页。

另一方面暴露出传统媒体资源分配不均衡、表达方式程式化等一系列弊端。"山寨"文化置身于媒介融合的轨迹之中，以娱乐化的方式戏谑地推进着对传统媒介的反思与变革，并充当着"扭曲的"社会意见通道的角色。一般说来，"山寨"文化是其作者对自身熟悉的媒介题材进行"戏仿"和创新的活动，它重情绪，轻质量，在客观上有助于主流媒体的自省。

作为网络流行语，"山寨"曾登上"谷歌 2008 年度网络新词汇排行榜"榜首，并已转化为人们的日常用语；作为特定文化现象，"山寨"文化激起网民狂欢的热情和研究者批判的兴趣。从媒介学的视角来看，"山寨"文化是媒介文化发展到一定阶段的必然产物，是媒体文化内部孕育的一种"异己"的力量，是对主流媒介品牌意义的解构和冲击。探索"山寨"词义的演变过程，揭示山寨文化背后的经济动因，分析山寨文化对于媒介文化的意义，将有助于明辨媒介文化新的走向和趋势。

### (一) "山寨"词义辨析

**1. "山寨"词义演变**

"山寨"词义经历了从地缘意义到经济意义再到文化意义的三重演变。1986 年，由商务印书馆出版的《现代汉语词典》对"山寨"的解释是：① 在山林中设有防守的栅栏的地方；② 有寨子的山区村庄。以《水浒传》闻名的"山寨"，是指绿林好汉的山中营寨。这些地方共同的特点是偏僻、远离权力核心。

近年来，在深圳等地出现了一批以制售仿正品手机起家的"三无"工厂，它们选址隐蔽，意在逃避监管，被形象地称作"山寨厂"。相应地，这些厂制售的产品就是"山寨机"(包括手机、相机、电脑等)。在这里，"山寨"由名词变为形容词，词义发生首次引申，意为仿造、伪造名牌、假冒正品的。"山寨"词义的二度引申发生在它由经济领域扩散到文化领域时，以"戏仿""解构"为主要特征的"山寨"文化将人们对草根文化、平民文化的关注推上一个新台阶。而今，无须附加任何成分的独立表达如"山寨""山寨版的"(均带有某种语气)，就可以代表说话者的潜台词，"山寨"已成为大众日常生活的流行语。

**2. 研究者对"山寨"新义的读解**

考察"山寨"词义不断引申的过程，会发现这正是语言的使用者充分发挥联想的过程。但这种联想的随意性和灵活性也使得山寨的新义变得不好把握。

据梁吉平、陈丽考察，"山寨"的语义发生了三种分化：一为"仿冒、伪造"，适用于商品制造领域，如"山寨手机/电脑"；一为"仿造、模仿"，用于非商品领域，如"山寨鸟巢/文化"；第三种则指价格低廉，如"山寨价格"。这三种新义联系紧密，但语用环境及感情色彩不尽相同。①

山寨的跨领域使用直接导致了词义辨析中的不同看法。朱大可认为,"山寨"一词至少包含了三方面的语义:第一,指仿制和盗版的工业产品;第二,指流氓精神;第三,指在一种流氓精神影响下的文化颠覆,戏仿、反讽和解构。后两种事物之间互相关联,但却跟第一种风马牛不相及。但由于它们被胡乱混淆在一起,导致了一场普遍的阐释混乱。② 在陶东风看来,今天我们所说的"山寨"虽然不再是指传统中与朝廷官府相对立的江湖草莽,但保留了与正统、主流、中心相对的非主流、非正统、边缘的含义。山寨的核心是滑稽模仿,亦即戏仿。③ 在《美国青年:整个中国就是一个山寨》一文中,史蒂文·楚克伯格(Steven Zuckerberg)写道:"山寨机"只是这个事情的开端,更有意思的则是"山寨"这个词汇在诸多文化领域的迅速扩散。中国言论界的大多数观点强调,这是对"山寨"的误读和滥用。但若从福柯知识考古学的角度出发考察这种误读,反而可以帮助我们理解这种误读背后的文化动力。换句话说,人们为什么愿意滥用"山寨",欣然选择用"山寨"这一符号去标示各种文化客体?对山寨的命名和热情恰恰说明了当代中国文化生态和文化态度的某些特色。

可见,对"山寨"词义理解的分歧,直接影响到学界对"山寨"现象的界定和批评,在已有研究中,大致能够看到以下两种角度:

第一,从经济学视角批评"山寨"现象,关注焦点是"山寨"机对正规产品及所在行业的冲击与重塑,分析"山寨"产品产生的根源、扩张的动因以及未来的命运。

第二,从文化视角分析"山寨"现象,用文化研究等方法探索"山寨"作品和"山寨"精神的文化意义,并主张"山寨"一词在经济领域的使用是对其词义的误用。

本书将在文化意义上探讨"山寨"现象,但并不认为"山寨"一词在经济领域的使用是对"山寨"的误用。相反,认为"山寨"在两个领域内的词义具有明显的继承关系,对"山寨"产品产生的根源、"山寨"产品消费者心理的把握,会有助于更清晰、完整地理解山寨文化。

---

① 梁吉平、陈丽:《释"山寨"》,《语文建设》2008年第10期。
② 朱大可:《"山寨文化"是一场社会解构运动》,参见朱大可博客(http://blog.sina.com.cn/zhudake),2009年1月15日。
③ 陶东风:《我看"山寨文化"(修订版)》,参见陶东风博客(http://blog.sina.com.cn/taodongfeng),2009年3月28日。

3. "山寨"文化的界定

"山寨"文化特指信息社会中,以模仿主流文化作品为主要特征、以自媒体方式发布的文化作品,以及由此形成的特定文化现象。这类作品通过将主流文化产品的经典元素加以剥离、拼接、改造,以实现对模仿对象的反讽、学习或游戏目的。

从文化特性上来讲,"山寨"文化具有刻意模仿的特征。考虑到"山寨"和"雷人"这两个网络新词汇在流行中的结合是如此之紧密,以至于"雷人"常常被用来形容"山寨"作品的传播效果,因此"山寨"文化还具有爆发力强、出人意表的鲜明特征。在已有的"山寨"文化批评中,是否具有戏仿、反讽、解构的"山寨态度"被视为此类作品的重要衡量标准加以强调。具体地说,"山寨态度"是指山寨作者对主流文化产品进行模仿的主要目的不是学习,而是实施反讽、解构和颠覆,持不友好、非合作的动机和态度。但事实上,所谓"山寨态度"只能概括一部分"山寨"作者的初衷,有时甚至成为某些"山寨"作者借以吸引眼球的噱头。也就是说,被冠以"山寨"之称的作品对模仿对象不一定持消极态度,有时,它们的动机或者效果不是颠覆模仿的对象,而是出于学习和喜爱,对模仿对象的影响也是积极的。就像被划归"山寨剧"的我国著名情景喜剧《我爱我家》,它对美国情景喜剧的模仿是成功的,对我国情景喜剧的传播是有益的。导演英达说:"我把火种偷了来,然后要大家来引火,一烧就是十几年。"[①]这些是定义"山寨"文化时不容疏漏的情况,即出于学习或者游戏目的的刻意模仿,也被称作"山寨"作品,被视为"山寨"文化的组成部分。

(二) "山寨"现象的经济动因

"山寨"一词能够迅速流行,得益于与大众媒介具有直接关联的经济因素的推动。它在经济领域表现为消费者对手机、电脑等媒介产品消费习惯的变化,在文化领域则表现为网络媒体有意借"山寨"之名赚取高点击率,从而在经济上获益。

1. 媒介产品消费观念的改变与"山寨机"的走俏

网络流行语意义上的"山寨"发端于山寨电子产品,特别是"山寨"手机。"山寨机"这个称呼本身就有价格低廉、利润丰厚的隐含意,正所谓"哪里有暴利,哪里就有山寨"[②]。

---

① 参见东方卫视《陈辰全明星》栏目,2008年11月9日。
② 瞬雨:《山寨乱象》,《新财经》2008年9月。

21世纪初,在暴利的驱动下,深圳一些没有手机牌照的"三无"厂开始了以仿造正牌手机赚钱的冒险。2004年左右,引起国内手机市场大动荡的"山寨机"终于在市场上站稳了脚跟,因为他们从联发科①获得了廉价、稳定的芯片。在此之前,对"山寨"厂而言,生产一部手机是很复杂的,而联发科提供的廉价手机芯片,把需要几十人一年多才能完成的手机主板、软件集成到一起,大大降低了手机行业的技术门槛。"山寨"手机迎来了暴利时代。来自山脊咨询的数据显示,2006年底至2007年上半年,"山寨机"出货量每月高达1200万部。"以每部80元的利润计算,每月山寨机总收入近10亿元人民币。"②尽管"山寨机"价格低廉,但这丝毫不妨碍"山寨"行业获得丰厚利润。"由于山寨手机生产成本低,中间利润能达到50%到100%,一部手机生产出来后,生产商赚10%到15%,然后国包商、省包商和地包商赚20%到25%,零售商赚得最多。"性价比高、"看上去"功能很强大的"山寨机",受到了知识产权意识淡薄、购买力有限,但是追求时尚、新潮、多功能电子产品的消费群体的喜爱。短短两三年间,"山寨机"的销量一路飙升,这种暴利情形一直持续到2007年底。③

图10.1 "山寨机"的外形极具创意

"山寨机"引发的这场风潮,折射出信息时代电子产品更新换代之快已经影响到消费者对媒介产品的消费习惯,高更换率成为手机、mp4、照相机、电脑等媒

---

① 联发科技股份有限公司创立于1997年,是世界顶尖的IC专业设计公司,其芯片产品覆盖消费类数码、数字电视、光存储、无线通信等多个领域,是山寨手机最大的芯片供应商。
② 程久龙:《老朱们的山寨江湖:从暴利神话到利润崩盘》,《21世纪经济报道》2009年3月17日。
③ 同上。

介电子产品消费的一大特征。据《北京晨报》联合清华大学媒介调查实验室进行的调查显示，接受调查者中有 35.89% 的人支持"山寨机"，41.67% 选择无所谓，这部分人可以说是"山寨机"的潜在消费者。此外，有 22.36% 的人买过"山寨机"，32.10% 的人身边的朋友买过，这表示超过 50% 的人亲密接触"山寨机"。① 大部分消费者对"山寨机"不反感甚至持支持的态度，给了"山寨"产品存在的空间。

2. 高点击率引诱媒体争吹"山寨风"

如果说消费者新型的媒介产品消费习惯为山寨机提供了生存空间，那么高点击率背后的经济利益则促使各大网络媒体乐于将"山寨"摆上头条。

2008 年，受金融危机等因素的影响，"山寨"手机行业的利润大幅缩水，具有代表性的事件是有"山寨机王"之称的中天通讯的生产几乎陷于停滞。② 不过，"山寨"一词在文化领域特别是网络媒体上的热度却越来越高，以至于新闻一贴上"山寨"标签就能赢得当下最有价值的资源——注意力资源，这个资源不仅可以帮助山寨作品走红，还被作品委身的媒介平台所看重。

高点击率的受益者很多。首先，山寨作品的创作者得到了实惠。据媒体报道，"山寨"春晚一经推出，就有企业、酒店、文化公司、策划团体和艺术商人纷至沓来，他们嗅到了商机。"山寨"春晚导演施孟奇说，很多企业向他提出种种苛刻

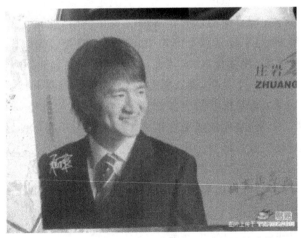

图 10.2 "山寨"名人周财锋为某厂家拍摄的广告

---

① 《北京晨报联合清华大学媒介调查实验室调查显示——七成消费者不反对山寨机》，《北京晨报》2009 年 1 月 7 日。

② 程久龙：《老朱们的山寨江湖：从暴利神话到利润崩盘》，载《21世纪经济报道》2009 年 3 月 17 日。

的要求——垄断冠名权,花钱上节目,进组委会,或以现场标语、领导讲话和奖品形式等打软广告。一个文化公司干脆把一笔数目可观的钱摆到老孟面前,希望他把"山寨"春晚打包转让。"山寨"版明星也得到了实惠,"山寨"版周杰伦已经接拍多家广告,"山寨"版周华健——福建人周财锋——从 2002 年开始接拍广告,至今已经接拍了洗衣机、电冰箱、皮鞋等 10 多个产品的广告,财务状况大有改观。

其次,热门"山寨"作品为商业网站贡献了惊人的点击率以及一系列的附加产值。一般来说,大流量、高点击率是网站赢利的重要保障。而"山寨"作品和与"山寨"有关的新闻最引人关注。正是出于这一点,各媒体才自发地将"山寨"一词使用到了极致,下面是一些媒体从业者的亲身体会:"苏珊是一家网站的手机报编辑,每天的工作就是从各大门户网站搜集新闻编写成手机报。对于'山寨'、'雷人'的高频率出现,她深有体会:'昨天编了 20 条消息,7 条题目里有'山寨',今天 9 条都跟'山寨'有关系。各大门户网站都跟'山寨'磕上了!'""网络新闻靠的就是标题效应,当下流行的因素编辑一定会优先考虑用……吸引网友点击才是王道。"[①] 从这些媒体从业者的经历来看,"山寨"文化的风行其实是商业利润在幕后操控,是大众媒介为了谋求高点击率、高收视率有意而为之,是由以网络为首的各大媒体亲自导演的一场时尚秀。

媒体对"山寨"作品的态度在很大程度上决定着该作品的命运。例如,2008年9月18日,"山寨"版百家讲坛的作者韩江雪在新浪、搜狐上发布自己制作的视频,到 2008 年 10 月 1 日其点击率才 700 多次。但是,2008 年 10 月初该视频被新浪网放到了播客(视频分享)的首页,搜狐也把该视频放到醒目位置,此后几乎每天点击率近万。一个月后,韩江雪的视频在新浪、网易和搜狐的总点击率已近 40 万次。[②] 看来,光靠作者的创作热情和网友的自觉传播并不足以造成"山寨"作品的风靡,"山寨"文化的风靡在很大程度上得益于媒体的操作。如果只强调"山寨"文化的反权威性格而无视这场热潮的真正导演——大众媒体,无视"山寨"文化流行背后的经济动因,恐怕就有点顾此失彼了。

基于上述分析,经济领域和文化领域内的"山寨"概念不能孤立来看,它们的词义存在明显的引申关系,它们共有的与媒介有关的经济动因是理解山寨现象的一把共通的钥匙。

---

① 张木兰、谢洋:《"山寨""雷人"引发网民视觉疲劳》,载《中国青年报》2008 年 12 月 16 日。
② 王卡拉:《草根版讲坛获 40 万点击》,载《新京报》2008 年 11 月 1 日。

### （三）"山寨"文化：主流媒介的一面镜子

在遭遇"山寨"热之后，批评者们试图寻找"山寨"文化的根源。有批评者提出，"山寨"文化是流氓文化的延续，并把它提升到"一种关键的民族遗传基因"的高度；有批评者从经济领域挖出了"山寨"文化的根——令人深恶痛绝却又屡禁不止的"盗版传统"。本书认为，"山寨"文化产生的根源，就是媒介文化的自身需要。

1. "山寨"文化的基本功能：自娱与互娱

严格地说，2008年流行的"山寨"文化已经不便与之前时代某些具有"山寨"特征的文化形式放在一起讨论。因为从流行程度上来讲，它已经严重背离了那个居于"庙堂之远"的草莽文化在文化生态系统中所处的偏僻位置和扮演的"叛逆者"角色，而是火爆到了反常的程度，成为大众皆可参与的文化样式。这正是在媒介技术降低准入门槛、搭建共享平台之下的文化样式。

一个在经济领域和文化领域同样成立的理由是，当权威产品不足以满足大众的消费需求（包括物质消费需求和文化消费需求）时，"山寨"的市场就被创造出来。在文化领域，它还特别表现为大众自娱的市场被创造出来。当然，网络媒体等大众媒介对"山寨"话题的议程设置同样是一个重要原因，凭借无所不在的近乎强制的媒介环境，媒体炮制出了中国历史上所谓的"山寨元年"（2008年），把一小股自娱的力量"晒"成大众娱乐，共享为网民的话题和欢娱。

作为"山寨"作者发布作品的首选平台，网络充分满足了山寨作品在最短时间获取最多关注的需求，增强了受众和作者的互动以及受众间的传播。因此，先在网络上"起事"，再为传统媒体所关注，是"山寨"作品的一般路径。Web 2.0技术为"山寨"文化生产者提供了必需的技术支持，使想法、创意能够超越技术瓶颈表现出来，另外，网络中"把关人"角色的相对淡薄和更加宽容的媒介氛围令"山寨"文化的后继者倾向于首选网络发布作品。如果没有网络的普及，很难想象"山寨"文化能够获得今天这样广泛的流行程度和影响力。网络传播使得"山寨"文化具有当下鲜明的娱乐特征。继电视媒体之后网络等新媒体中娱乐精神的膨胀是不争的事实，这是"山寨"文化强盛的一个重要原因。历数最受关注的"山寨"事件——"山寨"版歌曲《说句心里话》、"山寨"版电视剧《红楼梦》、"山寨"版春晚等——娱乐是其一致的功能，搞笑、戏谑的风格受到青睐。以自娱和"互娱"为出发点和最终目标，是"山寨"文化的特质。

"山寨"作品在诞生之初，首先是聊以自娱。"山寨"版《红楼梦》的作者"蜀山少侠"回顾说：拍第一集《林黛玉进贾府》时没有准备，纯粹是玩，因为自己学的是多媒体设计与制作专业,加上家人对《红楼梦》非常喜爱,所以趁一家人过年团聚的时候拍了该片,没想到居然在网络上"火"了。① 对"山寨"创作者而言,通过创作的过程获得自身的成就感、满足感或参与感,是非常重要的。至于能不能娱乐他人,有时并不在考虑之内。

图 10.3　山寨版红楼梦演员合影

其次,"山寨"作者在自娱的同时注重与人分享,实现"互娱"。许多盛名之下的"山寨"作品之所以能够创造令人惊叹的点击率,是靠网民"顶"出来的。新媒体技术决定了在山寨文化的传播模式中,受众可以同时担当传播者和批评者的角色,这就意味着如果受众对某山寨作品不"顶"反"踩",该作品的传播就无法继续,将很快被湮没。

2. "山寨"作品的依附性:没有电视文化,就没有山寨

从有"绿林好汉的山中营寨"这个义项起,谈"山寨"就隐含着一个"庙堂",二者对立、共生。尽管新义项发生了很大的变化,但是探讨"山寨"与庙堂的关系,仍然是研究"山寨"文化中不可或缺的一环。陶东风认为,"山寨"的核心是滑稽模仿,即戏仿。"滑稽模仿就是旨在颠覆模仿对象的一种模仿。"② 朱大可把"山寨"文化看成是民众获得话语权之后的一种社会解构运动,旨在颠覆文化权威的中心地位。"在经历了漫长的威权主义时代之后,这种挑战正在成为转型中国的

---

① 周帅:《山寨版"红楼梦"受追捧　网友最爱林黛玉》,原载《华西都市报》,转引自赛迪网(http://news.ccidnet.com/art/948/20081021/1595757_1.html),2008年10月21日。

② 陶东风:《我看"山寨文化"(修订版)》,参见陶东风博客(http://blog.sina.com.cn/taodongfeng),2009年3月28日。

社会常态。"① 总的来看,普遍被强调的观点是"山寨"文化是对庙堂文化(或称权威文化、主流文化)的模仿,这种模仿的目的在于颠覆。以上观点无疑更突出二者的对立。但是,此处想强调的是,如果看不到"山寨"文化的母体是权威文化,忽略"山寨"作品对电视文化强烈的依附性质,仍然难以看清"山寨"文化的庐山真面。

"山寨"文化戏仿的对象大都取材于电视媒体,它们复杂多样,其中包括娱乐明星、电影、电视剧、电视栏目、流行歌曲、著名建筑、熊猫等,但是有一点可以肯定,即其中大多数属于它所在时代的流行文化而不是严肃文化,是由主流媒体运作成功的案例,其成功往往建立在广泛的流行程度和受众认可之上,珍藏着不同时代流行文化的个性。再进一步说,"山寨"文化作为2008年网络的新生事物,其戏仿的对象大多是当年流行的电视文化内容。例如:1983年诞生的第一届央视春晚、1986年石破天惊的电视连续剧《红楼梦》,以及在20世纪末横空出世的"万人迷"周杰伦等,都是电视媒体创造的流行文化经典。

"山寨"一词的"井喷"从侧面反映出电视文化对网民的影响之深,显示了电视文化在当下的媒介主导地位;换言之,"山寨"文化强烈依附于电视文化。

马歇尔·麦克卢汉说过,电视在20世纪50年代的美国,和电台在30年代的欧洲一样,成为一种革命性的媒介。② 在21世纪,这种革命性的媒介已经成为占据主导地位的媒介,它是当代年轻人最熟悉的媒介环境和生活背景,深刻地影响着几代人的认知方式。"山寨"作品尽管首先在网络上走红,但其题材主要来源于电视,电视媒介对该题材的成功传播是受众"意会""山寨"作品的"知识背景"。通俗地讲,在网络上走红的"山寨"作品是沾了电视的光。所以,在"山寨"版《红楼梦》、"山寨"版《新白娘子传奇》、"山寨"版春晚的身上,可以清晰地看到"山寨"作品对电视文化的依附性。

在现阶段,尽管网络正在把越来越多的受众从电视机前拉走,青年一代的媒介习惯正在悄然改变,但是,网络媒介取代电视媒介的主导地位显然还为时尚早。电视文化对于网络文化的影响清晰可辨,网络文化还未发展出自身成熟的文化形态,因此在很多时候,网络文化以其独特的形式对传统媒介的话题发言,还把电视观众——同时也是网民——催生为"山寨"作品的作者、传者,而这些作者、传者熟谙的媒体文化必然是电视文化。

---

① 朱大可:《"山寨文化"是一场社会解构运动》,参见朱大可博客(http://blog.sina.com.cn/zhudake),2009年1月15日。
② 〔加〕马歇尔·麦克卢汉:《理解媒介——论人的延伸》,何道宽译,商务印书馆2001年版,第387页。

与网络等新媒体相比,电视通常将受众置于被动的地位,使受众相应地缺乏平等表达的机会。这种表达冲动被积累下来,很容易在网络中找到出口。如"山寨"版电视剧《红楼梦》的作者拍摄《林黛玉进贾府》的动机除了"玩",还因为"近日热炒的新'红楼梦'很不对他的胃口"[①]。从网友对这部"山寨"作品的反响来看,支持者认为其感情真挚,是真正的大众文艺,但也有回帖激烈批评其粗制滥造、不尊重原著。可见,"山寨"作品的意义还体现在它是变形的社会意见通道,于作者是,于受众也是。换句话说,"山寨"作品是电视文化的一面镜子——哈哈镜——折射出电视文化可笑的扭曲的影像。所以,尽管"山寨"作品在质量上与主流媒介产品不在一个档次,但它在网友中点燃的热情却不可小视,因此在情绪上还是明显干扰到主流文化一方。

回顾过去,主流文化的热点往往很快成为山寨模仿的对象,如"山寨"版鸟巢、"山寨"版火炬传递。这些"山寨"作品体现着民间对主流文化的参与精神,也显示出主流文化资源分配的不均衡。所以,"山寨"作品纯属"有感而发",这个感的对象,就在庙堂;反过来说,没有电视文化树立的成功榜样,就无从谈"山寨"。由此明白,为什么"山寨"总是难免被招安,为主流所用,因为它的根扎在主流文化中,它的思想资源是主流媒介赋予的,有些山寨作品甚至从诞生之初就"心向主流"。

图 10.4 "山寨"版火炬传递

---

① 周帅:《山寨版"红楼梦"受追捧 网友最爱林黛玉》,原载《华西都市报》,转引自赛迪网(http://news.ccidnet.com/art/948/20081021/1595757_1.html),2008年10月21日。

# 第十三讲 网络狂欢与"山寨"文化

图 10.5 "山寨"版《纽约时报》的头版

在传播过程中,"山寨"作品的标签就是它的模仿对象,"山寨"作品的意义建立在其对主流文化对象的处理方式上,另外,受众评价"山寨"作品的标准也来自对二者的比较。但这还不是全部,一个有趣的现象是,"山寨"作者时时不忘利用主流媒介资源宣传自己,其传播效果也在一定程度上取决于受众对其模仿对象的情感积淀和态度偏向。2008 年 11 月 12 日,120 万份"山寨"版《纽约时报》在美国街头散发,将《伊拉克战争结束了》这样一个假消息传递给读者,但谁又能说这不是美国人民想读到的新闻呢?毫无疑问,这个"山寨"版作品借用了《纽约时报》的影响力,刊登的消息虽然是子虚乌有,但却表达了部分民众的真实愿望和态度。这可以被视为"山寨"作品利用传统媒介资源以散播影响、唤起正面情感的一次"山寨"行动。

总之,"山寨"作品时刻表现出对传统媒介文化强烈的依附性,尽管这种依附有时候存在解构、反讽的色彩。从这一点上来说,"山寨"文化并不等同于草根文化。"山寨"文化的独特之处在于:它在主流文化(通常以传统媒介为载体)与草根文化(或平民文化)之间架起了一座桥梁,处在灰色的中间地带,因此也是布满批评和争议的地带。由于对主流媒体文化强烈的依附性和作为网民意见通道的角色使然,"山寨"文化使庙堂文化与草根文化产生了某种杂乱而亲密的联系,所以,"山寨"是一个谁都能玩的游戏,是"戏仿","山寨"的作者不一定是草根或平民,他或她只是想利用"山寨"这种方式来表达什么的人。"山寨"文化既不能根据作者身份下定义,也不能按照创作动机下定义,只能看它与对应的主流文化作品的关系以及展现此种关系的手法。

3."山寨"文化:引发主流媒介反思与变革

"山寨"文化具有感召力,在新浪视频、土豆网、酷6网这些热门视频网站中,单个作品被以"山寨"之名串联起来,并激发了更多同类作品的诞生。作为一种独特的网络作品类型,"山寨"文化对其所处的媒介文化而言有什么特别的意义吗?

在20世纪二三十年代,对刚接触到"神奇的"大众媒介的受众而言,报纸、广播是权威的象征,是值得信赖的信息来源。长期以来,媒体价值观浸润式地影响着受众的价值判断,成为受众的"日日师"。然而,随着媒介形式的不断演进和公众媒介素养的日益提升,一方面,主流媒介的传播形式疲态尽显,以至于雷同、重复、乏味难以避免,另一方面,受众对媒体传播的程式越来越熟悉,对媒体价值观的甄别能力越来越强,以至于崇敬之心渐失,戏仿之意偶生。

媒介文化的发展遭遇瓶颈,受众对他们不乐于接受的内容直接发出了质疑。"山寨"版春晚引起的喧闹,就是这样一种质疑和挑战。它的矛头指向央视春晚,而后者曾被认为是除夕夜里和吃饺子、放鞭炮一样的中国人的"新民俗"。"山寨"版春晚打出的"向央视春晚叫板,给全国人民拜年"的口号,可以被视为对传统媒介权威的挑战,在施孟奇迅速成名的背后,是观众近年来对除夕之夜央视这场饕餮大餐的不满足和失望。从某种程度上来讲,"山寨"版春晚获得的热评,就是观众对央视春晚的质疑。同理,"山寨"版电视剧《红楼梦》的走红同样反映了部分网民对主流媒体规则的厌倦和审美疲劳。新版电视连续剧《红楼梦》面世之前,所制造的包括大型选秀活动"红楼梦中人"在内的一系列风波和悬念给观众情绪上造成的负面影响,在"山寨"版《红楼梦》的网友评论中能够一览无余。

以上"山寨"作品都可以被视为对主流媒介产品的质疑之声,但是,必须看到,"山寨"作品的质疑是戏谑的、迂回的,它们从来不义正词严地批评。在网民评选出的"中国山寨版诺贝尔奖"中,"山寨"文化的幽默尽显无余:华南虎照片造假事件中的周正龙拿到了诺贝尔生物学奖、经济学家徐滇庆因坚持深圳房价不会跌而获得诺贝尔经济学奖……

这一切都显示,主流媒介需要反思和变革。媒介技术的新飞跃使媒介文化有可能孕育出新的物种,缓解自身的危机。媒介文化的上升瓶颈给"山寨"文化提供了活跃的生态环境,"山寨"文化生逢其时。说到底,媒介没有永恒的价值观,媒体价值观是开放的、变动不居的,它要求给肌体不断补充新的能量。因此,从媒介发展的自身需要来看,是媒介文化孕育、催生了"山寨"文化。换言之,"山寨"文化是媒介文化自身孕育的文化品种,主流文化作品是它的母体,社会流行热点为它提供话题,新媒介技术则使"模仿秀"变得容易。这正可以说明为什么

"山寨"作品本身是杂乱的、无序的,其生产是无组织、无计划的,"山寨"文化针对的是令人生厌的主流媒介程式,它"重破坏轻建设"。平心而论,"山寨"作品的质量根本不足以对主流媒介产品构成威胁,但是它的影响却在以几何倍数扩散,受众反响热烈。这就显示出"山寨"作品的价值取向——娱乐精神、宣泄情绪,这何尝不是狂欢精神的一种传神再现呢?

4. "山寨"跟帖者:年轻一代的流行趣味

"山寨"文化的受众群体以网民为主体,特别是追求时尚的年轻一代。他们喜爱的"山寨"文化是媒介舞台上的时尚,代表着一种流行的趣味。这一趣味无疑是耐人寻味的,流露出年轻一代对主流媒介文化的有别于前代的心态,是他们对所谓媒介"权威"的看法。

这到底是怎样的一种趣味呢?具体来说,在"山寨"版电视剧《红楼梦》的跟帖中,网友称赞摇曳生姿的被单比粗麻布披风(指新版《红楼梦》中的服装)高档多了。① 我们不禁要问:难道"山寨"版《红楼梦》里林黛玉身上披着的床单真的比新版电视剧中斥巨资打造的人物服装还要美吗?为什么前者得追捧?如果用传统的审美趣味去解释,恐怕是说不通的。但是,换个角度看,"山寨"能成为时尚,被称为"美",进入年轻一代的流行趣味,恐怕正是大众媒介的娱乐之风愈演愈烈的结果。在这种娱乐风气浸染下成长起来的年轻一代,他们评价作品创造力和美感的标准自然与传统有所偏离。

另外,"山寨"文化的跟帖者们对"山寨"有着自己独特的思考,年少成名的80后少女作家蒋方舟这样描述自己的"山寨"经历:

> 某一天我的脑子忽然被雷劈中,雷光一闪,有了一个很雷的主意——挑战"百家讲坛",名字也想好了,就叫"百家蒋坛"。为此还赶忙到视频网站注册,很有些占山为王的山寨意识……录完之后,我赶紧看回放,本来准备好好地笑一场,但无奈我雷点底,笑点高。一雷就被自己雷到,天雷阵阵,把我劈到现实中,心生悲哀:我果然还是山寨少女,骨子里山寨基因还蛮强的。我为什么而山寨啊?我为理想而被迫山寨,还是为了山寨而山寨?要是为了后者,我可能就要一直以无聊的方式苟活在世上了。②

从段尾的问答中,能够看到作者对"山寨"的思考,为"山寨"而"山寨"是无聊的,但如果以理想的名义似乎可以接受。那么理想的远方在哪里呢?是庙堂吗?

---

① 周帅:《山寨版"红楼梦"受追捧 网友最爱林黛玉》,原载《华西都市报》,转引自赛迪网(http://news.ccidnet.com/art/948/20081021/1595757_1.html),2008年10月21日。

② 蒋方舟:《我的"山寨"经历》,参见蒋方舟博客(http://blog.sina.com.cn/jfz),2008年11月20日。

读者不得而知。但有一点能够肯定,年轻一代在享受"山寨"的过程,他们在"山寨"中寻找自己想要的东西。比如,陈维实拍摄"山寨"版是因为钟爱《红楼梦》,胡戈在"山寨"中延续着自己对于视频制作的浓厚兴趣,韩江雪则在"山寨"中实现了在现实中屡屡碰壁的"讲宋史"的梦想……"山寨"作品就像当下的年轻一代给这个时代的主流媒体文化写下的"读后感",是大众能够看到的年轻一代对所处时代主流媒介事件的诠释和"山寨式"呈现。这些作品,传达了这代人对权威声音的不同意见,显示了他们有别于传统的流行趣味。

从作品中能够看出,年轻一代的审美趣味正与前代拉开距离,"美"和"丑"的界限变得不再清晰,搞笑、无厘头、痛快、有趣,甚至是"雷人",在"山寨"作品的接受中成为主要的欣赏动机和鉴赏标准。不得不承认,粗劣的"山寨"作品的走俏反映出受众微妙的媒介需求,它无疑给主流媒体以生动的提醒:只有勇于变革,才能留住受众。当然,在另一方面,满天飞的"山寨"也已经引发受众的视觉疲劳。"山寨"一词被媒体弃用,被年轻一代弃用,只是早晚的事,只是,又会有新词来表示这种自娱自乐又注重分享、依附主流又质疑主流的精神,而不会是这种精神的消失。

## 核心概念

网络狂欢　颠覆　解构　"山寨"文化

## 思考与讨论

1. 网络媒体所营造的大众狂欢,会给网络生存中不同年龄段和文化层次的人们带来怎样的负面影响?

2. 大众纷纷将触觉伸向网络,源自怎样的心理诉求?在这些诉求的背后蕴含着怎样的社会现实问题?

3. 网络媒体与电视媒体所构建的狂欢景象是否存在差异?有哪些不同?这些差异与网络的哪些特性有关?

4. "山寨"文化具有哪些特性?它在媒介发展进程中发挥着怎样的作用?

# 第十四讲　大足球文化

分析今天的媒介文化,恐怕不能不谈到足球。足球媒介文化是本书概念中最典型的媒体大众文化范例,它具有媒介文化的一切特质,如巨大的包容性和开放性,其话题向当代生活开放,有娱乐性、易传播性等特点,还有强烈的感官刺激成分和色彩等。当然它也超越于阳春白雪和下里巴人,从社会精英到普通大众迷恋者多多,在这里经济地位和文化水准似乎不起作用。另外它还是老少咸宜的娱乐文化,没有别的媒介文化像它那样受各种年龄阶段人群的欢迎,也没有别的媒介文化像它那样能调动那么广泛的社会资源来丰富自身。

足球本来只是无数体育项目中的一项,在中国,由于历史的和传统的原因,加之场地和条件的限制,它似乎并不受大众的青睐。但是今天足球在这个世界上人口最多的国家得到了空前的"礼遇",几乎所有报刊的所有体育报道都将足球消息放在首位,而且篇幅之多压倒一切。几乎所有网站的体育报道中也是足球新闻独占鳌头,有关其他体育项目的报道就像是见缝插针般地插在其中,需要读者寻觅才能发现。中央电视台有关体育的谈话节目只有《五环夜话》,而有时这一档节目成为足球谈话节目的代名词。各地电视台也纷纷仿效竞相推出《BTV足球夜话》之类的节目。若有哪家独出心裁另开"篮球夜话""田径夜话"或"围棋夜话"的谈话节目,怕是难以争锋。

足球上升到如此高的地位,以至于在若干年前,中央电视台的《星星擂台赛》里,主持人问一位参赛者:"什么是帽子戏法?"《星星擂台赛》是一档中学生智力竞赛节目,内容是各种知识题的抢答和竞猜。这些知识题如物理的、化学的、生物的、天文的、哲学的、文学的等,几乎都是在传统的知识领域占有统治地位的学科内容,当然还会加上电子和信息技术方面的最新科技知识(同样是知识或常识,家长里短的有关生活方面的知识就没有这等地位)。而现在,一个足球术语镶嵌到知识竞赛之中,事情出现了某种转折,这表明足球作为一种新型的文化(而不是原先意义上的体育节目),已经在传统的知识领域取得了自己的一席之地。这种开端很难说不会迅速扩展开来,在传统的文化领域打开一个缺口,并占据牢固的地位。

足球作为一种体育竞技项目,为什么能获得今天这样的地位?足球在中国这样一个体质偏弱、整体气质温和的民族,在一个缺少绿茵场地和其他设施的国度,为什么会拥有如此多的观众,甚至从来对体育运动不感兴趣的人也能对此侃上几句?它的凝聚力来自何方?为什么足球会比其他的竞技项目更能制造气氛?或者说为什么大众或媒体偏偏选中了足球,而不是由别的竞技项目来承担这一角色?这既与足球运动的内涵和特质有关,也同媒介文化的开放性特点相关,亦即无论是从足球运动自身或足球之外均存在着可以去发现的原因,以寻找根源。

## 一、足球运动的内涵和特质

### (一) 盛大的节日

有一位作家写过一篇文章《看球就是过节》,认为看球的道理和过节相同,大家聚在一起,热热闹闹,欢呼阵阵。有的热情高涨,拿着喇叭和打击乐器,扯旗放炮,披红挂绿,载歌载舞,欢天喜地。过节的关键不是吃什么、喝什么、穿什么,而是过一种气氛,同声相应,同气相求。而观看足球也就是使自己沉浸在这种过节的气氛之中,"陶醉在节日的狂欢气氛之中"。

其实,在传媒技术发达的今天,在电视上观看足球比赛是最舒坦的事情,既清晰又省力。画面是多角度、全方位的,还有特写、穿插、回放、慢镜头等,精彩之处一点也不会落下。可是球迷们宁愿跑到喧嚣得连自己和身旁的同伴说话也必须大声嚷嚷的万人看台上,拿着望远镜去捕捉那稍纵即逝的小球,实际上就是为了这热热闹闹的气氛。因为在那里认识和不认识的人似乎都亲热起来,成为朋友,为了某一个动作,为了某一个进球或失误,共同欢呼、喝彩或共同摇头顿足,痛心疾首。在这样一个万众一心的场合,所有的动作和兴奋、沮丧和懊悔都会有人认同,这近于神奇,在平时的日常生活中这是千载难逢的事情。

自然,每当有重大的足球比赛,体育场周围就笼罩着一种喜庆的气氛。尽管警察提前几个小时就出来维护秩序,实行交通管制,但是这更增添了节庆的神秘和庄严。人头攒动之中有小商小贩们穿梭其间,兜售形形色色球迷必备的物品,如喇叭、望远镜、彩旗、红布条等,还有矿泉水和各种零食。

过节的时候,人们都是把应该干的活儿干了,提前将一切琐碎的、七零八落的杂事统统安排开,好好享受节日的清闲和欢乐。看足球也是这样,一场球赛两个来小时,球迷们早早把事情安排妥帖,就等着尽情观看,像小孩过节一样,有的甚至早早地(一个星期或半个月之前)就盼着这一刻的到来。为了应和这种气氛,甚至只是在电视机前,大家都喜欢凑热闹,一个大家庭,从老祖母到小孙子都愿意挤在一个屏幕前看比赛(尽管家里有好几台电视);而小家庭则互相约好,今天晚上去谁家看这场球。其实看球是次要的,聚会是主要的,有聚会才有气氛,而气氛的核心是那只永远滚动的皮球。

### (二) 攻击本能的转移

体育竞技在某种意义上是人类攻击本能的一种转移,相当于把战场上的厮杀格斗引导到体育场内,所以有人认为奥林匹克的精神就是这样的一种精神,内含着把人的攻击本能和暴力引向和平竞赛这样一种高尚的目的。康罗·洛伦兹在《攻击与人性》一书中曾描述过人类的攻击本能,他设想在外星球上有一个绝对公正的观察者借助放大镜检视着地球上人类的行为,又假设这位观察者是纯理性的产物,自己完全没有本能的冲动,也不知道一般的本能冲动为何物,尤其不知道攻击性冲动会怎么犯错误,于是那位纯理性的观察者面对人类历史,可能完全迷失,不知道怎样来解释历史。因为"一再反复的历史现象并没有合理的原因",只有一个共同点可以权作起因,那就是"人类的天性"。

"不讲理,而且无理性可言的人类天性使得两个种族互相竞争,虽然没有经济上的需要迫使他们如此做。"这种天性"诱使两个政治集团或宗教互相激烈地攻击对方,而且它促使亚历山大和拿破仑牺牲数万条生命,企图搜揽全世界在他的政治之下"。这种天性还使我们如此习惯于把杀人者、攻击者当作伟人来崇拜,"以至于大部分人不能认清历史上群众性的厮杀、斗殴行为事实上是多么的卑鄙、愚蠢和不理性"[①]。根据某些心理学家的理论,必须在承认人的非理性攻击本能的前提下,寻找一个解决的办法,这就是开辟一个出口,使之得到宣泄。

或许没有一项体育竞技比足球更能恰当地承担这种本能的宣泄和转移功能,因为足球比赛简直是一场模拟的小型战争,比赛双方出阵的是精干的团队,而不是个人。这种规模表明对抗的激烈而又不像拳击那样残酷。比赛在绿茵场上进行,绿草地无疑是以草原为背景的古代游牧民族之间战争的暗示,同时绿色又给人一种安详宁静的气氛。比赛中双方斗智斗勇,拼体力比意志,还有战略战术方面的较量。也就是说,它是速度、力量、技术和智慧的全面抗衡,而且还需要队员和队员、队员和教练、前方和后方的密切合作和配合。因此一场比赛涉及许许多多方面的因素:队员的个体素质、教练的指挥才能、团体的整体组织、球迷和

---

[①] 〔奥〕康罗·洛伦兹:《攻击与人性》,王守珍、吴月娇译,作家出版社1987年版,第246—247页。

俱乐部的多方支持等。由于这些因素的作用,在它之上可以寄托相当多的东西,最后也许会把城市、地域、民族、国家的荣誉也统统牵扯进来。

当然说到宣泄和攻击性本能的转移,不能忘了对抗的时间和长度。足球比赛的时间长度既决定了比赛者的体力付出,同时也把观众的情绪充分调动起来了。没有一场体育竞技如此地消耗体力又对抗激烈。马拉松连续运动两个来小时,却没有直接的对抗冲撞,而足球运动场上一个半小时的紧张激烈远远超过马拉松。身体与身体的猛烈碰撞、截断、铲球、突破、射门都是体力最大的拼搏,并且需要依靠爆发力。而足球从球门一端或底线发动,经过多次传递和捣脚,越过中场,进入前场,逼近禁区,最后射门,这一系列动作至少需要十来秒的时间,或者更长一些的光景。这过程有时会因对方的逼抢而突然中断,它足以把观众的情绪渐渐调动起来,形成一个从低潮到高潮的波浪推进运动。这不像乒乓球、羽毛球、排球或击剑、拳击等,往往在三下五除二之间解决问题,有时我们还来不及反应,球已扣死,胜负已定,更不用说积累情绪。而足球对抗的长度,足可使观众的情绪从低到高、从慢到快有一个充分酝酿到发泄的时间。

### (三) 审美和功利的结合

足球运动的另一个特性就是审美目的和功利性的结合。关于美和功利在康德那里是被区分的,审美是无功利的,或者说美有"纯粹美"和"依附美"之区分。但是在足球竞技中,这两者是完美地结合起来的。当然,在别的体育竞技中,如篮球和击剑等,美和功利也结合得比较好,在另外一些体育竞技中,如举重、竞走等,美感就差一些。

而在一些审美活动(如看画、听音乐、品评建筑等)中,对象的受欢迎程度是受审美趣味决定的。关于趣味,美学家、批评家们有许多说法。如英国的德累顿最早运用这个概念是专指一种把握美的对象的能力;美学家博克则认为审美的趣味是涉及处理、合宜、一致的问题;杰拉德干脆把趣味看成是"新奇、崇高、模仿、美、和谐、机趣和揶揄、德行等简单审美感的合并";康德则进一步,相信趣味是感性和理性诸种心理功能的协同性产物。也许在所有的批评家中,只有休谟对这种综合性的能力的要求最为苛刻。在《论趣味的标准》一文中,他觉得真正完善的趣味应该包括丰富的想象力、敏锐的感受力、高超卓越的智力、渊博的学识和专门的训练等。但是不管怎么样,说到底,趣味是相当主观的。所谓"趣味无争辩",说的就是艺术审美活动的主观性。文化和艺术活动的审美标准是因人、时代、地域或民族而异的,而且往往是由某些专家和权威来决定的。例如毕加索的画、普鲁斯特的小说、贝克特的《等待戈多》并非因大多数人喜欢和叫好而被载入艺术史册的,它们先是由少数行家和权威批评家认可,随后才被大众接纳,别人都说好,那我也就说好,实际上是人云亦云的。

而足球比赛则不然,一名队员或一个球队精湛的球艺、漂亮的脚法是以最后的射门入网为依据的。优美的或刚健的动作、神奇或精妙的传递盘带必须与最后的进球相结合,才能称之为好球,否则一切是白费。这里的功利目的大家都能看得见,即进了几粒球,怎样射进的,而进攻和射门的动作优美与否大家可能会有不同的看法。但是从进球和动作两者相结合上来讨论,空间就相当小了,在判断的标准上就有了相对稳定的尺度。由于以进球作为起点,在场的观众就比较容易达成共识,不会形成公说公有理、婆说婆有理的局面。进球作为一种客观标准,给所有的球迷和爱好者带来了共同的评判准则和可以沟通的条件,在此之上人们各有各的阐发和理解,但是由于起点相同,进一步的沟通就容易得多。

**(四)悬念**

足球胜败的偶然性构成了比赛的巨大悬念,这或许是足球竞技最大的魅力所在。体育竞技是实力和技巧的对抗,强者打败弱者是一般的规律,但是有时命运之神会出来点拨一下,把胜负的天平突然拨向于弱者有利的一方,这在足球比赛中比其他的竞技项目更为常见。一个天赐良机或一些特殊的机遇,会把全部的预测统统打破,例如1992年作为替补的丹麦队,由于南斯拉夫队的被禁,居然一路过关斩将,夺取了欧锦赛的冠军,创造了足球界的丹麦神话。再如2002年的韩国,利用地利、人和之便,连克葡萄牙、意大利和西班牙等强队,这都有偶然性。

偶然性使弱队战胜强队;偶然性使著名的普拉蒂尼、济科、马拉多纳等在禁区内罚点球,将球踢飞;偶然性使必进之球从球门柱上弹回来,也会让队员在回传中鬼使神差将球送进自家的大门。有了这种种的偶然性,于是足球就有了戏剧性的悬念。悬念是一部戏剧的核心,也是一场球赛的核心(当然扩展开来说,也是人生的核心),悬念像强有力的磁场,能够把所有的目光统统吸引到自身。悬念除了吸引力,还含有巨大的希望。悬念总是希望的产物,没有希望,没有心存侥幸,就无所谓悬念。

二、读解足球的几种方式

足球之所以成为体育竞技的大热点,之所以作为媒介大众文化中最有影响力的品种,是因为它提供了一个巨大的、说不尽的话题。前文已经说过,媒介大众文化不是传统意义上的文化,不是以文化符号系统来组织的文化品种和门类,如文学、音乐、建筑、绘画或哲学、宗教等,媒介大众文化是由基本话题构成的。而足球的兴盛、足球文化在中国这样一个足球后进国家有这等了不起的风光,在于它提供了与我们日常生活相关的诸多话题,而这些话题又与当下的社会生活紧密相连。有时它与所谓的"人性""国民性"等问题相互缠绕,有时它又扯进宗教与艺术、个人与集体、荣誉与耻辱、男性与女性、体育与经济、文化与商业、民族与国家等各色议题,因此有关足球的议题会生生不息,长久地繁衍下去。也因此围绕这一特殊的文本,必然会产生多种读解方式。具有不同的文化修养、不同的气质、不同的性别、不同的职业、不同的经济和社会地位的人,会以不同的方式和不同的视角来阅读足球文本,以下几种读解足球的方式是比较常见的,这表明足球文本既有趣,又有张力。

### (一) 社会学读解

这是最为常见的读解,人们往往利用或借助社会学观点来看待足球文化,因为足球现在成了当代社会一个不可或缺的部分,或者说,其本身就构成了一个庞大的足球社会。自然,由于历史的原因和革命的传统,中国的文化人也比较善于或习惯于从社会学角度来阐释足球的功能和其蓬勃兴起的现象,并通过这些现象来考察社会人某些观念形成的心理和物质条件。

足球在改革开放的中国如火如荼地兴起,是有着种种深刻的社会原因的,政治生活在全部生活的比重中下降和社会生活的多样化,是其中最主要的原因之一。当然还有许多偶然的因素,例如市场经济在其自身的运作过程中恰恰选中了足球,足球成为体育经济或文化经济的一个最有影响的典范等。然而不管是必然还是偶然,足球一旦成为巨大的无法回避的对象,人们肯定会对其作种种社会学的读解。

正如作家兼球迷的史铁生所说:"如果我是外星人,我选择足球来了解地球的人类。如果我从天外来,最先要看足球,它浓缩着地上人间的所有消息。"[①]

史铁生认为在足球中至少可以读到以下信息:"比如人们对于狂欢和团聚的需要,以及狂欢和团聚又怎样演变成敌视和隔离。""再比如它所表达的个人与群体的相互依赖,22个球员散布在球场上,乍看似无关联,但牵一发而全身动,那时才看出来,每一个精彩点都是一个美妙结构的产物,而每一次局部失误都造成整体意图的毁灭。"当然外星人还会看出一件事:"在足球和地球上,旗幡林立的

---

[①] 史铁生:《足球内外》,载《谁提足球我跟谁急》,中国文联出版社1997年版,第32页。

主义中,民族主义是最悠久也是坚固的主义,是最容易被煽动起来的热情。"[1]

同样是作家兼球迷的冯骥才则从另一个角度出发来读解:"足球作为一项普通体育运动,20世纪后半期渐渐发展为一种'宗教',颇值得深究其因。人们对足球和球星的痴迷,数以亿计,几近疯狂。这就发出了一种'造神'意识。神,就是想多大有多大,凡人不能达到而神能达到。造出球神,顶礼膜拜,至高无上,足球的魔力才达到所期望的那种魔力无穷。"[2]由此,他认为,马拉多纳就是球迷们创造的一尊球神,据说"这也是当代足球的需要"。

但是,这个"神"并非球迷单方面创造的,它还需要球星自身的特殊素质配合才行。马拉多纳之所以被奉为球神,"是他那天才的超凡脱俗的球艺,把足球的可能性推向理想的完美,从而填补了贝利挂靴后足坛神位的空缺"[3]。

(二)美学读解

足球虽然是体育竞技,而且基本上是男性之间的竞技,但这并不妨碍人们对此作美学的读解。特别是女性球迷,她们偏重于从审美的角度来读解足球和球星,在许多女球迷看来,几比几虽然重要,进球虽然重要,但是还有比胜负更重要的东西,那就是球星——球星的风采和球星的人格。她们认为从欣赏球星出发来看球,比单纯地看球或从竞技的角度出发来看球更有意思。例如作家池莉作为一个女性,在《纯粹是如此美丽》一文中就表述了这种观点。

池莉对有人从道德上批评马拉多纳的做法十分反感,认为这些人简直是以行政干部或工会主席的眼光来指责一个天才球星,诸如"马拉多纳人品不好"、"马拉多纳有吸毒和殴打记者的劣迹",说什么这种人"球踢得再好又如何呢?"等。她针锋相对的反驳是:"只要他踢得好,他就是好。对于一个罕见的足球天才,我们不能用世俗的尺度去衡量他。世界上任何领域的天才或者伟人,都是绝对不适合于大众化的通俗标准的。如果我们这么去要求他们,那就是我们的无知。"池莉认为马拉多纳是"如此美丽",只是人们不一定能欣赏。当然其美不在外表,"马拉多纳似乎有点发福的迹象。然而,马拉多纳与足球融为一体的境界也许只有前辈球王贝利可以相提并论。他那独特的香蕉球,他那中场的凝聚力和指挥能力,他射门时候的那份举重若轻的神态,他败走麦城时候无法抑制的热泪,这些都是一般人所力所不能及的。马拉多纳就是为足球而生的"[4]。

---

[1] 史铁生:《足球内外》,载《谁提足球我跟谁急》,中国文联出版社1997年版,第32页。
[2] 冯骥才:《无神的球坛》,同上书,第62页。
[3] 同上书,第63页。
[4] 池莉:《纯粹是如此美丽》,载《谁提足球我跟谁急》,中国文联出版社1997年版,第76页。

接下来的读解则完全脱离了足球,讨论起天才的美和相貌与一般人的美和相貌的区别来了。

且不说我们不能以相貌论英雄,即便看相,球星的相貌也是不能用日常的传统的眼光来看的。据说近年美国电影男星片酬最好的是《阿甘》的扮演者。而最受全世界女人青睐的男星则是英国的休·格兰特。阿甘是一个弱智男人。休·格兰特在《四个婚礼与一个葬礼》中扮演的是一个带点贵族气质的憨憨乎乎的青年。他们都不是那种八面玲珑、英俊潇洒的相貌。恰恰相反,他们都有点憨,有一点天真,有一点发窘,有一点迟钝。可是他们因此而大受欢迎。我想其中有一个重要的原因,那就是他们体现出的一种纯粹感。因为如今的世界,聪明和复杂得像一个神话。人们实在是累了,厌倦了。漂亮的面孔往往显得华而不实,而憨厚才是一个保持着天真的人才可能拥有的。从这一点看来,马拉多纳和罗马里奥的外表即便缺乏一种所谓的英俊潇洒,却不容置疑地是大智若愚、天真可爱的。大智若愚、天真可爱才是真正的天才永远的面貌和神情。

其实,在足球场上,不管球星们长得什么模样,他们都是美丽的。难道我们没有发现马拉多纳、罗马里奥他们在球场上踢球的时候是如此的美丽吗?维阿是美丽的,巴乔是美丽的,光头维阿利是美丽的,拉瓦内利进球之后孩子一般拉起球衣蒙住脸的动作也是美丽的。当球星们龙腾虎跃在球场上的时候,他们都是无比美丽而动人的。①

讨论的结果一点也不出人意料——而且可以套用到任何领域和任何人。比如明星是美丽的,当他们在拍摄现场忘我地沉浸在角色之中时;工人是美丽的,当他们全身心地投入工作时;农民是美丽的,当他们在挥汗如雨地种田时;科技工作者也是美丽的,当他们在聚精会神地搞研究时;年轻的学生更是美丽的,当他们在用功学习时。但是在这样一个如此角力的场所,在这样一个充满碰撞和争斗的竞技领域,能从容地展开有关美的话题来,正表明了足球文本的魅力无穷。自然它的魅力无穷还表现为适合人们,特别是女性球迷们反复阅读。她们会从足球竞技中的美发展出足球动作的美,甚至一直到球星性格的美。因此我们就可以看到以下的读解:

南美足球是把足球艺术发展到了极致的一种表演,可惜的是它常常留念于这种表演而使得它的功利性近于零。但是最不功利的女人才更为欣赏

---

① 池莉:《纯粹是如此美丽》,载《谁提足球我跟谁急》,中国文联出版社1997年版,第76页。

这样的球队，虽然他们经常在世界大赛上最早被送回老家，但是他们的身影早已定格在某些女性足球观赏者的脑海里。像巴尔德拉玛、阿莱芒，都是金光四射的球星，足球在他们脚下成了可以把玩于股掌之间的玩具，但是足球的目的性使他们过早地消隐了。

这是他们的悲哀，但这是否就是足球的悲哀？我们无法知道，因为到底，足球应该是目的的还是艺术的，没有人能判定。

在足球场上也许女人更看重男人的品格，也就是人性。这种品性会在短短的时间内暴露得淋漓尽致。摔倒了只能马上爬起来，因为球场上没有叹息的时间和同情的安慰，你必须即刻站立起来，否则也许就这一刹那，前功尽弃，兵败如山倒。即使受伤，也只能包扎一下或打一针封闭继续比赛。这同战士在战场上轻伤不下火线并没有多大区别，所以足球锻炼了男人的意志，也注定了男人要宽容忍耐。有时，即使裁判误判，也必须忍受屈辱。所以只有在进球时，男人们才能像孩子一样欢笑和疯狂，这一切，都没有表演，只有真实的感动。①

### （三）女权主义读解

女性不仅自觉地从审美的角度来阅读足球，她们还常常用受过训练的女权主义的眼光来读解足球。作家徐坤在其小说《狗日的足球》中，通过作品女主人公柳莺对足球场上空震耳欲聋的脏话和京骂的抗议和回应，将足球文本的某些特殊而又有着普遍意义的段落摘录出来，加以编撰和改造，以期引起人们的警惕。

柳莺其实并不怎么爱足球，正经说来她是比较典型的女"球盲"，一看到电视转播足球就烦。对她进行足球启蒙的是世界球王马拉多纳，契机是观看第14届世界杯足球赛，当然她的未婚夫杨刚也给她提供了相应的环境，在他的一群狐朋狗友的起哄和熏陶下，她慢慢迷上了足球和马拉多纳。迷上了马拉多纳，就不肯错过这位球王率领阿根廷博卡青年队来北京与国安队的那场比赛，于是柳莺破天荒头一遭不是在电视前，而是去工人体育场观看了那场对抗赛。

当场上1∶0博卡青年队领先时，球场上空就滚动着阵阵京骂声。对于经常到现场观战的球队而言，这是习以为常、熟视无睹的事情，但是作为初次到现场观战的柳莺不能不惊诧，作为有独立意识的女性不能不惊诧，她不相信在大庭广众之下能发生这种荒诞的事情：

---

① 程黛眉：《女人与足球》，载《谁提足球我跟谁急》，中国文联出版社1997年版，第342页。

寂静。发愣。大概有那么三五秒钟的沉寂后，看台上开始骚动、混乱，有些声音响动传出来，不太明晰。然后，气流渐渐碰撞、攒聚，一浪接一浪，唾液的泡沫舔到一起，渐渐无比清晰，无比流畅，无比浑浊，无比恶俗，汇成那一句话：

傻 x！

柳莺懵了！傻了！呆了！她反应不过来，对阿根廷队的快速进球反应不过来，对场地上空渐近浮起的那句话反应不过来。待到那句话又无比热烈、无比欢快、无比生动、无比愉悦众口一词再次响起……

……

此刻柳莺不相信自己的眼睛更不相信自己的耳朵。什么意思？什么意思啊？他们怎么可以这样？这样……说得出口？日常里她也不是没听过粗口，缺知识少修养的人随处可见，甚至就在她所供职的知识分子圈里，甚至就在丈夫杨刚不经意的怒气牢骚里……她已经司空见惯，且不得不麻木不仁。但是，她万万不能相信，此刻，在几万人汇聚的公开场合，几万人啊！几万人的粗口汇成一股排山倒海的声浪，用同一种贬损女性性别的语言，叫嚣着，疯狂地挤压过来，压过来，直要把她压塌、压扁。柳莺赧颜，她那颗无端受辱的女性自尊，羞怯地瑟缩着，无处躲，无处藏，不知道怎么办，不知道如何是好。在这突如其来的污损耳膜的脏音里，她的嘴大大张着，呆呆的，渺小无助不知所措地定格。

接下来的足球完全不再是她所期盼的足球，马拉多纳也因着足球的变味儿而失去她心目中的英雄本色。……力与美的搏击全都隐没于斤斤计较的商业算计之中了，整场 90 分钟的比赛里起哄声激将声此起彼伏。脏口，并且是，仅仅是贬损女性的那种脏口如同夏季林子里的蝉鸣，一棵树上的知了起了兴，即刻就有整座林子里的上万只鸟儿跟着群起响应。

柳莺的心悲哀了。她陷入到一种深刻的悲哀里，不能说，也不能想，任凭耳膜被一次又一次沉重地污染、毁击，喉咙里却不能够说得出话来。她紧紧并拢双腿，尽量把身体往回缩，缩拢到她那件小小的碎花连衣裙里，以此来躲避和拒斥这可怕的粗俗。在铺天盖地的众音合鸣当中，她不能够表达自己的不满和反抗。如果表示了，在男人当中她就会是一个讨厌的叛逆，在女人当中她也会成为不受欢迎的异族。她看见坐在她前排有两个年轻的姑娘，一脸潮红地跟着激动着，也不看球，忙着低头叠纸飞机，还撕了许多碎纸，场上一开始大规模哄骂，她们就兴奋地站起身来欢奔乱跑把碎纸乱扬，纸飞机乱抛。柳莺的悲哀，更加彻底了。

注意！以下这一段关于失语的读解，十分经典。

　　所有的男人和女人都已经把这种语言认同了。这种最不堪入耳的污损女人身体的语言，不断被用来攻击女人也轻贱男人。听上去就仿佛几万人事先预谋排练好了似的。其实他们根本无须事先预谋排练，自古以来他们就已经如此了，自从有了男与女的角色区别那一天起就已经如此了。柳莺的喉头痛苦地蠕动着，憋闷着，嘶哑得有些充血。当又一次辱骂狂潮掀起来的时候，她实在按捺不住了，在她的裙子里站起身来，勇敢地站起身来，张大嘴巴，试图发出一点自己的声音。可是，没有。当她鼓足勇气，想表示自己的愤怒，想对他们的侮辱进行回击时，却发现这个世界根本就没有供她使用的语言！没有。没有供她捍卫女性自己、发泄自己愤怒的语言。所有的语言都被他们垄断了。他们就如此这般把女性性别恶意贬损刻毒羞辱着，却让女人在愤怒时张口发不出声音来。为什么，为什么，这到底是为什么啊?!……

　　柳莺彻底绝望了。在阿根廷队以2:1终场前的又一阵铺天盖地袭来的谩骂狂潮里，她默默咽干了她屈辱的眼泪，在无法言传的哀伤中，闭上眼睛，以一种痛楚的决绝，拼命吹起了胸前的小喇叭。

　　"呜哇——"

　　那种尖厉的声音，在众声合鸣之中显得分外纤弱，又分外坚强。她只能用这种纤弱的坚强，把自己的娇柔的视听遮盖、掩埋住，把自己无端受损的性别刻意修复。"呜呜哇——"犀利的长嚎，吹得竞技场上狂欢停止了，缋宴的饕餮曲终人散。她枯坐那里，还在吹，不停地吹，诉着她孤独的忿闷。她感到自己的反抗力量正一点点被耗尽，被广大的、虚无的男权铁壁消耗殆尽。在尖厉的号声中她听到自己嗓音断碎了，性别断碎了，一颗优柔善感的心，也最后断碎了。[1]

　　柳莺痛切的悲哀是失语的悲哀，女性的失语不仅表现在政治、经济、文化等重大领域，居然也表现在日常生活、日常娱乐方面。本来日常生活领域是她们掌控的领域，男主外、女主内，然而足球一旦进入家居生活，进入日常娱乐，就将男权也植入其中，足球不仅是暴君，而且是男性暴君。在观看足球赛期间，家庭生活的常规被打破了，家里的一切起居活动围绕着男球迷而转。以他们的高兴而高兴，以他们的悲痛为悲痛。待到柳莺她们为这一强大的势力所裹挟，也参与其

---

[1] 以上均见徐坤：《徐坤出版精华·狗日的足球》，中国青年出版社2001年版。

间时,居然发现早已没有自己的位置了。她们没有合适于表达自身的话语,没有宣泄自己愤怒的情绪的语言,没有肆无忌惮的笑骂,更没有在大庭广众之下可以与另一性别针锋相对回骂的粗口,如果有,也只是借助于男性贬损第二性的语言而已。

其实这种情况已经延续上千年了,习以为常,即便在倡导男女平等已经近一个世纪(如果从五四算起)的中国,"国骂"和"京骂"的对象仍然没有改变,男性与女性们,全体国民们麻木已久,熟视无睹,只是在偶然的警觉中才会发现这"国骂"和"京骂"是多么的不文明!与我们五千年泱泱古国多么的不相称!但是即便在这时,许多人仍然不会想到其中包含着一部两性关系史。

### (四) 后殖民主义读解

对足球文本进行后殖民主义的读解是各种读解中相对新鲜的一种。在媒介文化同质化的今天,在全球化的浪潮席卷四海的21世纪,以公平竞争的名义、自由或奥林匹克精神等名义所进行的一切都是毋庸置疑的。然而,一些批评家却在足球的发展史中,在世界性的足球大赛中读出了文化殖民主义的内容。

汪民安在《世界杯足球赛——后现代狂欢节和文化殖民主义》一文中将足球看成"文化殖民的最猛烈形式",据说这是因为足球"比其他方式来得迅速而集中,它举着公平竞争的口号,实际上在施展着它的殖民阴谋"①。

首先,国际足联不是不偏不倚的国际性体育组织,它实际上是"第一世界的权力机构",在第15届世界杯赛中,"它确保了美国的参赛(作为东道主的身份)和大批欧洲国家的在场,这样欧洲中心、白人中心再次成为美国世界杯的突出的景观,第三世界国家则是零星的、点缀的,他们无非给这个狂欢节提供一些边缘式的花絮"。其次,"足球比赛的电视转播同样施恩于欧洲的白人,比赛时间在欧洲人的黄金时刻,他们可以从容地坐在电视机前(中国球迷只得依靠闹钟,或者长久的耐性才能获得这个机会,这是足球殖民主义对第三世界人民肉体摧残的一个证据)"。

我们不妨看看作者对第15届世界杯赛的运作和相关情形的进一步剖析:

世界杯赛一切都为欧洲和白人准备好了,他们将扮演这次杯赛的主角,正如所有的戏剧都有配角一样,第三世界在此充当了绿叶。第三世界在世界杯赛上的表演充满着悲剧的意味:西方人为他们开出了仅有的几张入场

---

① 汪民安:《世界杯足球赛——后现代狂欢节和文化殖民主义》,《通俗文学评论》1995年第1期,第100页。

## 第十四讲 大足球文化

券,然后让他们彼此拼命地争夺(欧洲有13张门票,它的竞争程度要低得多),而美国,他们也不过是世界杯赛的修辞成分,是整个世界杯结构中的补语,是强大的欧洲队的谓语对象——正是同第三世界宾语和补语的使动上,欧洲、第一世界和白人才能获得显赫而强大的结构位置,才形成世界杯赛的主语成分。

第一世界/第三世界的二元对立通过世界杯赛凸现出来,这将是20世纪末期的一个全球性叙事方式。在一个政治和经济差异逐渐解构的时代里,在一个西方中心面临颠覆的境况里,两个世界的差异无法用激烈的军事行动和政治行为书写出来,经济指标也并非万能(沙特、摩洛哥、韩国并不比欧洲的白人低一个等级)。但悠久的逻各斯中心主义和等级制传统无法任欧洲人获得一种嬉戏式的解构态度。解构乃是民主的一个前提。

第一世界打败第三世界,白人战胜黑人及少数民族,世界杯赛的胜利让第一世界国家重温了他们辉煌的军事殖民。同时,第三世界也将会触发他们惨痛的民族记忆,世界杯赛实际是军事殖民主义在今天的替代形式。美国的世界杯赛中,前八名有七支欧洲球队(这容易让人想到联军形式),第三世界不堪一击并纷纷落马,这一足球事实将给第三世界国家人民投下无法抹擦的阴影:他们总是遭到欧洲的压力并且无力掀翻这种力量。军事、经济、足球(文化的主要代码)压力接踵而来。他们总在被压抑的边缘位置。无疑,这会激起第三世界的自卑感和焦虑感,同时,他们也意识到自己的处境与位置——他们是"不见"的。

这从反面让欧洲人获得了虚荣的满足,他们总能给第三世界压力而获得一种主体身份,足球的胜利让他们继续享有欧洲中心主义的传统,尽管这一传统受到了经济方面的挑战。欧洲的胜利如此醒目,这一事件意味深长,它旨在表达某种欧洲无意识——欧洲是全球的主人。

分析欧洲的胜利将不可避免,职业球评家们将欧洲的胜利归因于战术和技术的先进,这种看法不无道理,但显然不是根本性的——技战术是可以流通的,掌握了欧洲式的技战术就能大获其胜吗?这样一个事实必须得到注意:足球源于欧洲(一些人认为源于中国,事实上,那是有别于欧洲的另一种游戏),它肯定符合欧洲传统,很难想象,不合土壤的植物能茁壮生长,足球活动完美地镶嵌于欧洲传统的句法位置上,这可以解释欧洲人的足球活动是理性而行之有效的。欧洲传统滋生了足球,生产了足球规律,这表明,欧洲对足球的控制将是自由和驾轻就熟的。这可以在两个方面进一步证实:足球需要体能、攻击欲、热情和暴力,这些,我们可以在欧洲军事殖民主义者那里获得回音;从相反的足球活动来看,南美足球是艺术性的,它赏心悦目,但事实证明,南美足球越来越难抵挡欧洲的进攻了,南美足球的失败表明,他们并非契合了足球规律,相反,艺术性是对足球的错误理解,足球并非审美的,而是欲望的,暴力的,就像欧洲的军事殖民性格那样。

上述事实旨在说明:世界杯足球赛将不可避免地以欧洲的胜利而告终,世界杯赛实质上乃是第三世界扭曲自己而适合欧洲传统的闹剧。对第三世界来说,足球本身就是殖民强权的结果,第三世界足球从一开始就充满着歧义和误读,第三世界从没有正确地理解和运用足球,他们的传统力量不可避免地将足球扭曲和异化(一些黑人如尼日利亚使足球带有巫术般的魔力,但依旧不堪欧洲球队的攻击),这样,失败将不可避免。而问题的一切实质在于一句古老的中国谚语,狡猾的欧洲"以己之长,攻人之短"。

这里需要指出的是,当年毛泽东提出的"三个世界"的理论是将美国和苏联两个超级大国作为第一世界来看待的,中国等亚非拉国家属于第三世界,第一和第三世界的中间地带是第二世界。现在作者将欧洲作为第一世界并捎带上美国,这种划分倒适合美国崛起前的19世纪,也适合世界足球界的状况。但是问题来了,在第15届美国世界杯赛上,恰恰是作为第三世界的巴西队获胜,如何解释?作者认为,"在第一世界设置的一个盛大仪式中",作为第三世界的巴西的取胜只能看成是一个悲剧!应该怎样来理解巴西队的成功?

解决这个问题的前提是探讨巴西成功的秘诀。巴西队的攻击欲望强烈,他们简练有力而且默契,这使它受到国内的激烈批评,巴西队被认为放弃了巴西传统——一种区别于欧洲传统的风格。然而,抛弃了巴西传统的巴西人却频频获胜(相反,此前的几支具有浓厚巴西风格的球队却在世界杯赛中屡屡告败)。巴西人这次充分接纳了欧洲传统,巴西球员都在欧洲踢球,欧洲接纳和滋养了巴西球员,同时,也对他们进行全身心的殖民奴役,无疑,这一事实至关重要,它表明,巴西的胜利,是欧洲教化的成功,巴西队员在球场上的境况实际上是欧洲式的激烈的攻击本能(罗马里奥是典型)。

这样,我们可以如此断言,巴西的胜利不是民族的胜利,不是对欧洲的胜利,相反,巴西队的胜利是以妥协和投降欧洲为代价的,巴西队的胜利乃是欧洲传统的胜利,是欧洲殖民主义的胜利,而这一切,都被巴西队表面(场面)获胜所掩饰和修辞。

另外一个方面,巴西人走上领奖台,捧走了世界杯,他们终于获得了第一世界的奖励和承认,他们的获胜行为证实他们对欧洲传统和第一世界的臣服,这才是整个巴西人狂喜流泪的实在背景;毕竟,在第三世界,少数民族领域内,他们是最接近欧洲并从他们手里获得了无限恩赐的幸运者。而这一切,几乎是第三世界人民的全部悲剧。①

也许,关于巴西的胜利,关于南美足球的情形套用有关"三个世界"的理论有点勉强,但是在足球的公平竞争中,我们无法对其中文化和经济上的不平等视若无睹,尽管这些不平等可能是历史造成的,可是后殖民的优势往往就是来自其辉煌的历史。

## 三、足球文化与足球媒体

由于足球的内在特征,由于足球可以作如此多样的读解,足球是各种大众文化中与媒体关系最为密切的品种,媒体借足球招徕读者,足球则需要媒体扩大其影响,尤其是后者,在足球职业化的道路上更加重要。职业足球俱乐部与其说是一个体育机构莫不如说是商业机构来得更恰当。大众媒体的影响力实际上可以迅速转换成市场影响力,而当代足球是迫切需要市场影响力的,因为足球的媒体影响力就是足球的商机,而足球的商机就是职业足球的生命。

于是我们看到了几乎所有的报纸都有体育版,几乎所有的体育版上关于足球的消息、报道及相关的话题都占据了第一位的篇幅。没有一项体育竞技能够像足球那般受到大众媒体如此密切的关注,也没有哪一项运动的教练员能像足球教练那般八面威风,并引起社会的瞩目。但是这些还不够,还有相当数量的足球报和足球专刊,如:广州的《足球》(1980年创刊)、天津的《球迷》(1985年创刊)、辽宁的《球报》(1993年创刊,内容以足球为主)、北京的《中国足球报》(1994年创刊),还有《足球周报》、《足球世界》、《足球俱乐部》等,时时刻刻传递着足球的信息。

中央电视台的《足球之夜》和《天下足球》是一个相当稳固的节目,各省市也有相类似的足球栏目。有数不尽的足球实况播出和转播:除了世界杯赛,还有欧锦赛、冠军杯赛、足总杯赛;有意甲、西甲和德甲,还有英超;有本国的甲A和甲B,还有青年队和少年队,当然被喻为"铿锵玫瑰"的女足比赛也不会落下。总之作为球迷,他无论在什么地方,在什么时候,想要了解足球的近况绝对是既方便又及时的。

---

① 汪民安:《世界杯足球赛——后现代狂欢节和文化殖民主义》,《通俗文学评论》1995年第1期,第100页。

据粗略统计,至 2002 年,《足球》报的发行数量达 250 万份,《球迷》报发行量 60 余万份,《球报》80 余万份,《中国足球报》60 多万份,仅这些足球的纸面媒体就达 450 多万份的销量,辐射开去,读者就有 1000 多万,而在足球盛会(如十强赛、世界杯等)期间,发行量则会在此基础上增加几十万甚至上百万,更遑论覆盖面博大的电子媒体。相对于中国足球的不好看、不可看、拖泥带水、垂头丧气的面貌,报纸的发行数量是相当巨大的。

应该说与欧洲那些国家的球迷相比,中国球迷人数的比例还不算大,但是由足球这一对抗剧烈的竞技发展而成的足球文化现象却是相当独特的。我国有大量的书写足球,有大量的足球文本,还有大量的足球事件(如 1985 年的"5·19",1997 年的"9·13"……),这些统统构成了我国足球文化和足球媒体发展成长的基础。

### (一) 从事件到媒体

许多国人关注足球是从 1985 年的 5 月 19 日开始的,那一天中国队居然输给了中国香港队(本来踢平就能出线,进入 1986 年的第 13 届世界杯赛的决赛圈),由此引出一场大的骚乱来,使许多人对足球运动"刮目相看"。于是就有了相关的种种报道,有了理由的报告文学《倾斜的足球场》,有了刘心武的小说《"5·19"长镜头》……当然,天津的《球迷》报(1985 年 7 月 1 日创刊)是不是受这场骚乱的"启发"而诞生,还有待考证。在"5·19"之前,各地已经有球迷闹事的现象,认识这一现象已远远超出了足球的范围,可以进入个体心理、社会心理、精神病史等领域。至于闹事者个人当天的情绪、受挫的经历、偶然事件的触发等都是可以考察的对象。

但是不管从哪个角度看问题,事件发生及其引起轰动本身就是一个信号,它表明足球信息有着巨大的消费市场。

我国足球几比几战胜某国是一件值得庆贺的事情!

我国足球几比几输给某国是一件值得吸取教训的事情!

当然球迷闹事、烧汽车、扔汽水瓶、砸橱窗等就更是事件!都是媒体绝好的材料,可以烹制出吸引眼球的报道来。

例如 1997 年的"9·13"事件(年纪大一点的人对"9·13"的反应是 1971 年的林彪事件,而年轻的一代只记得中国足球队败走麦城的耻辱),中国队在领先两个球的情况下,反以 4:2 败给伊朗,10 月底又输给卡塔尔队,导致了中国队的解散,更换教练,许多内行和外行纷纷发表意见,对这样一桩事情谈自己的看法。《人民日报》为此发表评论员文章《经验主义害了中国足球》,以某种结论性的口气断定中国足球之所以没能冲出亚洲的主要不足是犯了所谓的"经验主义"的错误。

当年11月20日的《足球》报的头条载文《如何评价中国足球》,指出:"中国队在亚洲属于二流水平,不具备冲击世界杯入场券的实力。"原因是:"足球是一个系统工程,运动水平受综合国力、群众基础、人才结构等综合因素影响和制约,中国尚处在初级阶段,因此足球在相当长的一段时间内也将处于相对落后过程……"同一时期的其他足球媒体也纷纷发表文章,从总体上给中国足球把脉。总之亚洲十强赛的失败,作为重大的足球事件,给媒体带来了无穷无尽的话题,人们可以从各个方面加以探讨、评述和议论:可以责怪教练水平太差,也可以批评球员素质太低,更可以质疑中国的足球体制和球员的选拔机制。

还有福建一位名为"老榕"的球迷在网上发表了自己的感想——《"10·31":大连金州没有眼泪》,短短48个小时之内,竟然有2万多人次点击了这一帖子。帖子的内容是讲述老榕为了满足儿子到现场看球的愿望,一家三口从福建专程飞到大连观看中国队和卡塔尔队的比赛,结果抱着满腔希望而去却带着失望而归的过程。虽然短短2000多字,帖子却写得十分动人,语调亲切平缓,而在这语调中,既表达了对中国足球恨铁不成钢的无奈而又愤懑的心情,又有着对不起自己孩子的心理(让幼小的心灵受伤了),这里多少还暗含着谁对年少一代人的心理健康负责的问题。当这样一个帖子在互联网上引起广大网民的瞩目时,这本身就成为一个事件。

是事件就自然会成为大众视线的焦点,既然是焦点,就应该是大众媒体报道的对象,这是媒体取悦大众的方式和手段。所谓焦点访谈就是对日常生活的某些容易引起人们关注和特别关注的事件进行报道而已。尽管互联网本身就是大众媒体,有无数的观众和读者,但是《南方周末》仍然不肯放过这样一个事件,他们以体育版半版的版面,配上编者按——《一则让我们落泪的帖子》,再加上《老榕的后话》等予以转发,使得"老榕"的帖子享有更广泛的读者。

(二) 媒体制造事件和拓展话题

大众媒体一旦运作起来,必然要制造事件和话题,不能等着事件的自然发生,再去报道,否则将无米下锅。

当《南方周末》发现署名"老榕"的帖子不仅在互联网上引起轰动,而且该报在一个多月以后,以纸媒体的方式转载此文,仍然能引起广大的读者瞩目,于是在做1997年的年终专稿时,特地以E-mail的方式采访了老榕,并将老榕的回答以《球迷老榕如是说》为题,登载在12月26日的《南方周末》上,以此作为一桩有特殊意义的事件来加以报道。也就是说,它似乎是在提醒读者不应该独立看待老榕以前的那篇帖子,而应该将网上的帖子和帖子背后涌动的浓浓的情感联系起来,将老榕这样个别的球迷的情怀与中国广大球迷的情怀联系起来,因为这是有代表性的。如果说当初转载《"10·31":大连金州没有眼泪》是对来自民间和民众声音的一种呼应的话,那么《球迷老榕如是说》则是策划的结果。尽管最初老榕的帖子在网上有几万次的点击率,并未见引起太大的反响,而由于《南方周末》的参与,使之影响倍增,颇为轰动,不妨说是《南方周末》策划和制造了"老榕事件"。

自然,媒体策划事件和话题的方式是多样的,特别是足球媒体,不像一般的大众媒体有那么多的社会新闻可供,它必须主动出击,开拓新话题和开辟新领域。

1. 制造明星

大众媒体是一架造"星"机器,而且是一架高效的制造"明星"的机器,以满足人们崇拜偶像的心理要求。足球媒体在这方面也不会落后,许多足球媒体评选"足球先生""足球小姐""最佳教练""最佳阵容"甚至"最佳球迷""最佳贤内助"等来吸引读者的眼球。例如《法国足球》杂志一年一度评选的"欧洲足球先生"几与国际足联的"世界足球先生"媲美。2001年,英国球星迈克尔·欧文获得了"欧洲足球先生"的称号,这似乎足以抵御葡萄牙球星菲戈的由国际足联颁发的"世界足球先生"的荣誉。英国的《世界足球》杂志则将同样的称号和称誉授予了这位来自利物浦队的年轻小将。中国的《足球》报则将2001年的年度世界足球先生的荣誉授予了德国队的门将卡恩。

应当说国际足联在1990年前后设立的"世界足球先生"的称号和奖项,正是受足球媒体的启发。《法国足球》杂志早在1956年就开始评选"欧洲足球先生"的活动,而英国的《世界足球》于1982年推出"世界足球先生"的评选活动,试图以此招徕更多读者。足球媒体之所以推出各种各样的、不同名目的"足球先生"评选活动,不仅仅是为了寻找那独一无二的年度最佳表现者,更主要的是制造某种阅读热点。

当然,仅有"足球先生"是远远不够的,还应该有"最佳教练"为之配合和呼应。像中国的《体坛周报》、法国的《法国足球》、墨西哥的体育权威杂志《这样》、乌拉圭的《EI pais》都按年度评选"最佳教练",甚至美国的《时代》周刊也加入足球媒体的这一大合唱,他们把2002年度的"最佳教练"称号授予了引领韩国队进入世界杯赛前四名的荷兰教练希丁克。

明星是优秀个体的代表,但是作为大众文化的一个必要的组成部分,明星就不是鲜活和生动的个体,而是一个代码,这个代码还必须和相关的代码共存,才有更丰富的意义。所以这里会渐渐产生出一个明星的系统以供流通和交换。因而有了"最佳教练"还不够,还必须有"最佳球迷"和"最佳贤内助"等来烘托,据此许多体育网站都纷纷推出各类奖项,例如"中国足球出征2002年世界杯指定网站"和《青年体育报》联合举办的"中国足球英雄评选"活动,不仅设有男女足球队、男女足球英雄和英雄教练奖项,还特设了"最佳球迷"奖,创造出一种群星灿烂的效果。

2. 开拓前瞻性话题

这是大众媒体的拿手好戏,像《甲A前瞻》《赛前诸葛》《大战预测》这类前瞻性栏目和话题永远不会枯竭。前瞻性的话题也永远不会没有价值,前瞻性话题的价值存在于读者的期待心理之中。

足球比赛充满着悬念,这些悬念给赌球和博彩业带来机会和可贵的利润。悬念的力量似乎是无穷尽的,它不只是在重大的比赛和激烈的对抗中发挥作用,它也能在任何一个狭小的夹缝中生存,并通过大大小小的前瞻性话题显身。甚至一场热身赛的阵容会怎样安排,教练会运用什么战术,四四二或四三二等都是媒体关注的热点,例如《某某之战,谁拿谁垫背?》。另外,像新赛季来临之前著名的足球运动员可能转会的种种消息也永远是足球媒体烹制大餐的一等好材料。

罗纳尔多、齐达内、菲戈等在转会前的沉默或俱乐部和球员双方在运作期间必要的保密犹如神秘的面纱,撩起这面纱的一角是富有刺激意味的事情,与此相连的还有天文数字的转会费,高额的转会费不仅是球员价值的象征,也仿佛是某一则新闻的价值尺度。

至于大赛来临,更是足球媒体制造前瞻性话题的千载难逢的好机会,记者们千方百计潜入足球队驻地,打探消息,采访教练和球员,拼制出种种花絮,透露种种预测。这些花絮在平时可能没有多少新闻价值,比如某某大牌球员在训练期间扭伤了腰,某某球星的腿伤估计在两周内能痊愈,或者某教练批评某球员,球员们对教练的不满,某某队内部起内讧,再或者球员们晚上偷偷溜出驻地,到市里的酒吧狂欢,等等。但是在比赛之前,这一切都变得十分敏感和有吸引力,因为它们已经和大赛的气氛融为一体,或可说已经成为大赛的一个不可或缺的前奏和组成部分,关心这类新闻就是关心足球大赛。至于像这样的报道和标题,如《高卢雄鸡还有戏吗?》(指首战失利的法国足球队在第17届世界杯小组赛中还能否出线)①、《是骡是马今晚遛遛》(指第 16 届世界杯小组赛上克罗地亚队和罗马尼亚队即将面临的交锋)②、《两强争雄世人瞩目——预测国际米兰与尤文图斯队之战》③《峥嵘将露——写在亚洲十强赛第二、第三轮开战之际》④《调兵遣将看玄机——析国家队的几个疑问》(面对即将拉开序幕的十强赛,对中国队出征的郑重预测)⑤等更是足球媒体的正餐,必不可少,比比皆是。

当然,前瞻性话题是可以无限制地拓展的,例如在中国,每次大战失利,更换教练的呼声迭起,于是有关教练人选的种种预测和猜测就成为足球媒体的一大景观。1997 年秋出征世界杯外围赛惨败,戚务生交出教鞭,中国队的教练人选空缺两三个月,这一空缺倒是给了足球媒体充分的机会和空间。例如《足球》报在 1998 年 1 月 8 日和 12 日相连的两期中就为此连续发表了《且慢定终身还须细斟酌——国家队主帅选拔之我见》《国家队主教练选拔紧锣密鼓——迟尚斌升帐可能最大》《国脚主帅到底是谁? 逐个推敲》等文章和消息,对迟尚斌、金志扬、徐根宝、刘国江、安杰依、崔殷泽等国内著名教头出任的可能性做了种种揣测,并希望中国足协能够在这次教练选拔过程中做到集思广益,兼听则明,为中国足球队遴选出真正合格而胜任的掌门人,一时间颇为热闹。

虽然最后的结果是外籍教练霍顿接掌帅印,但是这些前瞻性话题在满足读者的心理预期上是非常有效的。前瞻性话题的目的不是帮助读者准确地预测未来(当然如果做到这一点也不错),而是激起读者和球迷某种潜在的焦虑(有时候不妨制造一些焦虑),然后再在各种报道、分析、描述和叙说中加以慰抚。也就是说,先是生产焦虑和期待,然后是慢慢安抚,或者说一边生产一边安抚,这些是前瞻性话题的最主要功能。

前瞻性话题还有副产品,这就是鼓励大众参与各种竞猜活动,由简单地猜比赛的胜负,到具体的几比几,再到教练的排兵布阵等,范围逐步扩大,分类逐渐细密。并非所有的竞猜活动都成就博彩业,人们在非赌博性的竞猜中获得的娱乐和快感不会统统由物质来统率,而大众媒体的目的,就是最大限度地动员大众。

3. 寻找丑闻

这么说,有点低级趣味,但是这种低级趣味不是媒体凭空强加于读者,而是迎合读者心理,因此多少有点两厢共谋的意味。当然有的丑闻是已经捅开了的,

---

① 《文汇报世界杯特刊》2002 年 6 月 6 日。
② 《天津日报世界杯特刊》1998 年 6 月 30 日。
③ 《足球》1998 年 1 月 1 日。
④ 《足球》1997 年 9 月 18 日。
⑤ 《足球》1997 年 9 月 11 日。

所以媒体一拥而上,如中国甲A"黑哨"事件,虽然黑哨涉及的人员和范围还有待于司法机构的取证和确定,但是《反黑风暴》这样的专栏,《"反黑"还能胶着多久?》《龚案纵深》《龚建平狱中吐出"黑名单"——专案组全国拉网检查》《尚方宝剑再掀反黑风暴》《通缉孙培彦有隐情》[①]等相关报道是不厌其多的。有的则属捕风捉影,例如《东方体育日报》2002年6月16日头版以《中哥战传闻范志毅涉嫌赌球》为标题,报道了风传的关于范志毅参与地下赌球,并赌中国队输。《东方体育日报》同时又发表了范志毅本人的否定意见和国家足球队其他队员对此事的看法和反应,随后又采访了范的父亲并登载了范志毅的声明。亦即,该报在报道之初就考虑到消息可能不实而采取了尽量"客观"的姿态,所以在短短几天后的6月20日,该报即为消息不实而对范志毅表示了道歉。据说这在法律的意义上并不构成名誉侵犯,但是这一捕风捉影的消息和随之而来的辟谣、道歉等整个过程符合了读者观看"丑闻"的心理,至于范志毅本人是否真参与赌球倒是次要的了。

丑闻在眼球经济中的重要作用或许要由社会心理学或经济心理学来解释,这里还有各种复杂的因素(如社会的政治和道德尺度等)牵制,并不是丑闻越大越好,不过倘若没有丑闻或绯闻,似乎一道大餐中缺少了最主要的材料。所以某著名报刊在所刊登的《足球离床越来越近》一文中,以黑体字标出以下话语:"五大联赛和欧洲杯预选赛是球迷目前最关心的足球消息,但如果能有一则关于科科跟吉赛莱在伊比沙度过的那火辣辣的一周的详尽报道,谁还关心那些比赛呢?"球星绯闻的价值真的在足球比赛消息之上吗? 小贝和辣妹的种种传闻真比曼联的球赛更加刺激,更有滋味? 这至少是因人而异,这一夸大其词的说法或许正反映了足球媒体在丑闻报道方面下的功夫。

4. 足球媒体的演进

足球媒体在近20年间有了很大的演进和发展,从纸面媒体、广播媒体发展到电子媒体,从版面的扩展到内容的丰富多样,从以消息报道为主,到报道消息、球迷行家们的议论、历史的回顾等并重,相得益彰。这里限于资料搜集的原因,仅以《足球》和《球迷》等纸面媒体为分析对象。

以天津的《球迷》报为例,1985年创刊时发布的宗旨如下:

> 您想了解国内外重大赛事的战况吗? 您想得知球星、名将和他们教练员的训练生活情况吗?《球迷》报会利用各种新闻手段以最快速度翔实地报告和评价。您如果对我们体育事业的现状和将来有感而发,想为它的发展

---

[①] 分别见《足球》2002年7月29日、7月31日和8月1日。

献计献策,《球迷》报将乐于为大家开辟园地,集思广益。总之,帮助球迷开阔眼界,丰富球迷生活,将是《球迷》报编辑、记者最感欣慰的事情。

《球迷》报的创刊宗旨虽然将"国内外重大赛事的战况"放在首要地位,并且涉及"球星、名将和他们教练员的训练生活情况",但是在赛事的报道上深入到什么程度、对球员和教练们的训练生活情况的报道会细致到何等田地,在创刊之初是无法全面设想的。也就是说,所谓"战况""训练生活情况"包括哪些具体方面和内容,在编者概念中当初和日后的日子里是不一样的,是逐渐在变化的。

《球迷》报的创刊号内容如下:

第一版,中国的球讯及中国体委领导变动的消息;

第二版,介绍球员的个人情况;

第三版,外国球讯和球员情况;

第四版,各种杯赛的进展情形和得分排名,另外还有一小块"球迷各抒己见"。

以今天的眼光来看,它不仅内容单薄,而且在报道方式上也显得十分呆板。

创刊之初的《球迷》报是四开四版,每周一期,到2000年则增加到每周两期ABCD四叠32个版。

当然,拿足球媒体中比较有代表性的《足球》报来说,前后的变化更是明显。当初创刊时,每周一期,每期4版。2001年初发展到每周三期,版面也由原来的4版、8版、16版扩至24版。版面内容丰富,栏目琳琅满目,消息栏目方面先后有"甲A大战""环宇足坛""虎视世界杯""嘉士伯欧洲风云"等,后来发展出"中国队报""现场直击""金杯攻略""金杯广角"和"玫瑰芳踪"等,德甲、意甲、西甲、法甲、英超还各有其版。

议论和评述方面先后有"虎帐夜谈兵""赛前诸葛""春来茶馆""煮酒论英雄""文化沙龙""聊斋""足球星巴克"等,还能看到"球迷一家""他乡故事"(介绍中国球员在海外的情形)等栏目,读者来稿有"实话实说"征文、"球迷家园",博采栏目有"足球大赢家"等,图片和摄影栏目先后有"柯达精彩一刻""读图时代"等,还有别出心裁的"漫画专版"。

足球媒体万花筒般变换着栏目,关键是想抓住读者眼球,所以在选题上挖空心思。于是各类有奖征文、评点文章,还有长篇连载(如《我的足球生涯——苏永舜》)以"且听下回分解"吸引住回头客,加之记者的四处出击和采访,结果是文章越做越细,涉及的方面也越来越广。因为作为一种文化,无论是面向精英还是大众,它都有不断繁衍自身的需要,它会从某一方面衍化开来,也会从一个点深入下去。

媒体文化的话题演进会依照以下的路径伸展。

(1) 繁衍

繁衍就是外向地拓展话题空间。例如拿换教练一事来说,1985年的《球迷》报报道年维泗当国家队教练,7、8两个月相关消息和文章一共才三条:

《国家队帅印谁掌？年维泗大有希望》(1985年7月2日);

《一道难题等待解答——访年维泗》(1985年7月23日);

《中国足球队组成》(1985年8月27日),同期的第二版有一篇呼应的通讯《年维泗一家人》。

2002年年底,中国足协为国家队聘请主教练,同样是《球迷》报,同样是两个多月的光景,在这一问题上可谓文章做足,发了相关消息、议论、文章几十篇。该报2002年11月15日头版文章《选帅的新闻我们写都写烦了》就告诉我们,不仅是最后的那个结果,即便是中国足协的漫长的、似乎是低效的选帅过程,也是一道吊人胃口的大餐。不过尽管是写烦了,事情也不过是刚刚开了个头,或者说这只是拉开了序幕,因为在接下来的两个月中,那位叫哈恩的荷兰籍教头成了众多足球媒体的中心论题。我们仍然以《球迷》报为例,看看它是从哪几个方面来报道,又是如何来报道此事的。

2002年11月18日《球迷》报头版发布《阿德里安塞草签合同——国足选帅组回京大冷门压倒大热门》这一消息(事后来看,这是一条假新闻),紧跟着在第二版是《选择冷门自有道理》《足协内部分歧导致最终放弃》等背景材料和报道。由于中国足协的选帅范围较广,从希丁克到特鲁西埃,从范哈内亨到米歇尔,各种说法都有,所以在最后决定的关头,谁能率先独家报道或至少不落后于其他足球媒体,谁就是好样的,所以足协副主席公文包里可能夹着的草签合同也就成了媒体的焦点。

接下来是可以想见的报道,阿德里安塞谢幕,哈恩登场。然而在这一退一进中间有了报道者的主观色彩,有了受蒙蔽以后的无奈和愤怒,显得口气生动:

《哈恩人未到已经挨顿臭骂　述职国字号教头想要逃跑》

《阿德里安塞—阿里·哈恩一次神秘的转折》

《中国选秀乱了江湖规矩》

《国奥是哈恩一道坎》

(以上见《球迷》2002年11月22日)

《哈恩本周北京签约》
《哈恩有望本周登陆中国》
《十五万花销请来三流国帅》
《准新帅遭遇信任危机》

（以上见《球迷》2002 年 11 月 25 日）

大多数读者对中国足协的选帅过程和操作方式的内幕会感兴趣,有窥探秘密的欲望,所以以下的报道多少能满足他们的一些愿望。

《选帅进入倒计时　从暗箱操作到全民公决》
《哈恩综合评测分最高》

（以上见《球迷》2002 年 11 月 29 日）

《哈恩上任从挤走沈祥福开始》
《大家都说便宜没好货　选帅步骤九五三一内部建议冷却处理》

（以上见《球迷》2002 年 12 月 2 日）

《朱领队不去荷兰人不来　串通哈恩拒赴巴林》
《足协年度考评推迟　选帅报告暂未上报》

（以上见《球迷》2002 年 12 月 6 日）

虽然人选已定,已经没有大的悬念,但是还可以制作一些小的花絮,以慰读者,包括中国足协与哈恩签的是"分阶段合同",包括中央电视台在斯图加特采访哈恩未获圆满成功等,还夹杂进一些人事方面的矛盾。

《圣诞节礼物等着哈恩　中旬来华签约一月走马上任》
《分段合同扣住哈恩命门》

（以上见《球迷》2002 年 12 月 9 日）

《哈恩不给 CCTV 面子》

（以上见《球迷》2002 年 12 月 13 日）

《哈恩足协祥福——是三角债还是三角恋爱》
《通气会不公布主帅的人选》
《土著的尴尬》

（以上见《球迷》2002 年 12 月 16 日）

尽管哈恩的事情已经宣扬了近一个月,可是广大球迷对他的到来仍然心存疑惑,以下的一系列报道可以看作是某些球迷的复杂心态的反映:有不信任、有排斥、有劝告，还有嫌他白捡便宜的。当然这里少不了要对他在京的日程和签约过程作一番描述，包括他签约毕还要回家过圣诞，包括他还要从法兰克福转机才能回斯图加特。

《哈恩今天到京》
《五问阿里·哈恩：你知道中国足球的黑吗？？？》

（以上见《球迷》2002年12月20日）

《朱广沪、陈金刚、贾秀全、王建英有望辅佐哈恩》
《笑里藏刀国脚心惊》
《京城三日》
《就这样得到水晶鞋》
《回家过圣诞》
《能爱你多久》

（以上见《球迷》2002年12月23日）

关于哈恩的主帅地位已经无话可说，但是还可以聊聊他的助手——中方助手和他自己所带的亲信，总之足球媒体是不会找不到话题的，没有大事就有琐细之事，连他"像不像教练"（外观或姿态）也可作一番评论：

《根伟等着会哈恩》
《哈恩身边人眼下只定一个翻译》
《哈恩中方助教周六出台》

（以上见《球迷》2002年12月27日）

《哈恩报到不像教练》

（以上见《球迷》2002年12月30日）

以下报道又是另一种角度，替主教练操心国足的集训名单，或者观察他和国奥队之间的关系，还有他和中国足协之间对于即将来临的中国—巴西邀请赛的分歧。

《集训名单没有陌生人》
《哈恩来时是冬天》
《哈恩不问国奥事》
《金志扬——我对哈恩有话说》

（以上见《球迷》2003年1月3日）

《足协逼哈恩早亮相》
　　《哈恩的邻居来信了》

（以上见《球迷》2003年1月6日）

　　当然为了表示全面、客观和公正,在说了许多猜疑和不信任的话之后,报纸也通过所谓的"邻居"(曾客居荷兰的中国人),说了哈恩的一些好话。

　　够了,只从近两个月的报道中就可以看出,当今的足球媒体在拓展话题方面的本领几乎是无孔不入。当然一支球队成绩如何,主教练是举足轻重的,然而关于主教练的种种琐细之事,将上任未上任之间的传言、流言等其实与足球无甚大关系,与中国足球的兴盛无关,但是它既然与读者的心理和窥视欲有关,那么就是与媒体有关了,哪怕是捕风捉影。

　　(2) 细化

　　如果把繁衍看成是外向空间的拓展,那么细化则是内向的挖掘,例如对于某一场球赛的报道,最初读者只关心几比几,再细致一些则关注布阵是四四二、四三三还是四五一,后来慢慢发展到对更加具体的战略战术的分析和评点。例如在1997年十强赛的那场中国—伊朗大战前夕,《足球》报9月11日的头版文章是《调兵遣将看玄机——析国家队的四个疑问》,提出"为何要打451?""谁能入选十八人参赛阵容?""谁来顶替郝海东?""谁有望补充入国家队?"等特别具体的人员布阵问题。紧跟着有《必须盯死代伊!》和《揭开神秘的面纱——伊朗队抵大连训练实录》这类的战术重点分析短文献计献策。为了让国足有所借鉴,还登载了《韩国队轻取哈萨克斯队探秘》之类的实战经验介绍,弄得这一期《足球》报像一份战术分析特刊。反正不管中国足协和主教练采纳不采纳,那股重在参与的劲头正是广大球迷心情的反映。

　　中伊大战先赢后输,让球迷大失所望,像《国脚总结首战教训……战术:四五一不变,心理:务实更务虚》(见《足球》1997年9月18日)之类的报道更是不可或缺,因为球迷和国人认为中国队冲出亚洲在实力上没问题,只是战略战术上有待改进,而在国足方面则认为战略战术上也大致对头,主要是球员的心理有问题,"弦绷得太紧了",所以这类检讨方面的报道也是意义重大。至于像《战沙特众专家急献策》《首战败因的历史学分析》《人球分过》(以上见《足球》1997年10月2日)、《科中之战,摆什么阵式?——如何打科威特,队中有三种不同看法》《最迫切的问题——阵容》(以上见《足球》1997年10月9日)、《找准败因以利再战》《重塑中场》(以上见《足球》1997年10月23日)等等有关战术方略的报道和研究文章纷纷应时而现,成为一道独特的风景。

　　细化的文章不仅做在战略战术上,更多的是做在各类赛事的报道上,如近两年《足球》报将"意甲""德甲""法甲""西甲"和"英超"等按版面分别推出,使球迷读者对自己所钟爱和关注的球队、俱乐部有了更多和更细致的了解。有时该报甚至会用整整3个版面来介绍意甲或英超等情况,让人感觉报道内容事无巨细。除了介绍赛事和进程、各俱乐部的近期排名及未来的预测、球员场上的表现(有时也包括场下的种种作为)、教头的用兵布阵,还有比赛中的花絮、赛场外的绯闻、球星家庭成员状况等。也因此像《温格用替补用上了瘾》《左路依然是个大问题》《米兰双雄酝酿锋线重组》或《过度训练重伤国米》这类专题报道交相争辉(以上见《足球》2003年3月7日)。当然,球队主帅方面心理的和口头的较量更是不会被漏过,如《用舌头来争夺冠军——他俩生来就为了死掐》一文对曼联的弗格森和阿森纳的温格这两位教头的相互争锋和口舌之战作了具体而详细的报道,读者似乎亲临现场,看到两位教头争得面红耳赤,口焦舌燥。

(3) 延长

延长也可以看成是繁衍,不过与空间上的繁衍不同,这是时间上的追溯。读者关心当前的赛事,激奋了眼前的争锋,但是对于球员的成长经历、球队辉煌的历史也有着一份关注,特别是对于自己喜欢或迷恋的球星、自己看好的球队,更有着情感上的认同。至于球员与球员之间、球队与球队之间以往的恩怨虽然随历史的烟云飘散,但是如果拾掇起来,或许同样有趣味(尽管可能是低级趣味)。因此球星和教练的感怀和追忆似水年华的文章及回忆录是足球媒体吸引大众眼球的好点。如《独家连载——阿里汉,笑傲江湖》和《阿里汉前传》(见《足球》2002年12月18日至2003年3月3日)将哈恩这位刚刚上任的荷兰籍教头的来龙去脉摸得一清二楚,尽管以往的历史是无法说明未来的成功与否的。

《我的足球生涯很成功——与高峰对话》(见《足球》2003年2月10日)、《退役之后才明白》(宿茂臻的自传,见《足球》2003年3月10日)则急急忙忙将刚刚离开第一线的球员搬进历史之中。

除了球星和教练个人的历史和情感,还有另外一种历史——宏大的历史,如《天皇巨星一百人》(见《中国足球报》1997年9月连载),介绍英国《泰晤士报》评选的现代足球运动近百年来的功臣,所谓"青史儿番春梦,绿茵多少奇才",使新一代球迷了解除贝利、贝肯鲍尔、普拉蒂尼等煌煌巨星外,还有英格兰早年的查尔利埃·布奇安、埃迪·哈普古德、博比·查尔顿,意大利的吉乌·塞佩米查,匈牙利的萨罗西、普斯卡斯、库克西斯,德国的瓦尔特兄弟,俄国的列夫·雅辛等足球奇才先后为世界足球运动的发展作出了重大贡献。

《经典之战:足球史上最难忘的26场比赛》(见《中国足球报》1997年12月连载),则以编年的方式记载了历史上的世界强队(国家队或俱乐部队)之间最为精彩的生死对决,在硝烟弥漫之中,我们数度瞥见了匈牙利国家队在20世纪50年代的勃发英姿。

《世界杯金牌教练榜》(见《足球》2002年5月10日),从首届世界杯(1930年)夺冠教练阿根廷的阿尔贝托·苏皮西历数下来,经马里奥·扎加洛、弗郎茨·贝肯鲍尔等,一直到1998年率队走上世界杯领奖台的法国教练艾梅雅凯,尽收其中。

2002年3月,皇家马德里球队成立百年之际,《足球》报开设了"皇马百年"栏目,连续发表《皇马百年激情酝酿》《今日皇马百岁》《100年,白马啸西风》《高歌皇马》《诠释足球真谛》《全世界都来拍马屁》《走访皇马喉舌〈阿斯报〉》等报道和文章,使读者多少了解了欧洲的足球传统是怎样一步一步地建立起来的。

现在再回过头来看看当初《球迷》报上的发刊辞,似乎是涉及了上述的许多内容,实际上只是一个小小的开端,因为媒介文化的发展方向是难以预设的,它的演变趋势是无法完全操控的。许多原本看来是与足球竞技无多大关系的内容都是可以大做文章的,各类足球大赛特别是世界杯赛的专题和特刊就包括了许许多多这类话题:开幕式和闭幕式的种种花絮,如总统的出席和观看、世界三大男高音的联袂演出、世界足联官员之间的争权夺利明争暗斗,还有一些边缘的话题,如球员的发型(光头型、长发型、统一型)、球迷们的奇异装扮、球迷们的疯狂和失态等。

当然,世界杯或欧锦赛等大赛来临时,也是大众媒体制作足球神话的最佳时机,这时人们会读到这类蛊惑人心的标题和文字——"狂欢,从现在开始!""世界杯,不战而胜!"或"狂热由此打开决口,激情从今撞击心扉,世界杯驾临的日子,我们开始放逐身心"。还有更加肉麻的和彻底撒娇的:

> 仿佛等待一个分别四年的爱人,在你到来前几个月,就开始翘首企盼着倒计你的来期,心驰神往地设想你出现的种种可能。早已投来凝视的目光,早已敞开心灵的大门,只为与你——一位尊贵、美丽而又动人的爱人约会。
>
> 世界杯来了!从明天起,做一个幸福的人;从明天起,耽误一点别的事,连上帝都会原谅。
>
> 世界杯来了,从明天起,做一个幸福的人,不喂马,不劈柴;从明天起,我那台电视将只锁定一个频道——世界杯!

难道足球,世界杯足球,真有如此神奇?!

## 核心概念

大足球文化　攻击本能转移　社会学读解　女权主义读解

后殖民主义读解　前瞻性话题

## 思考与讨论

1. 何谓大足球文化？它包括哪些方面？
2. 除了课本提及的几种足球读解方式,还有哪几种读解方式？
3. 足球媒体演进的路径有哪些？请举例说明。

# 第十五讲　媒介技术与流行音乐

　　流行音乐可能是媒介技术发展的最大受益者,作为大众文化的一部分,其得以传播与音乐媒介,特别是电子媒介和数字技术的发展是分不开的。音乐媒介的演进必然会引起流行音乐从生产方式、制作规模、传播途径到销售模式等方面的变化,并进而通过流行音乐的变化影响人们的休闲方式和娱乐生活。流行音乐在日常生活中是如此的重要,以致流行歌曲成了全球适用的"世界语",而流行歌星则成了人们生活中"最熟悉的陌生人",他们长久地占据着新闻媒体的头条,也占据着人们的注意力和思考。人们知晓他(或她)的各种趣闻轶事(当然也包括各种丑闻),粉丝们更是对他们的嗜好、星座、生活习惯等了如指掌。

　　以至于某日凌晨,迈克尔·杰克逊病逝的消息传来,举世震惊。那个因变童案缠身、略显过气的天皇巨星,突然间迸发出最后的耀眼光芒。一时间,大街小巷都弥漫着杰克逊的"Heal the World",他的经典曲目重新成为音乐下载排行榜上的 Top 10,各大网站不约而同地推出了迈克尔·杰克逊的纪念专题,人们可以打包下载他的全部歌曲、MV 和演唱会,网站视频直播了他那可与戴安娜王妃媲美的葬礼……当他离去,我们才打开那尘封了许久的记忆:他在电视中唱着、跳着、笑着,纵情肆意。他是一个电视时代的巨人,是他开创了 MV 音乐电视的形式,将黑人音乐与白人摇滚熔于一炉……他那炫目至极的"太空步"和迷幻的舞台效果似乎是对流行音乐的重新定义,并向世人宣告音乐电视时代的到来。

　　然而,迈克尔·杰克逊自身又是由电视时代所造就的。应该说他生逢其时,无法想象如果没有电视媒介,他那无与伦比的天才如何得到展示,自然那太空步也就无缘风靡全球。也可以推断,没有近距离摄像和电视直播,也就没有一再整容、由黑变白的变脸歌王。当新一代歌迷们开始悄无声息地转向网络获取音乐资源时,作为电视时代流行巨星的迈克尔·杰克逊却以轰轰烈烈的方式退出了世界的舞台。现代人对一个流行歌星的怀念正是既痴情又薄情。

　　流行音乐作为娱乐活动的一种,为何能在今日焕发出如此巨大的魅力?流行音乐本是诉诸精神层面的审美活动,并不能直接提供给人以物质财富和衣食

第十五讲 媒介技术与流行音乐

住行的改善,但为何却能打破国界疆域的限制,拥有如此众多的"粉丝"?其至不懂英语的人,也能对迈克尔·杰克逊津津乐道,对欧美流行音乐略有所知。特别是在中国这样一个并不太具备流行音乐土壤的国家,我们既没有欧洲诸国深厚的音乐传统,也没有美国的自由意志和经济的高度发达,流行音乐却为何能在流行文化中力拔头筹、占据显赫地位?是什么样的传播方式使流行音乐打破了时间的壁垒,做到了"天涯共此时"?又是什么样的传播媒介让流行音乐摆脱了空间的束缚,真正做到了"无孔不入"?这既与流行音乐的特质相关,也与媒介文化的促动相连。而在音乐之外,依托于科技发展的音乐媒介的变迁也提醒我们去探讨现象背后的根源。

## 一、音乐媒介与流行音乐

### (一) 流行音乐与大众传媒

谈及流行音乐,总会让人想起"阳春白雪"与"下里巴人"之争。与正襟危坐的"雅乐"不同,即便在生产力水平和教育普及程度均有限的春秋战国时期,流行音乐仅凭借口口相传就能达到"和之者众"的风靡程度。可见其通俗易懂、易于传唱,拥有广泛的听众基础。而在现代工业社会中,流行音乐更是经由批量生产和现代媒体的推手实现了追求商业利益的目的。流行性与商业性的紧密结合使现代流行音乐当之无愧成为媒介文化之一,具有了媒介文化的一切特质。

流行音乐以开放性和包容性欢迎着大众的介入,快速、迅捷地反映当代生活的变迁,同时又口味众多,无论是嬉皮还是雅皮都对流行音乐难以抗拒。我们的世界充斥着流行歌曲:地铁里行色匆匆的上班族、写字楼里电脑技术娴熟的白领、晨练归来的大爷、放学骑车的孩子,都咿呀哼唱着歌与你擦身而过。流行音乐的易传播性,使那些本来就朗朗上口的旋律轻而易举地逾越了经济地位、社会阶层、文化背景甚至年龄的鸿沟,受到了各层次人群的普遍欢迎。

强烈的娱乐性、游戏功能和感官刺激也是流行音乐的特质之一,它所衍生的明星效应、梦幻效果使得现代人在茶余饭后有了众口一词的谈资,甚至巧妙地化解了大众在都市中的紧张情绪和生存压力。在那些津津乐道的绯闻八卦中,处于不同社会角色中的"粉丝"们因相似的取向而重新组合,他们由此获得了一种全新的群体归属感、安全感和自我认同。在此意义上,流行音乐的娱乐特质几乎具有了辅助社会稳定的功能。

同时,流行音乐还会根据受众的反馈来调节自身,在听众的选择和期待中快速、高效地优胜劣汰、逐步发展。周杰伦在《东风破》中尝试运用现代音乐节奏演绎了中国的传统意境,这种令人耳目一新的编曲方式和歌词内涵受到了听众的肯定和欢迎。随后王力宏、林俊杰等歌手都开始在自己的音乐作品中融入古老的中国元素,并最终造就了"中国风"的成功。注重受众的反应,以满足受众的需求为自身的发展方向,这不仅极大地调动了相关的社会资源,也成为流行音乐长盛不衰的原因之一。

1. 音乐媒介的演进

流行音乐在自身特质和传播媒介的通力作用下成为大众文化的代表,它是朝夕变幻的,也是跨越时空的:老上海的留声机奢侈而珍贵地播放着《夜来香》的黑胶唱片;20世纪70年代末的年轻人跟着收音机学唱印度歌曲《拉兹之歌》;80年代的录音机让大街小巷弥漫着邓丽君的《何日君再来》;90年代校园民谣的盒式磁带记录了《同桌的你》,同时欧美音乐的CD、VCD则让我们知道了麦当娜和迈克尔·杰克逊。而20世纪末的MP3作为一种新的音乐播放媒介已于不经意间打败了Walkman、便携式收音机、迷你CD播放器、MD等"传统"媒介,成为毋庸置疑的新贵。它借助互联网免费下载相关的音乐资源,这一获取便利的特点也使"年轻的时候我喜欢听收音机,等待我至爱的歌曲"(when I was young I'd listen to the radio, waiting for my favorite songs)成为"昨日重现"的回忆。

2. 传统媒介时代

具体来说,是数字介质的介入使流行音乐的播放媒介从以往单纯地诉诸"听觉"变成了"视听结合"的新模式,也使得音乐播放媒介的发展随之进入了新兴媒介时代。

其实,音乐传播媒介的传统与新兴之分只能是一个暂时的、相对性的概念,取决于所选择的划分标准。这里的传统媒介主要是指"听觉时代"的主流传媒,如收音机(调幅广播)、留声机(胶木唱片)、录音机(盒式磁带)等。这些留声技术的发明导致了听觉文化的革命,人声、音乐第一次脱离了口头传播和现场表演的限制,变成了能够长久保存的独立文件,使音乐的批量生产和广泛流行成为可能。"眼见为实,耳听为虚",长期以来听觉文化即时、在场、个人化的传播特点使其难以获得独立地位,无法像视觉文化一样通过图画、文字阅读得以普及和有效传递,但是留声技术的产生却将听觉文化提升到了前所未有的重要地位。经由这些媒介,以前奢侈地只能在现场欣赏的交响乐、歌剧飞入了寻常百姓家,曾经口口相传的民歌、儿歌可以"毫发无损"地传遍大江南北。

甚至,在留声技术发明伊始就表现出了媒介与流行音乐间宿命般的联系。爱迪生首次向他人演示留声机时便对着受话机哼唱儿歌"玛丽有只小羊羔,雪球似的一身毛……"这不仅宣告了"会说话的机器"留声机的诞生,也使这8秒钟的歌声成为世界录音史上的第一声。同时,这些旧音乐媒介的出现还降低了受众进入的门槛。此前的音乐爱好者们若想学唱歌曲,多需要通过专门学习读谱知识和反复训练才能知晓旋律的奥秘。而此后的听众们只需跟着收音机、录音机反复吟唱便可轻易掌握,这也为流行音乐的广泛传播打下了市场基础。

3. 新兴媒介时代

新兴音乐传播媒介在全球范围内的迅速崛起,使流行音乐从听觉革命变成了一场不折不扣的视听盛宴。安吉拉·默克罗比在《后现代主义与大众文化》中说:"流行艺术从未能在一种抽象话语内部表示自身的意义,相反,它总是把形象和表演结合在一起,把音乐和电影或录像带结合在一起,把插图和杂志本身的形式结合在一起。这就像《卫报》一位记者最近所指出的于:'今天的摇滚和流行音乐的表演者必须以多媒体的方式来说话。'"[1]劲爆的音乐、斑驳的画面使人目眩,而CD、DVD、MV、卡拉OK、MP3、Flash、网络播放器等新兴音乐播放媒介的出现也同样让人应接不暇,这首先要归功于媒介技术的发展与进步。

## (二) CD唱片:对容量和声效的追求

CD唱片的出现标志着数字技术对音乐媒介发展的推动作用。1979年索尼和飞利浦两家公司联合开发了CD-DA(Compact Disc-Digital Audio,精密光盘数字音频)标准,并于1980年发布。此后,索尼公司于1982年10月推出了第一款新用CD播放器和第一张CD唱片——美国歌手比利·乔的专辑《第五十二街》,并于1984年推出了第一个可移动便携式CD播放器。1983年,在只用于音频CD的CD-DA格式上,索尼、飞利浦和微软三家公司联合开发了CD-ROM(Compact Disc Read-Only Memory,只读光盘)标准,这就意味着人们找到了进入声音和光影世界的新钥匙。CD具有容量大、体积小、寿命长、易于保存和标准化的特点,从音乐传播的角度来看,CD代表着人类对存储容量和声音效果精益求精的追求。一张CD唱片大致可容纳一部完整版的贝多芬第九交响曲或16首4分钟左右的流行歌曲,而此前45分钟的卡式磁带A、B双面也只能容纳10首流行歌曲。CD的发明使人们在欣赏音乐的过程中频繁地翻带、换带成为绝版的回忆。而CD通过激光技术来读取唱片,不会使唱片的声音质量因使用次数过多而减损,也保证了唱片的音效不受干扰。于是,老式唱片机的指针划过塑料唱盘的"吱吱"声,就和发黄的老相片一样成为旧日散落的乡愁。1995年9

---

[1] 转引自郑建立、周婷玉、吴晓恩:《MTV的意义空间》,中央编译出版社2004年版,第30页。

月,索尼和飞利浦公司与松下和时代华纳两大阵营终于就 DVD(Digital Versatile Disc,数字通用光盘,早期叫 Digital Video Disc,数字视频光盘)的标准达成了协议。1997年,第一批 DVD 播放机正式问世。与以前的 CD 相比,DVD 具有更大的容量和延展性,时至今日,DVD 仍在不断地扩大着自己的存储容量。

### (三) MV:用画面展示音乐

#### 1. 杰克逊与 MV 的缘起

诉诸电视的音乐媒介形式则要追溯到 20 世纪 80 年代。1980 年,美国的电视中开始出现了一种新的音乐节目形式,节目时间大致在三四分钟,表演者在有限的时间内装扮奇特、载歌载舞,这种新的音乐形式被称为"可视歌曲",并获得了观众的欢迎。1981 年,美国有线电视网开设了一个专门播放此类可视歌曲的新频道——MTV。而我们通常所说的"MTV",更准确的说法应是"MV",即 Music Video,也称音乐电视。

提及 MV,不可绕过的就是"流行天王"(the king of pop)迈克尔·杰克逊。迈克尔·杰克逊于 1982 年推出了音乐专辑《战栗》(*Thriller*,又译为《恐怖之夜》)。1983 年,迈克尔·杰克逊为专辑的同名主打歌拍摄了一个长达 14 分钟的短片。在这个短片里,温情与恐怖并存,杰克逊时而陪女友看电影,时而化身狼人与僵尸们共舞,身着华丽服饰大秀精湛舞技。首播当天,短片就创下了 1000 万人的收视纪录,也宣告了 MV 的诞生,流行音乐正式进入了视觉时代。此后,复杂的情节设置、精心编排的舞蹈、高效的特技和其他角色的出镜等成为当代 MV 摄制所必须遵从的模式。著名的乐评人尼尔森·乔治说:"《战栗》中的歌曲和 MTV 的视觉形象联系密不可分,用影像来演绎和传达音乐的时代由此开始。"[①] MV 的成功,使专辑的售卖以 1.04 亿美元创下了吉尼斯世界纪录,也使 MV 成为一种重要的营销手段和音乐艺术形式。

时至今日,人们早已把 MV 的制作提到了和巡回演出一样的高度予以重视,任何一个稍有影响力的歌星都会有自己的 MV 作品,受众对歌手的要求也不再是只有一副好嗓子那么简单。音乐制作随之进入了以 MV 为主流的多媒体时代。

#### 2. 中国港台地区 MV 的抢先登陆与文化转型的呼唤

从世界范围来看,《战栗》的畅销所带来的巨额商业利润已见证了 MV 神奇

---

① 《迈克尔·杰克逊:一代巨星传奇永生》,新浪网音乐频道,媒体评论,"迈克尔·杰克逊病逝专题"。

的促销能力。1983年,继美国之后,英国、法国、德国、日本、奥地利等国的电台都陆续引进或拍摄了自己的MV作品。到了80年代末,MV在大部分欧美、亚洲国家都已成席卷之势。其自身发展的成熟也为中国MV的诞生提供了可资借鉴的蓝本。

而在中国内地MV诞生之前,港台地区的唱片公司便以高度繁荣的流行音乐大举抢占了内地市场。特别是20世纪90年代,一些知名唱片公司携几位知名歌星成功入主内地流行乐坛,其浅吟低唱的演唱风格、传递都市体验的歌曲内容和时尚、新颖的包装形象都使其广受欢迎。虽然此时大多数人尚不知MV为何物,但是通过盗版磁带的传播方式,人们对上述歌星的经典曲目早已是耳熟能详。

与此同时,改革开放政策也要求既有的文化格局随之转型,这也为中国流行音乐的商业化发展提供了一个良好的契机。作为精神文化的一种,流行音乐被物质化、商业化、消费化,不仅是社会经济环境的要求,也是其自身发展的使命。从受众方面来说,民众经济实力相对增强,文化地位上升,构成了庞大的消费群体,他们期待有新的音乐形式来表述他们的生活和心情。

1986年5月,为配合联合国"国际和平年"宣传活动,北京第一次举办了百名歌星大型演唱会《让世界充满爱》。在这台演唱会上,郭峰创作、群星演唱的流行歌曲《让世界充满爱》受到了各方面的一致好评,崔健的原创摇滚歌曲《一无所有》亦以出乎意料的速度风靡全国。《一无所有》掀起了一场旷日持久的"西北风"。以致十余年后,2005年的沈阳,有歌迷千里迢迢地从西藏来看久违的崔健演唱会,来看十余年前的偶像;也有北京的歌迷团体穿着当年最时髦的军装、扛着红旗浩浩荡荡奔赴现场。《一无所有》的意义早已超越了一般的流行歌曲。它是中国摇滚的开山之作,是80年代人的集体记忆,也是当年最醒目的文化符号,它见证了一个并不太灿烂的年月,压抑的躁动、挣扎、青春与热血如何喷薄而出。音乐人的自我意识和本土风格在那些并不太成熟的歌声中觉醒,受众的热烈欢迎也为歌星的批量产生和中国内地MV的最终出现奠定了市场基础和人才储备。

3. 中国内地语境下的MV

1991年,亚洲卫星电视开播,其节目中滚动播放的MV作品对中国流行音乐乐坛产生了极大冲击。这也使制作和播出本土化的音乐电视作品成为当务之急。1993年,中国内地原创的音乐电视作品正式在电视屏幕上播出。仅1993年一年,中国内地制作的MV就有400多部。董文华的《长城长》、张海迪的《轮椅上的梦》、李丹阳的《穿军装的川妹子》等红遍中国的歌曲,都是在这一年以

MV 的形式经由电视播放后广为人知。1993 年 3 月 25 日,中央电视台的音乐节目《东西南北中》开播,这也是央视的第一个 MV 专栏。《东南西北中》的出现见证了音乐人、电视人将西方成熟的音乐形式和风格运用于本土化的尝试和努力,并为日后 MV 栏目的普及其至 MV 频道的出现奠定了基础。

1993 年末,中央电视台借鉴历年"青年歌手电视大奖赛"的经验举办了"1993 年首届中国音乐电视大赛"。大赛的初衷具有较强的意识形态色彩,主办方希望可以借此"把握(民族化)方向。方向把握准了再向前走"[①]。在此前提下,全国数十家电视台、音像公司和文艺团体共递交了参赛作品 100 多部。除了大部分主旋律作品之外,一些节奏舒缓、音乐柔和、画面具有较强艺术美感的 MV 作品成为黑马,在大赛中脱颖而出,演唱的歌星也大受追捧。

中国内地的 MV 虽起步较晚,但发展速度极快。1995 年末,薛芳芳执导、朱哲琴演唱的 MV 作品《阿姐鼓》获得全美音乐电视网最佳外语片提名。1996 年,张迈演唱、崔亚楠执导的 MV《黄河源头》获得在罗马尼亚举行的"金鹿杯"国际音乐节大奖第一名。这两项国际大奖的获得标志着中国音乐电视走向成熟。值得一提的是,这两部作品之所以在国际上成功,恰恰是因为其浓郁的"民族化"风格和神秘的东方美。《阿姐鼓》讲述了一个藏族小女孩寻找姐姐的故事,以雪域高原的风景人物作为 MV 的画面,以西藏寺庙的诵经声作为背景音乐,并伴有阵阵低沉的阿姐鼓。画面、音乐结合在一起,缭绕成一片厚重、深沉的历史感,一股久远而沉静的力量。从此以后,MV 终于成为流行音乐的宠儿。它以电视为媒介,为观众呈现了色香味俱全的饕餮盛宴,也成为 20 世纪 90 年代最受欢迎的销售手段。它以时尚和"润物细无声"的方式浸入了年轻人的娱乐和生活,也以民族化、东方化的色彩占据了世界流行音乐的一席之地。

### (四) 卡拉 OK:在歌声中狂欢

#### 1. 改变了亚洲人夜晚的井上大佑

卡拉 OK 则是依托于电视媒介的另一种广受欢迎的音乐形式。"卡拉 OK"一词是日语的音译,"卡拉"(Kara)是日语"空"的意思,"OK"(Orchestra)则是英语"管弦乐队"的缩写。其组合起来的意思是"无人伴奏乐队",也称"歌唱伴奏机"。

1971 年,日本键盘手井上大佑发明了第一台卡拉 OK 机。如今,它演变成一种专门的伴奏系统,演唱者可以在预先录制的音乐伴奏下唱歌,卡拉 OK 机则

---

[①] 转引自何晓兵:《中国音乐电视歌曲兴起的原因及其特征(下)》,《中国音乐》2002 年第 2 期。

通过声音处理美化了演唱者的歌喉,再将其与音乐伴奏结合起来,形成了浑然一体的立体声效果。在日本风靡之后,卡拉OK于20世纪70年代末传到了中国台湾地区,随即红遍东亚、东南亚地区,现已是世界范围内最受欢迎的娱乐方式之一。因为"井上大佑改变了亚洲的夜晚",卡拉OK的发明者与毛泽东、甘地一同被美国《时代》周刊评为"20世纪亚洲最有影响力的20人之一"。2004年,在美国哈佛大学举行的另类诺贝尔奖(Ig Nobel Prize)颁奖大会上,井上大佑因"发明卡拉OK,向人们提供了互相宽容谅解的新工具"而获得了和平奖。

2. 从夜总会到量贩式

虽然卡拉OK是专门的音频伴奏系统,但我们更为熟悉的则是其与电视媒介相结合之后的形式。20世纪90年代初,卡拉OK只存在于星级的高档酒店中,宾客们推杯换盏之后以唱卡拉OK作为娱乐消遣,一边欣赏着电视中的画面,一边随着屏幕中的歌词和伴奏引吭高歌。二者有机结合,却又自得其乐。这种音乐休闲方式,给歌唱爱好者们带来了极大的便利和愉悦。演唱者不用再苦学读谱技术,甚至有些乐音缺陷也未为不可,在伴奏系统的自动修复下和强烈的声光、音响条件下,演唱者多会在瞬间产生歌星般的"幻觉",享受着受人瞩目、成为焦点的短期快乐。到了90年代末,卡拉OK似乎"领悟"到了"独乐乐不如众乐乐"的真谛,演变成"蔓延"之势,从高档酒店到夜总会,再到餐厅、迪厅,其收费水平也下降至三五元就可点唱一首。在这种急剧扩张之下,卡拉OK必然难以保持其原有的声电效果,传统的卡拉OK宣告式微。但世纪之交,量贩式KTV的兴起则挽回了卡拉OK的颓势。它以分段计费的方式,由客人自己通过电脑点歌,这种亲民的方式再次唤起了人们对流行音乐的热忱。

3. 减压与造梦

其实,卡拉OK的大受欢迎暗合了现代人的心理动机。经济的高速发展和社会生活的急剧变化、社会结构从传统的农业社会向工业社会的转型、城市化的进程等都使现代人感到了日常生活的压力,甚至是无所适从的茫然。人们所感受到的现代社会的种种:急功近利、人情冷暖、残酷竞争等都需要一个隐秘的、私人化的途径予以宣泄,卡拉OK的出现恰恰满足了人们的这一需求。于是乎,从高档酒店的仙乐飘飘,到街头巷尾麦克风、电视、音响、影碟机的一字排开,长城内外进入一片"歌舞升平"的状态。

卡拉OK是完全称得上"有教无类"的,由于技术条件的支持,其演唱曲目的种类繁多足以令人眼花缭乱。从东北的"二人转"到广东的"粤剧",从苏联民歌到欧美金曲,从古典音乐到流行歌曲,应有尽有。在短短的几分钟内,演唱者盯紧屏幕上的歌词放声歌唱,并不时随着旋律轻轻摇摆。卡拉OK在某种程度上满足了人们的表现欲和英雄梦,其观众多为亲友,数量有限、性质特殊,多会对演唱者的表演报以"非理性的"一致好评,更使演唱者陶醉于MV中歌星的光鲜、亮丽,成为自我意识的一种投射。

而卡拉OK的流行更意味着,在新的技术条件下将唱歌的权利、选择的权利还给了大众。无论是盒式磁带、CD唱片,还是MV作品,对于受众来说,他们都只是被动的接受者,消费者只能打包购买这些已经制作成型了的音乐专辑。但是卡拉OK则实现了消费者以主动的身份参与流行音乐的传播,每一个曲目都是自己喜欢的,每一首歌都是自己爱唱的。在精挑细选之后,个人的选歌单就成了具有个性气质的私人名片,彰显着演唱者的喜好和品味,普通群众也从"听众"这一旁观者的角色变成了亲自登台的"演唱者"。这样,卡拉OK不仅圆了演唱者的"歌星梦",更是其个人气质的流露和外显,这也是卡拉OK为何在民众气质偏于内敛、含蓄的亚洲地区广受欢迎的原因之一。时至今日,卡拉OK已成为现代人最热衷的消遣方式之一。每年全国各地各种级别的卡拉OK大赛层出不穷,爷爷奶奶、爸爸妈妈、兄弟姐妹,《绣金匾》《敢问路在何方》《双截棍》……沉默的亚洲人在春风拂面的夜晚手持麦克风沉醉于群体狂欢。

(五) MP3:个性化的音乐名片

随着通信技术的进步和因特网的迅猛发展,音乐传播的网络化成为流行音乐的主流。一方面,依托于网络媒介的支持,国内的音乐制作人可以随时随地知晓世界流行音乐的变化,真正做到了"与世界接轨";另一方面,网络传播媒介的迅捷和发达,也使国内的音乐制作人可以随心所欲地在网络上发布自己的音乐作品,轻而易举地实现了"出口"。而网络时代也派生出了独具特色的音乐媒介,如MP3、Flash等。

1. 科技造就的时尚

MP3全名是MPEG-1 Audio Layer 3(动态影像专家压缩标准音频层面3),它本是指一种有损压缩的数字音频编码格式。1991年,德国的研究机构IIS(Institut Integrierte Schaltungen)发明出了这种声音文件格式并对其进行了标准化。1999年,采用了该技术的MP3作为一种音乐播放媒介迅速被大众接受和认可,原本依赖于网络资源下载的MP3也在"众人拾柴火焰高"的驱使下反过来推动了流行音乐在因特网上的传播,引导了音乐的大众化甚至全民化。

在网络时代的大肆流行,甚至成为一种时尚,似乎是MP3必然的宿命。MP3既仪表堂堂,又谈吐不凡,鲜有其他的音乐传媒能具有此般"色艺俱佳"的品质。MP3具有轻薄、便携、时尚的特点,很容易吸引消费者。而在其娇小身躯内所具有的海量存储空间和清晰的音质更满足了一般受众的需求。一张非 MP3 格式的 CD 只能存储十几首歌曲,而早期 128MB 的 MP3 播放器可将其存储容量提高到 30 首左右,更不用说今时今日动辄数 G(1G = 1024MB)的 MP3 了。

2. 音乐消费走向长尾

MP3 对流行音乐的消费方式和感受方式产生了极大的影响。人们不再会因为喜欢一首歌曲而被迫购买一本 CD 或磁带,而是通过网络搜索的方式,对任何一首自己喜欢的歌曲进行在线视听,继而下载保存。网络上的音乐资源不仅种类丰富、数量庞大,而且多是免费的,这也使下载具有了可操作性。

因此,大批专门提供下载资源的网站应运而生。先是一些综合性网站推出了音乐专版,报道最新的流行音乐讯息,并可以在此下载歌曲,如百度的 MP3 专版、搜狐中的"sogou"音乐专版、TOM 网的音乐版等。另外还有一些纯音乐网站,如 www.9sky.com,www.mtv123.com,www.91f.net 等。这些网站往往都以应有尽有之势和最快的速度更新着曲目,上面的许多歌曲都是在电视或电台上未曾提及的,甚至未正式发行的,这也弥补了其他媒介信息流通不足的短处。

而各大网站的 MP3 排行榜则成了听众们最常光顾的地方。一方面,网站借助榜上最受欢迎的歌曲牢牢地吸引着受众的眼球,在第一时间发布最流行的 Top 100,提供给听众第一手信息,并供其自行选择下载。另一方面,丰富、大量的非主流音乐作品库才是使音乐网站脱颖而出的关键。音乐网站在大众化商品之外所能提供的个性化定制能力,标志着一个音乐网站的成熟,也意味着把客户成功地引向了长尾的方向,即无论这首歌曲在排行榜上名列第几百位,都可以通过搜索锁定其存在并获得相关资源。

现代社会本是一个资源极大丰富的所在,但现有的产品制作和分销模式制约着商品化的宽度,只能提供给我们最为主流的商品和服务。而在网络化的音乐世界中,我们或多或少的个性化需求能够得以满足,这也是排行榜上排名 500 乃至 1000 开外的歌曲仍有人试听和下载的原因。而音乐网站正是根据此种长尾理论,将受众向曲线的另一端进行引导。

举例来说,我们在音乐网站的首页发现了孙楠的新歌《追寻》的 MP3,然后能看到歌名旁边"同类艺术家"的链接表格,其中就有"流金岁月"一项。点击后能发现包括《国际歌》在内的诸多红色经典歌曲。点击了《国际歌》的选项,又会继续生成多个版本,自然也包括摇滚版。如果你对摇滚版感到满意并继续探索"摇滚歌曲"的链接,又会相应地出现众多流派的乐队组合以及相近的音乐风格。在若干次点击之后,网站很可能就引导我们发现了在传统音响店中难得一见的音乐专辑。

于是，在网站上下载 MP3 音乐，变得更像是一个寻宝的过程。音乐网站通过对歌曲的"引导"，创造了一个更为巨大的娱乐市场，真正实现了音乐消费的个性化、小众化、多样化，扭转了因分销模式单调而造成的匮乏局面，甚至终结了主流音乐的专制地位。

3. 营销音乐的新手段

MP3 下载的繁荣和网络资源的便捷，衍生出了营销流行音乐的新手段：通过互联网来传播歌曲。在网络上传播的歌曲因出版方式的不同大致分为两种：一种是唱片公司出版发行后被挂在网上进行推广的流行歌曲，借助电视、广播、网络等多个媒介同时进行宣传，由网外传播转至网内传播；另一种则是主要通过网络传播得以流行的歌曲，也就是通常说的"网络歌曲"，它是由网内传播转至网外传播的。

流行音乐，经由 MP3，不再是一种奢侈的信仰，而变成了随时随地的选择。流行音乐也不再只是单纯的娱乐资源，更是我们生活的一部分，不可分割，就如同当年的玛丽莲·梦露，只是"穿"在我们身上寸步不离的不再是香奈儿 5 号的香水，而是一款贴心别致的 MP3。

(六) Flash：音画结合的自娱自乐

Flash 是一种广泛使用矢量图形的动画文件格式。而我们通常所说的 Flash 则是指网迷或者音乐爱好者根据自己的喜好用 Flash 软件给一首音乐配成的相关动画作品。Flash 的魅力在于制作者可以把自己的感受和理念应用到 Flash 的制作中，所以一首歌曲可以有多个版本的 Flash，近似于"同题作文"，这使制作者的个性气质获得最大化的表现。Flash 风格多样。有的 Flash 画面优雅清丽，随着歌曲旋律展示着都市人的困惑和迷茫：城市角落里的小小幸福、爱情的进退两难、工作的疲于奔命等。有的诉诸开心幽默，将某一网络歌曲或经典老歌用 Flash 的形式来进行演绎。漫画肖像似的歌手在那里左突右转，Flash 镜头则随着歌曲的内容不停切换，时而鸡飞狗跳，时而百花鲜妍，将诸种幽默元素并置于短短几分钟的音乐内，产生出极强的娱乐效果。

随着媒介的进步，流行音乐已从单纯的"听觉"特权变成了"视""听"结合的艺术。时至今日，对音乐制作人来说，在考虑旋律优美的同时，如何带给人强烈的震撼，其中也包括视觉冲击，已成为流行音乐在制作、传播中无法回避的问题。而大众对流行音乐的接受和认可，也从曾经的单纯聆听变成了主动参与，一夜成名的"美国梦"在今天的中国也有实现的可能，卑微的小人物也可以用自己的歌声和音乐赢得歌星们的敬意和好评。时下的年轻人不再会有"我想唱可是不敢唱"的犹豫,取而代之的是"想唱就唱,要唱得响亮"的活力与张扬。

### (七) MIDI:用技术创造声音

MIDI技术与电子音响合成技术于20世纪90年代后进入中国的音乐制作领域,它的到来使中国的流行音乐发生了"质"的蜕变。MIDI是英语"Musical Instrument Digital Interface"(乐器数字界面)的缩写,它原指诞生于20世纪80年代初期,为解决电声乐器的通信问题而建立起的通信标准,后指以计算机为工具,将多种乐器效果进行组合、叠加的电子音乐编码程序。MIDI技术引起了中国电子音响合成技术的革命,使中国的流行音乐制作进入了全新的境界。电子音响合成技术不再受制于传统的人声、乐器的物理属性,它能够模拟、制造出任何一种想得出来的声音,这扩展了流行音乐的外延,使其更加丰富、唯美和奇特。1991年,被称为"中国电子音乐之父"的张大为推出了音乐专辑《电子山》,这也是中国第一张电子音乐专辑。后来相继有窦唯的《山河水》、崔健的《无能的力量》、王磊的《春天来了》等电子音乐专辑问世。在这些专辑中,传统的人声不再成为音乐中的支配性力量,而是通过MIDI技术用预先编制好的数字化程序来操作电子乐器,演奏出难度极高的旋律,再通过后期的编辑、合成,传达出一种极为微妙、复杂的音乐体验,华丽繁复至令人目眩的音乐感受。

电子音响合成技术推进了音乐制作技术的飞跃发展,但也于无形中降低了对演唱者的要求和专业音乐制作的门槛。电子音响合成技术可以通过后期制作,将真人的原声声效进行修饰、调整,甚至可以形成超越原声的完美音质,这就降低了对演唱者声音条件的要求,音色平平乃至五音不全的人同样可以成为歌星。时至今日,流行音乐领域甚至出现了过分倚重录音室效果的情形,歌手们在封闭、专业的录音室中灌录出多张一气呵成的专辑,但在真正的现场演出中却会"大失水准"。歌迷们也会屡屡感叹,歌星的现场效果和音乐专辑比起来相差甚远。与此同时,电子音响合成技术也促成了大批"网络音乐人"和"自由音乐人"的出现。

有志于音乐的年轻人不用再投身于传统的唱片工业,也不用处心积虑地进入"圈子"摸爬滚打,更不需要有大量的资金支持就可以实现自己的音乐梦想。他只要掌握基本的MIDI技术和独特的创意,就完全可以制作出独立的音乐作品。对今天的音乐制作人来说,曾经困扰我们几个世纪的问题——须经多年艰苦训练才能掌握的高超的演奏技巧、需要丰厚资金支持的宏大的音乐效果、受生理属性限制的天籁般的嗓子——已经不复存在。只要你有良好的创意,电子音响合成技术就能将其演绎为成熟的艺术理念并制作出相应的音乐作品。

在人类发展至今的历程中，恐怕再难找出一个时期，音乐对我们来说是这样的寻常和轻易，思之所到，触手可及。也再难找出某个时期的乐器，像 MIDI 技术下的电子技术般充满着无数的变化、广阔的发展和巨大的影响力。在电脑技术的帮助下，一个人可以马上把他的想法应用于音乐实践，一个人就可以是一个乐队，一个人就可以完成从音乐的编写、演奏、演唱、制作到推广、发行等多个环节。音乐不再是一种严谨的逻辑，而变成了个人的书写。音乐离我们是如此之近，以至于我们遗忘了音乐的初衷。音乐不再是史诗，那曾经对神的吟咏和膜拜，变成了私人的日记，记录着尘世中的梦想、经历和情怀。

## 二、受众参与音乐状态的变化

上一部分中，已经就音乐形态的变化进行了探讨。应该看到，音乐形态的演变也导致了受众参与音乐（欣赏和制作音乐）的状态变化。在传统的音乐时代，只有专业人士（词曲作者、指挥家、演奏者等）才能制作和发布音乐，作为受众的普通人则是被动接受和受规训的一方。但随着音乐的发展，受众参与音乐的状态也逐渐从完全被动走向了主动，开始自己选择并且制作音乐。要探讨这一问题，自然不能再局限于流行音乐的范畴，而应当将流行音乐之前的历史也纳入讨论范围，以对比出各个时期不同的状态变化。

当然，在这个问题的探讨中，我们依然不能忽视的一个因素，就是媒介的强大影响力，因为所有人接触音乐都需要通过一定的媒介，比如以前的留声机、广播、收音机再到现在的手机、电脑、MP3 等，这些媒介对受众参与音乐产生了极大的影响。以前，我们只能被动接受音乐的传播，但电脑和手机等媒介兴起之后，我们不仅能够自己选择音乐的内容，甚至能够自己制作音乐，这些都与媒介的发展息息相关。

可以这样说，音乐媒介发展的历史就是一部人类参与音乐状态的变化史。鉴于二者之间的紧密联系，我们可以先来探讨一下有关媒介变化的问题。

美国学者马克·波斯特曾在其《第二媒介时代》中提出过媒介时代划分的理论。他认为，在"第一媒介时代"，盛行的是"播放型传播模式"，当时信息的发布权掌握在极少数的专家知识分子手里，受众只能被动接受信息，并且没有互动交流。所谓"第二媒介时代"，是相对于"第一媒介时代"而言，在这个时代，随着信息高速公路及卫星技术与电视、电脑、电话等的结合，一种"集制作者/销售者/消费者于一体的系统"正在形成，其中"制作者、销售者、消费者"三个概念间的界限不再泾渭分明,充分体现了双向沟通和去中心化的特质。①

　　这种媒介的演变导致受众参与音乐的状态发生了极大的差异,根据这些差异,我们可以将这种状态的变化划分成以下三个时期:在最早的时期,受众没有选择权,音乐的制定与发布权只掌握在少数专业阶层手中,大众对于音乐的参与是完全被动的,我们可以将其称为"被动参与状态";而随着电视、卡拉 OK、MP3、MP4、网络播放器、手机播放器等媒介的出现,受众可以使用各种播放工具,自己选择想要收听的歌曲,互动性增强,开始部分实现双向沟通,这个时期的音乐以受众"选择参与状态"为主。之后,现代媒介进一步发展,播客、Flash 制作软件等网络工具以及各种制作软件使受众的自主权得到强化,甚至反客为主,自己制作并发布音乐,逐渐发展为"主导参与状态"。

　　这种音乐参与状态的变化在某种程度上也可以与马克·波斯特的媒介时代划分对应起来。"被动参与状态"主要集中在第一媒介时代,极度缺乏互动交流。而"选择参与状态"则处在第二媒介时代的初期,也正是第一媒介时代向第二媒介时代过渡的阶段,出现了一些去中心化的特点。随着第二媒介时代的深入,"主导参与状态"出现了,"制作者、销售者、消费者"的界限开始模糊,甚至混为一体。文章将从相关的媒介分析入手,对受众参与音乐状态的三个时期的变化进行探讨,并主要研究在当下的新媒介时代受众参与音乐状态的最新发展。

### (一)"被动参与状态"的约束性

#### 1. 严肃音乐的规训

　　在这个流行音乐泛滥的时代,每天用 MP3 听着五花八门的各种乐曲,随着音乐翩翩起舞的人们,总认为音乐是如此的轻松自在,实在很难理解,为何会有"严肃音乐"之说。

　　所谓"严肃音乐",通常是指各种传统经典音乐和一切专业作曲家用传统或现代作曲手法所创作的音乐。"严肃音乐"的传承是以学院式的严格训练来实现的,其内容严肃、形式严谨,通常题材重大,体裁大多为交响乐、协奏曲、室内乐等,泛指欧洲从 18 世纪到 20 世纪这一时期的音乐作品。严肃音乐是以人文精神为价值取向的音乐,它的文化精神决定了它至高的审美性,因此也有人称之为"高雅音乐"。因此,严肃音乐作为一种"精英文化",它的创作者、演奏者、欣赏者都必须具有一定的文化素养和音乐修养。②

---

① 参见〔美〕马克·波斯特:《第二媒介时代》,范静哗译,南京大学出版社 2001 年版,第 3 页。
② 张艳红:《浅谈对严肃音乐和流行音乐的认识》,《电影评介》2009 年第 15 期。

正因为如此,才会有很多严肃音乐的热衷者都觉得,用 MP3 听流行音乐简直就是在往耳朵里倒垃圾,因为在他们看来,只有需要一定的素养才能欣赏的严肃音乐才是真正的艺术。在严肃音乐盛行的时期,要欣赏这些音乐,不仅有音乐素养的要求,对于媒介也是有要求的。人们只能通过音乐会或者胶片来获取,音乐会有昂贵的门票,还有各种禁忌,比如"迟到者不能入场,不能衣冠不整,不能穿牛仔裤、穿拖鞋,不能带手机",甚至连鼓掌都是一门需要学习的艺术;胶片也要配上非常好的唱片机和音响才能制造完美的音效,普通大众根本无法购置这些设备,这就在无形中被拒之门外。

2. 音乐趣味的被动接受

处在"被动参与状态"之中,音乐参与是精英阶层独享的事情,而且这些人群在欣赏时也是非常不自由的。如今的高雅音乐会市场虽然已被日渐兴起的流行音乐演唱会所挤占,但我们还是能感受到那个时代所留下的文化印记。在"被动参与状态"时期,受众都是被"约束"的,因为在传统价值观念中,都把积累和规训视作是文化的基础。而所谓的规训,就是通过不断地灌输被认为是高雅的有价值的内容来使人们接受各种"合理"的行为范式,传统的精英文化就是典型的代表。人们被培养在不同的场合做出合于规范的行为,只有符合各种礼仪规范的人才能得到别人的赞赏,被认为是有修养的人。所以,在欣赏音乐时也要遵循各种规矩,服从所谓的"精英趣味"。

法国学者布尔迪厄在《区隔:关于品味判断的社会批评》中提出:"有什么样的文化消费者的社会等级,就有什么样的艺术消费等级。参观展览馆,听音乐会,阅读普通人不堪卒读的乔伊斯,这是上层阶级通常具有的品味,至于无产阶级,因为缺乏将其中隐含的代码加以解码的能力,对那些合法艺术品只能望洋兴叹,并自甘愚笨。"消费的趣味与偏好是社会结构或者是阶级结构再生产的一种工具。不同的消费趣味是与社会的阶级结构密切联系在一起的。更重要的是,人们往往利用这种消费的差异,来构造不同社会群体之间特别是高等群体与低等群体之间的界限。[①] 这种消费趣味与社会阶层的关系,体现在音乐上就是音乐趣味的"区隔",上层阶级划定了一条与"低等群体"区别的界限,欣赏音乐的少数派就被限制在其中无法自由。

从另一个角度来说,这个时代的音乐趣味就如同传统的审美一样,都是一种精英文化所主张的空中楼阁般的美。正所谓"增之一分则太长,减之一分则太

---

① 孙立平:《消费趣味与社会的阶级结构——果子狸、交响乐与社会区隔》,载《中国城市论坛》2004年第1期。

短,着粉则太白,着朱则太赤","浓妆淡抹总相宜",精英文化的美总是循着一定的范式和标准去构建,音乐也是如此。人们没有自己独特的品味,必须要根据上层阶级该有的兴趣爱好去约束自己的欣赏方式和内容,被动地接受别人所给予的音乐品质,附庸风雅。

### (二)"选择参与状态"的受众自主权

1. 音乐走向大众

随着音乐媒介的演进,出现了广播、收音机等播放器之后,音乐变得更加普及。在中国,从 20 世纪六七十年代小青年结婚时必备的"三转一响"(手表、自行车、缝纫机和收音机),就能看出大众对于音乐的热情和期待。一时间,音乐似乎迈出了原本的"上层阶级"小圈子,融入了普通大众的生活范畴。

而随着 80 年代迈克尔·杰克逊的太空步通过 MV 录影带被全世界观众所熟知并逐渐成为一代歌王,由电视所带来的 MV 使人们对于音乐的感受不再只停留在听觉,视听结合产生的更加直观的接触使得音乐有了更加巨大的魔力。而电视的迅速普及,使人们与音乐更加亲近。

在电视之后,开始陆续出现了卡拉 OK、MP3、MP4、网络播放器、手机播放器等新媒介,卡拉 OK 使得人们能够在个人的空间里自娱自乐,而各种新式的播放器允许人们自主选择曲目,受众可以用各种播放工具自己选择想要收听的歌曲。这个时期的音乐,不仅来到了大众身边,并且进入了由受众自主决定的"选择参与状态"。

2. 受众对音乐的决定权

当历史走入这个时期,音乐的制作和发布权转移到了音乐公司和广播电台手中,但他们最后无法再左右人们的音乐趣味。他们只负责生产和播放歌曲,受众则可以通过点播和网络视听等方式自由选择。各种由受众决定的收听和下载排行榜,甚至开始反过来影响音乐公司和广播电台的歌曲制作和发布。

(1)受众选择性的增强

在这个时代,我们可以从受众的音乐参与方式中找到一些明显的特点。一是个人化的增强。高雅的音乐会已经不是欣赏音乐的主要形式,对于大多数人来说,即使要听现场演唱,也多是选择明星的演唱会。演唱会较之高雅的音乐会来说要自由得多,人们的着装、举止等只要不侵犯到演唱者和现场安全,都不会受到限制。所以经常能看到各种演唱会现场人们激动、狂喊、挥舞的状态,尤其是在大型的露天音乐节上,疯狂的表现更是常人所难以理解的,但那或许就是发自内心的对于音乐的狂热,不必顾及旁人诧异的目光。

这种个人化也进一步表现在各种收听工具上，MP3/MP4 等出现之后，人们可以在网络上选歌，放入这些播放工具，塞上耳机，就与外界完全隔离了。收听的内容是什么，播放的声音有多大，都不受任何人的影响和干预。这在另一方面也是现代社会个人空间放大的表现。

(2) 欣赏模式的个人化

在 MP3 音乐和网络下载出现之后，人们欣赏音乐也变得更加自主随意，只要有一个 MP3 播放器或者是网络播放器就能收听音乐。免费下载的音乐进一步降低了音乐收听的门槛，使得音乐趣味彻底失去了界限。

各种不同风格音乐的出现也是一个很好的证明，"严肃音乐"渐渐从人们的视野中淡出，取而代之的是流行音乐、摇滚音乐、独立音乐、蓝调音乐等个性化音乐。喜欢各种不同类型音乐的乐迷在诸如 SONGTASTE、豆瓣等网站上结成小组，交流各自的兴趣和听歌心得。这从另一方面也增强了个人对于音乐的决定权，将受众的"选择参与权"发挥得更加淋漓尽致。

在这些新媒介出现之后，音乐的"卖方"市场已经开始向"买方"市场逐渐交出了自己的权利。大众的自我选择不仅使得音乐的品味有了千差万别，更使得媒介在音乐接受上的作用进一步增强。

### (三)"主导参与状态"的反客为主

随着新媒体时代的进一步发展，电脑、手机等成为人们生活中的基本媒介，而音乐形式在新媒体时代也有了极大的变化。如果说，前一阶段受众的变化多是集中于收听上的自主选择，那么当各种便捷的网络工具进入大众视野之后，大众也开始了音乐制作上的"反客为主"。原来只能作为受众的普通人开始纷纷成为"音乐制作人"。这种"自主性"的创作一方面是由于新媒体的出现所产生的，另一方面却又反过来影响了新媒体时代的音乐形式和传播途径，使得二者成为相互影响的整体。

对于在新媒体形势下大众对于音乐的自由创作和再加工，我们可以从网络音乐、手机彩铃、Flash 配乐、MTV 恶搞等四个相互承接的方面来探讨音乐制作在这一时期所出现的"反客为主"的巨大变化。

1. 音乐传播主体的多样化发展

(1) 网络造星方式的出现

在传统的造星方式中，普通人要想成为明星，让自己的声音通过媒介传播给大众，需要通过专门的音乐公司的选拔。在考核通过之后，成为签约培养的艺人，接受一系列的培训、包装、宣传，才能进入录音棚制作自己的音乐专辑再推向市场面对大众。

虽然早在录音机出现之后,人们就可以自己录制声音,但是用磁带等录制的声音都比较粗糙,没有后期的加工混音等功能,而且无法大规模传播,一般也就是作为DEMO带送给音乐公司作为选拔人才的参考,无法直接发布并与普通大众交流。

而网络发展之后衍生出的相关的录制音乐的工具使得个人制作音乐变得更加便捷,有专门的录歌网站,也有线下的录歌软件。比如中国原创音乐基地、分贝网、快乐米等网站都可以免费提供录歌服务。还有一些可以安装在电脑上的录歌软件,如MVBOX 3.0,Cool Edit Pro,U-Player等。音乐的伴奏也在网上随处可得,用这些软件可以先录制原声,再进行后期编辑,加入混音、降噪处理、混缩合成等。这些制作虽然还是无法与专业的录音棚相媲美,但至少可以满足基本的录制需求。个人可以在网站上建立一个类似博客的小空间,录好歌曲之后可以在网站上跟别人分享,并且可以保存在自己的电脑上,通过其他的音乐或者视频网站传播。因此,自己录制歌曲已经成为一件轻而易举的事情,而且能够不通过音乐公司,直接与大众交流。

"我爱你,爱着你,就像老鼠爱大米,不管有多少风雨,我都会依然陪着你;我想你,想着你,不管有多么的苦,只要能让你开心,我什么都愿意,这样爱你……"这几句简单直白的歌词,相信人们都不会陌生。这首《老鼠爱大米》是网络歌手杨臣刚的成名作,曾一度成为网络上的最热曲目,占据各大网站排行榜首。这首歌红极一时后,环球和华纳两大海外唱片公司及其他唱片公司都紧急寻找创作者杨臣刚,据说当时他的身价已经被抬高到200万,这种新人签约的身价是传统的造星模式中从未出现过的。

这一方面使得个人的自主性增强,另一方面也削弱了传统音乐制作人的权威地位。这些传统的音乐制作人就像是在传播学中被勒温定义为"把关人"的信息筛选者,即控制信息在信道里的流通的个人。他们可以扣压信息、构成信息、扩展信息或重复信息。① 传统的音乐把关人多是以音乐品质、市场能否接受等为主要考虑因素,对一些想要出专辑的歌手进行考察,然后决定他们是否能被包装成歌手推出自己的音乐专辑。这种体制一方面能够保证一定的音乐质量,但另一方面这种控制很大程度上也带有浓重的个人主观色彩,与音乐制作者个人的品味或者个人关系圈联系紧密,这导致了很多有音乐才华的人被埋没。以当今流行乐坛家喻户晓的歌手周杰伦为例,他在出道前帮别人写了八年的歌,却一

---

① 〔美〕E.M.罗杰斯:《传播学史》,殷晓蓉译,上海译文出版社2005年版,第295页。

直不被人看好,默默无闻,生活艰苦,但出道之后一炮而红,受到乐迷的狂热喜爱,而且一直长盛不衰。但倘若他始终没遇到赏识他的伯乐,或许就永远不能成为中国流行乐坛的天王级人物。

网络媒介出现之后,被动等待"星探"发掘的模式被新媒体的强劲势力打破了,"把关人"不见了,歌手们就能"反客为主",冲破"重围"直接与市场和观众接触。很多原来默默无闻的歌手通过在网络上发布一些歌曲,先走向市场,然后再由唱片公司收入门下进行包装。

(2) 明星特权的颠覆

而且,在这个网络盛行的时代,由大众通过网络来推动一首歌曲的流行似乎已经成了必然的规律。很多的歌曲在演唱之后或许并不是非常受关注,但通过网络传播或者是被歌迷翻唱之后,歌曲会突然受到热捧,进而带动演唱歌曲的明星的走红。

以《两只蝴蝶》成名网络的庞龙,很早以前就开始唱歌,但只是个默默无闻的小歌手,没有受到关注。《两只蝴蝶》是庞龙很早以前创作的歌曲,那个时候他自费出专集,但是没有成功反而赔本。到了2004年,借着网络的力量,《两只蝴蝶》展开了网络传播的疯狂之旅。在网络上大红大紫后,庞龙也真正开始了专业歌手的音乐之路。还有一个案例是2009年夏天湖南卫视"快乐女声"当中最热门的话题人物曾轶可。"七月份的尾巴,你是狮子座……"这应该是她最为人们熟悉的歌词,这首原创歌曲《狮子座》最初由曾轶可在"快乐女声"比赛中演唱,并没有引起太多人关注,后来却是因为有网友模仿15位大牌歌星对这首歌进行翻唱,并将视频上传到网上才引起了人们强烈的兴趣,也反过来大大提升了曾轶可的知名度。

这些现象在网络音乐出现之前都是没有的,以前的录歌都是专业音乐人和歌手才能从事的工作,我们几乎无法想象,有一天人们可以自己录制歌曲并且被别人听到,而且可以在某种程度上左右明星的"前途"。但是,如今这一切都通过网络媒介成为现实,普通人与明星之间的距离被迅速拉近,所谓的"界限"变成了薄如蝉翼的一层"窗户纸",一触即破。

或许正如梅罗维茨所说的那样:新媒介(或者其他因素如工业化、战争,或自然灾难)的出现造成了社会成员普遍的重组,因此,这不但影响了许多个人的行为,而且影响了整个同类人的行为。新媒介通过改变各类社会人群所接触的场景类型,改变了我们对各种社会角色的认识。① 就像现在,明星的特权观念被颠

---

① 〔美〕约书亚·梅罗维茨:《消失的地域:电子媒介对社会行为的影响》,肖志军译,清华大学出版社2009年版,第138页。

## 第十五讲　媒介技术与流行音乐

覆之后，人们也在这种社会角色的重组中享受着自己创作、传播音乐，掌控一切的"主人式"的快感体验。

2. 彩铃音乐的自我表达

(1) 彩铃音乐的个性化

在彩铃出现之前，人们打电话时听到的永远都是"嘟嘟"声，单调并且令人厌烦。有了彩铃以后，用户可以选择用明星的歌曲来代替单调的"嘟嘟"声。但是，渐渐地，人们不再满足于这些优美的旋律，而是认为"当别人给自己打电话时，应该要通过对方听到的铃音来表现自己的特质或者心情"，这是明星的歌曲无法完全满足的。这时，各种自己创作的或搞笑或悲伤的"彩铃音乐"应运而生。在拨打别人的电话时，我们总能听到千奇百怪的声音。比如"今天好运气，老狼请吃鸡呀，你打电话我不接，你打它有啥用啊，你打它有啥用啊，你打它有啥用，哈哈"，这是电影《疯狂的石头》上映之后最为"疯狂"的一条彩铃。还有的是"您所拨打的电话已关机"或者"您所拨打的是国际长途，请准备好用英文对话"等。这些彩铃乍一听都会让人莫名其妙，但回想起来却又非常滑稽可爱，所以受到了众多手机用户的热捧。

并且，伴随着手机新媒体的发展和彩铃业务的兴起，专门以此为职业的彩铃设计师也开始走入人们的视野。彩铃设计师又称彩铃写手，他们将自己创作出的一首歌、一段搞笑的对白或者一段现成的音乐旋律，利用麦克风、电脑、音频合成软件等，浓缩控制在30—60秒之内制作成彩铃。但就是这些短短的"彩铃音乐"，却使得人们成了掌控自己电话铃音的主人。

(2) 原创彩铃的生活化

彩铃音乐在当今所有的音乐形式中，是最贴近大众的，与人们的生活密切相关。我们研究所有广泛流行的彩铃能够发现，这种音乐最大的共性就是里面所写的素材全都是我们日常生活中遇到的事情。

2004年，一首名为《我赚钱啦》的彩铃音乐横空出世，瞬时间成为人们手机中流传最广的一首歌曲。这首歌曲歌词通俗易懂，诙谐幽默。

这首原创彩铃音乐是由吾酷组合所制作的，一个偶然的机会，他们在电视中看到了一则"我赚钱啦，买什么送给妈"的广告，这个广告的旋律引起了他们极大的兴趣，后来就用"我赚钱啦"四个字作为彩铃名字开始进行创作。对于里面所写的内容，据组合成员解释，都来源于"京城四大傻"：等咱有了钱，豆浆买两碗，喝一碗倒一碗，油条买两根，吃一根要一根等。正可谓是来自"民间"，回归"民间"。[①]

---

[①] 《成都彩铃写手走在挖"金矿"的路上》，载《成都日报》2006年4月25日。

虽然做彩铃有一个雷打不动的原则——娱乐至上,但除了形式上娱乐搞笑,内容还要反映老百姓生活中遇到的问题,干预现实。只有这样,一条彩铃才有可能大范围流传并长盛不衰。吾酷组合在这个方面特别下功夫,写出了大量有内涵的彩铃作品。比如他们其他的彩铃《双向收费》,说的就是大家反映比较多的手机双向收费问题;《200块钱罚三分》则是提醒大家开车的时候不要接电话。从中我们可以发现,大众的喜好与生活已经成为音乐内容的决定因素,由受众来决定音乐,很好地实现了"反客为主"。

(3) 彩铃歌词的大众快感

彩铃音乐作为一种手机媒体时代的新兴产物,其所代表的大众自主性不仅体现在其制作方面,从其音乐的文本上也能明显看出这一特点。

约翰·费斯克认为:大众的快感以两种主要的方式运作:躲避(或冒犯)与生产。大众快感的抵抗活动在不同的形式中,有不同的实践方式。①《我赚钱啦》的歌词"我左手买个诺基亚右手买个摩托罗拉,我移动联通小灵通一天换一个电话号码呀,我坐完奔驰开宝马没事洗桑拿吃龙虾"所表现出的劳苦大众们渴望轻松挥霍的生活的心态很容易让大家产生共鸣,形成一致的大众快感。

再看歌词中"还款的滋味是实在难熬,谁还谁知道啊"则是对人们生活中苦难遭遇的感同身受的表达,这是基于一种在共同的文化范围内的认同感所产生的直白的描述。约翰·费斯克还指出:大众文化往往趋向于过度,"它的笔触是宽广的,色彩是亮丽的。它的过度性使它的毁誉者斥之以'鄙俗'、'通俗'、'浅白'、'浅薄'、'煽情'。自以为趣味高雅的批评,其分析是准确的,但是,它所做出的评价往往是错误的。因为我们大可接受它对大众文化'过度'与'浅白'的描述,同时又拒绝甚至反转它对于这些特征的负面评价。过度性与浅白性是大众文化'生产者式文本'的主要特征"②。

而产生于大众、面向大众的彩铃音乐就明显地具有这种"生产者式文本"的过度性与浅白性的特点。在众多的其他彩铃音乐中,这种文化特质也表现得非常突出。由此可见,在手机新媒体时代所产生的音乐形式与大众文化的发展也是密不可分的。而这种大众文化的特性就更加衬托了"反客为主"的实质,这些音乐由大众掌控,传递的也是大众的心声,以音乐的形式表现人间百态、生活百味,将音乐变成大众抒发情感的一个渠道,让人们远离了电话里永远单一的"嘟嘟"声,生活也因为音乐而变得更加自主随性。

---

① 〔美〕约翰·费斯克:《理解大众文化》,王晓珏、宋伟杰译,中央编译出版社2006年版,第52页。
② 同上书,第123页。

### 3. Flash 音乐的受众中心化

**(1) 受众主导的 Flash 音乐**

MV 是音乐公司在给明星制作音乐专辑时所拍摄的,一般都是明星演出的短剧或者是搭配的相关图片,内容则完全由制作公司或者明星所决定,很多时候被乐迷认为无法适当地表达歌曲的内涵。而且,在传统的模式下,MV 大多是音乐的附属品,歌手一般通过电台推出音乐专辑之后,再在电视台播放 MV 进一步被大众熟悉。但是在 Flash 音乐出现之后,这种由受众制作的音乐形式却不再只是附属品,更多的时候甚至反过来推动了歌曲的流行,人们会因为对这首 Flash 的喜爱进而喜欢这首歌曲。

像几年前非常流行的网络音乐《东北人都是活雷锋》就是这样的一个范例。这首歌不是通过电视、电台获得市场认可的音像制品,而是通过 Flash 传开的。1995 年,雪村创作了《东北人》等一系列"音乐评书",但却并没有受到太多的关注。2001 年前后,雪村的朋友戴军将《翠花》上传于网络,网民刘立丰又把《东北人都是活雷锋》做成了 Flash,滑稽的画面逗得大家哈哈大笑,一时间,Flash 和这首歌曲红极一时。

这位网友制作的 Flash 音乐动画非常简洁可爱,就是用一些类似简笔画的人物形象描绘歌曲的故事情节。提到高丽参时,画面上就会出现两排人形的移动着的高丽参,再飘来一碗碗浮动的猪肉炖粉条,还有闪动着的"向雷锋学习"的字样,生动形象,让人们仿佛直观地感受到了东北人热情好客的性情。就是这样一段简单直白的 Flash 动画,在网络和电视上成为收视率最高的视频,也让人们都知道了雪村和他的"翠花,上酸菜"。

可见,由受众主导的 Flash 来推动音乐的流行在时下已经成为一种趋势,先用 Flash 让人们对画面有一种直观的认识,再进一步去欣赏音乐的内容,这种"反客为主"的娱乐形式越来越被人们所接受。

**(2) Flash 音乐的草根力量**

在播客、视频网站等发展之后,音乐制作"再加工"的主动权开始向受众转移,只要掌握一定的网络技术,就能自己制作 MV,还能传到网络上供人欣赏,将制作与欣赏结合起来。从某种意义上来说,就是摆脱了传统创作与消费分离的模式,受众既是音乐的制作人又是消费者,音乐成为一个集创造、娱乐和消费于一体的文化领域,这也同样是"第二媒介时代"的特性。

Flash 原本是一种网络动画短片,但随着网络音乐的发展,视听性的网络音乐需求使得许多乐迷或网友开始将 Flash 动画和音乐结合起来,根据自己的喜好利用 Flash 软件给音乐配上动画,改变原先由音乐公司单方面决定的 MV 内容,并且在 Flash 中通过画面来表达自己对音乐的理解和感悟。由于在制作音乐 Flash 的过程中也可以把自己的一些理念灌输进去,所以一首歌可以有很多的 Flash 版本。这正是 Flash 音乐最有魅力的地方,它让每个人参与音乐的画面制作都有了可能。①

《东北人都是活雷锋》曾经引发了一股 Flash 动画风潮,在全国范围内蔓延,这首歌的 Flash 版本也有数十种。各版本对歌曲演绎不一,有制作成摇滚乐风格的,有创作成革命故事的,也有演绎成后现代风格的。在制作 Flash 音乐的过程中,网民把自身对生活的态度也带到对音乐的欣赏和制作中来,其中有他们对个性和自主性的强调,对生活的一种游戏反讽态度,感兴趣于即兴发挥等等。这些在传统媒介中是很难体现的,因为在传统媒介中,乐迷往往是被动地接受媒介所提供的音乐,而传统媒介以及由这些媒介为载体的音乐也很难反映他们以上的这些心态。② 在传统媒介的引导下,以往的音乐形式更倾向于主流意识形态的表达,而在 Flash 音乐制作中则更彰显出了草根的力量和民众的趣味。

4. 恶搞 MV 开创新表演模式

如果说,Flash 音乐是一种偏于大众娱乐的消费方式,那如今非常流行的"对嘴形"MV 则已然走向了恶搞、疯狂颠覆的另一面。从这种新式的 MV 中,我们能更加强烈地感受到在新媒体时代,民众对于自我表达的强烈渴望和在当今条件下所实现的充分满足。

(1) 篡改艺术创作

近年来在网络上走红的两位广州美院的男生从他们的第一部"假唱作品"《As Long as You Love Me》开始被人们关注,恶搞的风格令人捧腹,在网络上掀起一股不小的波澜,尤其在模仿《童话》的 MV 受到热捧之后,更是红极一时,网络上一般称他们为"后舍男生"。

他们的做法其实非常简单,就是做着一些夸张的动作、对着口形来演唱一些流行歌曲,他们在自创的 MV 中往往不顾形象地挖鼻孔、吐舌头,越是自毁形象越是表演得卖力。他们的 MV 层出不穷,创意不断翻新,并且逐渐被娱乐产业所接纳,这一文化现象被冠名为"恶搞"。在这些有创意有个性的青年人的笔下,原本的"艺术创作"被篡改得面目全非。

(2) "审丑"的全民狂欢

一直以来,崇尚高雅文化的人们始终难以接受当今大众文化的发展趋势。

---

① 包兆会:《新媒介时代流行音乐表现方式的变化》,载《江苏广播电视大学学报》2007 年第 6 期。
② 同上。

可是就像是我们的经济发展由计划经济转变为市场经济，由卖方市场转为买方市场一样，大众文化的发展也正随着各种媒介形式的迅猛发展而急促转变。现代的"大众文化"已经愈来愈倾向于媒体主导，迎合观众心理的发展方向，而现代社会的生活环境又决定了人们的心理趋向。"丑癖"，已经日渐成为现代人的娱乐文化的共同特征。于是大众媒体为了赢利的需求就去迎合大众的这一欣赏品味和需求，并且强化这一心理暗示，把"审丑"当作吸引观众的砝码。人们在这样的引导之下，也陷入"丑癖"的心理而无法自拔。

在电视 MV 中，总是有着帅气漂亮的男女演员和歌手，很多录影带都能在一段时间内成为当时人们争相模仿的潮流代表。但是在后舍男生出现后，这种典型的精英文化式的 MV 被大众式的丑陋恶搞所取代，人们从中得到的不再是模范，而是娱乐的对象。

在原来只有美女帅哥和政要名人才能受到瞩目的媒体环境中，人们总是处在"仰视"的羡慕之中，而如今网络媒介传播的"低俗化"却让参与者有了掌控媒介、掌控音乐的快感，也让旁观者有了一种盛气凌人的"俯视"的快感。在社会压力如此之大的生活中，有这样一种心理的满足无疑是解压的良好方式。

媒介文化的发展为大众的全面参与提供了强大而便利的平台，掌握了媒介话语权的普通民众借助传媒为自己所用，尽情地抒发自己的情感。这些恶搞 MV 的产生就是人们话语权的重要体现之一，利用这种音乐形式，人们开始"反客为主"，原本被压制的信息被全面激发并不断扩散，形成全民狂欢的盛景。

5. "反客为主"的媒介与文化分析

（1）媒介主导下的"音乐"公民

在这一时代的音乐形式中，我们能够发现，最明显的变化就是音乐制作和欣赏都失去了强大的传统的"把关人"，"反客为主"这一特性的充分展示使得媒介变成了人们的音乐传播工具，而不再是单纯的音乐收听工具。从另一个角度来说，也就是"制作"在这个时代占据了上风，人们不再满足于单纯的接受，而是希望通过媒介把自己的成果与大家分享，将音乐变成一种绝对大众化的自主与自由。

不论是网络歌曲、彩铃，还是 Flash、恶搞 MV，我们都应当看到，在它们的发展过程中，"手机""播客""视频网站"的各项功能都为公众发布音乐内容提供了平台，每一个公民既是受众，又同时是传播者，现代社会的每一个大众都是媒介主导下的"音乐"公民。

在新媒介时代，音乐的自主和互动参与性得到了极大的强化。这也反过来说明，正如同媒介文化引导消费，媒介文化也在影响着音乐形式与内容的发展。作为大众文化一部分的流行音乐生产与作为流行音乐一部分的流行音乐媒介是分不开的,音乐媒介的变化必然带来音乐生产、表现、接受方式等的变化,而由此带来的音乐的变化也使人们的文化和娱乐生活产生了巨大的差异。

(2)"娱乐至死"的自主性

而这种变化的产生,除了媒介因素之外,也受到了随着现代大众文化的日渐发展成熟,反规训的文化观念表现得越来越强烈的影响。经济的发展,生活节奏的加快,使人们生活在强大的压力之下,现代社会的各种交际往来也让人变得厌倦和疲惫。不堪重负的人们开始寻求一种解脱的方法,不再接受高雅文化的教化功能来让我们疲惫的心灵更加饱受摧残,而情愿去追捧一些略为低俗随意的文化来使我们的心灵得到短暂的放松和解脱。于是,各种"音乐"自我表达的方式应运而生,越是反对经典,越是不合常规的内容,越是能够得到大众的欢迎。

现代音乐制作的反客为主在很大程度上帮助了这种媒介文化的反规训,成为人们的反抗工具,原来的一些框架、世俗习惯等都被一一打破,人们可以随心所欲地按照自己的理解和意愿去歌唱、去配画面,让音乐从高雅的单纯形式中超脱出来,成为"一百个人心中的一百个哈姆雷特",让音乐品味纯粹成为一种个人反规训的宣泄。

## 核心概念

流行音乐　媒介　受众参与　被动参与状态　选择参与状态
主导参与状态

## 思考与讨论

1. 简述媒介技术与流行音乐的关系。
2. 联系实际,分析流行音乐的演变对社会文化的影响。
3. 以一种你最熟悉的音乐形式为例,谈谈对音乐文化的看法。
4. 受众参与音乐的状态发生了怎样的改变?受到了哪些因素的影响?
5. 如何理解受众参与音乐的反客为主?可以结合具体案例进行分析。

# 后　记

从第一次在课堂上给学生讲媒介文化至今,已有十年的历程。那时的课程名称是"媒体与大众文化——关于它们的互动研究"。这十来年的教学成果一部分体现在这本教材里,另外,更有意义的成果是由学生们担纲,先后撰写了两套丛书——"媒体文化丛书"6种(中央编译出版社2004年版)和"新媒介丛书"4种(广西师范大学出版社2006年版)。别看学生们年轻,对于媒介文化,他们比我们这代人似更有发言权。应该说,正是由于有了青年学生们的支持,我和张柠及其他同仁编辑的《媒介批评》论丛才能够生气勃勃地延续到今天,也使我感到自己的研究更加有价值。

将研究对象称为"媒介文化",而不再以"大众文化""消费文化""流行文化"或"文化工业"名之,不是出于别的什么原因,而是承"媒介即讯息"的思想谱系而来。这表明本书认同这样一种立场,即新的媒体方式和媒介语言在不断地重构我们的当代社会生活。说到文化,人们往往注意到其观念形态和在发展过程中前后传承的方面,而忽略一种新的传播技术和媒介手段的兴起会造成其断裂与转型的另一面。活的文化不是在封闭的环境中生长的,它是在人们的社会交往中、在各种媒介的使用中发展起来的。人们的社会活动和获取信息的方式,其本身也是一种文化,是文化构成中最核心的部分,决定着文化发展的方向。当一种社会交往或信息方式被另一种社会交往和信息方式取代时,整个文化也在逐渐转换。文化蓬勃的生命力正是在于其流通和变动之中。

以上虽然将媒介文化作为总体性文化来考察,但是具体到每一种媒介文化现象,其运作轨迹是相当复杂的,因为它们不仅仅是所谓的文化,也不仅仅是新的媒介方式的介入,它们复杂是因其与当代的社会经济生活和市场法则紧密地融合在一起,即媒介文化已经在社会各构成要素的互动中盘根错节地生长起来,从任何一端切入,都只见其一个剖面。因此本书下编所能做的,就是通过媒介文化的具体现象和表征来解析其走向,并进一步揭示相互间可能的联系。

本书即将出版之际,要感谢北大出版社以及张盈盈、周丽锦两位编辑,她们认真负责的职业精神和热心周到的态度深深感动了我。有时为了一个很小的问题或某种表述,来回好几条短信,还有电话和 E-mail。也要感谢所有关心这本书的出版的同人和我的学生们,他们的指点和帮助使得这本教材能有今天的面目。当然,即便出版后,我仍期待国内外同行的批评和指点,使其在日后再版时更加丰富和完善。

谢谢大家!

蒋原伦<br>2010 年 6 月

# 再版后记

七年前,我们主编了《媒介文化十二讲》,此次再版增加了三讲,即第六讲"作为文化批评的媒介批评"、第八讲"新媒体技术与艺术"、第十讲"微媒介与微文化",并修订了个别的讹误。七年的时间很短,但是对于媒介文化这样迅速成长的文化来说,却是漫长的岁月,因为媒介文化是与日新月异的现代科技共同成长的,对媒介文化的描述、梳理和再认识永远需要更新。

再版之际仍要感谢北大出版社张盈盈编辑所付出的辛勤劳动,也感谢那些使用此教材的老师和同学的反馈意见。

蒋原伦　王颖吉<br>
2017 年 6 月 30 日

## 教师反馈及教辅申请表

北京大学出版社本着"教材优先、学术为本"的出版宗旨,竭诚为广大高等院校师生服务。

本书配有教学课件,获取方法:

第一步,扫描右侧二维码,或直接微信搜索公众号"北大出版社社科图书",进行关注;

第二步,点击菜单栏"教辅资源"—"在线申请",填写相关信息后点击提交。

如果您不使用微信,请填写完整以下表格后拍照发到 ss@pup.cn。我们会在 1—2 个工作日内将相关资料发送到您的邮箱。

| 书名 | | 书号 | 978-7-301- | 作者 | |
|---|---|---|---|---|---|
| 您的姓名 | | | | 职称、职务 | |
| 学校及院系 | | | | | |
| 您所讲授的课程名称 | | | | | |
| 授课学生类型(可多选) | ☐ 本科一、二年级<br>☐ 高职、高专<br>☐ 其他_____ | | | ☐ 本科三、四年级<br>☐ 研究生 | |
| 每学期学生人数 | _____ 人 | | | 学时 | |
| 手机号码(必填) | | | | QQ | |
| 电子信箱(必填) | | | | | |
| 您对本书的建议: | | | | | |

**我们的联系方式:**

北京大学出版社社会科学编辑室

通信地址:北京市海淀区成府路 205 号,100871

电子信箱:ss@pup.cn

电话:010-62765016 / 62753121

微信公众号:北大出版社社科图书(ss_book)

新浪微博:@未名社科-北大图书

网址:http://www.pup.cn